수능 국어 대비

수능식
리트변형
N제

전형태 편저

2023

KB122107

Contents

이 책의 순서

01	곡물법 논쟁	6
02	범죄의 성립요건	8
03	관습법의 효력	10
04	면역의 메커니즘	12
05	빙붕	14
06	법관의 재판에 대한 국가 배상	16
07	기능주의 이론과 정치적 거래 비용 이론	18
08	법학적 해석	20
09	객관적 관념론	22
10	랑데부	24
11	생물의 조직화	26
12	경제학을 활용한 법적 판단	28
13	지식인상 논쟁	30
14	사실주의	32
15	재현적 음악	34
16	포식에 관련한 비판	36
17	수성	38
18	암흑물질의 존재	40
19	토지가치세	42
20	멜로드라마	44

수능식
리트변형 N제

N

21	인공지능과 감정	46
22	시각 정보 처리	48
23	이익의 삼한 정통론	50
24	시간여행	52
25	무어의 논변	54
26	전자 현미경	56
27	디지털 워터마킹	58
28	인격체	60
29	자유 의지와 결정론	62
30	행동의 의무 합치성	64
31	수, 이성, 덕성	66
32	주희의 수양론	68
33	윤리규범과 법규범	70
34	전통적 경제학과 행동경제학	72
35	금융 위기	74
36	유연안정성 모델	76
37	법이념	78
38	레이저 냉각	80
39	민주주의 규범 확립	82
40	음악의 맥락	84
정답과 해설		88

수능식
리트변형
N제

문제편

01 곡물법 논쟁

다음 글을 읽고 물음에 답하시오.

영국의 경제학자 맬서스와 리카도는 둘도 없는 친구 사이였으나 경제 문제를 놓고서는 격렬한 논쟁을 벌이기도 했다. '곡물법 논쟁'은 그 대표적인 예로서, 이는 ㉠보호무역과 ㉡자유무역의 대결과도 관련된다. 당시 영국의 곡물법은 자국의 농업 생산을 장려하고자 하는 목적에서 제정된 것이다. 이 법에 따라 영국 정부는 수입 곡물에 대해 탄력적으로 관세를 부과하였다. 그런데 나폴레옹 전쟁 이후 전시 수요는 크게 둔화된 반면, 대륙 봉쇄가 풀리면서 곡물 수입이 활발해짐에 따라 곡식의 가격이 하락하기 시작했다. 이에 농부들은 수입 곡물에 대해 관세를 더욱 높일 것을 요구하였다. 아울러 이러한 요구는 국력의 유지와 국방의 측면을 위해서도 국내 농업 생산 보호가 필요하다는 지주들의 주장에 의해 뒷받침되었다. 이와는 달리, 공장주들은 수입 곡물에 대한 관세 인상을 반대하였다. 관세가 인상되어 곡가가 상승하면, 임금도 오르게 되며, 그렇게 되면 이윤이 감소하고 제조품의 수출도 감소하여 마침내 제조업의 파멸을 초래하게 된다는 것이었다. 공장주들은 영국의 미래는 농업이 아니라 공업의 확장에 달려 있다고 주장하면서 곡물법의 즉각적인 철폐를 요구하기에 이르렀다.

이처럼 커다란 사회적 쟁점으로 부각된 곡물법의 폐지 여부를 둘러싸고 맬서스와 리카도는 날카롭게 대립하였다. 맬서스는 곡물의 수입 제한을 주장하였다. 곡물 수입은 곡가 하락을 초래하여 국내 농업에 타격을 준다. 이는 그렇지 않아도 부족한 식량 공급에 차질을 빚게 될 것이고, 그렇게 되면 전쟁 등의 비상사태에 대비할 수 없게 됨으로써 경제가 불안정하게 된다는 주장이었다. 그뿐 아니라 맬서스는 곡가 하락이 상공업 발전에도 불리한 영향을 끼친다고 주장하였다. 곡가가 하락하면 농업 이윤이 감소하고, 이에 따라 농업 생산이 축소되면 농업 부문의 고용이 감소함은 물론, 지대의 감소에 따라 지주의 구매력이 감소하게 되어 결과적으로는 수요 부족에 따른 상공업 부진을 초래할 것이라고 생각했기 때문이다.

반면, 리카도는 이른바 비교 우위론에 입각해 곡물 수입 개방을 주장하였다. 즉 농업 생산에서 영국보다 우위에 있는 프랑스의 곡물을 수입하는 대신, 영국은 그들보다 우위에 있는 다른 생산 활동을 하면 된다는 것이었다. 또한 곡가의 상승으로 인한 최대의 수혜자는 농부들이 아니라 지주들이 될 것이라고 보았다. 농업의 생산성은 토지의 비옥도에 의해 따라 차등이 생기는데, 곡가가 높아지면 비옥도가 높은 토지에 대한 수요와 경쟁이 발생한다는 것이다. 이러한 이유로 리카도는 농업 이윤이 수확에 투입된 노동에 돌아가지 않고 지대 인상을 유도할 것이며, 그렇게 되면 전체 국민 소득 중 상당 부분이 지주들의 수중에 흘러 들어가므로 소득 불균형이 야기될 것이라고 보았다. 또 국가의 전체적인 생산 형태가 왜곡되는 결과를 초래할 것이라고 주장하였다. 두 주장 모두 그 나름의 경제적 논리를 지니고 있었지만, 지주와 귀족이 다수였던 당시의 영국 의회는 맬서스의 주장대로 결국 곡물법을 폐지하지 않기로 결정하였다.

---

1 윗글을 통해 답을 찾을 수 없는 질문은?

① 영국의 곡물법 논쟁이 벌어지게 된 배경은 무엇인가?
② 관세가 시장의 수요와 공급에 미치는 영향은 무엇인가?
③ 영국 정부가 곡물법 제도의 유지를 채택한 이유는 무엇인가?
④ 곡물법 논쟁의 결과가 영국 경제에 미친 영향과 그 결과는 무엇이었는가?
⑤ 곡물법 논쟁 당시 농업 분야에서 영국보다 비교 우위에 있던 나라는 어디인가?

2 윗글을 읽고 ㉠과 ㉡을 비교하여 이해한 것으로 가장 적절한 것은?

① 영국의 곡물법은 ㉠의 입장에서 자국의 제조업을 보호하기 위하여 제정되었다.
② ㉠의 옹호자는 ㉡의 옹호자와 달리 농업보다 상공업이 더 기초적인 산업이라고 보았다.
③ ㉠의 옹호자는 ㉡의 옹호자와 달리 곡물법이 시행되면 지주의 경제력이 더 증가할 것이라고 보았다.
④ ㉡의 옹호자는 ㉠의 옹호자와 달리 곡물법을 폐지해도 자국의 다른 산업이 타격을 입지 않을 것이라고 보았다.
⑤ 곡물의 수입이 늘어나면 ㉠에서는 곡가의 하락이 일어난다고 보는 반면, ㉡에서는 곡가의 상승이 일어난다고 본다.

3 비교 우위론을 주장한 학자들이 할 수 있는 말로 적절하지 않은 것은?

① 영국은 곡물법을 폐지하고 프랑스에서 곡물을 수입해야 한다.
② 곡물 수입 제한은 국가의 전체적인 생산 형태를 왜곡할 것이다.
③ 영국은 생산과 관련하여 타국보다 우위에 있는 상품 수출에 주력해야 한다.
④ 영국의 곡물법은 결과적으로 지대 인상을 유도하여 국민 소득 불균형을 초래할 것이다.
⑤ 영국이 곡물 수입을 개방하는 것은 농업의 이윤이 투입된 노동에만 돌아가게끔 만들 것이다.

4 윗글을 읽은 학생이 〈보기〉에 대해 보인 반응으로 적절하지 <u>않은</u> 것은?

| memo

> ▶ 보기 ◀
>
> 수확체감이란 노동이나 자본 등 생산요소를 더 많이 투입할수록 생산량의 증가량이 오히려 감소하는 것을 말한다. 반대로, 수확체증이란 생산요소의 투입을 늘릴수록 생산량이 기하급수적으로 증가하는 것을 말한다. 리카도는 영국이 수확체감산업인 농업에서 자유무역을 채택하고, 수확체증산업인 공업을 특화해야 한다고 주장하였다. 한편 브릭덴은 호주가 비교 우위론에 따라 농업에서 자유무역을 채택할 경우, 농업의 수확체감으로 인해 지주들의 이윤 증가와 근로자의 임금 감소를 유도할 것이고, 이는 결과적으로 소득분배 악화와 평균적인 생활 수준 저하를 초래할 수 있다고 보았다. 이에 브릭덴은 호주의 농업에는 보호무역이 적합하며, 비교 우위론에 입각한 자유무역은 각 국가의 특수한 상황을 고려하여 결정해야 한다고 주장하였다.

① 리카도가 영국의 곡물 공급을 자유무역을 통한 수입으로 대체하자고 주장한 것은 나폴레옹 전쟁 이후 영국이 처한 특수한 상황을 고려한 것이겠군.

② 리카도가 영국의 농업은 자유무역을 채택해야 한다고 주장한 것과 유사한 이유에서 브릭덴은 호주의 농업에는 보호무역이 필요하다고 주장한 것이겠군.

③ 영국 의회가 곡물법을 폐지하지 않기로 한 것은 자유무역을 채택할 때 수확체감산업인 농업이 소득분배 악화와 평균적인 생활 수준 저하를 초래할 수 있다고 보았기 때문이겠군.

④ 곡물법 논쟁 당시 영국의 공장주들이 곡물법의 폐지를 주장한 것은 영국이 수확체감산업이 아닌 수확체증산업을 특화해야 한다고 보았기 때문이겠군.

⑤ 호주의 농업에서 자유무역을 채택할 경우에 대한 브릭덴의 예측과 달리 맬서스는 영국의 농업에서의 자유무역이 지주와 근로자의 소득을 모두 줄일 것이라고 보았겠군.

다음 글을 읽고 물음에 답하시오.

바다에서 여러 사람을 태운 배가 난파하였다. 바다에 빠진 선원 A는 바다 위에 떠 있는 널판을 발견하였다. 널판은 한 사람을 겨우 지탱할 만큼밖에 되지 않았다. 마침 미처 붙잡을 만한 것을 찾지 못한 선원 B도 널판 쪽으로 헤엄쳐 왔다. 선원 A와 선원 B는 동시에 그 널판을 붙잡게 되었다. 두 사람이 계속 붙잡고 있다가는 널판이 가라앉을 것이기 때문에 선원 A는 둘 다 빠져 죽을까 걱정하여 선원 B를 널판에서 밀어내었다. 선원 B는 결국 물에 빠져 죽었고 선원 A는 구조되었다. 이는 고대 그리스의 철학자 카르네아데스가 만든 가상의 사건 '카르네아데스의 널'을 바탕으로 재구성한 사례이다. 이 사례는 윤리적으로 허용될 수 있는지도 논란거리가 되지만, 형법상 처벌되어야 하는지도 따져 볼 만하다.

범죄는 '(1) 구성요건에 해당하고, (2) 위법성이 있으며, (3) 유책한 행위'라고 정의된다. 이 세 가지 요소 가운데 하나라도 빠지면 범죄의 성립이 이루어지지 않으며, 세 요소는 위 순서대로 심사되어야 한다. 이 중 구성요건이란 형벌을 부과할 대상이 되는 행위를 형법에 유형화하여 기술해 놓은 것을 말한다. 예를 들면, 형법 제250조 제1항은 "사람을 살해한 자는 사형, 무기 또는 5년 이상의 징역에 처한다."라고 규정하는데, 여기서 사람을 살해한다는 것이 구성요건이다. 따라서 구체적인 사실이 구성요건에 해당할 때에는 일반적으로 위법성이 있다.

㉠ 구성요건에 해당하더라도 위법성이 있다고 볼 수 없을 때가 있다. 잘 알려진 것으로는 정당방위, 긴급피난에 해당하는 경우가 있다. 정당방위는 자기 또는 타인의 법익을 현재의 위법한 침해로부터 방위하기 위하여 상당한 이유가 있는 행위를 하는 것을 말한다. 여기에는 법이 불법에 양보할 필요가 없다는 전제가 깔려 있다. 긴급피난은 자기 또는 타인의 법익에 대한 현재의 위난을 피하기 위하여 상당한 이유가 있는 행위를 하는 것을 말한다. 생명과 같이 대체할 수 없는 큰 법익을 지키기 위해 어쩔 수 없이 재산과 같은 법익을 희생시킨 일을 가지고 위법한 행위라 하지 않는 것이다. 긴급피난은 꼭 위법한 침해 행위로 일어난 위난에 대하여만 인정하는 것이 아니라는 점에서 정당방위와 다르다.

앞의 사례에서 선원 A와 선원 B가 동시에 널판을 잡은 행위는 불가피한 일이었다. 이 상황은 선원 A의 입장에서 급박한 위난이었고, 선원 A의 이어진 행위는 위난을 피하는 데 절실한 것이었으므로, 정당방위나 긴급피난의 가능성을 생각하는 사람도 있을지 모른다. 그러나 이 사례는 그 어느 쪽도 해당하지 않는다고 해야 한다. 우선 정당방위의 요건을 생각할 때 위난에 빠진 선원 B의 행위에 대한 선원 A의 행위를 정당방위로 볼 수는 없으며, 또한 긴급피난이 성립하려면 보호한 법익이 침해한 법익보다 훨씬 커야 하는데 이 사례는 여기에 해당하지 않는다. 그렇다고 해서 곧바로 선원 A에게 범죄가 성립한다고 단정할 수는 없다. 범죄가 성립하기 위해서는 '책임'이라고 하는 점도 고려해야 하기 때문이다.

범죄는 유책한 행위, 곧 행위자에게 책임을 물을 수 있는 행위여야 성립할 수 있다. 위법성은 개인의 행위를 법질서와의 관계에서 판단하는 것이어서, 행위자 개인의 특수성은 위법성 판단의 기준이 되지 않는다. 형법에서 위법한 행위를 한 행위자 개인을 법적으로 비난할 수 있는가 하는 것이 바로 책임의 문제이다. 이는 구체적인 상황에서 행위자가 위법한 행위 말고 다른 행위를 할 수 있었겠는가 하는 기대 가능성으로 볼 수 있다. 적법한 행위를 할 수 있었는데도 위법한 행위를 한 데에 대하여는 윤리적인 비판뿐만 아니라 법적인 비난이 가해져야 하기 때문이다. '카르네아데스의 널' 사례에서 선원 A가 자신의 목숨을 희생하는 쪽을 선택하였다면 숭고한 선행임에 틀림없지만, 그렇게 하지 않은 데 대하여 ㉡ 윤리적인 비판은 몰라도 법적인 비난을 하기는 어렵다고 보는 것이 일반적이다.

5 윗글을 참고할 때, 범죄의 성립에 대한 설명으로 적절하지 <u>않은</u> 것은?

① 바람직하지 않은 행위일지라도 형법에 규정되지 않았다면 범죄가 아니라고 판단된다.

② 어떤 행위가 형법상 죄로서 기술되어 있다면, 일반적으로 그 행위는 위법성을 충족한다.

③ 다른 행위를 할 여지가 없는 상황에서 이루어진 범법 행위는 위법성을 충족하지 않는다.

④ 구성요건에 해당하지 않는 행위는 그 행위자에게 법적 책임이 있는지를 심사하는 대상이 되지 않는다.

⑤ 미래에 닥칠 가능성이 있는 위난으로부터 자신을 방위하려 했다는 행위의 이유는 해당 행위의 위법성을 없애지 못한다.

6 윗글을 참고할 때, <보기>에서 '갑'의 행위가 ㉠에 해당하는 것을 <u>모두</u> 고르면?

> **보기**
>
> ㄱ. 갑은 개에게 쫓겨 막다른 골목에 다다르자, 개에 물리지 않기 위해 골목 끝 남의 집 담을 넘어 타인의 집에 침입하게 되었다.
>
> ㄴ. 갑은 길가에서 자신을 위협했던 괴한과 몸싸움을 벌여 맞섰던 적이 있는데, 3일 뒤 편의점에서 우연히 그 괴한을 맞닥뜨린 갑은 그에게 둔기를 던져 기절시켰다.
>
> ㄷ. 갑과 기사밖에 타지 않은 상태에서, 주행 중인 고속버스의 기사가 갑자기 쓰러지자 갑은 대형운전면허가 없음에도 버스를 운전하여 휴게소까지 이동하였다.
>
> ㄹ. 갑은 음주 후에 부른 대리운전 기사가 도로에 차를 세우고 가버리자, 음주를 하지 않았으며 운전 능력이 있는 일행의 제안을 거절하고 자신이 직접 운전을 했다.

① ㄱ, ㄴ   ② ㄱ, ㄷ   ③ ㄱ, ㄹ

④ ㄴ, ㄷ   ⑤ ㄷ, ㄹ

7 〈보기2〉는 〈보기1〉에 제시된 사례의 범죄 성립 여부와 관련하여 교사와 학생들이 토론한 내용이다. 윗글을 참고할 때, 〈보기2〉에 제시된 학생들의 추론 중 적절하지 않은 것은?

보기1

홍길동의 부인은 희귀한 암으로 죽어 가고 있었다. 한 약사가 그 암을 치료하는 신약을 개발하여, 약값으로 수천만 원을 책정했다. 치료 수단이 그 약뿐인 상황에서 길동은 추가 근무를 하고 돈을 빌리는 등 온 힘을 다했지만, 약값의 절반만을 마련할 수 있었다. 돈을 더 구할 수 없는 길동은 약사를 찾아가 지금 약을 먹지 않으면 아내가 죽게 되니 약값을 할인해 달라고 부탁했다. 이를 거절한 약사는 추후 절반을 갚겠다는 길동의 제안 또한 거절했다. 더 이상 합법적으로 할 수 있는 것이 없다고 생각한 길동은, 그날 밤 약사의 연구실에 침입해 약을 훔쳐 와 아내에게 먹였고, 다음날 길동은 약을 절도한 혐의로 경찰 조사를 받게 되었다.

보기2

교사 : 길동의 행위는 위법한 행위라고 볼 수 있을까요?
학생 1 : 길동이 약을 훔친 행위는 형법상 절도죄라는 구성요건에 해당하겠군요.
학생 2 : 길동이 보호한 법익은 아내의 생명이고 침해한 법익은 약사의 재산권인데, 생명이 재산권보다 중요하다고 보면 길동의 행위는 위법성을 충족하지 않습니다.
학생 3 : 약사가 약의 할인 판매를 거절한 행위는 길동 아내의 생명을 위협하는 행위이지만 위법한 행위는 아니므로, 길동의 행위가 정당방위라고 주장할 수는 없겠군요.
교사 : 만약 길동의 행위가 위법성이 인정된다고 가정하면, 길동은 위법한 행위에 대한 책임이 있을까요?
학생 4 : 길동의 책임 유무를 판단하기 위해서는 길동이 아내를 살릴 수 있는 다른 대안을 찾을 가능성이 있었는지를 고려해야겠군요.
학생 5 : 이 상황에서 길동이라는 개인의 특수성을 고려할 때 길동의 행위에 대한 윤리적 비판은 어렵겠지만, 길동의 행위에 대한 법적 비난은 가능합니다.

① 학생 1   ② 학생 2   ③ 학생 3
④ 학생 4   ⑤ 학생 5

8 윗글에서 ⑭와 같은 결론을 내린 이유를 추론한 내용으로 가장 적절한 것은?

① 선원 A가 아무런 행위도 하지 않아 둘 다 죽게 된다면, 이 또한 윤리적으로 비난받을 행위이기 때문이다.
② 선원 B가 널판을 붙잡고 놓지 않은 행위는, 선원 A 입장에서는 생명을 위협하는 타인의 행위이기 때문이다.
③ 선원 A의 행위는 위법성을 충족하는 행위이지만 유책한 행위는 아니므로, 결국 범죄가 성립하지 않기 때문이다.
④ 선원 A의 행위는 자신의 생명이라는 대체할 수 없는 법익을 지키기 위한 행위이므로, 위법성을 적용하기 어렵기 때문이다.
⑤ 선원 A의 행위는 선원 B를 죽이려는 의도가 아니라 자신이 생존하기 위해 널판에서 선원 B를 밀어낸 것이므로, 살인죄에 해당하지 않기 때문이다.

다음 글을 읽고 물음에 답하시오.

법은 존재 형식에 따라 ㉠성문법과 불문법으로 나뉜다. 성문법은 입법 기관을 통해 제정되어 문자로 확정되는 법을 말하고, 불문법은 판례법*이나 ㉡관습법, 조리(條理)* 등과 같이 문자로 확정되어 있지 않은 법을 말한다. 성문법은 문자로 고정하여 규정되므로, 법의 의미 내용이 명료하고 법 적용에 있어 안정성을 가질 수 있다. 그러나 때로 급변하는 사회의 흐름에 따라 현행 법제가 예상하지 못한 현상이 발생하기도 하며, 그 틈은 법률의 개정 및 새로운 입법을 통해 메워야 하나 이 과정이 항상 적시에 이루어지는 것은 아니다. 그사이 사회에는 새로운 관행이 생겨나기도 하는데, 이때 그 관행이 지속적으로 반복됨으로써 형성된 관습이 사회 일반의 법적 확신까지 얻게 되면 관습법이 되어 공백을 메울 수 있다.

법체계에서 관습법은 불문법으로서 대체로 인정되는데, 그 효력에 대해서는 서로 다른 견해가 있다. 관습법이 법률과 내용을 달리할 때 그 법률의 효력을 잃게 할 수 있다는 견해를 변경적 효력설이라고 한다. 변경적 효력설은 관습법이 사회의 필요에 응하여 국민의 법적 확신을 바탕으로 자연히 형성된 규범이라는 면을 강조한다. 이 견해에 의하면, 법률과 다른 관습법이 성립되었다는 것은 성문법이 사회 변화에 제때 대응하지 못하였음을 보여 주는 증거이므로, 성문법만을 고수하는 것은 옳은 자세가 아니라는 것이다. 따라서 권력의 원천인 국민이 법적 확신을 가지고 지지하는 관습법은 법적 확신이 깔려 있지 않은 법률을 배제할 수 있다고 주장한다. 이에 따라 관습법은 효력상 법률과 대등한 지위에 놓이게 된다.

그런데 민법은 제1조에서 "민사에 관하여 법률에 규정이 없으면 관습법에 의하고 관습법이 없으면 조리에 의한다."라고 규정한다. 이에 대해 변경적 효력설의 입장에서는, 성문법이 어떠한 태도를 보이는지에 대해 얽매일 필요는 없고, 합리적으로 법을 해석해야 한다고 주장한다. 반면 법률 규정을 자의적으로 해석하기보다 글자 그대로 충실하게 이해하는 것이 법률 해석의 기본이라 여기는 입장에서는, 민법 제1조에 대해 성문법 규정이 없는 경우에 한하여 관습법을 적용하라는 규정이라고 해석한다. 이를 보충적 효력설이라고 한다.

보충적 효력설에 따르면 성문법과 충돌하는 관습법의 존재는 법질서의 결단에 의해 인정하거나 또는 부인할 수 있는데, 우리 민법의 입법자는 관습법이 성문법에 대하여 보충적 효력을 갖도록 했다고 본다. 이처럼 관습법에 대해 성문법의 보충적 효력만을 부여하게 되면, 법률과 충돌하는 관습법은 논리상 존재할 수 없게 된다. 관습법은 성문법이 규율하지 않는 법적 문제에만 적용되기 때문이다.

어떤 견해를 취하든 선결할 문제는 관습법의 실체를 확인하는 일이다. 관습법은 성문법과 달리 스스로를 수동적으로 드러내는 존재이다. 법전에 쓰여 있지도 않고 단순한 관행과도 구별되는 관습법의 존재와 내용을 확인하는 작업은 쉽지 않다. 이런 까닭에 관습법은 판례와 밀접한 관련을 맺는다. 현실적으로 사법 기관인 법원의 판결을 통하여 관습법이 확인되고 있기 때문이다. 법원의 역할에 주목하는 입장에서는 관습은 판결을 통해 관습법으로 승격된다고 주장한다. 그러나 일반적 견해에 따르면 법원의 판결에서 관습법을 인정하는 경우, 그 사회적 관행이 법적 확신을 얻게 된 시기로 소급하여 그 시점부터 관습법은 이미 존재해 왔다고 본다.

* 판례법 : 유사한 사건에 대하여 법원이 동일한 취지의 판결을 반복하여 판례의 방향이 확정됨으로써 성립되는 불문법.
* 조리 : 이치에 맞도록 인간과 사물이 행동하거나 존재하는 상태로서, 실정법이나 관습법이 존재하지 않는 경우에 최종적으로 의지하여야 할 법.

9 윗글을 통해 답을 찾을 수 없는 질문은?

① 법체계에서 관습법이 필요한 이유는 무엇인가?
② 관습법의 실재를 확인하는 것이 어려운 이유는 무엇인가?
③ 관습법이 성립하는 데에는 어떤 과정이나 조건이 필요한가?
④ 관습법의 법적 효력에 대한 견해가 변화한 이유는 무엇인가?
⑤ 민법에서 인정하는 것으로 규정된 불문법의 종류에는 어떤 것이 있는가?

10 ㉠, ㉡을 이해한 내용으로 적절하지 않은 것은?

① ㉠은 ㉡과 달리 법의 개정이나 입법을 통해 사회 변화에 대응할 수 있다.
② ㉡은 ㉠과 달리 법원의 실제 판결을 통해 그 존재 및 내용을 파악할 수 있다.
③ ㉡은 ㉠과 달리 내용이 명확하지 않기에 재판에서 언제나 ㉠보다 열등한 지위를 갖는다.
④ 보충적 효력설에 따르면, ㉠과 충돌하는 ㉡이 존재하는 경우 법원은 이를 적용하면 안 된다.
⑤ 변경적 효력설에 따르면, 법적 확신이 결여된 법률이 존재할 경우 ㉡이 ㉠을 대신할 수 있다.

11 〈보기〉는 우리나라 법체계에서 불문법과 관련이 있는 내용을 정리한 것이다. 윗글을 바탕으로 ⓐ~ⓒ를 이해한 반응으로 적절하지 <u>않은</u> 것은?

보기

ⓐ 형법에서는 법률에 규정되어 있는 행위만 범죄로 인정하고 있기 때문에, 적용할 법률이 없는 경우에 관습법이나 조리에 의하여 유죄 판결을 내릴 수 없다.

ⓑ 헌법에서 법관은 헌법과 법률에 의해 재판할 의무가 있으며, 판례에 구속될 의무가 없다고 규정한다. 그러나 현실에서는 대법원에서 내린 판례에 따라 하급법원에서 판결을 내리고 있다.

ⓒ 상법 제1조에서는 상업에 관한 일에 대해서 상법에 규정이 없는 경우 관습법을 적용하여 판단하고, 관습법이 없으면 민법의 규정을 적용하여 판단한다고 규정하였다.

① ⓐ: 우리 형법에서는 관습법에 대하여 보충적 효력설을 적용한다고 할 수 있겠군.

② ⓑ: 우리 법체계에서는 원칙적으로 판례법을 불문법으로서 인정하지 않는다고 할 수 있겠군.

③ ⓑ: 우리 법체계에서 실질적으로는 판례가 성문법의 보충적 효력을 가지고 있다고 할 수 있겠군.

④ ⓒ: 상법 제1조에 따르면, 관습법은 상법에 대하여 보충적 효력을 가지고 있다고 할 수 있겠군.

⑤ ⓒ: 상업에 관한 일에 대해서 관습법을 민법보다 우선하는 것은 변경적 효력설의 입장에 가깝다고 할 수 있겠군.

12 윗글을 참고할 때, 〈보기〉에 제시된 관습법의 변천에 대한 해석으로 적절하지 <u>않은</u> 것은?

보기

분묘기지권이란 묘가 비록 타인의 토지에 설치된 것이더라도 묘 주인에게 해당 토지의 사용권을 인정해 주는 권리를 뜻한다. 이는 묘를 건물과 같은 재산권의 일종으로 해석하는 것으로서, 법률로서 인정되는 땅의 권리를 가진 주인이라도 그 땅에 세워진 남의 건물을 함부로 철거할 수 없는 것처럼 묘도 함부로 철거할 수 없다는 것이다. 매장 문화에 기반한 분묘기지권은 오랜 세월 관습법으로 인정되어 왔는데, 1958년 대법원 판례에서 이를 확인할 수 있다. 그런데 최근 땅 주인이 자신의 땅에 묘를 설치한 사람에게 사료료를 청구한 소송에서, 기존의 판례를 뒤집고 사용료를 지급하라는 대법원 판결이 나왔다. 이러한 판결에 대하여 전문가들은 화장 문화가 일반화된 현실을 반영한 결과라고 해석하였다.

① 관습법과 관련한 법원의 역할에 주목하면, 분묘기지권이 성립한 시기는 1958년으로 볼 수 있겠군.

② 묘를 건물과 같은 재산권의 일종으로 보는 분묘기지권을 인정한 것은, 관습법의 효력을 변경적 효력설의 입장에서 해석한 결과로 볼 수 있겠군.

③ 법원이 기존의 판례를 뒤집은 이유는, 묘 주인의 권리에 관해 사람들이 예전만큼 법적 확신을 지니고 있지 않다고 판단했기 때문으로 볼 수 있겠군.

④ 대법원이 최근 땅 주인의 권리를 인정한 것은, 보충적 효력설에 따라 땅과 관련한 성문법과 충돌하는 분묘기지권을 제한하기 위한 것으로 볼 수 있겠군.

⑤ 변경적 효력설에 따르면, 분묘기지권이 최근까지 법률상 효력을 가지고 있었던 것은 묘 주인의 권리가 땅 주인의 권리와 대등하다고 해석되었기 때문으로 볼 수 있겠군.

다음 글을 읽고 물음에 답하시오.

면역의 메커니즘은 몇몇 중요한 역사적 관찰과 실험을 통해 정립되었다. 예컨대 특정 질병을 앓고 있는 환자를 돌본 사람 또는 그 시신을 처리한 사람이 그 질병에 대한 저항성이 높다는 사실은 일찍부터 밝혀져 있었다. 하지만 19세기 중엽까지 면역의 특성과 메커니즘 이해에 필요한 효과적인 실험 방법은 마련되지 못한 상태였다. 무엇보다도 ⓐ병원성 균주나 인위적으로 면역을 유발하는 실험적 방법이 존재하지 않았다. 비로소 19세기 말, 병원성 균주의 발견과 면역화 방법에 대한 파스퇴르의 발견이 면역학의 새로운 장을 ⓐ열었다.

파스퇴르는 면역 반응을 관찰하기 위해, 오랜 기간 배양액 속에 방치되어 병원성이 약화한 조류 콜레라균을 수탉들에 주사하였다. 닭들은 콜레라 증상을 보이기는 했지만 대부분 죽지 않았으며, 회복한 후에는 병원성이 강한 콜레라균을 주입하여도 이 질환을 앓지 않았다. 즉, 콜레라균에 대한 면역이 생긴 것이다. 이러한 파스퇴르의 실험은 개체 내에서 면역 반응을 유발하는 것이 병원균이라는 사실을 밝히기는 했지만, 이 면역 반응이 어떤 메커니즘을 통해 일어나는지에 대한 의문을 ⓑ남겼다.

개체 내에 ⓒ들어온 병원균에 대한 면역에서는 각각의 병원균이 지닌 특정 항원에 대한 항체 생성과 그것의 작용이 중요한 역할을 한다. 베링은 디프테리아나 파상풍 같은 병에 대한 개체의 면역이 병원균이 생성하는 독소를 중화하는 물질, 즉 항체에 의해 생긴다는 사실을 밝혀냈다. 그는 이러한 항체와 면역 반응을 각각 항독소와 항독소 면역이라 명명하였으며, 이 기능을 유지하는 항독소를 다른 동물에게도 접종할 수 있다는 사실 역시 발견했다. 이에 따라 19세기 말에는 말의 혈액에서 추출한 항디프테리아 혈청을 사람에게 주사하여 디프테리아를 예방하거나 치료하였다.

항체가 독소를 중화하는 역할만을 하는 것은 아니다. 파이퍼는 약화된 비브리오 콜레라균을 접종하여 면역이 생긴 쥐의 복강에 콜레라균을 주입하면 균이 완전히 죽는다는 사실을 밝혀냈다. 또한 면역성이 없는 쥐의 복강에 콜레라균을 주입할 경우 그 쥐는 균에 감염되어 죽지만, 면역성이 있는 쥐의 혈액에서 추출한 면역 혈청과 함께 균을 주입하면 콜레라균이 죽는다는 사실도 발견하였다. 파이퍼의 실험에서 면역 혈청은 콜레라균이 생성한 독소에 대해서는 효과가 없었다. 그는 이러한 항체와 면역을 각각 용균성 항체와 용균성 면역이라고 명명하였는데, 그의 실험에서 용균성 면역 반응은 체외에서는 ⓓ일어나지 않았다.

용균성 면역 반응 과정에 항체와 연관되어 작용하는 또 다른 물질이 필요하다는 것은 보르데의 실험에 의해 밝혀졌다. 보르데는 파이퍼의 실험과 달리 콜레라균에 대한 신선한 면역 혈청은 체외에서도 용균성 면역 반응을 일으킬 수 있음을 증명하였다. 또 장기간 보존된 혈청 혹은 짧은 시간 동안 56℃에 노출된 면역 혈청은 그 기능을 ⓔ잃지만, 이때에도 콜레라균에 대한 면역성이 없는 정상 동물의 신선한 혈청을 소량만 첨가하

면 면역 반응을 회복할 수 있음을 증명했다. 이와 같은 실험을 통해 보르데는 콜레라균에 대한 용균성 면역 반응에는 두 가지 물질의 조화로운 작용이 필요함을 밝혀냈다. 하나는 내열성을 지니고, 면역성을 가진 동물에서 생성되며, 혈청 내에 존재하는 항체이다. 다른 하나는 열을 견디지 못할 뿐만 아니라 장기간 보존되기 어렵고, 정상 동물에 이미 존재하며, 면역 반응을 통해 양이 증가하지 않는 물질이다. 후자는 현재 보체(complement)란 이름으로 알려져 있다.

13 윗글을 읽고 알 수 있는 내용으로 가장 적절한 것은?

① 19세기 말 파스퇴르가 발견한 면역 메커니즘은 오늘날에도 질병의 치료와 예방에 활용되고 있다.
② 병원성 조류 콜레라균에 한 번 감염된 수탉들은 두 번째 감염에서는 콜레라균에 의해 대부분 죽었다.
③ 병원균에 의한 질병의 치료와 예방은 병원균이 만드는 독소를 중화하는 항독소에 의해 이루어질 수 있다.
④ 보체는 일반적으로 장기간 보존될 수 있다는 점에서 개체 내 병원균에 대한 면역 반응을 일으키는 데 활용된다.
⑤ 19세기 중엽에 면역의 자연적 메커니즘은 밝혀져 있었지만, 면역을 인위적으로 유발하는 방법은 밝혀지지 않았다.

14 윗글에 제시된 ㉠에 대한 설명으로 적절하지 않은 것은?

① 파스퇴르는 면역 반응을 유도하기 위해 병원성을 인위적으로 약화한 병원균을 수탉에 주입하였다.
② 베링은 병원균에 대한 개체의 면역 반응을 병원균에 의해 생성된 독소를 중화하는 것으로 보았다.
③ 보르데는 정상 동물의 혈청에 존재하는 물질이 용균성 항체를 열로부터 보호한다는 사실을 밝혀 주었다.
④ 파이퍼는 개체의 용균성 항체가 그 기능을 유지한 채 다른 동물에 접종될 수 있다는 사실을 밝혀 주었다.
⑤ 파이퍼는 콜레라균에 감염된 개체의 용균성 항체가 콜레라균이 만든 독소에는 효력이 없음을 실험적으로 보였다.

15 윗글을 읽은 학생이 〈보기〉에 대해 보인 반응으로 가장 적절한 것은?

> **보기**
>
> 폐 조직에 염증이 생기는 질병인 폐렴은 주로 폐렴구균에 감염된 후 1~3일 정도의 잠복기를 거쳐 기침, 가슴 통증, 호흡 곤란 등의 증상을 동반하면서 발병한다. 면역력이 높은 사람은 폐렴구균에 감염되어도 별다른 증상이 나타나지 않지만, 면역력이 떨어졌거나 다른 질환을 앓고 있는 경우에는 폐렴에 의해 사망할 수도 있다. 그러나 약화한 폐렴구균을 체내에 주사함으로써 면역 반응을 유도하면, 약 75%의 폐렴 발병을 예방할 수 있다.

① 폐렴 예방 주사를 반복적으로 맞은 사람은, 보체의 양이 증가함에 따라 폐렴구균 예방률이 75%보다 높아질 수 있겠군.
② 폐렴구균에 면역성이 없는 환자에게 폐렴구균을 주입하면, 용균성 면역 반응이 활성화되고 폐렴구균에 대한 항체가 생성되겠군.
③ 폐렴구균에 면역성이 있는 사람에게서 추출한 혈청을 폐렴구균에 면역성이 없는 폐렴 환자에게 주입하면, 항체와 보체가 함께 작용하여 폐렴구균이 생성한 독소가 중화되겠군.
④ 폐렴구균이 잠복기 동안 특정 증상을 드러내지 않는 것은, 용균성 항체와 보체가 조화롭게 작용하여 용균성 면역 반응이 잘 유지되기 때문으로 볼 수 있겠군.
⑤ 폐렴구균에 대한 용균성 면역을 일으키는 면역 혈청을 장기간 보관하면서 예방 주사로 사용하려면, 면역성이 없고 폐렴 환자가 아닌 사람에게서 추출한 혈청을 혼합해야겠군.

16 문맥상 ⓐ~ⓔ와 바꿔 쓰기에 적절하지 <u>않은</u> 것은?

① ⓐ : 개척(開拓)하였다
② ⓑ : 전승(傳承)하였다
③ ⓒ : 침입(侵入)한
④ ⓓ : 유발(誘發)되지
⑤ ⓔ : 상실(喪失)하지만

다음 글을 읽고 물음에 답하시오.

빙상은 육지를 수 킬로미터 두께로 덮고 있는 얼음 덩어리이고, 빙붕은 빙상이 중력에 의해 해안으로 밀려 ⓐ내려가다가 육지에 걸린 채로 바다 위에 떠 있는 부분을 말한다. 남극 대륙은 해안선의 약 75%가 100~1,000m 두께의 빙붕으로 덮여 있다. ㉠시간에 따른 빙붕 질량의 변화는 지구 온난화와 관련하여 기후학적으로 매우 중요하다. 그러나 빙붕이 조각나 빙산으로 떨어져 나오는 얼음의 양은 비교적 잘 측정되지만, 따뜻한 해수의 영향으로 빙붕 바닥의 얼음이 녹아 없어지는 양은 그동안 잘 알려지지 않았다. 빙붕 아래는 접근하기가 어려워 현장 조사가 제한적이기 때문이다. 더구나 최근 남극 대륙 주변의 풍향이 바뀜에 따라 전보다 더 따뜻한 해수가 빙붕 아래로 유입되면서 이에 대한 정확한 측정이 요구되고 있다. 빙붕 바닥의 얼음이 녹는 양은 해수면 상승에 영향을 미치기 때문이다.

육지에서 흘러 내려와 빙붕이 되는 얼음의 질량(A)과 빙붕 위로 쌓이는 눈의 질량(B)은 빙붕의 얼음을 증가시키는 요인이다. 반면 빙산으로 부서져 ⓑ없어지는 얼음의 질량(C)과 빙붕 바닥에서 녹는 얼음의 질량(D)은 빙붕의 얼음을 감소시킨다. 이 네 가지 요인에 의해 빙붕 전체 질량의 변화량(E)이 결정되는데, 남극 빙붕에서 생성·소멸되는 얼음의 질량에 대한 정확한 측정은 인공위성 관측 자료가 ⓒ많아진 최근에야 가능해졌다.

A는 빙붕과 육지가 만나는 경계선에서 얼음의 유속과 두께를 측정하여 계산한다. 얼음의 유속은 인공위성 레이더가 일정한 시간 간격을 두고 촬영한 두 영상 자료의 차이를 이용해 구할 수 있다. 얼음의 두께는 인공위성 고도계로 물 위에 떠 있는 얼음의 높이를 구한 후, 해수와 얼음의 밀도 차에 의한 부력을 고려하여 계산한다. B는 빙붕을 시추하여 ⓓ얻은 얼음 기둥인 얼음 코어와 기후 예측 모델을 통해 구할 수 있는데, 그 정확도가 비교적 높다. C는 떨어져 나오는 빙산의 면적과 두께를 이용해 구할 수 있으나, 빙산의 움직임이 빠를 경우 그 위치를 추적하기 어렵고 해수의 작용으로 빙산이 빠르게 녹기 때문에 이 방법으로는 정확한 측정이 쉽지 않다. 따라서 C는 빙붕의 끝자락에서 육지 쪽으로 수 킬로미터 상부에 설정한 임의의 기준선에서 얼음의 유속과 두께를 측정하는 방식을 통해 정밀하게 구할 수 있다. E는 빙붕의 면적과 두께를 통해 구하며, 이 모든 요소를 고려하여 D를 계산한다.

연구 결과, 남극 대륙 전체의 빙붕들에서 1년 동안 A는 약 2조 490억 톤, B는 약 4,440억 톤, C는 약 1조 3,210억 톤, D는 약 1조 4,540억 톤이며, E는 약 −2,820억 톤인 것으로 나타났다. 남극 대륙 빙붕의 질량 감소 요인 중 D가 차지하는 비율인 R 값은 남극 대륙 전체 평균이 약 52%이지만, 지역에 따라 10%~90%에 이르기도 한다. 서남극의 파인 아일랜드 빙붕과 크로슨 빙붕 같은 소형 빙붕들의 R 값은 평균 약 74%, 그 외 지역에서는 40% 내외였다. 반면 북남극과 서남극에 걸쳐 있으며 남극 빙산의 3분의 1을 생산하는 가장 큰 빙붕인 필크너-론 빙붕, 남남극에 위치한 로스 빙붕의 R 값은 약 17%였다.

남극 전체 빙붕 면적의 약 91%에 달하는 상위 10개의 대형 빙붕에서는 남극 전체의 D 값 중 약 50% 정도만이 발생하며, 나머지는 약 9% 면적을 차지하는 소형 빙붕들에서 발생한다. 이는 상대적으로 수온이 높은 서남극 해역에 소형 빙붕들이 많이 분포하기 때문이다. 기존의 연구들은 대형 빙붕들 위주의 데이터를 면적 비율에 따라 남극 전체에 확대 적용해 왔기에, 남극 전체의 D 값은 실제와 큰 오차가 있을 것으로 보인다.

빙붕의 단위 면적당 D 값인 S 값을 살펴보면, 남극 전체에서 1년에 약 0.81m 두께의 빙붕 바닥이 녹아 없어지는 것으로 나타났으며, 지역에 따라 0.07~15.96m로 편차가 컸다. 특히 서남극의 소형 빙붕에서는 S 값이 비교적 크게 나타났으나, 다른 지역의 대형 빙붕은 작은 값을 보였다. 이는 빙붕 바닥 중에서도 육지와 ⓔ맞닿은 곳 근처에서는 얼음이 녹지만, 육지에서 멀리 떨어진 곳에서는 해수의 결빙이 이루어지기 때문이다.

17 윗글을 읽고 알 수 있는 내용으로 가장 적절한 것은?

① 남극 대륙 주변의 기후 변화는 해수면 상승을 유발하는 요인이 될 수 있다.
② 빙붕 바닥의 얼음이 녹는 양은 소형 빙붕들에서보다 대형 빙붕들에서 더 큰 값으로 나타난다.
③ R 값은 남극 대륙 빙붕의 전체 질량으로 빙붕 바닥에서 녹아 없어지는 얼음의 질량을 나눈 값이다.
④ 남극 대륙의 해안선을 수 킬로미터 두께로 덮고 있는 빙상이 조각으로 떨어져 나온 것을 빙산이라 한다.
⑤ 인공위성은 육지에서 흘러 내려와 빙붕이 되는 얼음의 질량을 정밀히 측정하는 데에는 이용되기 어렵다.

18 ㉠에 대해 이해한 내용으로 적절하지 않은 것은?

① 빙붕 질량의 전체 감소량은 제한적인 현장 조사로 인해 간접적으로만 측정할 수 있다.
② B를 정확히 측정하기 위해서는 빙붕의 끝자락과 육지를 잇는 임의의 기준선을 설정해야 한다.
③ 남극 대륙 빙붕의 전체 질량 변화량 E는 빙붕의 면적과 두께 변화에 대한 정보를 바탕으로 알 수 있다.
④ 남극 대륙 빙붕의 질량 감소 요인 중 C는 빙산의 움직임이 빠를 경우 정확하게 측정하지 못할 수도 있다.
⑤ 빙상에서 흘러내리는 얼음의 유속은 시간 간격을 두고 촬영된 인공위성 영상 자료들의 비교를 통해 알 수 있다.

19 윗글을 읽은 학생이 〈보기〉에 대해 보인 반응으로 적절하지 <u>않은</u> 것은?

> ▶ 보기 ◀
>
> 최근 엘니뇨와 라니냐가 남극의 빙붕 질량 변화에 영향을 미친다는 연구 결과가 발표되었다. 엘니뇨는 적도 부근 해수 온도가 높아진 상태로 수개월 이상 지속되는 현상이다. 엘니뇨 기간에는 남극 대륙으로 유입된 따뜻한 바닷물에 의해 강설량이 증가하지만, 눈이 빙붕 표면에 쌓이는 속도보다 빙붕 바닥의 얼음이 녹는 속도가 더 빨라진다. 이와 반대로 적도 부근의 해수가 저온 상태로 수개월 이상 지속하는 현상인 라니냐 기간에는 차가운 해수의 유입으로 남극의 강설량과 빙붕 바닥의 얼음이 녹는 양이 감소한다. 하지만 최근 지구 온난화의 영향으로 엘니뇨가 라니냐보다 자주 발생하기에, 남극 대륙의 빙붕 용융은 더 빨라질 것으로 예측된다. (단, 언급된 요인 이외에 빙붕 질량 변화에 영향을 미치는 요인들은 일정하게 유지된다고 가정한다.)

① 엘니뇨가 장기간 지속될수록 남극 대륙 전체의 R 값은 증가할 가능성이 커지겠군.
② 엘니뇨가 장기간 지속될수록 B 값의 증가량보다 D 값의 증가량이 커짐으로써 E 값이 감소할 가능성이 커지겠군.
③ 엘니뇨가 발생하면 서남극에 위치한 소형 빙붕들의 R 값은 증가하면서 남남극 지역의 S 값은 감소할 가능성이 크군.
④ 라니냐가 발생하면 남극 대륙 전체에서 D 값이 감소함에 따라 서남극 소형 빙붕의 S 값 또한 감소할 가능성이 크군.
⑤ 라니냐가 발생할 때 B 값의 변화폭보다 D 값의 변화폭이 훨씬 크다면, 남극 대륙 전체의 E 값은 증가할 가능성이 크군.

20 윗글을 참고할 때, 〈보기〉의 ㉮~㉰에 들어갈 말로 가장 적절한 것은?

> ▶ 보기 ◀
>
> 기존의 연구들은 빙붕 바닥에서 녹아 없어지는 얼음의 질량(D)을 남극 대륙의 대형 빙붕들 위주로 조사하고, 그로부터 얻은 데이터를 남극 대륙 전체로 확대 적용하였다. 이에 따라 남극 대륙 전체의 D 값은 오차를 갖게 되었는데, 이러한 D 값의 오차는 지역에 따른 S 값의 편차가 실제로 더 커질수록 (㉮)하고, R 값의 편차가 실제로 더 작아질수록 (㉯)할 것이다. 또 이러한 확대 적용 연구는 남극 전체의 S 값이 실제보다 (㉰) 측정되는 오차를 초래할 수도 있다.

	㉮	㉯	㉰
①	증가	증가	높게
②	증가	감소	높게
③	증가	감소	낮게
④	감소	증가	높게
⑤	감소	감소	낮게

21 문맥상 ⓐ~ⓔ와 바꿔 쓰기에 적절하지 <u>않은</u> 것은?

① ⓐ: 하락(下落)하다가
② ⓑ: 소실(消失)되는
③ ⓒ: 풍부(豐富)해진
④ ⓓ: 획득(獲得)한
⑤ ⓔ: 인접(鄰接)한

다음 글을 읽고 물음에 답하시오.

국가 배상 제도는 국가 행정으로 인해 손해를 입은 개인에 대해 국가에 배상 책임을 지우는 제도이다. 이 제도는 19세기 후반 프랑스에서 법원의 판결 선례인 판례에 의해 도입된 이래, 여러 나라에서 법률 또는 판례에 의해 인정되었다. 우리나라는 국가 배상법을 통해, 공무원이 고의 또는 과실로 법을 위반한 직무 집행을 하여 개인에게 손해를 입힌 경우에 국가가 그 손해를 배상하도록 하고 있다. 공무원의 행위를 국가 자신의 행위로 간주하는 것이다. 그런데 일반 공무원의 활동에 국가 배상 책임이 인정되는 요건과 달리 법관의 경우에는 그 요건이 매우 제한적이다. 이는 ㉠재판이 ㉡일반 행정과는 다른 특수성을 가지고 있기 때문이다.

법관은 재판의 공정성을 위해 여타 국가 기관으로부터 직무상의 독립성을 보장받는다. 만일 법관이 재판을 할 때 사실관계의 파악, 법령의 해석, 사실 관계에 대한 법령의 적용 등에 잘못을 범하였다는 이유로 국가가 손해 배상 책임을 지도록 하면, 법관은 손해 배상 책임에 대한 부담으로 인해 소신껏 재판 업무에 임할 수 없게 될 것이다. 이러한 재판 업무의 특수성은 법관의 활동에 제한적인 국가 배상 책임만이 인정되도록 한다.

법적 안정성을 위해, 확정된 판결에 대한 기판력이 인정된다는 것도 재판의 특수성 중 하나이다. 기판력이란 확정된 판결이 가지는 구속력을 말한다. 당사자가 불복하지 않아서 판결이 확정되거나 최상급 법원의 판단으로 판결이 확정되면, 동일한 사항이 다시 소송에서 문제가 되었을 때 당사자는 기존 판결에 저촉되는 청구를 할 수 없고 법원도 이에 저촉되는 판결을 할 수 없다. 이는 반복될 수 있는 법적 분쟁을 사법권의 권위로 확정함으로써 법질서의 명확성과 예측 가능성을 유지하고자 하는 것이다. 만약 기판력이 생긴 판결을 다시 국가 배상 청구의 대상으로 삼는다면, 법적 안정성이 흔들리게 될 것이다.

재판에 심급 제도가 마련되어 있다는 점도 특수성으로 볼 수 있다. 심급 제도는 재판에 대하여 불만이 있는 경우 상위 등급의 법원에서 다시 재판을 받을 수 있도록 하는 제도이다. 소송 당사자는 하급 법원의 재판 당시 법관의 업무 수행에 잘못이 있음을 상급 법원에서 주장하는 항소심을 통해 잘못된 결과에 대한 시정을 요구할 수 있다. 이때 재판에 대한 국가의 배상 책임을 지나치게 넓게 인정하면 이러한 심급 제도가 무력화되어 법적 안정성을 해칠 수 있다.

독일에서는 법관의 직무상 의무 위반이 형사법에 의한 처벌 대상일 경우에만 국가의 배상 책임이 인정된다는 내용을 법률에 명시하고 있다. 이와 달리 우리나라의 국가 배상법에는 재판에 대한 국가의 배상 책임을 부정하거나 제한하는 규정이 없다. 재판에 대한 국가 배상법의 적용 자체를 부정할 수 없는 것이다. 그러나 우리 대법원은 판례를 통해, 재판에 대한 국가 배상 책임의 인정 범위를 다음과 같이 좁히고 있다. 먼저, 대법원은 비록 확정 판결이라 하더라도 법관이 자신에게 부여된 권한의 취지에 명백히 어긋나도록 이를 행사하였다고 인정할 만한 특별한 사정이 있는 경우에 재판의 위법성을 인정한다. 뇌물 수수 후 행한 재판처럼 법관이 법을 어길 목적을 명백히 가지고 있었다거나, 소를 제기한 날짜를 확인하지 못한 것처럼 법관이 직무 수행에서 요구되는 법적 기준을 현저하게 위반했을 때가 이에 해당한다. 법관이 직무상 독립에 따라 내린 판단에 대하여 이후에 상급 법원이 다른 판단을 하였다는 사정만으로는 재판의 위법성이 인정되지 않는 것이다. 또한, 재판에 대한 불복 절차가 마련되어 있는 경우에 이러한 절차를 거치지 않고 국가 배상 책임을 묻는 것은 인정되지 않는다. 단, 법관의 귀책사유로 인해 불복 절차를 거치지 않은 것과 같은 특별한 경우에는 예외적으로 국가 배상 책임을 물을 수 있다.

22 윗글을 통해 답을 찾을 수 <u>없는</u> 질문은?

① 항소심을 거치지 않고 국가 배상 청구 소송이 가능한 경우로는 어떤 것이 있는가?
② 우리나라 국가 배상법에서 규정하는 재판의 위법성은 어떠한 요건으로 구성되어 있는가?
③ 재판의 공정성을 위해 독립을 보장받는 법관이 재판에서 행하는 구체적인 직무에는 어떠한 것들이 있는가?
④ 최초의 국가 배상 제도는 어떻게 도입되었으며, 국가 배상 제도를 받아들인 국가에는 어떤 국가가 있는가?
⑤ 쟁점이 되는 사항에 대하여 법적 분쟁이 계속되는 것을 막기 위해 인정하는 법적 효력은 어떠한 효과가 있는가?

23 윗글을 읽고 ㉠과 ㉡을 비교하여 판단한 것으로 적절하지 <u>않은</u> 것은?

① ㉡은 ㉠과 달리 그 직무가 국가로부터 독립되어 있지 않다.
② 법관이 법을 어길 목적으로 직무를 행한 경우, ㉠도 ㉡처럼 위법성이 인정된다.
③ ㉠은 ㉡과 달리, 잘못된 결과를 시정할 수 있는 절차를 마련하여 국가의 배상 책임을 제한하고 있다.
④ 확정 판결로 인한 손해가 발생한 경우, ㉠은 ㉡과 달리 원칙적으로는 국가 배상 책임을 인정하지 않는다.
⑤ ㉠과 ㉡ 둘 다 그 직무 집행자가 법을 어길 의도 없이 법 해석을 잘못하여 개인에게 손해를 입힌 경우에는 국가 배상 책임을 인정하지 않는다.

24 윗글을 읽고 <u>법적 안정성</u>에 대하여 설명한 것으로 적절하지 않은 것을 고르면?

① 국가 배상 청구가 심급 제도보다 우선하는 제도로 활용되면 법적 안정성을 해치게 될 것이다.
② 법적 안정성의 확보를 위해, 특정 직무에서 행한 잘못은 법관에게 그 배상 책임을 지우지 않는다.
③ 법적 안정성을 유지하기 위해 법관의 뇌물 수수 혹은 명백한 직무 유기 같은 행위까지 허용하는 것은 아니다.
④ 우리 사법 체계는 최상급 법원을 통해 확정된 판결에 구속력을 부여함으로써 예측 가능한 법질서를 유지하고자 한다.
⑤ 확정된 판결에 대하여 그 피해를 반복해서 문제 삼으면 법률에 대한 일관되지 않은 태도가 작용할 수 있어 법적 안정성을 해칠 수 있다.

25 〈보기〉는 한 국가 배상 판결 사례에 대하여 찬성하는 입장과 반론을 제기한 입장이다. ㉮에 들어갈 내용으로 적절하지 <u>않은</u> 것은?

> **보기**
>
> A는 국민의 기본권을 침해하는 B법에 따라 유죄 판결을 받았다. A는 항소를 포기하고 징역형을 살다가 사망하였다. 수십 년이 지나 B법이 헌법에 위배된다는 위헌 판결이 나왔다. 이에 A의 유족은 국가를 상대로 손해 배상 청구 소송을 하였다. 법원은 B법의 위헌성을 인정하면서도 국가 배상 청구권을 인정하지 않는 입장이었으나, 최근 기존의 판례를 뒤집고 국가가 A의 유족에게 손해를 배상할 것을 판결하였다.
>
> 찬성 입장 : 기존 해석을 엄격하게 따르면, 피해자는 있으나 책임은 아무에게도 돌아가지 않는 경우가 발생할 수 있습니다. 위 판결은 책임 소재를 따지는 것보다 국가 권력에 의해 손해를 입은 국민을 보호한다는 국가 배상법 취지에 더 주목한 판결이라고 볼 수 있습니다.
>
> 반대 입장 : 위 판결은 국가 배상 청구권을 인정하지 않은 기존 판례로 미루어 볼 때 "_____㉮_____"라는 근거를 들어 비판할 수 있습니다.

① 재판의 결과에 대한 불복 절차를 거칠 수 있는 기회가 A에게 있었으므로 국가 배상 책임이 성립하지 않는다.
② 법관이 A의 기본권을 침해하려는 고의성을 가지고 내린 판결이라는 근거가 없으므로 재판의 위법성이 인정되지 않는다.
③ 법관이 당시에 유효한 B법에 따라 판결을 내렸고, 이 과정에서 직무 수행에서 요구되는 법적 기준을 현저하게 위반한 사실이 확인되지 않았으므로 재판의 위법성이 인정되지 않는다.
④ 국가의 배상 책임 성립 여부는 집행자 개인의 행위에 위법성이 있는지 여부로 판단하는데, 법관 개인의 행위에 위법성이 없었으므로 국가에게도 책임이 없다.
⑤ 항소심에서 1심과 다른 판결이 내려졌다면 국가 배상 책임이 인정될 수 있으나, 항소심까지 가지 못한 채 유죄로 확정 판결되었으므로 국가 배상 책임이 인정되지 않는다.

다음 글을 읽고 물음에 답하시오.

대의 민주주의는 유권자가 대표자에게 주권의 일부를 위임하고, 선출된 대표자는 관료 또는 기타 독립 기구에 권한의 일부를 다시 위임하는 연쇄적인 권한의 위임에 기초하여 작동한다. 그런데 후자의 위임은 선출되지 않은 권력을 창출한다는 점에서 대의 민주주의와 충돌할 소지가 있다. 그렇다면 왜 후자와 같은 위임 행위가 발생하는가?

이에 대해 기능주의 이론은 주인-대리인 모델에 의거하여 답한다. 주인, 즉 정치 행위자들이 대리인에게 권한을 위임하는 것을, 정보의 불완전성과 집합 행동의 딜레마로부터 발생하는 거래 비용을 절감하려는 합리적 선택으로 설명하는 것이다. 거래 비용에 정보 비용과 신뢰 비용이 포함된다는 점에서 이 이론은 둘로 ⓐ나뉜다. 위임을 전문 지식과 정보 부족을 해결하기 위한 선택으로 이해하는 정보의 논리와, 위임을 주인들의 집합 행동의 딜레마, 즉 주인들이 상호 불신으로 인해 전체의 합의에 따른 공동의 장기적 이익 대신 자신의 단기적 이익을 추구하기 위해 합의를 이행하지 않게 되는 문제를 해결하기 위한 대안으로 이해하는 신뢰의 논리가 그것이다.

그런데 권한 위임에는 대리인이 주인의 이익에 반해 행동할 위험이 있다. 이 때문에 위임의 문제는 대리인에게 기대하는 효용을 극대화하고 대리인의 배반을 최소화하기 위한 제도를 설계하는 문제로 압축된다. 이때 두 논리의 해법은 상이하다. 정보의 논리는 대리인이 더 많은 전문 지식과 정보를 가질수록, 또 주인과 대리인의 선호가 일치할수록 대리인에게 보다 많은 권한을 위임하는 방향으로 제도를 설계한다고 ⓑ본다. 반면 신뢰의 논리는 주인들로부터 독립된 선호를 가진 대리인에게 보다 많은 권한을 위임하는 것이 바람직하다고 본다. 이때 위임은 주인들의 집합 행동 문제를 해결하기 위한 수단으로 이해된다.

[A]
하지만 이 두 논리에 대해 다음과 같은 비판이 가능하다. 정보의 논리는 대리인의 선호와 배반이 사후적으로만 관찰된다는 점에서 위임의 설계 단계에서 적용하기 ⓒ어렵고, 신뢰의 논리는 주인들이 단기적 선호를 포기하고 대리인을 임명할 수 있다고 보는데, 그렇다면 집합 행동 문제는 애초에 존재하지 않았던 것이 된다. 따라서 위임의 문제를 제대로 다루기 위해서는 기능주의 이론이 아니라 정치적 거래 비용 이론의 관점에서 접근해야 한다.

정치적 거래 비용 이론은 위임의 설계 과정에서 일어나는 경쟁과 갈등에 주목하면서 ㉠위임을 정치적 불확실성에 기초한 정치적 경쟁의 산물로 이해한다. 민주주의의 특징은 어떤 정치 행위자도 공공 정책을 수립하고 집행하는 권한을 안정적으로 갖지 않는다는 데 있다. 이러한 정치적 불확실성으로 인해 현재 정책이 미래의 정치 권력에 의해 합법적으로 바뀔 수 있다. 정치적 불확실성하에서 정책의 지속성을 보장하는 방안은 해당 정책을 정치 행위자들의 간섭과 각축에서 분리, 독립시키는 것이다. 위임은 이러한 목적으로 이루어지며, 그 과정에서 새로운 형태의 거래 비용, 즉 '정치적 거래 비용'이 창출된다. 정치적 거래 비용이란 대리인에게 정책을 위임하는 데 소요되는 비용을 ⓓ일컫는데, 이 비용이 커질수록 대리인은 정치적 간섭으로부터 자유로워지고 정책이 역전될 가능성은 줄어든다.

정치적 거래 비용을 매개로 한 위임의 제도적 설계는 정치 행위자들에게 정책의 안정성과 대리인에 대한 통제 가능성 간의 맞교환을 요구한다. 위임을 설계하는 세력은 대리인에 대한 정치적 간섭을 배제하고 정책 안정성을 보장할 수 있도록 하면서 정치적 거래 비용의 증가를 발생시킴으로 인해 대리인에 대한 통제 가능성을 스스로 봉쇄하게 된다. 정치 권력을 중심으로 각축하는 정치 세력들 사이의 정책 선호의 차이가 현저할수록, 그리고 정치 권력 교체가 빈번하거나 경합을 벌이는 정치 세력이 다수일수록, 정책이 바뀔 가능성은 높아지고 정책의 안정성을 위해 정치적 거래 비용이 증가할 수밖에 없다. 정치적 거래 비용 이론은 위임을 정치 행위자들의 간섭과 통제로부터 분리하여 정책의 안정성을 ⓔ얻는 행위로 이해함으로써 정책 결정을 추동하는 조건과 그로부터 야기되는 새로운 문제들에 대한 이론적 분석을 가능하게 하였다.

26 윗글을 통해 답을 찾을 수 없는 질문은?

① 정치적 불확실성이 커지는 상황은 정치적 거래 비용에 어떤 영향을 미치는가?

② 정보의 논리를 고려할 때, 주인과 대리인의 선호가 일치하는 원인은 무엇인가?

③ 기능주의 이론을 고려할 때, 권한 위임으로 절감할 수 있는 거래 비용은 무엇인가?

④ 정치적 거래 비용을 고려할 때, 정치 행위자들은 위임을 설계할 때 어떤 선택지에 직면하게 되는가?

⑤ 신뢰의 논리를 고려할 때, 정치 행위자들은 왜 전체의 합의에 따른 공동의 이익을 추구하지 못하는가?

27 [A]를 바탕으로 '기능주의 이론'에 대한 글쓴이의 생각을 추론한 내용으로 가장 적절한 것은?

① 정보의 논리는 위임을 통해 정보 비용을 절감할 수 있다고 설명하지만, 실제로는 위임 이후 주인과 대리인의 지식 격차가 더욱 벌어짐에 따라 사후 정보 비용이 증가할 것이다.

② 정보의 논리가 설명하는 바와 달리, 위임을 설계할 때는 주인과 대리인의 선호가 일치하지만, 사후에는 배반이 발생하기에 정보의 논리를 현실적으로 적용하기 어려울 것이다.

③ 신뢰의 논리는 주인들의 상호 불신으로 인한 집합 행동의 문제를 위임으로 해결한다고 설명하지만, 현실에서는 위임이 아닌 방식으로 집합 행동의 문제를 충분히 해결할 수 있다.

④ 주인들이 공동의 이익이 아닌 각자의 단기적 이익을 추구한다면, 이들이 자신과 독립된 선호를 가진 대리인에게 권한을 위임하지 않을 것이므로, 신뢰의 논리에는 모순이 존재한다.

⑤ 주인들이 각자의 단기적 선호를 포기하고 대리인을 임명하더라도, 주인들의 상호 불신으로 인해 집합 행동의 문제가 결국에는 재발할 것이므로, 신뢰의 논리에는 한계가 존재한다.

28 ㉠의 관점에서 '위임'을 이해한 내용으로 적절하지 않은 것은?

① 정치 행위자가 정책의 수립과 집행에 대하여 갖는 권한을 불안정하게 만드는 민주주의의 특성은 위임이 발생하는 요인으로 작용한다.

② 다른 조건이 일정할 때, 위임으로 인해 발생하는 정치적 거래 비용이 커질수록 미래의 정치 권력이 현재의 정책에 간섭하기 어려워진다.

③ 다른 조건이 일정할 때, 대리인에게 정책에 대한 권한을 더 많이 위임할수록 정치 행위자는 자신의 정치적 거래 비용이 감소하는 이익을 얻는다.

④ 다른 조건이 일정할 때, 상호 경쟁하는 정치 세력들이 각기 지향하는 목표 간의 차이점이 커질수록 정책의 안정성은 약해지기에 위임이 필요하다.

⑤ 다른 조건이 일정할 때, 상호 경쟁하는 정치 세력의 수가 줄어들수록 현재 위임된 정책을 정치 행위자들의 통제로부터 독립시킬 유인은 감소한다.

29 〈보기〉는 ○○시의 재개발 사업과 관련한 뉴스 내용의 일부이다. 윗글을 바탕으로 〈보기〉를 이해한 학생의 반응으로 적절하지 않은 것은?

> ▶ 보기 ◀
>
> ○○시의회는 최근 시청이 발표한 재개발 사업안이 지역 시민들의 요구를 따르지 않았다고 비판하면서, 해당 재개발 사업안을 전면 철회하고 시민이 선출한 대의기관인 시의회의 의견에 따라 재개발 계획을 다시 세우라고 주장하고 있다. 이러한 주장에 대하여 ○○시장은 "시청이 시민의 단기적 요구를 잘 반영하지 못한 측면은 있으나, 이는 우리 시의 장기적인 발전 방향을 고려하여 세운 것으로서 전면 철회는 불가하다."라고 답하면서, "시의회의 반발이 거센 만큼, 시청과 독립적인 지역 개발 전문가 위원회를 구성하여 현재 사업안의 문제점을 수정할 것"이라고 덧붙였다.

① 정보의 논리에 따르면, 시의회의 반발이 거센 것으로 보아 시청의 관료가 시민을 배반했다고 볼 수 있으며, 시청은 시민을 대변하는 시의회의 의견을 따르는 것이 좋겠군.

② 정보의 논리에 따르면, 전문 지식을 갖춘 전문가 위원회가 시청의 계획을 지역 시민들의 선호를 충분히 반영하도록 수정할 수 있다면, 위원회에 권한을 위임하는 것이 좋겠군.

③ 신뢰의 논리에 따르면, 시청의 계획이 시장의 말처럼 정말로 시민 전체의 장기적 이익을 도모하는 것이라면, 시의회의 반발에 흔들리기보다는 시청에 사업을 맡기는 것이 좋겠군.

④ 정치적 거래 비용 이론에 따르면, 전문가 위원회가 재개발 계획을 수정할 권한을 갖게 됨으로써, 시의회가 시민의 요구를 정책에 반영하는 수단이 늘어났다고 이해할 수 있겠군.

⑤ 정치적 거래 비용 이론에 따르면, 시청이 전문가 위원회를 구성한 것은, 시민 여론과 시의회의 간섭에서 벗어나 재개발 정책을 안정적으로 추진하기 위한 시도로 이해할 수 있겠군.

30 문맥상 ⓐ~ⓔ와 바꾸어 쓰기에 가장 적절한 것은?

① ⓐ: 분배(分配)된다

② ⓑ: 직시(直視)한다

③ ⓒ: 난해(難解)하고

④ ⓓ: 지칭(指稱)하는데

⑤ ⓔ: 수취(收取)하는

다음 글을 읽고 물음에 답하시오.

ㄱ 법학적 해석은 법이 어떻게 이해되어야 하는지를 확정하는 것이지, 어떤 의도에서 만들어졌는지를 확정하는 것은 아니다. 이러한 성격은 ㄴ 문헌학적 해석과 비교할 때 분명해진다. 문헌학적 해석은 제정자가 주관적으로 의도한 의미를 확정하는 것으로, 이를 위해 해석자는 제정자의 실제 사상을 탐구한다. 즉, 문헌학적 해석이란 순수하게 경험적인 방법이다. 그러나 법학적 해석은 법률을 실제로 제정하는 주체인 경험적 입법자가 의도한 의미를 확정하는 데 머무르는 것이 아니라 법률이 객관적으로 타당한 의미를 갖도록 하는 것을 지향한다. 이는 법질서를 체계적으로 모순 없이 해석해야 한다는 선험적* 요청에 의한 것으로, 이때 해석자는 이념적 입법자의 의사를 고려해야 한다.

실제 법률의 제정에는 다수의 제정자가 관여한다. 따라서 그 의미에 관한 갖가지 의견이 있을 수 있다. 하지만 법학적 해석은 일의적(一義的)이어야 한다. 따라서 국가 법률의 의사와 일치하는 이념적 입법자의 단일 의식에 의해 입법의 모든 내용이 결정되었다고 가정한다. 여기서 이념적 입법자란 법률 속에서만 존재하는 가상의 존재로, 이념적 입법자의 의사는 법학적 해석의 목표이자 결과가 되며 법률의 의사와 일치한다. 그러므로 실제 법률 제정자가 미처 의식하지 못한 것도 해석 과정에서 이념적 입법자의 의사로 확정될 수 있다. 그를 통해 해석자는 법률을 그 제정자가 이해한 것보다도 더 잘 이해할 수 있는 것이다.

실제 법률 제정자의 사상에는 부족함이 있을 수밖에 없으므로, 언제나 명확하거나 모순 없는 것이라고 할 수 없다. 그러나 해석자는 온갖 법률 사건에 대하여 명료하게 모순 없는 해결을 끌어내어야 한다. 이에 해석자는 법학적 해석을 통해 입법자의 의사를 고려하며 자기가 이념적 입법자였다면 제정하였을 법으로 나아가는 것이다. 이처럼 법학적 해석은 문헌학적 해석을 기반으로 하지만 그것을 초월한다. 결국 ㄷ 경험적 입법자는 이념적 입법자에게 자리를 넘겨주게 된다. 재판은 이를 확인하는 구체적인 과정이라 할 수 있겠는데, 특히 법률에 대한 위헌성 심사가 그러하다. 다음의 사례를 들어 살펴볼 수 있다.

A는 자신의 홈페이지에 만화 주인공인 청소년이 전신을 노출하는 그림을 게시하였는데, 검찰은 이 그림이 〈청소년의 성 보호에 관한 법률〉 제2조 제3호의 '청소년이용음란물'에 해당한다고 하여 기소하였다. 해당 규정은 「"청소년이용음란물"이라 함은 청소년이 등장하여 제2호 각목의 1에 해당하는 행위를 하거나, 청소년의 수치심을 야기하는 신체의 전부 또는 일부 등을 노골적으로 노출하여 음란한 내용을 표현한 것으로서, 필름·비디오물·게임물 또는 컴퓨터 기타 통신매체를 통한 영상 등의 형태로 된 것을 말한다.」라고 되어 있다. 여기서 '청소년'이 실제의 청소년을 뜻한다는 것은 말할 것도 없다. 그러나 '청소년이 등장하여'라는 부분은 '신체의 전부 또는 일부 등을 노골적으로 노출하여'라는 구절까지 연결되는 것으로도 또는 그렇지 않은 것으로도 읽힐 수 있다. 곧, 다의적(多義的) 해석의 여지가 있어 죄형 법정주의의 명확성 원칙을 위반한 위헌 규정이라는 문제가 제기되었다.

헌법재판소는 먼저 법률의 제안 이유서를 확인하였다. 거기에는 '청소년을 이용하여 음란물을 제작, 배포하는 행위가 사회 문제로 되면서 특별히 청소년의 성을 보호하기 위한 특별법'이라 표현되어 있다. 이에 표현물에 실제 청소년이 등장하는 것을 입법 시에 전제하였다고 파악하였다. 더구나 위 법률은 다른 규정에서 대상 청소년이나 피해 청소년의 신상 유출을 금지하고, 그 위반에 대해 처벌하는 체계로 되어 있다. 또한, 법률안 초안에서는 위 조항의 '필름·비디오물·게임물' 다음에 '그림'이라는 낱말이 붙어 있다가 최종안에서는 배제되었다. 이로써 그림, 만화 등의 음란물은 일반 형법상의 규정으로 규제하려는 것이 입법자의 의사라고 확인하였다. 헌법재판소는 이런 식으로 입법 경과, 입법 목적, 다른 규정들과의 조화 등을 고려한 뒤, 결론적으로 '청소년이용음란물'에는 실제 인물인 청소년이 등장하여야 한다고 해석될 수밖에 없다고 하였으며, 따라서 법률 적용 단계에서 다의적으로 해석될 우려가 없어 명확성의 원칙에 위배되지 않는다고 결정하였다.

* 선험적 : 어떤 경험 이전에 인식의 주관적 형식이 이미 인간에게 있다고 주장하는 인식론적 태도.

31 윗글을 통해 답을 찾을 수 없는 질문은?

① 법률에 대한 법학적 해석이 목표하는 바는 무엇인가?
② 문헌학적 해석과 법학적 해석 간의 차이점은 무엇인가?
③ 관련한 재판이 없는 상황에서 법에 대한 법학적 해석 과정은 구체적으로 어떻게 이루어지는가?
④ 법률에 대한 해석 과정에서 입법자의 의사를 확인할 수 있는 구체적인 수단에는 무엇이 있는가?
⑤ 〈청소년의 성 보호에 관한 법률〉 제2조 제3호가 위헌 규정이라는 문제가 제기된 근거는 무엇인가?

32 법률에 대한 ㄱ과 ㄴ을 이해한 내용으로 적절하지 않은 것은?

① ㄱ은 법률 제정자보다 해석자의 역할을 강조한다.
② ㄱ은 동일한 법률에 대한 다양한 해석을 부정한다.
③ ㄴ은 법률 제정자가 의도한 주관적인 의미를 확정한다.
④ ㄱ은 ㄴ과 달리 과정에서 법률 제정자의 의사를 배제한다.
⑤ ㄴ은 ㄱ과 달리 순수하게 경험적인 방법을 통해 이루어진다.

33 ©의 의미를 이해한 내용으로 가장 적절한 것은?

① 실질적인 재판을 통해서만 법률을 제정한 의도가 공표되고 확정된다.

② 법학적 해석은 경험적 입법자가 이념적 입법자가 되도록 노력하는 과정이다.

③ 결과적으로 법학적 해석은 문헌학적 해석을 배제하는, 법률 해석의 유일한 도구가 된다.

④ 법학적 해석을 통해 제정자가 미처 의식하지 못했던 법률의 명료하고 객관적인 의미가 확정된다.

⑤ 다수의 입법 관여자는 각기 다른 의견을 가지고 있으므로 법률은 다의적인 이념일 수밖에 없다.

34 윗글을 참고할 때, 〈보기〉에 제시된 위헌 결정 사례에 대한 반응으로 적절하지 <u>않은</u> 것은?

> ───── 보기 ─────
>
> 자녀가 친자식이 아닌 것으로 추정될 때 부 또는 모가 그 부모 자식 관계를 부정하는 재판을 청구하는 것을 '친생부인의 소'라고 한다. 이에 대한 기존 민법은 "친생부인의 소는 그 출생을 안 날로부터 1년 내에 제기하여야 한다."라는 문구로 규정되어 있었다. 그런데 '그 출생을 안 날'이라는 문구는 친자 관계 여부와 무관하게 단순히 '출생하였음'을 안 날로 해석할 여지가 있음이 지적되었다. 헌법재판소에서는 이에 대하여 법 제정의 본래 목적을 벗어날 가능성이 있기에 해당 규정은 위헌이라고 결정하였다. 이에 따라 '친생부인의 소는 부 또는 모가 그 사유가 있음을 안 날부터 2년 내에 제기하여야 한다.'라고 개정되었다.

① '친생부인의 소'의 개정 이전 규정이 헌법재판소에 의해 위헌으로 결정되기는 하였지만, 해당 규정이 죄형 법정주의를 위반하였다고 보기는 어렵겠군.

② 헌법재판소는 '친생부인의 소'와 관련한 규정에서 '그 출생을 안 날로'이라는 부분에 대한 법학적 해석자로서, 그 의미를 제정자보다 잘 이해하였다고 볼 수 있군.

③ 헌법재판소의 목표는 '친생부인의 소'를 입법한 제정자의 본래 의도를 확정하려는 것이라기보다는, 해당 법규가 객관적으로 타당한 의미를 갖도록 하려는 것이라고 볼 수 있군.

④ 문헌학적 해석에 따르면 '그 출생을 안 날'이라는 부분이 '출생하였음을 안 날'로만 이해되기에, 해당 법률 규정이 더 타당한 의미로 이해될 수 있도록 수정된 것으로 볼 수 있군.

⑤ 자녀가 태어났음을 확인한 지 1년 1개월이 지난 후에 자녀가 친자식이 아님을 알게 된 부모의 경우, 개정 이전 규정을 따른다면 '친생부인의 소'를 제기할 수 없을 수도 있었겠군.

다음 글을 읽고 물음에 답하시오.

현대의 환경 위기는 인류의 생존 문제일 뿐 아니라 근대 이후 구현되어 온 인본주의적 가치들을 위협할 수 있는 요인이기도 하다. 이는 '생존'을 빌미로 하는 신유형의 독재나 제국주의를 유발함으로써 자유, 인권, 평등의 인본주의적 가치에 근거한 민주주의나 세계 시민주의 등의 이념들을 위기에 처하게 할 수도 있다. 환경 위기는 특히 '철학적 근대'에 관한 담론에서 중요한 주제로 여겨진다. 현대의 환경 위기는 자연과 인간을 근본적으로 차별하는 세계관을 사상적 토대로 하고, 또한 그러한 세계관은 인간의 이성적 주체성을 전면에 등장시킨 근대의 인식에서 비롯되었기에, 이 위기에 가장 큰 책임이 있는 것이 바로 철학적 근대라고 지적되기 때문이다. 그러나 한편으로 철학적 근대가 인간의 지성적·실천적 자율성을 주창함으로써 숭고한 인본주의적 가치들을 자리 잡게 했기에, 그것을 무조건 거부할 수도 없다는 점에서 철학적 근대의 딜레마가 발생한다.

철학적 근대는 ㉠데카르트주의의 발생과 완성의 과정으로 이루어진다고 보는 것이 일반적이다. 이성적 사유 주체의 절대적 확실성을 철학의 제1원리로 논증하는 이 사상 체계에서 자연은 주체에 대한 근본적 타자로서, 그 어떤 자기 목적이나 내면도 없는 단적인 물질적 실체, 즉 '길이, 넓이, 깊이로 연장된 것'이라는 열등한 존재로 인식된다. 인간과 자연의 이러한 위계적 이원화는 인간의 자연 지배를 정당화하는 토대를 마련하여 양적으로 측정할 수 있는 영역으로 정의된 자연을 인간 마음대로 사용할 수 있는 유용한 자재 창고 정도로 여겨지게 한 것이다.

자연과학적 실험의 보편화는 더욱 과격화된 철학적 자연관이 출현하는 계기가 되었다. 자연은 '인식'과 '사용'의 대상이던 것에서 나아가 '제작'의 대상이 된 것이다. 진리를 발견되는 것이 아니라 ⓐ만들어지는 것으로 보는 이러한 노선은 ㉡칸트주의에서 특히 전형적으로 대두한다. 즉 의지의 규범인 도덕 준칙과 마찬가지로 지성의 대상인 자연법칙 또한 그 입법권이 자율적 주체인 인간에게 부여되는 것이다. 자연은 단순한 물질로서 주어질 뿐, 그 구체적인 존재 형식은 인식 주체로서의 인간의 지적 틀에 의해 결정된다는 것이다. 물론 이 사상에서 자연의 자기 목적이 중요한 화두로 제기되기도 하지만, 이 역시 세계를 대하는 인간의 심적 태도의 차원에서 상정될 뿐이다.

철학적 근대의 대표적 이론인 객관적 관념론은 특히 강한 이성주의적 면모를 지니기 때문에 해당 이론이 자연에 대한 억압적 지배를 정당화할 것이라 예측하기 쉬울 것이다. 하지만 이는 잘못된 인식이다. 객관적 관념론은 철학적 근대의 핵심 원리인 '이성'의 위상을 극한으로 강화한다. 객관적 관념론은 문자 그대로 관념의, 구체적으로는 이성의 객관적 진리치를 정당화하고자 한다. 여기서 '이성'은 이전의 근대 철학에서 지적 능력의 특정한 형식이나 단계를 지칭했던 것과는 달리 근본적으로는 존재론적·형이상학적 위상까지 지니는 최상위의 범주 또는 섭리를 가리킨다. '모든 것은 개념, 판단, 추론이다'라는 헤겔의 말처럼, 이성은 '세계의 모든 것에 선행하면서 동시에

그 모든 것을 가능케 하는 조건'이라는 절대적 위상을 지니며, 이에 모든 자연사와 인간사는 이러한 절대적 이성이 시공간의 차원으로 드러난 현상적 실재로 설명된다. 즉 자연은 절대적 이성에 따라 존재하고 변화하는 사물 양태의 이성이고, 지성적 주체인 인간은 절대적 이성에 따라 사유하고 성숙하여 절대적 이성의 인식에 도달해 가는 의식 양태의 이성이기에, 자연과 인간의 근원은 본질적으로 같다는 것이다.

㉮객관적 관념론은 오히려 강화된 이성주의를 통해 철학적 근대의 딜레마에 대한 해결을 모색할 수 있음을 보여 준다. 객관적 관념론은 이성적 주체의 위상을 정당화하면서도 동시에 무분별한 자연 지배를 경계할 수 있는 논거를 제시한다. 이러한 이유로 현대의 환경 철학 담론에서 근대를 원천적으로 거부하는 포스트모더니즘이 상당한 공감을 얻고 있는 와중에도 객관적 관념론에 기반을 둔 자연철학이 주목을 받는 것이다.

35 윗글에서 알 수 있는 내용으로 적절하지 **않은** 것은?

① 칸트주의는 도덕 준칙과 자연법칙이 자율적 주체인 인간에 의해 만들어진다고 보았다.
② 데카르트주의는 자연을 양적으로 측정 가능한 영역으로 정의함으로써 인간의 자연 지배를 정당화하였다.
③ 객관적 관념론은 이성주의를 강화함으로써 현대의 환경 위기를 극복할 수 있는 논리적 근거를 제시하였다.
④ 현대의 환경 위기는 철학적 근대에 기반한 민주주의나 세계 시민주의 등의 이념을 위협하는 요인으로 주목받기도 한다.
⑤ 객관적 관념론은 칸트주의와 마찬가지로 이성에 형이상학적 의미를 부여함으로써 철학적 근대를 완성했다고 평가받는다.

36 윗글의 관점에서 ㉠과 ㉡을 비교하여 이해한 내용으로 가장 적절한 것은?

① ㉠은 ㉡과 달리 자연을 주체에 대한 근본적 타자로 여긴다.
② ㉡은 ㉠과 달리 자연의 자기 목적을 인간의 심적 태도의 차원에서 고려하지 않는다.
③ ㉡은 ㉠과 달리 인간의 자율성을 강조해 인본주의적 가치들을 자리 잡도록 도왔다고 평가될 수 있다.
④ ㉠과 ㉡은 모두 자연과 인간을 위계화함으로써 현대 환경 위기의 사상적 토대를 제공했다고 평가될 수 있다.
⑤ ㉠과 ㉡은 모두 자연을 인간의 인식과 사용의 대상일 뿐만 아니라 인간에 의해 만들어지는 대상으로 보았다.

37 윗글을 읽은 학생이 〈보기〉에 대해 보인 반응으로 적절하지 <u>않은</u> 것은?

> **보기**
>
> 포스트모더니즘은 현대의 환경 위기를 인간과 비인간의 이분법에 기반한 인간중심주의를 사상적 토대로 삼은 근대인이 자연을 대상화하고 정복한 결과라고 비판한다. 이에 포스트모더니즘은 인간의 신체가 자연과 마찬가지로 물질로 구성되어 있다는 점에 근거해 인간과 자연이 공존할 뿐 아니라 상호 연결되어 있다는 사실을 강조한다. 이러한 포스트모더니즘은 생태중심주의에 큰 영향을 미쳤는데, 생태중심주의는 생태계 전체를 도덕적으로 고려함으로써 인간과 비인간을 동등한 위치에서 사유하려는 시도로 볼 수 있다. 하지만 이러한 시도는 사상사적인 맥락에서 인간중심주의가 정초한 자유, 인권, 평등 등과 같은 가치를 위협한다는 비판을 받기도 한다.

① 인간과 비인간의 상호 공존을 강조하는 포스트모더니즘에서는 자연과 인간의 근원이 본질적으로 같다는 객관적 관념론과 동일한 근거를 제시하겠군.

② 인간과 자연의 분리 불가능성을 주장하는 포스트모더니즘을 통해 자연과 인간에 대한 철학적 근대의 인식이 반영된 세계관을 비판할 수 있겠군.

③ 근대인이 자연을 대상화하고 정복함으로써 환경 위기가 발생했다고 보는 포스트모더니즘의 관점에서는 환경 위기에 대한 철학적 근대의 책임을 주장하겠군.

④ 생태중심주의가 인간중심주의가 정착시킨 가치들을 위협할 수 있음을 고려할 때, 생태중심주의가 철학적 근대의 딜레마를 해결할 방안을 제공하기는 어렵다고 볼 수 있겠군.

⑤ 생태중심주의가 생태계 전체를 도덕적으로 고려한다는 점을 고려할 때, 생태중심주의는 환경 위기와 마찬가지로 '생존'에 근거한 신유형의 독재나 제국주의를 유발할 수도 있겠군.

38 ㉮의 의미를 이해한 내용으로 가장 적절한 것은?

① 절대적 이성은 세계의 최상위 범주이므로, 인간은 절대적 이성에 따라 새로운 인본주의적 가치를 확립해야 한다.

② 인간과 자연은 절대적 이성의 서로 다른 양태이므로, 양자를 대립적으로 이해하는 태도를 지양해야 한다.

③ 자연사는 인간의 이성이 시공간의 차원으로 드러난 현상적 실재이므로, 양적 측정이 가능한 존재이다.

④ 이성은 인간의 지적 능력이 지닌 형식을 의미할 뿐이므로, 그 형식에 맞게 자연을 인식해야 한다.

⑤ 자연은 물질적 실체가 아니므로, 자연을 인간보다 열등한 존재로 여기는 세계관을 극복해야 한다.

39 문맥상 ⓐ와 가장 가까운 의미로 쓰인 것은?

① 개정된 교육과정을 반영해 새로운 교과서를 <u>만들었다</u>.

② 그녀는 아이를 위한 모자와 장갑을 직접 <u>만들어</u> 보았다.

③ 많은 토론을 거쳐 <u>만든</u> 규칙이 오늘부터 적용될 것이다.

④ 전쟁은 사람들이 살아온 터전을 폐허로 <u>만드는</u> 행위이다.

⑤ 그는 자신의 경험을 바탕으로 동아리를 <u>만들어</u> 운영하였다.

다음 글을 읽고 물음에 답하시오.

우주선은 연료를 연소하여 기체로 분사함으로써 분사 방향의 반대쪽을 향하는 추진력을 받는다. 이는 어떤 힘이 작용하면 그와 크기가 같고 방향은 반대인 힘이 반작용한다는 뉴턴의 제3법칙으로 설명된다. 즉 우주선이 연료 기체를 분사하는 힘을 가하면, 그 반작용으로 우주선이 받는 힘이 추진력이 된다. 이때 같은 크기의 힘을 ⓐ주고받았는데 우주선이 움직이는 까닭은, 같은 크기의 힘을 물체에 가할 때 물체의 질량과 가속도는 반비례한다는 뉴턴의 제2법칙으로 설명된다. 우주선의 질량보다 연료 기체의 질량이 작더라도, 연료 기체를 고속으로 분사함으로써 우주선은 충분한 가속도를 얻는다.

그런데 지구 궤도를 도는 우주선에는 연료 분사로 얻은 힘 외에 지구의 중력도 작용한다. 우주선이 중력을 받으면서 원 또는 타원 궤도를 도는 운동을 할 때, 궤도를 한 바퀴 도는 데 걸리는 시간인 주기는 궤도의 지름이 클수록 더 길다. 또 궤도 운동을 하는 우주선은 속력에 관련된 운동 에너지(K)와 중력에 관련된 중력 위치 에너지(U)를 함께 갖는다. 이때 우주선의 운동 에너지는 그 질량에 비례하고, 속력의 제곱에 비례한다. 또 우주선의 중력 위치 에너지는 우주선이 지구에서 가장 먼 무한대 거리에 있을 때 0이고, 지구에 가까워질수록 더 작아진다.

이처럼 궤도 운동을 하는 우주선이 갖는 역학적 에너지(E)는 K와 U의 합이다. 지구의 중력만이 작용할 때, 궤도 운동을 하는 우주선의 E는 일정하게 보존된다. E가 보존될 때 궤도 운동을 하는 우주선이 지구 중심에서 멀어지면 U가 커짐에 따라 K는 작아지므로 속력이 느려지고, 반대로 우주선이 지구 중심에 가까워지면 속력이 빨라진다. 또한 원 궤도에서 작용하는 중력의 크기가 클수록 우주선의 속력이 빨라진다.

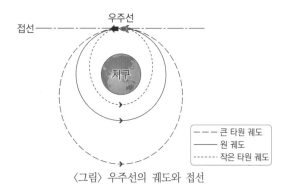

〈그림〉 우주선의 궤도와 접선

한편 ㉠우주선의 궤도는 연료 분사로 속력을 조절함에 따라 〈그림〉과 같이 바뀔 수 있다. 우주선이 운동하는 방향을 전방, 그 반대 방향을 후방이라 하자. 〈그림〉처럼 지구를 중심으로 하는 원 궤도에서 E가 보존되는 궤도 운동을 하던 우주선이 궤도의 접선 방향으로 연료를 후방 분사하여 운동 에너지를 증가시키면, 그만큼 역학적 에너지도 증가한 우주선은 기존 궤도보다 지구로부터 더 멀어질 수 있는 큰 타원 궤도로 진입한다. 그와 반대로 연료를 전방 분사하면, 운동 에너지 감소에 따라 작은 타원 궤도로 진입한 우주선은 지구에 전보다 가까워진

다.

〈그림〉에서 목표물과 우주선이 같은 원 궤도에서 같은 방향으로 운동하는 상황을 가정해 보자. 만약 목표물이 전방에 있을 때 우주선이 이를 따라잡기 위해 일시적 후방 분사를 하면, 궤도의 접선 방향으로 우주선의 속력이 빨라져 우주선은 큰 타원 궤도로 진입한다. 이어서 후방 분사가 끝나면, 우주선 속력은 주기적으로 변화하고 우주선과 목표물은 더 멀어진다. 반대로 목표물이 후방에 있을 때 우주선이 일시적 전방 분사를 하면, 작은 타원 궤도로 진입한 우주선의 속력은 원 궤도에서보다 더 느려진 진입 속력과 더 빨라진 최대 속력 사이에서 변화하고, 이때에도 우주선과 목표물은 더 멀어진다.

이러한 상황에서 전방에 있는 목표물에 우주선이 도달하는 랑데부에 성공하려면, 일시적 전방 분사로 우주선의 속력을 줄임으로써 원 궤도보다 작은 타원 궤도로 진입해야 한다. 그 궤도에서 우주선은 목표물보다 더 빠른 속력으로 운동하여 목표물에 접근할 수 있다. 하지만 우주선과 목표물의 궤도가 달라졌으므로, 우주선은 진입한 궤도의 주기가 기존 궤도의 주기보다 더 짧다는 점을 이용하여 한 주기 혹은 여러 주기의 궤도 운동 후에 우주선과 목표물이 같은 위치에서 만나도록 속력을 추가로 조절해야 한다. 이로써 우주선이 목표물보다 낮은 위치에서 목표물에 충분히 가까워지면, 랑데부에 성공할 수 있다.

40 윗글을 읽고 알 수 있는 내용으로 적절하지 <u>않은</u> 것은?

① 질량이 일정하게 유지되는 우주선의 속력이 2배 증가한다면, 그 우주선의 운동 에너지는 4배 증가한다.
② 우주선에 지구의 중력만이 작용하는 상황에서, 타원 궤도를 그리면서 궤도 운동을 하는 우주선의 속력은 일정하지 않다.
③ 우주선이 연료 분사를 통해 힘을 얻는 원리는 뉴턴 제3법칙으로 설명할 수 있고, 우주선이 가속도를 얻는 원리는 뉴턴 제2법칙으로 설명할 수 있다.
④ 우주선에는 연료 분사에 의한 힘 외에도 지구의 중력이 작용하기 때문에, 우주선이 궤도 운동을 하는 궤도의 지름과 궤도를 한 바퀴 도는 데 걸리는 시간은 반비례한다.
⑤ 우주선과 목표물이 같은 원 궤도에서 같은 방향으로 궤도 운동을 할 때, 우주선이 목표물과 랑데부를 성공하려면 궤도 변경 이후에도 한 주기 이상의 궤도 운동을 해야 한다.

41 우주선 '갑'이 지구를 중심으로 하는 원 궤도에서 궤도 운동을 할 때, '갑'의 역학적 에너지에 대한 설명으로 적절한 것은?

① 갑에 중력만이 작용한다면, 갑이 점차 추진력을 잃음에 따라 갑의 역학적 에너지도 점차 감소할 것이다.
② 갑이 지구에서 무한대 거리에 있다면, 갑의 운동 에너지와 갑의 역학적 에너지는 그 크기가 같아질 것이다.
③ 다른 모든 조건이 변하지 않는다면, 갑이 멈추어 속력이 0이 될 경우에는 갑의 역학적 에너지도 0이 될 것이다.
④ 다른 모든 조건이 변하지 않는다면, 갑에 작용하는 지구 중력이 커질수록 갑의 역학적 에너지는 감소할 것이다.
⑤ 다른 모든 조건이 변하지 않는다면, 갑과 지구 중심 간의 거리가 멀어질수록 갑의 역학적 에너지는 감소할 것이다.

42 우주선의 질량은 변화하지 않는다고 가정할 때, 윗글의 〈그림〉과 관련하여 ㉠을 이해한 내용으로 적절하지 <u>않은</u> 것은?

① 원 궤도를 도는 우주선이 현재의 원 궤도보다 지구로부터 더 멀어질 수 있는 새로운 타원 궤도에 진입하려면, 일시적인 후방 분사를 통해 속력을 높여야 한다.
② 궤도 운동 중인 우주선이 갖는 중력 위치 에너지의 최솟값은 큰 타원 궤도에서 궤도 운동을 하는 우주선보다, 작은 타원 궤도에서 궤도 운동을 하는 우주선이 더 작다.
③ 원 궤도를 도는 우주선이 일시적 후방 분사로 새로운 타원 궤도에 진입하면, 새로운 궤도에서 갖는 운동 에너지의 최댓값은 기존 원 궤도에서의 운동 에너지보다 커진다.
④ 원 궤도를 도는 우주선이 운동 에너지를 줄여 새로운 타원 궤도에 진입하면, 새로운 궤도에서 갖는 중력 위치 에너지의 최댓값은 기존 궤도에서의 중력 위치 에너지와 같다.
⑤ 원 궤도를 도는 우주선이 일시적 전방 분사로 새로운 타원 궤도에 진입하면, 기존 원 궤도에서 가졌던 것과 같은 운동 에너지를 갖는 새로운 궤도상의 지점은 1개 존재한다.

43 윗글을 참고할 때, 〈보기〉에서 '제미니 4호'의 랑데부 시도가 실패한 원인을 추론한 반응으로 가장 적절한 것은?

> **[보기]**
>
> 1965년, 지구 주위를 도는 원 궤도에서 중력만으로 운동 중이던 우주선 제미니 4호는 같은 원 궤도상 전방에 위치한 타이탄 로켓과 랑데부를 최초로 시도하였다. 제미니 4호는 타이탄 로켓을 향하여 이동하는 속력을 높이기 위해 연료를 후방으로 일시적으로 분사하였다. 하지만 후방 분사를 반복할수록 타이탄 로켓과의 거리는 오히려 더 멀어졌고, 결국 연료만 소모한 채 제미니 4호의 랑데부 시도는 실패하였다.

① 연료 분사에 따라 중력 위치 에너지가 감소한 제미니 4호의 궤도 운동 주기가 이전보다 증가하였기 때문이다.
② 연료 분사에 따라 운동 에너지가 증가한 제미니 4호와 지구 중심 간의 거리가 이전보다 감소하였기 때문이다.
③ 연료 분사에 따라 역학적 에너지가 증가한 제미니 4호가 기존 원 궤도보다 더 큰 타원 궤도로 진입하였기 때문이다.
④ 연료 분사에 따라 궤도의 접선 방향으로 속력이 감소한 제미니 4호가 타이탄 로켓보다 높은 위치에 놓였기 때문이다.
⑤ 연료 분사에 따라 제미니 4호가 랑데부가 가능한 궤도에는 진입하였지만 추가적인 속력 조절을 하지 않았기 때문이다.

44 문맥상 ⓐ와 바꿔 쓰기에 가장 적절한 것은?

① 교류(交流)하였는데
② 교신(交信)하였는데
③ 교역(交易)하였는데
④ 교체(交替)하였는데
⑤ 교환(交換)하였는데

11 생물의 조직화

다음 글을 읽고 물음에 답하시오.

19세기 프랑스의 대표적인 생물학자들인 퀴비에, 조프루아, 라마르크는 모두 생물과 관련한 구조, 기능, 환경 사이의 관계를 연결하기 위해 '조직화(organization)'라는 개념을 토대로 이론을 전개하였다. 조직화란 개별 요소들이 상호 작용을 통해 하나의 조직을 만들어 가는 것을 의미한다. 그런데 이들은 생물의 조직화 과정에서 구조와 기능의 중요성을 서로 다르게 평가하였으며, 이에 따라 각기 다른 생물 이론을 펼치게 되었다.

㉠퀴비에는 생물의 조직화 과정에서 구조보다 기능이 중요하다고 보았다. 그는 생물이 주어진 서식 환경에 가장 적합하게 창조되었고, 각 기관의 기능은 창조 당시에 부여되었다고 믿었다. 또한 그 기능에 따라 각 기관의 구조가 결정되고, 기관들은 기능적으로 상호 긴밀하게 연관된다고 생각했다. 퀴비에는 이를 '부분들의 상호 연관성'이라고 불렀다. 그는 생물이 독립된 부분들의 단순한 집합이 아니라 하나의 통합된 전체이며, 부분은 전체의 흔적을 담고 있다고 주장했다. 이러한 통합성으로 인해 생물의 어느 한 부분에라도 변화가 발생하면 몸 전체가 치명적 손상을 입으며, 한 종이 다른 종으로 변할 수 없다. 이전의 생물학자들은 어떤 생물이라도 부분들의 무작위적 집합을 통해 만들어질 수 있다고 생각했다. 하지만 퀴비에는 통합적 전체로서의 생물은 환경이 요구하는 생존 조건을 만족시켜야 하기에, 그 기능을 중심으로 제한된 유형으로만 만들어지며 동물의 경우에는 핵심 기관의 기능을 중심으로 척추동물, 연체동물, 체절동물, 방사형동물이라는 네 가지 유형만이 만들어진다고 보았다. 퀴비에는 이를 바탕으로 불연속적이고 불변하는 기본 체계를 세워 동물 분류의 기초로 삼았다.

반면, ㉡조프루아는 생물의 조직화 과정에서 기능보다는 구조를 중시했다. 그는 무생물에서부터 신(神)에 이르는 모든 존재들이 단일 선상에 연속적으로 놓여 연결될 수 있으며, 인접한 것들끼리 적어도 하나의 속성은 공유한다는 '존재의 연쇄'를 믿었다. 그리고 이를 '단일 도안(plan)' 개념과 연결하였다. 그에 따르면, 생물의 구조는 단일 도안에 기초하여 기본적으로 통일성을 갖지만 생물의 서식 환경에 따라 존재의 연쇄 위에서 조금씩 다르게 배열되고, 이러한 생물의 구조는 시간이 흘러도 변하지 않는다. 다만 시간의 흐름에 따라 환경이 변하면, 생물의 특정 기관이 수행하는 기능과 기관의 외관이 변화함으로써 생물이 달라진 환경에 적응할 수 있다고 보았다. 조프루아는 골격 구조는 같으나 기능과 외관이 서로 다른 기관을 '상동기관'으로 불렀으며, ㉣이러한 기관의 형성을 자신의 체계로는 설명할 수 있지만 퀴비에의 분류 체계로는 설명할 수 없다고 주장하였다.

라마르크는 생물의 조직화 과정에서 구조를 중시했다는 측면에서 조프루아와 유사한 생각을 가졌다. 하지만 그는 한 걸음 더 나아가 조직화가 생물과 무생물을 구분하는 광범위한 원리라고 생각했다. 그는 기본적으로 생물이든 기계와 같은 무생물이든 동일한 물질로 구성된다고 보았다. 이를 바탕으로 라마르크는 초자연적인 힘을 통해 생명을 설명하고자 했던 당시의 견해와는 달리, 물리적 법칙을 따르는 조직화의 개념을 자신의 이론에 도입하였다. 또 생물은 무기물로부터 점진적인 조직화 과정을 통해 형성되고, 이 과정에서 내부의 조직과 유체 등이 상호 작용하여 기관을 형성한다. 즉, 라마르크는 일정한 방향으로 사물의 질서를 통제하여 생물을 형성하는 조직화가 생물을 무생물과 구분하는 핵심 개념이라고 보았다. 이러한 생물관에 기초하여 라마르크는 당시 보편적으로 통용되던 동물, 식물, 광물의 삼분법을 동식물을 합한 생물계와 무기계의 이분법으로 재구성함으로써, 생물학의 정체성을 확고히 했다.

45 윗글에서 알 수 있는 내용으로 가장 적절한 것은?

① 19세기 생물학은 신(神)과 같은 초자연적인 힘을 통해 생물의 조직화를 설명하던 과거의 관점을 비판하였다.

② 퀴비에는 각 기관의 기능이 긴밀하게 상호 작용함으로써 생물이 변화하는 환경에 적응할 수 있다고 보았다.

③ 19세기 생물 이론에서, 조직화라는 개념은 생물 간의 구분뿐만 아니라 생물과 무생물 간의 구분에도 활용되었다.

④ 퀴비에는 사분법적 체계를, 조프루아는 삼분법적 체계를, 라마르크는 이분법적 체계를 동물 분류 방식으로 제시하였다.

⑤ 골격 구조가 같지만 기능이 다른 기관이 존재한다면, 이는 조프루아보다는 퀴비에의 체계로 설명하는 것이 자연스럽다.

46 ㉠, ㉡을 이해한 내용으로 적절하지 않은 것은?

① ㉠은 생물의 기능을 강조하였고, ㉡은 생물의 구조를 강조하였다.

② ㉠은 생물의 우연성을 부각하였고, ㉡은 생물의 필연성을 부각하였다.

③ ㉠은 생물의 불변성을 주장하였고, ㉡은 생물의 변화 가능성을 주장하였다.

④ ㉠은 생물 유형의 고정성을 암시하였고, ㉡은 생물 구조의 통일성을 암시하였다.

⑤ ㉠은 생물 분류 체계의 불연속성을 긍정하였고, ㉡은 생물 분류 체계의 연속성을 긍정하였다.

47 윗글을 바탕으로 ㉮의 근거를 추론한 것으로 적절한 것은?

① 상동기관은 기능에 따라 각 기관의 구조가 결정되어야만 만들어질 수 있기 때문이다.

② 상동기관은 퀴비에가 제시한 제한적인 네 가지 유형 모두에게서 공통적으로 발견되기 때문이다.

③ 상동기관은 조직화가 생물과 무생물을 구분하는 광범위한 원리가 된다는 사실의 명백한 증거이기 때문이다.

④ 상동기관은 생물 기관에 기능이 먼저 부여된 후 기능에 따라 구조가 결정되는 식으로는 만들어질 수 없기 때문이다.

⑤ 상동기관이 형성되는 과정은 물리적 법칙뿐만 아니라 초자연적 개념이 있어야 설명할 수 있기 때문이다.

48 윗글에 제시된 생물학적 관점을 바탕으로 〈보기〉를 이해한 반응으로 적절하지 않은 것은?

> **보기**
>
> 현대 생물학자들은 대부분 생물과 무생물을 가르는 기준으로 생물의 자기 조직화 능력을 꼽는다. 자기 조직화 능력이란 생물을 구성하는 요소들이 상호적인 관계를 맺음으로써 환경에 적합한 구조를 자발적으로 조직화하는 것을 말한다. 예를 들어, 동물도 식물도 아닌 별개의 생물로 분류되는 점균류 곰팡이는 영양분이 모자라면 서로 신호를 주고받음으로써 한 곳에 응집하여 군집을 형성하는데, 이 군집은 마치 하나의 유기체처럼 이동하면서 영양분을 섭취하고, 영양분을 어느 정도 섭취한 다음에는 다시 흩어진다. 이러한 점균류 곰팡이의 자기 조직화 능력은, 외부 동력원에 의해 작동하는 기계에는 없는 생물만의 고유한 능력으로 볼 수 있다.

① 퀴비에의 관점에 따르면, 군집을 형성하는 점균류 곰팡이의 특정 개체가 죽더라도 다른 개체가 그 기능을 보완·대체함으로써 군집의 통합성을 유지한다고 볼 수 있겠군.

② 퀴비에의 관점에 따르면, 점균류 곰팡이의 군집이 갖는 부분들의 상호 연관성은 점균류 곰팡이에 선천적으로 부여된 섭취 기능을 수행하기 위해 생겨났다고 볼 수 있겠군.

③ 조프루아의 관점에 따르면, 점균류 곰팡이의 각 개체와 군집의 구조는 근본적으로 '단일 도안'을 따르되 환경 변화에 따라 그 기능과 형태가 변화한 것이라고 볼 수 있겠군.

④ 라마르크의 관점에 따르면, 점균류 곰팡이의 군집 형성은 영양분 섭취를 위한 방향으로 질서를 통제하는 조직화의 양상을 보인다는 점에서 생물로 분류된다고 볼 수 있겠군.

⑤ 라마르크의 관점에 따르면, 점균류 곰팡이가 자발적으로 군집을 형성하더라도 점균류 곰팡이와 그 군집을 구성하는 물질이 기계와 근본적으로 다르지는 않다고 볼 수 있겠군.

다음 글을 읽고 물음에 답하시오.

오늘날 경제학은 법적 판단을 내리는 데에도 적극 활용된다. 일례로 주주들이 제기한 집단 소송에서 경제 이론이 주요한 근거가 되어 최종 판결이 내려졌던 '베이식 사(社) 대(對) 레빈슨' 사건이 있다. 베이식 사는 컴버스천 사와의 인수합병을 진행하는 과정에서 이를 공개적으로 부인했지만, 결국 컴버스천 사에 합병이 되었다. 이에 합병 발표 전 주식을 처분했던 일부 주주들은 베이식 사의 부인으로 인해 재산상의 큰 손실을 입었다며 집단 소송을 제기했다. 치열한 법정 논쟁 끝에 1988년 미국 연방 대법원은 원고인 주주 측의 승소 판결을 내렸다.

당시 경제학에서는 "사람들은 기업의 진정한 가치를 염두에 두고 주식 투자를 하며, 해당 기업의 진정한 가치에 관한 모든 정보는 주가에 반영되므로, 주가는 기업의 진정한 가치와 일치한다."라는 전통적 이론이 힘을 발휘하고 있었다. 이 이론이 현실에서 항상 성립하는지, 아니면 장기적인 관점에서 근사적으로만 성립하는지에 대해서는 논란이 있었지만, 기본 취지는 많은 학자들의 동의를 얻었다. 연방 대법원은 주식 시장이 모든 이에게 열려 있다면 이 이론을 법적 판단에도 적용할 수 있다고 보았다. 이러한 상황에서는 사람들이 주가만 가지고도 투자 결정을 내린다고 볼 수 있으므로, 베이식 사가 합병 과정을 공개하지 않음으로써 투자자들이 잘못된 결정을 내리도록 하였고, 이로 인해 투자자들이 미래에 얻을 수 있었던 이익을 얻지 못하게 됨으로써 재산상의 손실을 입었다고 추정할 만한 합리적 근거가 충분하다고 판단한 것이다. 이후 부정 공시 관련 집단 소송의 판단 기준이 된 이 판결은, '부정 공시로 인한 피해 여부를 어떻게 입증할 것인가?'라는 법적 난제가 경제학 이론을 바탕으로 해결될 수 있음을 보였다.

하지만 전통적 이론의 정당성을 약화할 논의들도 적지 않다. 예컨대 "주식 투자자들의 진정한 관심은 기업의 가치에 있는 것이 아니라 주식을 얼마에 팔아넘길 수 있는가에 있다."라는 케인스의 주장은 전통적 이론의 근본 전제를 뒤흔드는 비판으로 이해할 수 있다. 그리고 1980년대 초부터는 전통적 이론에 대한 직접적인 문제 제기가 이어졌다. 주가가 기업의 진정한 가치를 반영한다는 전통적 이론이 성립하려면 진정한 가치에 관심을 기울이는 사람과 그렇지 않은 사람 사이에 끊임없는 매수와 매도의 상호 작용이 있어야만 한다. 그리고 이것이 가능하려면 기업의 진정한 가치에 관심을 갖는 전문 주식 투자자들이 정보가 부족한 투자자들을 상대로 미래 주가의 향방에 대한 상반되는 예상을 통해 매매 차익을 얻을 여지가 있어야만 한다. 그런데 매매 차익을 얻을 기회란 주가와 기업의 진정한 가치가 단기적으로나마 일치하지 않을 때만 발생한다. 이는 ㉠전통적 이론의 또 다른 약점으로 해석될 수 있다.

최근 경제학계에서 새롭게 주목하고 있는 행동경제학은 주식 시장에서의 정보 전달 메커니즘에 관한 전통적 이론의 문제점을 통렬하게 비판하고 있다. 이들은 심리학의 연구 성과를 적극적으로 받아들여 전통적인 견해와는 다른 방식으로 인간 행동의 의미를 해석한다. 이들에 따르면, 인간은 자신의 미래를 통제할 수 있다고 과신하는 반면, 남들이 성공할 때 자신만 뒤처지는 것을 지나치게 두려워하는 존재이다. 이러한 비합리적 특성이 주식 시장에서 발현되면 심지어 전문적인 투자자들까지도 주가와 기업의 진정한 가치의 괴리를 키우는 역설적인 행동을 하게 된다. 기업의 진정한 가치와 주가가 괴리되어 있다고 확신하는 전문 투자자들조차 기업의 가치와 주가가 언제 일치하게 될지 정확하게 알 수 없기 때문에, 현재의 추세가 반전되기 직전에 빠져나갈 수 있다고 자신하며 다수에 맞서는 대신 대세에 편승하는 선택을 한다는 것이다.

이처럼 경제학에는 그동안 상대적으로 주목을 받지 못했던 다양한 영역들이 있으며, 이 분야의 연구 성과들은 법적 문제의 해결 과정에 적극 활용될 수 있다. 이러한 새로운 경제학 이론의 관점에서 살펴보면, 지난 연방 대법원의 판결은 이론적 근거가 취약할 뿐만 아니라 기업의 진정한 가치에 관심을 갖는 투자자들을 보호하겠다는 ㉡본래의 취지 또한 제대로 반영하지 못했다는 비판에 직면할 가능성이 높다.

49 윗글을 통해 답을 찾을 수 없는 질문은?

① 기업이 저지를 수 있는 부정 공시에 해당하는 행위에는 무엇이 있는가?
② 행동경제학이 전통적 이론의 정보 전달 메커니즘을 비판한 까닭은 무엇인가?
③ 행동경제학의 심리학적 연구 성과는 법적 문제의 해결 과정에 어떻게 활용되었는가?
④ 어떤 기업의 주가에 그 기업의 진정한 가치가 반영될 수 있다는 이론이 성립하는 조건은 무엇인가?
⑤ 연방 대법원이 주식 시장의 정보 전달 메커니즘에 관한 전통적 이론을 법적 판단에 적용한 전제는 무엇인가?

50 윗글을 참고할 때, ㉠에 대한 설명으로 가장 적절한 것은?

① 기업의 진정한 가치가 주가에 반영되지 않는다는 것을 실질적으로 입증할 방법이 없다.
② 정보가 부족한 투자자들은 전문 투자자들을 따라서 움직이기에, 매매 차익을 얻을 기회가 실제로는 발생하지 않는다.
③ 전문 투자자들조차 언제 주가와 기업 가치가 일치할지 정확히 알 수 없기에, 매매 차익을 얻을 수 있는 순간에 행동하는 것은 불가능하다.
④ 투자자들의 진정한 관심이 기업의 진정한 가치가 아니라 주식 매매를 통해 얻는 차익을 극대화하는 데 있다는 사실이 현실에서 확인되고 있다.
⑤ 기업의 가치에 관심을 두는 투자자들과 그렇지 않은 사람 간에 주가 예측의 차이가 있어야만 주식 매매가 이루어지는데, 그러한 차이는 전통적 이론과 모순된다.

51 윗글을 참고할 때, ㉡의 이유로 가장 적절한 것은?

① 원고가 피고 측 기업의 주식을 매매함으로써 얻을 수 있는 차익을 얻는 데 결국 성공하였기 때문이다.
② 원고 측은 기업의 진정한 가치를 판단하려 했으나, 피고로 인해 정확한 판단에 실패했던 상황이었기 때문이다.
③ 인수합병 전 주식을 처분한 주주들이 기업의 진정한 가치를 고려한 합리적 판단을 내리지 않았을 수 있기 때문이다.
④ 연방 대법원이 패소 판결을 내린 피고 측이 기업의 진정한 가치를 키우려는 목적에서 인수합병을 숨겼기 때문이다.
⑤ 연방 대법원이 판결 근거로 삼은 전통적 이론은 1980년대 초 이후 제기된 비판으로 학문적 정당성을 잃었기 때문이다.

52 윗글을 바탕으로 〈보기1〉의 상황을 이해한 반응으로 적절한 것을 〈보기2〉에서 모두 고르면?

보기1

최근 주목받고 있는 기업 A의 주가가 계속해서 큰 폭으로 상승하고 있다. 많은 일반 투자자들은 A가 앞으로도 계속 발전함에 따라 그 주가가 더욱 상승하리라고 전망하면서, A의 주식을 계속해서 사들이고 있다. 그러나 A가 진행하는 사업의 관련 업계에 능통한 전문가들은 A의 주가가 진정한 기업 가치에 비해 지나치게 고평가되어 있다고 분석하고 있다.

보기2

ㄱ. 전통적 이론이 현실에서도 항상 성립한다는 견해에 따르면, A의 주가가 고평가되었다는 전문가들의 분석은 잘못된 것이며, A의 진정한 가치가 실제 주가만큼 높은 상황이라고 판단할 수 있겠군.
ㄴ. 전통적 이론이 장기적인 관점에서 근사적으로만 성립한다는 견해에 따르면, 전문가들의 분석이 사실이라 하더라도, 끊임없는 주식 매수와 매도의 상호 작용에 따라 A의 주가는 장기적으로 상승하리라고 판단할 수 있겠군.
ㄷ. 케인스의 주장에 따르면, A의 고평가를 확신하는 주식 투자자도 A의 진정한 기업 가치를 고려하기보다는, A의 주가가 가장 고평가되었다고 판단되는 시점에 A의 주식을 최대한 많이 사들이는 데 집중할 가능성이 크겠군.
ㄹ. 행동경제학에 따르면, 일반 투자자 다수가 A의 주식을 계속 매수하는 상황이 지속될 경우, 추후 A의 주가가 진정한 기업 가치를 반영하여 폭락하리라고 확신하는 전문 투자자들도 A의 주식을 계속 매수할 가능성이 크겠군.

① ㄱ, ㄴ   ② ㄱ, ㄷ   ③ ㄱ, ㄹ
④ ㄴ, ㄷ   ⑤ ㄷ, ㄹ

13 지식인상 논쟁

다음 글을 읽고 물음에 답하시오.

유대인이자 포병대위였던 드레퓌스는 19세기 후반 당시 군국주의와 반유대주의로 인해 억울한 옥살이를 하게 되었다. 이때 양심적인 지식인들이 나서서 드레퓌스의 석방을 주장하면서 결국 드레퓌스는 무고함을 입증 받게 된다. 드레퓌스 사건을 계기로, 지식인이 지식과 정보의 전달자일 뿐만 아니라 사회 문제에 적극적으로 참여하는 엘리트 집단으로 인식되기 시작했으며, 이는 근대적 지식인상에 대한 논쟁을 불러일으켰다.

먼저 만하임은 지식인 집단에도 경제적·사회적 지위 등에 차이가 있기에 지식인을 단일 계급으로 간주할 수는 없지만, 지식인은 학문의 보편성을 추구하며 사회의 다양한 계급적 이해들을 역동적으로 종합함으로써 사회 구조를 총체적으로 인식하는 최선의 길을 모색해야 한다고 보았다. 반면 그람시는 계급으로부터 독립적인 지식인이란 신화에 불과하다고 지적하면서 계급의 이해에 유기적으로 결합하여 그것을 대변하는 유기적 지식인을 대안으로 제시하였다. 그에 따르면, 소외 계급의 해방이라는 과제는 역사적 보편성을 지니며, 지식인은 소외 계급에게 자의식을 불어넣고 제도적·사회적 관계를 조직한다. 사르트르는 만하임과 그람시의 지식인 개념 사이에서 긴장을 유지했다. 부르주아 계급에 속한 지식인은 지배 계급이 요구하는 이해(利害)와 지식인이 추구해야 할 보편적 지식 사이의 모순을 발견하고, 보편성에 입각하여 소외 계급의 해방을 추구해야 한다. 하지만 그 지식인은 결코 유기적 지식인이 될 수 없기에, 소외 계급에서 출현한 전문가가 유기적 지식인이 될 수 있도록 계급의식을 일깨우는 계몽적 역할을 부여받는다.

그런데 오늘날 인터넷의 발달은 탈근대적 지식 문화와 사회 공간을 창조하면서 지식의 개념까지 변화시키고 있다. 디지털화한 다양한 정보들이 연쇄적으로 재조합되면서 하이퍼텍스트의 형태를 띠게 되고, 그 결과 지식 생산자에 해당하는 저자의 권위는 사라졌으며 지식 권력이 탈중심화되는 것이다. 이와 같은 하이퍼텍스트와 새로운 독자의 탄생은 집단적이고 감정이입적인 구술 문화가 지녔던 특성들을 지식 문화에서 재활성화한다. 특히 가상 공간에서 정보와 지식이 소멸 또는 확산되는 과정은 새로운 지식을 생산해 내는 원리로서 집단 지성을 출현시킨다. 집단 지성은 엘리트 집단으로부터 지식 권력을 회수하고 새로운 민주주의의 가능성을 열어 놓는다. 그러나 이는 대중의 자율성에 기초한 참여와 협업을 전제할 때 가능하다. 만약 대중의 참여와 협업이 결여된다면 순응주의가 등장하고 집단 지성은 군중심리로 전락할 수 있다.

하이퍼텍스트 시대에 집단 지성이 출현함에 따라 기존의 지식인상 역시 재조명될 필요가 있다. 푸코는 대중의 대변자 역할을 하는 지식인이 불필요한 시대에도 여전히 대중의 지식 및 담론을 금지하고 봉쇄하는 권력 체계와 이 권력 체계의 대리인 역할을 수행하는 고전적 지식인의 존재에 주목했다. 푸코는 이들을 ㉠보편적 지식인으로 규정한 후 이를 대체할 새로운 지식인상으로 ㉡특수적 지식인을 제시했다. 그가 말하는 특수적 지식인은 거대한 세계관이 아니라 특정한 분야에서 전문적인 지식을 지니고 있는 존재이다. 그리고 그들은 보편적 가치를 전달하기보다는 자신의 전문 분야에 해당하는 구체적인 사안에 정치적으로 개입한다. 푸코에 따르면 진실한 담론은 지식과 미시 권력 사이의 관계에서 발견될 뿐이다.

한편 탈근대적 지식인상의 모색에 근대론적 시각을 더하려는 시도도 있다. 부르디외에 따르면, 지식인은 사회 총자본의 관점에서 볼 때에는 지배 계급에 속하지만, 경제 자본보다 문화 자본의 비중이 더 큰 문화 생산자적 속성을 지닌다. 따라서 이 문화 생산자들은 각자의 특수한 영역에 대한 상징적 권위를 바탕으로, 지식인의 자율성을 위협하는 권력에 저항하며 사회 전체에 보편적인 가치를 전파해 ⓐ나갈 때에만 비로소 지식인의 범주에 들 수 있다.

53 윗글의 내용과 일치하지 <u>않는</u> 것은?

① 인터넷의 발달로 지식 권력이 탈중심화되면서 새로운 지식인의 형태가 제시되기도 했다.
② 디지털화한 정보들은 서로 연쇄적으로 재조합됨으로써 하이퍼텍스트 형태를 이루게 된다.
③ 드레퓌스 사건은 지식인들이 군국주의와 반유대주의로 인한 부당한 처사에 저항하는 계기가 되었다.
④ 사르트르는 부르주아 계급의 지식인이 지배 계급의 이해와 보편적 지식을 모두 알아야 한다고 보았다.
⑤ 부르디외는 하이퍼텍스트 시대에 문화 생산자의 역할을 수행하는 모든 사람을 가리켜 지식인이라고 규정했다.

54 윗글에 등장한 학자들의 견해로 적절하지 <u>않은</u> 것은?

① **만하임** : 드레퓌스 사건으로도 알 수 있듯이, 지식인은 사회 문제에 적극적으로 참여해야 합니다. 또한 이때 자신이 속한 계급만을 대변하는 것이 아니라 다양한 계급의 이해를 반영할 수 있도록 노력해야 합니다.
② **그람시** : 그렇지만 현실적으로 자신이 속한 계급과 완전히 독립적인 사상을 가지는 건 불가능합니다. 따라서 자신의 계급적 이해는 반영하되, 소외 계급의 해방이라는 보편적 과제를 항상 염두에 두어야 합니다.
③ **사르트르** : 지식인이 소외 계급의 해방을 위해 노력해야 한다는 의견에 동의합니다. 그러나 지식인은 보편적 지식 역시 이해해야 합니다. 따라서 지식인은 철저히 보편성에 입각하여 소외 계층을 계몽해야 할 것입니다.
④ **부르디외** : 맞습니다. 지식인은 각자의 영역에서 경제 자본을 바탕으로 성립된 구체적인 권력을 바탕으로 보편적 가치를 전파할 때에 비로소 그 의미를 가질 수 있습니다.
⑤ **만하임** : 모든 지식인이 같은 수준의 경제적 지위를 가지지는 않습니다. 따라서 지식인을 경제 자본이 풍부한 일정 계급에 한정하는 것은 적절하지 않습니다.

55 ㉠과 ㉡을 이해한 내용으로 가장 적절한 것은?

① ㉠은 진실한 담론이 지식과 미시 권력 사이에만 존재한다는 의견으로부터 옹호되는 개념이다.
② ㉡은 권력 체계의 입장에 동조하여 대중이 지식과 담론을 형성하는 것을 적극적으로 방해한다.
③ ㉠은 ㉡과 달리 각자가 속한 분야의 전문적 지식을 바탕으로 특정 분야의 구체적 사안에 개입한다.
④ ㉡은 ㉠과 달리 탈근대적 지식 문화의 등장으로 지식의 개념이 변화함에 따라 등장한 지식인의 형태다.
⑤ ㉠과 ㉡은 모두 특정한 사회 문제에 참여함으로써 대중의 계급의식을 일깨우는 지식인의 계몽적 역할을 긍정한다.

56 윗글을 참고할 때, 〈보기〉에 대한 반응으로 적절하지 <u>않은</u> 것은?

〈보기〉

어빙 재니스는 단일 직업이나 단일 계층으로 구성된, 유사성과 응집성이 높은 집단에서 집단 사고(思考)가 나타나고, 이 과정에서 반대 정보를 차단하거나 예상되는 문제점을 고려하지 않은 채 만장일치를 추구함으로써 문제가 발생한다고 보았다. 따라서 최근에는 집단 사고의 문제를 방지하기 위해 다른 분야의 전문가나 대중을 의사 결정 과정에 참여시킨다. 예를 들어, 어떤 기술을 개발하는 공학자 집단의 의사 결정에 심리학자나 인문학자들이 참여하여 그들의 배경지식을 바탕으로 문제를 제기하는 것이 대표적이다. 이는 폐쇄성, 순응성, 외부 세계에 대한 우월성이라는 집단 사고의 문제를 완화할 수 있다.

① 집단 사고로 인한 문제의 해결책으로 제시된 방안은 지식 권력을 탈중심화한다는 점에서 하이퍼텍스트 형태의 정보와 유사한 기능을 할 수 있겠군요.
② 다른 분야의 전문가나 대중을 의사 결정 과정에 참여시키는 것은 참여와 협업을 전제하므로 집단 지성처럼 새로운 민주주의의 가능성과 연결될 수 있겠군요.
③ 집단의 응집성을 바탕으로 반대 정보를 차단하고 만장일치를 추구하는 것은 고전적 지식인이 대중을 봉쇄하는 권력 체계의 대리인 역할을 수행한 과정과 비슷하겠군요.
④ 재니스는 현대 사회의 집단 지성과 달리, 엘리트 집단에서 형성되는 지식 권력은 폐쇄성, 순응성, 외부 세계에 대한 우월성과 같은 문제를 발생시킬 수 있다고 보겠군요.
⑤ 기술 개발 과정에서 본인의 의견을 제시하는 심리학자나 인문학자들은 유기적 지식인과는 달리 계급과 완전히 독립됨으로써 집단 사고의 문제를 완화하는 역할을 하겠군요.

57 문맥상 ⓐ의 의미와 가장 유사하게 쓰인 것은?

① 그녀는 노트북 앞에 앉자마자 단숨에 글을 써 <u>나갔다</u>.
② 형광등이 자꾸 들어왔다 <u>나갔다</u> 해서 불편한 참이었다.
③ 날씨가 좋으니 아이들을 데리고 놀이터에 <u>나가서</u> 놀아라.
④ 새로운 제품이 시장에 <u>나가게</u> 되면서 광고가 제작되었다.
⑤ 학교에 도착해 보니 아침에 새로 신은 스타킹이 <u>나가</u> 있었다.

다음 글을 읽고 물음에 답하시오.

20세기 초 칸딘스키는 자신이 추구해 온 추상화 운동을 보완할 '새로운 사실주의'의 출현을 예견했다. 칸딘스키를 포함한 현대 추상화가들은 선, 면, 색채 같은 순수 형식만으로도 그림이 성립할 수 있다고 생각했다. 그러나 이러한 생각이 보편화되기 전의 그림은 세계를 묘사하여 재현한 사실주의 회화였다. 모든 회화에서의 묘사는 대상과 형식을 동반한다. 예를 들어, 장미 꽃잎의 붉은색 및 윤곽선이 항아리의 흰색 면과 대조를 이루는 작품에서 장미 꽃잎은 대상, 색채의 대비는 형식이다. 이러한 관점을 바탕으로, 19세기 이전의 아카데미 화가들은 회화가 추구해야 할 미(美)란 재현적 내용과 형식의 균형이라고 믿었다. 그러나 균형을 통한 미의 달성이라는 이상(理想)은 더 이상 칸딘스키 같은 예술가들의 목표가 아니었다. 칸딘스키는 재현과 형식은 각각의 길을 가게 될 것이며, 형식만을 드러내는 추상의 방식이 있는 것처럼 실제 대상의 진정한 모습 그대로를 드러내기 위해 형식에 대한 관심을 최소화하는 새로운 사실주의가 출현할 것이라고 보았다.

여기서 대상의 실재를 드러낸다는 것은 그 베일을 벗긴다는 뜻이다. 칸딘스키에 의하면 실재에 대한 친숙함은 실재를 가린다. 사람들은 세계를 당연한 것으로 받아들여 진정한 세계를 보려고 노력하지 않는다는 것이다. 가령, 우리는 매일 신발을 마주하지만, 신발이 자신의 역할을 잘 수행하는 한 신발에 주의를 기울이지 않는다. 그러나 우리가 마치 처음 보는 것처럼 신발을 본다면, 그 형태나 낡은 가죽의 재질, 닳아 버린 뒤축 등 모든 것이 그 자체의 '미적 의미'를 지닌 것으로 드러나게 된다. 이처럼 익숙한 것이 지닌 미적 의미를 발견하기 위해서는 먼저 세계와의 관련성으로부터 자유로워져야만 한다. 이처럼 세계로부터 한발 물러서는 발걸음을 내딛도록 하는 것이야말로 바로 예술의 과제인데, 칸딘스키는 사실주의와 같은 전통적인 방법으로는 이러한 과제가 충족될 수 없다고 보았다.

칸딘스키는 추상이 사람들이 자신들 앞에 놓여 있는 것을 경이로운 마음으로 바라보게 하는 예술적 방식이라고 보았다. 추상은 예술이 가지고 있는 '드러내는 힘'을 극대화하기 위해 재현적 요소를 최소화한다. 무엇이 그려졌는가를 보는 것이 아니라 순수 형식으로 이루어진, 새롭게 창조된 실재로서의 예술 작품을 향유하도록 하는 것이다. 그러나 예술가는 새로운 사실주의를 통해 추상의 방식을 따르지 않고서도 사물이 스스로의 미적 의미를 말하게끔 만들 수 있다며, 칸딘스키는 새로운 사실주의의 특성으로 대상의 실재를 드러내는 객관성과 보잘것없는 것에서 발견하는 미적 중요성의 두 가지를 강조한다.

사실주의는 대상을 표현할 때 자연에 충실하자는 입장인 반면, 새로운 사실주의는 드러냄을 방해하는 '엄밀한 재현'을 거부한다. 새로운 사실주의에 따르면 그려지는 대상은 어느 정도 변형될 필요가 있다. 그러나 세계에 너무나 깊숙이 개입하고 있는 우리는 그와 같은 변형을 실재로부터의 이탈로 판단하게 된다. 만약 우리가 익숙한 관점을 포기하지 않는다면, 칸딘스키가 말하는 새로운 사실주의는 사실주의라는 명칭의 오용이

된다. 실재를 꿈으로 변형시켰다고 생각하게 될 것이기 때문이다. 그러나 또 다른 관점에서는 이러한 변형이야말로 인간이 진정한 실재에 눈을 뜰 수 있도록 하는 요인이라고 본다. 이때의 전환은 자연 등의 대상에 대한 충실한 묘사를 바탕으로 하는 ㉠실재로부터의 전환이 아니라 ㉡실재를 향한 전환으로 해석되는 것이다.

58 윗글을 통해 답을 찾을 수 없는 질문은?

① 추상이 재현적 요소를 최소화하는 이유는 무엇인가?
② 사실주의와 새로운 사실주의의 표현상 차이는 무엇인가?
③ 추상의 방식은 감상자가 작품을 어떻게 바라보도록 하는가?
④ 묘사가 그 대상에 따라 동반하는 형식은 어떻게 달라지는가?
⑤ 익숙한 사물로부터 미적 의미를 발견하기 위해서는 어떤 태도를 취해야 하는가?

59 윗글에 드러난 칸딘스키의 의견과 일치하지 <u>않는</u> 것은?

① 칸딘스키는 추상의 방식을 보완하기 위해 새로운 사실주의가 출현할 것이라고 보았다.
② 칸딘스키는 그려지는 대상을 변형함으로써 인간이 진정한 실재를 인식할 수 있다고 보았다.
③ 칸딘스키는 우리가 실재를 당연한 것으로 여기기 때문에 실재의 미적 의미를 직시하지 못한다고 보았다.
④ 칸딘스키는 실재의 베일을 벗겨내기 위해서는 작품에서 대상의 실재를 드러내는 것 역시 요구된다고 보았다.
⑤ 칸딘스키는 우리가 세계와의 관련성으로부터 벗어나기 위해서는 예술의 객관성이 배제될 필요가 있다고 보았다.

60 ㉠과 ㉡에 대한 추론으로 가장 적절한 것은?

① ㉠은 엄밀한 재현을 통해 감상자로 하여금 베일이 벗겨진 대상을 바라보도록 할 것이다.
② ㉡은 일상적으로 마주하는 소재의 형태나 재질 등에서 새로운 미적 의미를 발견하는 과정을 포함할 것이다.
③ ㉠은 ㉡과 달리 대상을 변형함으로써 실재로부터의 이탈을 의도하여 대상에 대한 친숙함을 강조하려 할 것이다.
④ ㉡은 ㉠과 달리 자연에 대한 충실한 묘사를 수단으로 삼기에 화가의 주관적 관점이 개입되지 않을 확률이 높을 것이다.
⑤ ㉠과 ㉡은 모두 그림에서의 묘사가 반드시 형식을 동반한다는 의견에 반대하기 위해 제기된 회화 방식일 것이다.

61 윗글을 참고하여 〈보기〉의 작품을 이해한 내용으로 적절하지 <u>않</u>은 것은?

㉮는 아카데미 화가 빌렘 칼프가 1653년에 그린 〈성 세바스티아누스 궁사 길드의 뿔잔과 가재, 술잔이 있는 정물〉로, 노란 빛의 뿔잔과 가재의 붉은 색이 이루는 색채의 대비가 인상적인 작품이다. 한편, ㉯는 추상화의 대표 주자인 칸딘스키 바실리의 1913년 작 〈구성 Ⅷ〉으로, 다양한 형태와 색채를 지닌 기하학적 요소들이 역동적으로 흩뿌려져 있는 것이 특징인 작품이다.

① 아카데미의 화가들은 ㉮의 화가가 그림을 그릴 때에 재현적 내용과 형식의 균형을 맞춤으로써 아름다움을 창출할 수 있다고 보았겠군.
② 칸딘스키는 ㉮의 회화적 방식으로는 감상자가 세계로부터 일정한 거리를 둘 수 있도록 해야 한다는 예술의 과제가 충족될 수 없다고 보았겠군.
③ 칸딘스키는 ㉯처럼 재현적 요소를 최소화함으로써 사물을 새롭게 바라보게 만드는 추상의 방식에 의존해야 사물의 진정한 이야기를 들을 수 있다고 보았겠군.
④ 현대 추상화가들은 ㉯에서 역동적으로 흩뿌려진 기하학적 요소들을 순수한 형식에 속한 것으로 보고, 이러한 순수한 형식만으로도 그림이 성립할 수 있다고 보았겠군.
⑤ 칸딘스키는 ㉮의 뿔잔과 가재가 이루는 색채의 대비와 ㉯의 기하학적 요소들의 형태와 색채의 대비를 바탕으로 ㉮와 ㉯가 모두 형식에 대한 관심을 가지고 있다고 보았겠군.

다음 글을 읽고 물음에 답하시오.

재현적 회화란 회화 속 사물의 외관을 실제 대상과 유사하게 묘사하여, 화가가 어떤 대상을 표현한 것인지 감상자가 알 수 있는 그림을 말한다. 음악은 어떨까? 재현적 회화의 조건을 갖춘 것을 재현적 음악이라고 본다면, 본질적으로 추상적인 모든 음악은 결코 대상을 재현할 수 없는 것일까?

재현적 회화의 핵심 조건은 그림의 지각 경험과 그림에 재현된 대상을 지각하는 경험 사이의 유사성이다. 음악이 이 요건을 만족시키지 못한다는 주장은 이른바 작품의 순수한 음악적인 부분이 재현 대상에 대한 즉각적인 인식을 불러일으키지 못한다는 데 주목한다. 예를 들어, 사과를 그린 회화에서 재현 대상인 사과는 작품의 제목과는 상관없이 감상자가 그림을 통해 인식할 수 있지만, 바다를 재현했다는 드뷔시의 〈바다〉의 경우 표제적 제목을 참조하지 않으면 바다를 재현한 곡으로 인식할 수 없다는 것이다. 하지만 이러한 주장은 일반화되기 어렵다. 모래 해안의 일부를 묘사한 극사실주의 그림은 재현적 회화이지만 그 제목을 모르면 비재현적으로 보일 수 있다. 또한, 몬드리안의 〈브로드웨이 부기우기〉의 경우, 제목을 아는 감상자는 화가의 의도를 파악하게 되어 그림을 뉴욕 거리를 내려다 본 평면도로 볼 수 있지만 제목을 모를 때는 추상화로 보게 될 것이다.

이에 대해, 회화적 재현에서 〈브로드웨이 부기우기〉와 같은 사례는 전형적이지 않은 반면, 음악의 경우에는 이것이 전형적이라는 점을 지적하는 학자들이 있다. 물론 음악에서 제목에 대한 참조 없이도 명백한 재현으로 지각되는 사례, 예를 들어 베토벤의 〈전원 교향곡〉에 삽입된 새소리와 같은 경우가 드문 것은 사실이다. 하지만 이것이 음악의 재현 가능성을 부정할 이유가 될까? 작품의 제목이 담당하는 역할을 고려해 보면 반드시 그렇지만은 않다.

오늘날 많은 학자들은 음악 작품의 가사는 물론 작품의 제목이나 작품의 모티브가 되는 요소들도 작품의 일부로 본다. 이러한 견해를 바탕으로 생각해 보면, 제목의 도움 없이도 작품의 내용을 인식할 수 있어야만 재현이라는 것은 지나친 주장이다. 제목이 작품의 일부인 한, 예술 작품의 재현성은 제목을 포함하는 전체로서의 작품을 대상으로 판단해야 하기 때문이다. 슈베르트의 〈물레질하는 그레첸〉에서 주기적으로 반복되는 단순한 반주 음형은 제목과 더불어 감상될 때 물레의 반복적 움직임을 묘사한 것으로 들린다.

음악이 회화적 재현의 조건을 만족시키지 못한다고 생각하는 학자들은 작품 이해와 관련된 또 다른 문제를 제기한다. 재현적 그림은 재현된 대상에 대한 인식이 작품의 이해를 위해 필수적이지만, 재현적이라 일컬어지는 음악 작품은 이러한 특징을 가지지 않는다는 것이다. 이들은 감상자가 작품이 재현하고자 하는 것이 무엇인지 몰라도 그 음악을 충분히 이해할 수 있다고 본다. 예를 들어, 감상자는 드뷔시의 〈바다〉가 바다를 재현한 작품이라는 사실을 알지 못해도 이 곡을 이루는 음의 조합과 구조를 파악할 수 있으며, 이는 곧 〈바다〉를 음악적으로 이해한 것이 된다.

그러나 이에 대한 반대 입장도 제시될 수 있다. 작품의 제목이 무시된 채 순수한 음악적 측면만이 고려된다면 작품에 대한 완전한 이해가 불가능한 경우가 있기 때문이다. 표제적 제목과 주제를 알지 못하는 감상자는 차이콥스키의 〈1812년 서곡〉에서 왜 '프랑스 국가(國歌)'가 갑작스럽게 사용되는지, 베를리오즈의 〈환상 교향곡〉의 말미에 왜 '단두대로의 행진'이 등장하는지 이해할 수 없을 것이다. 이들 작품에서 그러한 요소들의 출현을 설명해 줄 순수한 음악적인 근거는 찾기가 어렵기에, 그것은 오직 음악이 재현하고자 하는 이야기에 의해서만 해명될 수 있다.

62 윗글에서 답을 찾을 수 없는 질문은?

① 몬드리안의 〈브로드웨이 부기우기〉는 무엇을 표현한 그림인가?
② 음악은 재현하는 대상을 가리기 위해 어떤 방법을 활용하는가?
③ 재현적 회화의 재현 대상에 대한 해석은 어떠한 경우에 달라질 수 있는가?
④ 회화가 재현적 특성을 지니기 위해 갖춰야 할 핵심 조건에는 무엇이 있는가?
⑤ 음악적 측면만 고려했을 때, 완전한 이해가 불가능한 작품에는 무엇이 있는가?

63 윗글을 바탕으로 추론한 내용으로 가장 적절한 것은?

① 음악은 추상성을 본질로 하기에 결코 대상을 재현할 수 없다는 이론은 상식으로 통용될 것이다.
② 〈바다〉와 〈전원 교향곡〉은 자연의 소리를 작품에 직접 삽입하였으므로 명백한 재현으로 지각될 것이다.
③ 오늘날 대부분의 학자들은 음악 작품의 가사와 제목보다 작품의 모티브가 되는 요소들을 더 중요하게 여길 것이다.
④ 제목을 알아야 재현 대상을 인식할 수 있는 작품의 사례는 회화에서보다 음악에서 더 흔하게 찾아볼 수 있을 것이다.
⑤ 〈물레질하는 그레첸〉의 제목을 알지 못해도 반복되는 단순한 음형을 통해 감상자는 물레의 움직임을 떠올릴 수 있을 것이다.

64 재현적 회화에 대한 설명으로 적절하지 않은 것은?

① 대부분 화가의 의도를 명확히 드러낸다는 점에서 추상화와 구분된다.
② 그림의 지각 경험과 재현 대상을 지각하는 경험이 완전히 일치하는 경우를 말한다.
③ 사물의 외부 형태를 관찰하고 이를 비슷하게 그려낸 그림을 포함하는 개념이다.
④ 극사실주의 묘사는 오히려 묘사 대상의 정체를 명확히 분별할 수 없게 만들 수 있다.
⑤ 사과를 재현한 그림에서 감상자는 그림의 제목을 참고하지 않고도 사과를 인식할 수 있다.

65 윗글을 읽고 〈보기〉를 이해한 내용으로 적절하지 않은 것은?

> **보기**
>
> 표제 음악이란 문학적·회화적 함축 없이 음악 내적인 요소로만 이루어진 절대 음악과 구분되는 개념으로, 곡의 제목과 대략의 줄거리가 암시 또는 설명되어 있어 문학적·회화적·극적 내용을 지니는 음악이다. 음악가 리스트는 표제 음악의 형식을 발전시켜 교향시라는 새로운 형식을 창안했다. 교향시는 구체적 묘사에서부터 심리적이고 사상적인 내용까지 다양한 음악 외적 요소를 표현한다. 리스트가 작곡한 교향시 중 〈훈족의 싸움〉은 카울바하가 그린 그림과, 〈햄릿〉은 셰익스피어의 희곡과 각각 관계를 맺고 있다.

① 음악이 회화적 재현의 조건을 만족시키지 못한다고 보는 입장에서는, 표제 음악에 존재하는 음악 내적 요소가 재현 대상에 대한 즉각적 인식을 불러일으키지 못한다고 보겠군.
② 음악이 회화적 재현의 조건을 만족시키지 못한다고 보는 입장에서는, 감상자가 카울바하의 그림을 보지 않으면 〈훈족의 싸움〉의 내용을 완전히 이해하기는 힘들 것이라고 보겠군.
③ 음악이 회화적 재현의 조건을 만족시키지 못한다고 보는 입장에서는, 감상자가 표제 음악의 함축을 모르더라도 절대 음악을 감상할 때와 마찬가지로 음악적 이해는 할 수 있다고 보겠군.
④ 음악이 회화적 재현의 조건을 만족시킬 수 있다고 보는 입장에서는, 교향시에 포함된 구체적 묘사나 심리적이고 사상적인 내용은 언제나 음악적 근거와 독립적으로 나타날 것이라고 보겠군.
⑤ 음악이 회화적 재현의 조건을 만족시킬 수 있다고 보는 입장에서는, 〈햄릿〉의 제목이 해당 교향시의 일부이기 때문에 감상 과정에서 이를 포함하는 전체로서의 작품을 고려해야 한다고 보겠군.

다음 글을 읽고 물음에 답하시오.

동물은 쾌락, 고통 등을 느낄 수 있기에 윤리적으로 대우해야 한다는 주장이 동물감정론이다. 한편 동물권리론에 따르면 동물도 생명권, 고통받지 않을 권리 등을 지닌 존재이기에 그들을 윤리적으로 대우해야 한다. 하지만 두 이론을 극단적으로 전개하면 새로운 윤리적 문제가 발생한다. 포식에 관련한 비판은 그러한 문제를 지적하는 대표적인 입장이다.

인간은 생존을 위해 동물을 이용해 왔지만, 인간만이 동물에게 고통을 주며 권리를 침해한 것은 아니다. 야생의 포식 동물도 피식 동물을 잔인하게 잡아먹는다. 피식 동물이 느끼는 고통은 도살에서 동물이 느끼는 고통보다 훨씬 클 수도 있다. 동물의 권리 침해 문제 또한 마찬가지로 설명할 수 있다. 인간의 육식이나 실험 등이 고통 유발이나 권리 침해 때문에 그르다면, 야생 동물의 포식이 피식 동물의 고통을 유발하거나 그 권리를 침해하는 것 또한 그르다고 해야 할 것이다. 그른 것은 바로잡아야 한다는 점에서 인간의 육식은 ⓐ 막아야 할 것이다. 그렇다 해도 동물의 포식까지 막아야 한다고 하는 것은 터무니없다. 예컨대 사자가 얼룩말을 잡아먹지 못하도록 막는 것은 우선 인간의 능력을 벗어난다. 설령 가능해도 그렇게 하는 것은 자연 질서를 깨뜨리므로 올바르지 않다. 동물감정론과 동물권리론은 야생 동물의 포식을 막아야 한다는 과도한 의무까지 함축할 수 있다는 점만으로도 비판받을 만한 충분한 이유가 있다.

동물감정론은 행동의 올바름과 그름이 행동의 결과에 따라 평가되어야 한다는 윤리 결과주의에 근거한다. 윤리 결과주의인 공리주의에 따르면 행동의 효용, 곧 행동이 쾌락을 극대화하는지가 그 평가에서 가장 주요한 기준이다. 이때 효용은 발생할 것으로 기대되는 고통의 총량을 차감한 쾌락의 총량에 의해 계산한다. 포식에 관련한 비판에 대한 공리주의자의 응답은 다음과 같다. 포식 동물의 제거 등을 통해 피식 동물을 보호함으로써 얻을 수 있는 쾌락의 총량보다 이러한 생태계의 변화를 통해 유발될 고통의 총량이 훨씬 클 것이다. 따라서 동물을 이유 없이 죽이거나 학대하지 않는 것으로 인간이 해야 할 바를 다한 것이며 동물의 행동까지 규제해야 할 의무는 없다.

하지만 동물감정론은 포식 방지가 인간의 의무가 될 수 없음을 증명하는 데 성공하지 못한다. 기술 발전 등으로 인해 포식에 대한 인간의 개입이 더욱 수월해지고, 그로 인해 기대할 수 있는 쾌락의 총량이 고통의 총량보다 실제 더 커질 수 있기 때문이다. 결국 ㉠ 쾌락 총량의 극대화를 기치로 내건 동물감정론에서 포식 방지의 의무가 산출될 수 있다.

한편 동물권리론은 행동의 평가가 '의무의 수행' 등 행동 자체의 성격에 따라야 한다는 윤리 비결과주의를 근거로 내세운다. 윤리 비결과주의인 의무론에 따르면 행위의 도덕성은 행위자의 의무가 적절히 수행되었는지에 따라 결정된다. 포식에 관련한 비판에 대한 의무론자의 응답은 다음과 같다. 도덕 행위자는 자신의 행동을 조절하고 설명할 수 있는 능력을 지닌 반면, 도덕 수동자는 그런 능력이 결여된 존재이다. 의무를 지니려면 그렇게 할 수 있는 능력을 지녀야 하지만, 도덕 수동자는 도덕에 맞춰 자신의 행동을 조절할 수 없으므로 그런 의무를 지니지 않는다. 인간의 육식에서나 동물의 포식에서도 동물의 권리가 침해된 것이기는 마찬가지다. 그러나 동물은 자신의 행동을 조절할 능력이 없기에 다른 동물을 잡아먹지 않을 의무도 없다. 결국, 사자가 얼룩말을 잡아 포식하는 것을 막을 인간의 의무 또한 없다는 것이다.

하지만 동물권리론은 포식에 관련한 비판을 오해했다는 문제점을 갖는다. 포식 방지에 대한 비판의 핵심은 사자가 사슴을 잡아먹는다고 할 때 우리가 그것을 그만두게 할 의무가 있는지의 문제이지, 사자가 그만두어야 할 의무가 있는지의 여부는 아니기 때문이다.

66 윗글을 읽고 알 수 있는 내용으로 적절하지 <u>않은</u> 것은?

① 동물권리론에 따르면, 동물은 의무를 수행할 능력이 없더라도 생명권과 같은 권리를 가질 수 있다.

② 동물감정론은 공리주의적 관점을 근거로 제시하고, 동물권리론은 의무론적 관점을 근거로 제시하고 있다.

③ 포식에 관련한 비판을 제시하는 이들은 현실적으로 동물의 포식 행위를 인간이 막는 것은 불가능하다고 본다.

④ 기술의 발전은 인간이 자연 질서에 개입할 때 유발되는 고통의 총량을 증가시킨다는 점에서 비판의 여지가 있다.

⑤ 동물감정론과 동물권리론은 모두 포식에 관련한 비판이 지적한 문제에 온전한 답을 하지 못한 것으로 평가할 수 있다.

67 ⑦의 이유를 추론한 내용으로 가장 적절한 것은?

① 공리주의적 판단은 쾌락의 총량보다 고통의 총량을 더 중시하는데, 기술 발전이 인간의 육식이나 실험으로 인한 고통을 줄일 수 있기 때문이다.

② 공리주의적 판단은 쾌락의 총량보다 고통의 총량을 더 중시하는데, 기술 발전이 동물과 동물 사이의 포식 행위로 인해 발생하는 고통을 없앨 수 있기 때문이다.

③ 효용은 발생하는 쾌락 총량에서 발생하는 고통 총량을 차감한 값으로 계산되는데, 기술 발전이 인간 개입에 따른 포식 방지의 효용을 양의 값으로 만들 수 있기 때문이다.

④ 효용은 발생하는 쾌락 총량에서 발생하는 고통 총량을 차감한 값으로 계산되는데, 이론과 달리 현실에서는 피식 동물을 보호하여 얻는 쾌락의 총량이 압도적으로 크기 때문이다.

⑤ 효용은 발생하는 쾌락 총량에서 발생하는 고통 총량을 차감한 값으로 계산되는데, 기술 발전이 동물과 동물 사이의 포식 행위로 인해 발생하는 고통을 없앨 수 있기 때문이다.

68 윗글을 바탕으로 〈보기〉를 이해한 반응으로 적절하지 <u>않은</u> 것은?

> 보기
>
> 계약론적 윤리학에 따르면, 도덕 원칙은 자유로운 이성적 존재자들 간의 암묵적인 합의의 결과이다. 이러한 견해는 일반적으로 동물의 윤리적 지위를 논의할 수 없다는 한계가 있다고 여겨진다. 비이성적인 동물이 합의에 참여할 수 없기 때문이다. 하지만 롤랜즈는 평등 원칙과 응보 원칙에 기초하여 계약론적 윤리학을 보완하고 동물의 윤리적 지위를 정당화한다. 평등 원칙은 도덕적 차이가 없다면 윤리적 대우에서도 차이가 없어야 한다는 것이고, 응보 원칙은 개체의 책임이 아닌 차이로 인해 윤리적 대우의 차이가 발생해서는 안 된다는 것이다. 이에 따라 롤랜즈는 인간이 아닌 동물이라는 이유로 윤리적 대우의 차이가 있어서는 안 된다고 주장하였다.

① 계약론적 윤리학에 따르면, 도덕 행위자와 도덕 수동자를 구별하는 의무론과 유사한 방식으로 인간과 동물을 구별할 수 있겠군.

② 계약론적 윤리학에 따르면, 도덕의 범위는 인간 사회로 제한된다는 점에서 동물의 윤리적 지위가 동물의 권리에서 도출된다는 동물권리론의 주장을 비판할 수 있겠군.

③ 롤랜즈의 원칙에 따르면, 행위의 도덕성은 행위의 대상에게 발생하는 효용을 기준으로 하는 공리주의와 달리 행위의 대상이 지닌 도덕적 차이를 기준으로 평가되어야겠군.

④ 동물이 자신의 행동을 이성적으로 조절할 능력이 없어야만, 동물에게 다른 동물을 잡아먹지 않을 의무가 없다는 의무론의 주장을 계약론적 윤리학에 따라 뒷받침할 수 있겠군.

⑤ 동물의 쾌락·고통과 인간의 쾌락·고통에 차이가 없어야만, 쾌락과 고통을 근거로 동물의 윤리적 지위를 도출하는 동물감정론의 주장을 롤랜즈의 원칙에 따라 뒷받침할 수 있겠군.

69 〈보기〉는 윗글을 읽은 학생들이 진행한 토론 내용의 일부이다. 〈보기〉에 제시된 학생의 의견 중 가장 적절한 것은?

> 보기
>
> **선생님** : 윗글에서 제시된 이론 중 한 가지 입장을 택하여 다른 입장에 대한 의견을 제시해 볼까요?
>
> **학생1** : 동물감정론의 입장에 따르면, 인간이 동물이 고통받지 않을 권리를 침해하는 행위가 그른 것이라는 동물권리론의 논리에 전적으로 동의할 수 있습니다.
>
> **학생2** : 그렇습니다. 또한 동물감정론은 동물권리론처럼 동물에게는 행동을 조절할 능력이 없다는 사실에도 동의하기에, 동물에 대한 인간의 윤리적 대우를 중시합니다.
>
> **학생3** : 포식에 관련한 비판의 입장에 따르면, 의무의 수행을 강조하는 동물권리론은 동물감정론과 달리 동물과 동물 간의 포식조차 막아야 한다는 무리한 주장을 제시합니다.
>
> **학생4** : 아닙니다. 동물권리론의 입장에서도, 포식과 관련한 비판 중 인간이 동물의 포식 행위를 막아 자연 질서를 깨뜨릴 필요가 없다는 부분에 충분히 동의할 수 있습니다.
>
> **학생5** : 윤리 결과주의에서는 도덕 수동자인 동물에게는 포식 방지의 의무가 없다고 주장합니다만 이에 대해 포식 방지의 의무가 도덕 행위자인 인간에게 해당되는 것이라는 비판이 제기될 수 있습니다.

① 학생1의 의견   ② 학생2의 의견   ③ 학생3의 의견
④ 학생4의 의견   ⑤ 학생5의 의견

70 문맥상 ⓐ와 가장 가까운 의미로 쓰인 것은?

① 산사태로 길이 막혀 한참을 돌아가야 했다.
② 수비수는 재빨리 상대 공격수의 앞을 막았다.
③ 의료진은 큰 피해를 막기 위해 최선을 다했다.
④ 높은 산이 마을의 앞을 막고 있어서 답답하다.
⑤ 앞 건물이 햇빛을 막고 있어 낮에도 방이 어둡다.

다음 글을 읽고 물음에 답하시오.

수성은 태양계에서 가장 작은 행성이자 태양에서 가장 가까운 행성으로, 금성·지구·화성과 더불어 지구형 행성에 속한다. 수성의 밀도는 지구보다 약간 작은 5,430kg/m³이고, 딱딱한 암석질의 지각과 맨틀 아래 무거운 철 성분의 핵이 존재할 것으로 추측된다. 강한 태양열과 중력의 영향으로 접근이 어렵기에, 현재까지 수성에 ⓐ보낸 탐사선의 수는 그리 많지 않다.

1974년 최초로 수성에 근접했던 ㉠매리너 10호는 수성이 지구형 행성 중에서 지구 이외에는 유일하게 자기장을 가진 행성임을 밝혔다. 지구 자기장이 전도성 액체인 외핵의 대류와 지구의 자전 효과로 생성된다는 다이나모 이론에 근거하면, 수성의 자기장은 수성의 핵 일부가 액체 상태임을 암시한다. 하지만 수성은 크기가 작기에 철로만 이루어진 핵이 액체일 가능성은 희박하고, 액체였다 하더라도 오래전에 ⓑ식어 고체화되었을 가능성이 크다. 이에 지질학자들은 철 성분의 고체 핵을 철-황-규소 화합물로 이루어진 액체 핵이 감싸고 있다고 추측하였다. 하지만 수성에서 감지된 자기장은 핵의 고체화 이후 암석 속에 자석처럼 남아 있는 잔류 자기일 가능성도 있었다.

2004년 발사된 두 번째 수성 탐사선 ㉡메신저는 2011년 수성을 공전하는 타원 궤도에 진입한 후, 수성의 중력, 자기장, 지형 등을 정밀하게 측정했다. 중력 자료에서 얻을 수 있는 수성의 관성 모멘트는 수성의 내부 구조를 ⓒ들여다보는 데 중요한 열쇠가 된다. 물체가 자신의 회전을 유지하려는 정도인 관성 모멘트는 물체가 회전축으로부터 멀리 떨어질수록 커진다.

질량 M인 수성이 자전축으로부터 반지름 R만큼 ⓓ떨어져 있는 한 점에 위치한 물체라고 가정한 경우의 관성 모멘트는 MR^2이다. 수성 전체의 관성 모멘트 C를 MR^2으로 나눈 값인 정규 관성 모멘트(C/MR^2)는 수성의 밀도 분포를 알려 주는데, 행성 전체 크기에서 핵이 차지하는 비율이 클수록 커진다. 메신저에 의하면 수성의 정규 관성 모멘트는 0.353이며, 수성 핵의 반경은 전체 행성의 80% 이상이다. 한편 지구의 정규 관성 모멘트는 0.331이며, 지구 핵의 반경은 전체 행성의 55%이다.

행성은 공전 궤도의 이심률*로 인하여 미세한 진동을 일으키는데, 이를 '경도 칭동'이라 하며 그 크기는 관성 모멘트가 작을수록 커진다. 이는 반경이 작은 팽이가 반경이 큰 팽이보다 외부의 작은 충격에도 크게 ⓔ흔들리는 것과 같다. 일반적으로 지구에서는 달의 한쪽 면만 관찰할 수 있다고 알려져 있으나, 실제로는 칭동 현상에 의해 달 표면의 59%를 볼 수 있다. 수성이 삶은 달걀처럼 고체라면 수성 전체가 진동하겠지만, 만약 수성에 액체 핵이 있다면 지각 및 맨틀로 이루어진 수성 표면의 '외곽층'만이 날달걀의 껍질처럼 미끄러지면서 경도 칭동이 생길 것이다. 따라서 수성에 액체 핵이 존재할 경우 경도 칭동의 크기는 수성 전체의 관성 모멘트 C가 아닌 외곽층 관성 모멘트 C_m에 반비례한다. 현재까지 알려진 수성의 경도 칭동 측정값은 C_m를 사용한 이론값과 일치하고 있어, 액체 핵의 존재 가설을 뒷받침하고 있다.

메신저로부터 얻은 정보에 기반한 수성 모델에 따르면, 수성 외곽층의 두께는 410km이고, 지형의 높이는 9.8km로 다른 지구형 행성에 비해 낮다. 이는 지각의 평균 두께가 50km인 것을 고려할 때, 맨틀 두께가 360km로 비교적 얇아서 맨틀 대류에 의한 조산 운동이 활발하지 않기 때문으로 해석된다. 수성 외곽층의 밀도(ρ_m)는 3,650kg/m³로 지구의 상부 맨틀(3,400kg/m³)보다 높다. 그러나 메신저의 엑스선 분광기를 통해 수성의 화산 분출물에는 무거운 철이 거의 없다는 사실, 즉 수성의 맨틀에 철의 양이 적다는 사실이 밝혀짐에 따라, 수성 외곽층의 밀도가 높은 이유를 설명하기 어려워졌다. 이에 과학자들은 수성의 하부 맨틀에 밀도가 높은 황화철로 이루어진 반지각(anticrust)이 존재하며 그 두께는 지각보다 더 두꺼울 것이라는 새로운 가설을 제기하고 있다.

* 이심률 : 타원이나 포물선 등이 원에서 벗어난 정도를 나타내는 값.

71 윗글의 내용과 일치하는 것은?

① 행성의 정규 관성 모멘트는 핵의 밀도에 비례하여 증가한다.
② 질량이 같은 경우, 넓적한 팽이보다 홀쭉한 팽이의 관성 모멘트가 더 크다.
③ 수성의 외핵이 액체 상태라면, 경도 칭동은 수성의 외곽층에서만 일어날 것이다.
④ 현재에는 모든 지구형 행성에 지구보다 약한 자기장이 있다는 사실이 밝혀져 있다.
⑤ 수성은 그 지름은 금성보다 크고, 그 밀도는 지구보다 작은 지구형 행성에 속한다.

72 ㉠ 또는 ㉡의 수성 탐사에 대한 설명으로 적절하지 <u>않은</u> 것은?

① ㉠의 탐사 결과, 황 성분을 포함한 외핵이 대류 운동을 하는 것으로 추측되었다.
② ㉠의 탐사 결과, 액체 핵의 고체화 여부에 대하여 확실한 답을 내리지는 못하였다.
③ ㉡의 탐사 결과, 외곽층에는 지각보다 두꺼운 반지각이 존재하리라는 가설이 제기되었다.
④ ㉡의 탐사 결과, 맨틀에서 일어나는 대류 현상은 수성의 지형에도 영향을 미쳤을 것이라고 해석되었다.
⑤ ㉡의 탐사 결과, 엑스선 분광기를 통해 맨틀의 두께는 철의 양이 적기에 비교적 얇다는 사실이 밝혀졌다.

73 다이나모 이론에 대한 이해로 가장 적절한 것은?

① 두 번의 수성 탐사를 통해 얻은 정보를 바탕으로 확립된 이론이다.
② 수성의 자기장이 암석 속에 자석처럼 남아 있는 잔류 자기임을 증명하는 이론이다.
③ 수성의 경도 칭동 측정값과 함께 수성의 액체 핵 존재 가설을 뒷받침할 수 있는 이론이다.
④ 수성의 철 함유량이 감소한 이유를 설명하기 위해 새로운 가설을 제시하는 이론이다.
⑤ 액체 상태인 맨틀의 대류 및 행성 자전에 의해 행성의 자기장이 형성된다고 설명하는 이론이다.

74 윗글을 참고할 때, 〈보기〉의 '갑'에 대하여 분석한 반응으로 가장 적절한 것은?

> **보기**
>
> 새롭게 발견된 지구형 행성 '갑'에 보낸 탐사선의 관측 정보가 도착하였다. 탐사선이 얻은 정보를 분석한 결과, 갑에서 측정된 정규 관성 모멘트의 값은 지구보다는 크고 수성보다는 작았다. 또 갑의 외곽층의 관성 모멘트는 수성보다 작은 값으로 측정되었으며, 갑의 외곽층의 밀도는 지구보다 작은 값으로 측정되었다.

① 갑의 반지름은 지구의 반지름보다는 작고 수성의 반지름보다는 크겠군.
② 갑이 고체 핵을 갖고 있다면, 갑의 경도 칭동 측정값은 수성의 경도 칭동 측정값보다 크겠군.
③ 갑의 맨틀의 철 함유량이 수성보다 낮다면, 갑의 하부 맨틀에 반지각이 존재한다는 가설이 설득력을 얻겠군.
④ 갑의 외곽층 두께는 410km 미만일 가능성이 크고, 이를 고려할 때 그 조산 운동은 수성보다 활발하지 않겠군.
⑤ 갑에서 핵이 차지하는 비율은 지구에서 핵이 차지하는 비율보다는 크고, 수성에서 핵이 차지하는 비율보다는 작겠군.

75 문맥상 ⓐ~ⓔ와 같은 의미로 사용되지 <u>않은</u> 것은?

① ⓐ : 부모님은 동생을 심부름 보내 물건을 사오게 했다.
② ⓑ : 잠깐 나갔다 온 사이 음식이 <u>식어</u> 먹을 수 없었다.
③ ⓒ : 작가의 삶을 <u>들여다보면</u> 작품의 의도를 알 수 있다.
④ ⓓ : 제대로 쉬지 않고 공부만 하면 성적이 <u>떨어질</u> 수 있다.
⑤ ⓔ : 강한 바람이 불자 길가의 가로수들이 이리저리 <u>흔들렸다</u>.

다음 글을 읽고 물음에 답하시오.

뉴턴 역학에 ⓐ따르면 은하 중심을 축으로 회전하는 별의 속도는 회전 운동 궤도 안에 존재하는 전체 질량과 별의 궤도 반경에 의해 결정된다. 은하 질량의 대부분을 차지한다고 알려진 별은 대부분 은하 중심에 모여 있다. 즉, 은하 중심을 벗어난 영역에는 질량을 가진 별이 거의 존재하지 않으므로, 반경에 상관없이 궤도 내의 전체 질량이 일정하게 낮아야 한다. 이처럼 중심을 벗어난 영역에서 궤도 내의 전체 질량이 일정하게 낮다면, 궤도 반경이 커질수록 별의 회전 속도는 감소해야 한다. 그러나 관측 결과에 따르면, 궤도 반경이 커져도 별의 회전 속도는 거의 변하지 않았다. 이러한 결과는 은하 중심을 벗어난 영역에도 별의 회전에 영향을 미치는 질량이 존재해야만 설명할 수 있다. 이에 과학자들은 질량을 가지면서 눈에 보이지는 않는 암흑 물질이 은하 내부에 존재한다고 예견하였다.

암흑 물질은 최근 두 은하단의 충돌을 관측하는 과정에서 그 존재가 확인되었는데, 그 실체는 입자 물리학에 근거해 설명할 수 있다. 암흑 물질은 질량을 ⓑ가져야 하고, 중력에 의한 상호 작용을 제외하고는 빛과 상호 작용을 하지 않으며, 하더라도 그 상호 작용이 미약해야 한다. 이를 고려할 때 입자 물리학의 개념인 중성미자, 윔프, 액시온 등이 그 후보가 될 수 있다.

㉠중성미자는 중성자가 양성자와 전자로 붕괴하는 과정에서 생기는 입자로, 정확한 질량은 아직 알려지지 않았지만 양성자나 전자보다 가볍다. 중성미자는 현재 우주 공간에서 빛에 가까운 속도로 운동하는데 우주 생성 초기에는 더 빠르게 움직였다. 우주 구조의 형성에 대한 가상 실험에 의하면 중성미자가 암흑 물질을 설명할 수 있을 정도의 질량을 가지는 경우 은하를 만들 수 있는 씨앗이 되는 구조가 잘 만들어지지 않는다. 암흑 물질을 설명할 수 있는 입자는 우주 구조 형성 단계에서 느리게 움직여, 은하의 형성을 방해하지 않고 중력 구심점에 ⓒ모여 은하 형성을 도울 수 있어야 한다. 그러나 중성미자는 빠른 운동 속도로 인해 초기 우주의 중력 구심점을 흩트려 은하의 형성을 방해한다.

최근의 연구에서 암흑 물질 후보로 예측되는 윔프는 상당히 무거운 입자로서, 더 가벼운 입자로 붕괴하지 않고 쌍으로만 생성·소멸된다. 윔프는 초기 우주의 높은 온도에서 다른 입자들과 열평형 상태를 ⓓ이루어 쉽게 생성·소멸되지만, 우주가 팽창하면서 온도가 내려가면 다른 입자에서 윔프를 만들어낼 에너지가 부족해져 소멸만 일어나고, 밀도가 낮아지면 소멸도 할 수 없어 그 개수가 보존된다. 양성자의 수십 배 정도의 질량을 가지는 것으로 예측되는 윔프는 이처럼 우주의 온도가 낮아지면 느리게 움직이면서 은하의 씨앗에 모여들어 은하의 형성을 돕는다. 윔프는 은하 주변보다 은하 중심에 상대적으로 많이 모여 있고, 지구 근처에서는 평균적으로 물컵 정도의 공간에 한 개 정도 존재할 것으로 추정된다.

윔프를 직접적으로 검출하는 방법에는 윔프와 원자핵의 상호 작용을 이용해 결정 검출기로 윔프를 찾는 것이 있다. 한편

질량 밀도가 높은 은하 중심이나 태양에서 윔프가 소멸하면서 윔프의 질량이 빛이나 일반 물질의 에너지로 변환되는데, 우주선*에 대한 관측을 통해 이 에너지를 확인함으로써 윔프의 존재를 간접적으로 검출할 수도 있다. 또 가속기에서 양성자를 충돌시킴으로써 윔프를 생성하는 것도 가능하다.

한편, 또 다른 암흑 물질 후보인 ㉡액시온은 매우 가벼운 입자로 빛과 미약하게 상호 작용을 하며, 그 질량은 전자 질량의 수십억 분의 일보다 작을 것으로 추정된다. 따라서 암흑 물질의 질량 밀도를 설명하려면, 물컵 정도의 공간에 1016개 이상의 액시온이 있어야 한다. 우주 초기의 높은 온도에서 자유롭던 쿼크 입자는 온도가 ⓔ낮아지면서 양성자 혹은 중성자가 되는데, 이러한 상태 변화 과정에서 정지 상태에 가까운 액시온이 생성된다. 이 과정은 열평형 상태가 아니므로, 액시온은 가벼운 입자임에도 우주 구조 형성 시기에 매우 느리게 움직여 은하의 씨앗에 모이게 되고, 은하 생성을 도울 수 있다.

* 우주선 : 우주에서 지구로 쏟아지는, 높은 에너지를 지닌 각종 입자와 방사선 등을 총칭하는 말.

76 윗글이 내용과 일치하지 <u>않는</u> 것은?

① 암흑 물질은 질량을 갖고 중력 구심점에 모여 은하의 초기 구조 형성을 돕는 것으로 추정된다.

② 암흑 물질을 설명할 수 있는 입자는 빛과 상호 작용을 하지 않거나 미약하게 상호 작용해야 한다.

③ 암흑 물질은 이론상의 한계를 극복하기 위한 개념으로 관측 과정에서는 그 존재가 아직 확인되지 않았다.

④ 암흑 물질은 별의 회전 속도와 관련한 뉴턴 역학의 한계를 극복하기 위해 가설적으로 제안되었다.

⑤ 다른 조건이 일정할 때, 뉴턴 역학에서 은하 중심을 축으로 회전하는 별의 속도는 궤도 반경의 크기에 반비례한다.

77 윔프에 대한 이해로 적절한 것은?

① 은하 중심에서 멀어질수록 그 수가 증가하는 경향이 있다.

② 소멸하면서 빛이나 일반 물질의 에너지로 변환되는 특성을 이용해 직접 검출할 수 있다.

③ 중성미자보다 무거운 질량을 가졌지만, 느리게 운동하면서 은하의 형성을 도울 수 있다.

④ 물컵 정도의 공간에 한 개 정도가 존재하는 밀도로 은하 전체에 퍼져 있을 것으로 추정된다.

⑤ 우주에서는 그 수가 자연적으로 계속 감소하지만, 장비를 활용하여 인위적으로 만들 수 있다.

78 ㉠, ㉡에 대한 설명으로 적절하지 <u>않은</u> 것은?

① ㉠은 암흑 물질의 후보로 제안된 입자 중 우주 공간에서 상대적으로 빠른 운동 속도를 지니고 있다.

② ㉡은 빛과 상호 작용을 할 수 있음에도 암흑 물질의 후보 중 하나로 여겨지고 있다.

③ ㉠과 달리 ㉡은 쿼크 입자가 양성자와 전자가 되는 상태 변화를 거쳐 만들어진다.

④ ㉡과 달리 ㉠은 우주의 중력 구심점에 모여 은하의 형성을 도울 수 없다.

⑤ ㉠과 ㉡은 모두 전자보다 가볍지만, 그 질량이 정확히 알려지지는 않았다.

79 윗글을 참고할 때, 〈보기〉의 Ⓐ, Ⓑ를 이해한 반응으로 적절하지 <u>않은</u> 것은?

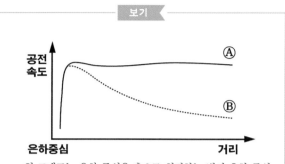

> **보기**
>
> 위 그래프는 은하 중심을 축으로 회전하는 별이 은하 중심으로부터 떨어져 있는 거리에 따라 공전하는 속도를 나타낸다. 과학자들은 특정 이론에 기반하여 Ⓑ와 같은 예측을 제시하였으나, 실제로 관측한 공전 속도는 Ⓐ와 같이 나타났다.

① 별의 궤도 반경 내에 중성미자가 존재하더라도, Ⓑ와 다르게 나타난 Ⓐ라는 결과를 과학적으로 온전하게 설명하는 데에는 한계가 있겠군.

② 실제로 관측한 결과가 Ⓐ가 아니라 Ⓑ와 일치했다면, 과학자들은 은하 중심과 별의 궤도 반경 내에 암흑 물질이 존재한다고 예견하지 않았겠군.

③ Ⓐ를 암흑 물질의 존재를 통해 설명할 경우, 별이 은하 중심에서 멀어질수록 별의 궤도 반경 내에 있는 전체 암흑 물질의 양은 증가한다고 볼 수 있겠군.

④ Ⓐ가 윔프의 존재로 인한 결과라고 할 때, 별의 궤도 반경 내에 윔프가 더욱 많아진다면 은하 중심과 멀리 떨어진 궤도를 공전하는 별의 속도는 Ⓐ보다 느려지겠군.

⑤ 특정 이론에 기반하여 Ⓑ를 제시하는 과정에서, 과학자들은 별이 은하 중심에서 멀어지더라도 별의 궤도 반경 내의 전체 질량은 거의 일정할 것이라고 가정하였겠군.

80 문맥상 ⓐ~ⓔ와 같은 의미로 사용된 것은?

① ⓐ : 이번 토론회는 삼림 개발에 <u>따른</u> 문제를 다루고 있다.

② ⓑ : 후보들은 환경 문제에 대한 토론회를 <u>가질</u> 예정이다.

③ ⓒ : 뛰어난 작가의 작품들이 <u>모이면</u> 전시회를 열 것이다.

④ ⓓ : 날이 갈수록 잠 못 <u>이루는</u> 밤만 늘어날 뿐이었다.

⑤ ⓔ : 이 기업의 상품은 갈수록 품질이 <u>낮아지고</u> 있다.

정답과 해설 122p

다음 글을 읽고 물음에 답하시오.

⊙ '좋은 세금'의 기준과 관련하여 조세 이론은 공정성과 효율성을 거론하고 있다. 경제주체들이 경제적 능력 혹은 자신이 받는 편익에 따라 세금을 부담하는 경우 공정한 세금이라는 것이다. 또한 조세는 경제주체들의 의사 결정을 왜곡하여 조세 외에 추가로 부담해야 하는 각종 손실 또는 비용, 즉 초과 부담이라는 비효율을 초래할 수 있는데 이러한 왜곡을 최소화하는 세금이 효율적이라는 것이다.

19세기 말 헨리 조지가 제안했던 토지가치세는 이러한 기준에 잘 부합하는 세금으로 평가되고 있다. 그는 토지 소유자의 임대 소득 중에 자신의 노력이나 기여와는 무관한 불로 소득*이 많다면, 토지가치세를 통해 이를 환수하는 것이 바람직하다고 주장했다. 토지에 대한 소유권은 사용권과 처분권 그리고 수익권으로 구성되는데 사용권과 처분권은 개인의 자유로운 의사에 맡기고, 수익권 중 토지 소유자가 토지 개량이라는 기여를 한 데 따른 수익인 토지 개량의 수익을 제외한 나머지는 정부가 환수하여 사회 전체를 위해 사용하자는 것이 토지가치세의 기본 취지이다. 조지는 토지가치세가 시행되면 다른 세금들을 없애도 될 정도로 충분한 세수를 올려줄 것이라고 기대했다. 토지가치세가 토지단일세라고도 지칭된 것은 이 때문이다. 그는 토지단일세가 다른 세금들을 대체하여 초과 부담을 제거함으로써 경제 활성화에 크게 기여할 것으로 보았다. 토지단일세는 토지를 제외한 나머지 경제 영역에서는 자유 시장을 옹호했던 조지의 신념에 잘 부합하는 발상이었다.

토지가치세는 불로 소득에 대한 과세라는 점에서 공정성에 부합하는 세금이다. 조세 이론은 수요자와 공급자 중 탄력도*가 낮은 쪽에서 많은 납세 부담을 지게 된다고 설명한다. 토지는 세금이 부과되지 않는 곳으로 옮길 수 없다는 점에서 공급자의 탄력도가 낮고, 따라서 납세 부담은 임차인에게 전가되지 않고 토지 소유자가 고스란히 떠안게 된다는 점에서 토지가치세는 공정한 세금이 된다. 한편 토지가치세는 초과 부담을 최소화한다는 점에서 효율적이기도 하다. 통상 어떤 재화나 생산 요소에 대한 과세는 거래량 감소, 가격 상승과 함께 초과 부담을 유발한다. 예를 들어 자동차에 과세하면 자동차 거래가 감소하고 부동산에 과세하면 지역 개발과 건축업을 위축시켜, 초과 부담이 발생하게 된다. 그러나 토지가치세는 토지 공급을 줄이지 않아 초과 부담을 발생시키지 않는다. 토지가치세 도입에 따른 여타 세금의 축소가 초과 부담을 줄여 경제를 활성화한다는 G7 대상 연구에 따르면, 이러한 세제 개편으로 인한 초과 부담의 감소 정도가 GDP의 14~50%에 이른다.

하지만 토지가치세는 일부 국가를 제외하고는 현실화되지 못했는데, 여기에는 몇 가지 이유가 있다. 토지가치세는 이론적인 면에서 호소력이 있으나 현실에서는 복잡한 문제가 발생한다. 토지에 대한 세금이 가공되지 않은 자연 그대로의 토지에 대한 세금이어야 하나 이러한 토지는 현실적으로 찾기 어렵다. 토지 가치 상승분과 건물 가치 상승분의 구분이 쉽지 않다는 것도 어려움을 가중한다. 토지를 건물까지 포함하는 부동산

으로 취급하여 과세하는 국가에서는 부동산 거래에서 건물을 제외한 토지의 가격이 별도로 인지되는 것이 아니므로, 건물을 제외한 토지의 가치 측정이 어려워 과세 대상 금액을 측정하는 것 또한 어려워진다. 조세 저항도 문제가 된다. 재산권 침해라는 비판이 거세지면 토지가치세를 도입하더라도 세율을 낮게 유지할 수밖에 없어, 충분한 세수가 확보되지 않을 수 있다. 토지가치세는 빈곤과 불평등 문제에 대한 조지의 이상을 실현하는 데에도 적절한 해법이 되지 못한다는 비판에 직면하고 있다. 백 년 전에는 부의 불평등이 토지에서 비롯되는 부분이 컸지만, 오늘날 전체 부에서 토지가 차지하는 비중이 19세기 말에 비해 크게 감소했다. 토지 소유의 집중도 또한 조지의 시대에 비해 낮다. 따라서 토지가치세의 소득 불평등 해소 능력에도 의문이 제기된다.

ⓒ 오늘날 토지가치세는 새롭게 주목받고 있는데, 이는 외부 효과와 관련이 깊다. 외부 효과란, 어떤 경제 행위가 그 당사자가 아닌 제삼자에게 의도하지 않은 영향을 주는 것을 말한다. 첨단산업 분야의 대기업들이 자리를 잡은 지역 주변에는 인구가 유입되고 일자리가 늘어난다. 하지만 임대료가 급등하고 혼잡도 또한 커진다. 이 과정에서 해당 지역의 부동산 소유자들은 막대한 이익을 사유화하는 반면, 임대료 상승이나 혼잡비용 같은 손실은 지역민 전체에게 전가된다. 일반적으로 부정적 외부 효과를 일으키는 경제 행위에 대하여, 국가는 세금을 부과함으로써 그로 인한 피해를 보상하면서 과다한 활동을 억제하는 효과를 기대한다. 앞의 예에서 높은 세율의 토지가치세가 본격적으로 실행에 옮겨질 수 있다면, 불로 소득에 대한 과세를 통해 외부 효과로 인한 피해를 보상하는 방안이 될 수 있다.

* 불로 소득 : 직접 일을 하지 아니하고 얻는 수익. 이자, 배당금, 지대 (地代) 따위를 통틀어 이름.
* 탄력도 : 한 변수가 다른 변수에 의해 변동되는 정도.

81 윗글을 통해 답을 찾을 수 없는 질문은?

① 토지가치세를 매길 때 그 징수 세액을 정확히 산출하기 어려운 까닭은 무엇인가?
② 헨리 조지의 관점에서 토지가치세가 시장 자유주의와 충돌하는 까닭은 무엇인가?
③ 헨리 조지가 토지가치세를 매길 때 토지 개량의 수익을 제외한 까닭은 무엇인가?
④ 조세 이론의 관점에서 수요자와 공급자의 납세 부담 정도를 결정하는 요인은 무엇인가?
⑤ 현대적 관점에서 토지가치세가 소득 불평등을 해소하는 데 현실적으로 부적합한 까닭은 무엇인가?

82 윗글을 바탕으로 ⑤을 적용하여 세금을 평가한 내용으로 적절하지 <u>않은</u> 것은?

① 부동산에 매겨지는 세금의 경우, 부동산 공급을 감소시킬 수 있다는 측면에서는 비효율적이라고 평가할 수 있다.

② 기업의 활동에 매겨지는 세금의 경우, 기업의 관련 투자를 위축시킨다는 측면에서는 비효율적이라고 평가할 수 있다.

③ 자동차에 매겨지는 세금의 경우, 자동차를 소유할 능력이 있고 자동차로 편익을 얻는 자동차 소유주에게 부과된다는 측면에서는 공정하다고 평가할 수 있다.

④ 상품에 매겨지는 부가가치세의 경우, 해당 상품 구매자 간의 경제적 능력 차이와는 무관하게 누구나 동등하게 부담한다는 측면에서는 불공정하다고 평가할 수 있다.

⑤ 토지가치세의 경우, 경제주체의 의사 결정을 왜곡한다는 측면에서는 비효율적이지만 경제주체의 노동 능력과 무관한 소득에 부과된다는 측면에서는 공정하다고 평가할 수 있다.

83 윗글을 참고할 때, ⓒ에 대한 이해로 적절하지 <u>않은</u> 것은?

① 어떤 지역에 첨단산업 분야의 대기업이 다수 입주하여 해당 지역민의 일자리가 증가하는 것은, 부동산 소유주가 이익을 사유화하는 부정적인 외부 효과로 보기 어렵다.

② 토지가치세에 대하여 재산권 침해라는 비판이 매우 거세지면, 토지가치세가 부과되더라도 외부 효과로 인한 피해를 충분히 보상하는 것이 현실적으로 어려울 것이다.

③ 토지를 건물까지 포함하는 부동산으로 보아 그에 과세하는 국가에서는, 외부 효과로 인한 피해를 보상하기 위해 토지가치세를 부과하는 것이 현실적으로 어려울 것이다.

④ 기업 과밀에 따른 외부 효과의 피해를 해소하기 위해 토지가치세를 부과할 경우, 토지 공급 감소로 인한 임대료 상승에 따라 기업 투자가 위축되는 문제가 커질 수 있다.

⑤ 토지가치세는 토지 이용으로 발생하는 손실이 토지 소유주에게 부과되지 않고 지역 사회에 전가되는 외부 효과를 해소함으로써 조세의 공정성을 실현하는 방안이 될 수 있다.

84 윗글과 〈보기〉를 읽고 토지가치세에 대하여 추론한 반응으로 적절하지 <u>않은</u> 것은?

> **보기**
>
> 세금은 직접세와 간접세로 나눌 수 있다. 직접세는 납세 의무자가 곧 조세 부담자이다. 한편 간접세는 물건값에 세금이 포함되어 최종소비자에게 세금을 전가하는 구조이다. 이러한 간접세는 조세 부담자가 직접 세금을 납부하지 않으므로 조세저항이 낮다. 그러나 저소득자와 고소득자의 조세 부담 차이가 줄어들기에, 저소득자가 상대적으로 많은 세금을 부담하는 역진성을 보인다. 한편 세금은 종량세와 종가세로도 나눌 수 있다. 종량세는 용량을, 종가세는 금액을 기준으로 과세한다. 종량세는 물건 가격과 무관하게 양만을 기준으로 하므로 역진성을 보일 수 있고, 종가세는 과세 대상 금액을 정확히 측정하기 어려워 징수가 상대적으로 어렵다는 단점이 있다.

① 건물을 제외한 토지의 가격을 별도로 측정하기가 어렵다는 점은, 종가세로서의 토지가치세가 갖는 단점이 될 수 있겠군.

② 납세 의무자와 조세 부담자가 일치하는 직접세로서의 토지가치세가 부과될 경우, 조세저항이 크게 일어나 그 입법 및 징수가 어려워질 수 있겠군.

③ 토지가치세는 임대료에 포함되는 방식으로 토지 소유주에게서 임차인에게 그 부담이 전가될 가능성이 크다는 점에서, 현실적으로 간접세로 실현되리라고 볼 수 있겠군.

④ 토지 면적만을 기준으로 토지가치세가 부과된다면, 토지로 얻는 소득이 상대적으로 적은 토지의 소유주가 상대적으로 큰 세금을 부담하는 불공정성이 나타날 수 있겠군.

⑤ 토지가치세는 토지를 소유하지 못한 저소득자보다 토지를 소유하고 있는 고소득자에게 상대적으로 많은 세금을 부과함으로써 조세의 역진성을 해소하는 방안이 될 수 있겠군.

20 멜로드라마

다음 글을 읽고 물음에 답하시오.

'멜로드라마'는 18세기 프랑스에서 대중의 관심을 끄는 통속적 이야기를 화려한 볼거리와 음악을 통해 보여 주는 대중 연극에서 시작된 것으로 알려져 있다. 초기 멜로드라마는 대개 사악한 봉건 귀족에게 핍박받는, 선하되 약한 부르주아의 이야기가 부르주아의 관점에서 전개되었다. 하지만 초기 멜로드라마는 사회적 모순을 적극적으로 타개하지는 못한 채, 의외성에 기대어 부르주아가 어떻게든 승리하도록 만들려고 하였다.

19세기 자본주의 발달과 더불어 멜로드라마의 인물 구도에는 변화가 생겼다. 봉건 귀족의 자리는 악하되 강한 인물이 대신하고, 그에 의해 고통받는 선량하지만 가난한 사람이 주인공으로 등장하였다. 이에 따라 멜로드라마에서는 가족의 위기, 불가능한 사랑, 방해받는 모성, 불가피한 이별 등으로 주인공이 고통을 겪다가 행복해지는 과정이 다루어졌고, 선악 대립보다는 ㉠파토스(pathos)의 조성이 부각되었다. 파토스는 정서적인 호소력을 갖는 주관적·감정적 요소를 뜻하는 예술 용어로, 이를 통해 감상자는 예술에서 연민, 동정, 슬픔 등을 느끼고 그에 공감하게 된다. 곧 약자가 겪는 고통과 슬픔을 과장되게 보여 주면서 감성을 자극하는 것이 19세기 멜로드라마의 주된 관심사가 되었던 것이다. 하지만 약자들의 고통과 슬픔이 표출되었다는 점에서, 이러한 파토스의 과잉은 그 나름의 의의를 지녔다고 할 만하다.

20세기에 들어서 멜로드라마는 영화로 중심을 옮겨 갔다. 영화는 인물을 화면에 크게 나타내는 클로즈업을 통해 인물에 대한 관객들의 감정 이입을 유도하기 쉬웠고, 통속적이고 대중적인 이야기와 화려한 볼거리를 만들어 내기에도 적절했으며, 음악을 통해 과잉된 정서를 표현하기에 효과적이었기 때문이다. 멜로드라마 영화는 악인에게 괴롭힘을 당하는 약자로부터가 아니라 사회적 모순에 따른 억압적 상황에서 고통받는 약자, 특히 여성들로부터 파토스를 이끌어 냈다. 이들은 가부장제나 계층적인 차이로 고통받으면서도 허락되지 않은 삶의 지평을 갈망하는 '어찌할 수 없음'의 상황에 놓인 존재들이다. 일례로 ㉡비더의 〈스텔라달라스〉(1937)에는 상류 계급의 문화 장벽을 넘지 못하고 남편과 헤어져야 했던 하층민 여성이 주인공으로 등장한다. 그녀는 딸을 곁에 두고 싶어 하면서도 딸이 더 나은 삶을 누리기를 바라는 가운데 마음 깊이 고통을 겪는다. 이러한 어찌할 수 없는 상황에서 그녀가 결국 딸을 상류층의 전남편에게 보내는 선택을 하는 것은 희생적 모성이라는 이데올로기와 타협한 것이라고 할 수 있겠지만, 딸의 결혼식을 창밖에서 바라보던 어머니가 입가에 미소를 띤 채 눈물을 흘리는 마지막 장면에서 관객들은 고통 어린 만족을 선택한 모성에 공감의 눈물을 흘리게 된다.

1950년대에 할리우드는 '가족 멜로드라마'라는 또 다른 멜로드라마의 흐름을 만들어 냈다. 이제 멜로드라마는 통속적 서사의 틀을 유지하면서도 사회적 갈등의 축소판과도 같은 미국 중산층 핵가족에 주목하게 되는데, 그것은 가족이 자본이나 가부장제 같은 사회 권력이 작동하는 무대이기 때문이다. 예컨대 서크의 〈천국이 허락한 모든 것〉(1955)은 유복한 과부와 하층민 정원사의 사랑, 시련, 재회의 과정을 보여 주는데, 여기에는 그들의 결합을 반대하는 자식들이 가족의 이름으로 등장한다. 여기서 가족은 애틋한 유대의 단위가 아니라 개인의 삶을 관리하는 제도가 된다. 따라서 자식들의 반대로 사랑을 포기했던 그녀가 거듭된 우연 끝에 병상의 정원사와 재회하게 되는 결말은 의미심장하다.

가족 멜로드라마로서 이 영화는 시대의 변화 속에서 지속되어 온 멜로드라마의 주요한 특징들을 담고 있으면서도 멜로드라마의 또 다른 가능성을 열어 놓았다고 할 수 있다. 사회적 모순에 눈 감은 채 주인공의 성공에 안도하는 기존의 '행복한 결말'과는 구별되는 '행복하지 않은 해피엔딩'을 경험하게 한다는 점에서 그렇다. ㉢서크는 여전히 근본적인 갈등이 해소되지 않은 결말에 관객들이 주목하게 하여, 자신들이 보고 있는 것이 '만들어진 현실'이며 행복한 결말은 인위적인 허구 안에서만 가능하다는 것을 생각하게 하고자 했다. 즉, 여주인공이 누리는 삶의 풍요로움이 오히려 중산층의 지배적 가치와 규범으로 인한 억압과 소외의 상황임을 표현한 것이다.

멜로드라마는 '부적절한 리얼리즘'이니 '관객의 눈물샘'이니 하는 등의 비하하는 말로 언급되곤 한다. 하지만 서크의 영화에서처럼 멜로드라마는 사회적 약자의 말할 수 없는 슬픔과 이루어질 수 없는 꿈을 전달하는 서사이면서, 사회적 모순을 역설적으로 드러내는 반응으로도 이해할 수 있다.

85 윗글의 내용과 일치하지 <u>않는</u> 것은?

① 초기 멜로드라마는 일반적으로 선한 부르주아가 악한 귀족에게 개인적으로 승리하는 이야기였다.
② 19세기 자본주의 발달에 따라, 멜로드라마에서 봉건 귀족이 차지하던 자리를 부르주아가 대신하였다.
③ 19세기 멜로드라마는 약자의 감정을 표출하는 양식이었다는 측면에서 긍정적으로 평가할 여지가 있다.
④ 20세기에 영화는 관객이 인물에 감정을 이입하기 적합하다는 특성으로 인해 멜로드라마의 중심이 되었다.
⑤ 할리우드의 가족 멜로드라마는 사회적인 갈등을 보여 주기 위해 가족관계를 이야기의 중심으로 삼았다.

86 윗글에 제시된 ㉡의 관점에서 ㉠을 비판할 수 있는 내용으로 가장 적절한 것은?

① 사회적 갈등의 축소판이라 할 수 있는 중산층 가족의 문제를 충분히 다루지 않았다.
② 상류층과 하류층 사이의 결혼으로 인한 갈등이라는 통속적인 소재는 현실적이지 않다.
③ 여성이 겪는 고통과 슬픔을 다소 과잉되게 묘사하여 관객들의 감성을 자극하는 방식을 활용하였다.
④ 계급 간 갈등을 단순한 선악 대립 구도로 묘사하였기에 각 계급이 실제로 겪는 고통을 드러내지 못하였다.
⑤ 관객들이 주인공의 희생적 모성에 집중하도록 유도하였기에 근본적인 사회적 문제를 의식하지 못할 수 있다.

87 윗글을 참고할 때, ㉮에 해당하는 영화 장면으로 보기에 적절하지 <u>않은</u> 것은?

① 남녀 주인공이 이별하고 오랜 시간이 흐른 후 재회하여 울먹이는 순간을 시간이 느리게 흘러가는 듯한 '슬로우 모션' 기법으로 천천히 보여 준다.
② 주변의 다른 소리가 잠시 소거된 채, 가족의 사고 소식을 들은 주인공의 놀란 얼굴을 '클로즈업'하여 자세히 보여 준다.
③ 오지 않는 상대방을 길거리에서 오래 기다리는 주인공을 화면 중심에 고정한 채, 주변 사람들은 주인공을 무시하고 빠르게 지나가는 잔상처럼 보여 준다.
④ 두 연인이 공원에서 눈물을 흘리면서 이별하는 모습을, 두 사람을 잘 알지 못하는 제삼자가 멀리서 관찰하는 듯한 '롱쇼트' 기법으로 매우 작게 보여 준다.
⑤ 부잣집에서 고용인으로 일하게 된 주인공이 그 집에 도착할 때, 힘겹게 걸어온 주인공의 거친 숨소리를 들려주면서 높은 저택을 올려다보는 각도의 화면을 보여 준다.

88 윗글을 바탕으로 〈보기〉에 제시된 '신파'를 분석한 반응으로 적절하지 <u>않은</u> 것은?

> **보기**
>
> 1910년대 한국에서 신파(新派)는 서양 멜로드라마의 영향을 받은 일본극을 수입하여 발전한 새로운 연극 양식을 가리키는 말이었다. 신파의 특징은 주로 슬픈 서사와 비극적인 결말을 보여 준다는 점에서 '관객의 눈물'과 '비극성'으로 요약할 수 있다. 1930년대부터 신파는 슬픔을 과장하여 관객을 어떻게든 울게 만들려는 작위적인 비극성으로 인해 비판받기 시작했지만, 통속성과 대중성을 충족하는 요소로서 이후 현대 한국 영화에까지 계승되었다. 예컨대 20세기 후반의 한국 신파 영화는 도시화와 산업화로 인한 경제적 성장 속에서 오히려 억압되는 여성의 비극적인 이야기를 주로 그렸다는 점에서 신파의 새로운 가능성을 제시하기도 하였다.

① 1910년대 한국 신파와 19세기 멜로드라마는 모두 '파토스'에 집중했다는 공통점이 있다고 분석할 수 있겠군.
② 1930년대 한국 신파에 대한 비판은 '부적절한 리얼리즘'이나 '관객의 눈물샘'과 같은 말에서 드러나는 멜로드라마에 대한 비판과 상통한다고 분석할 수 있겠군.
③ 한국 신파의 다소 지나치게 작위적인 비극성은 '서크'의 주장처럼 관객이 보는 것이 '만들어진 현실'이라는 점을 드러내기 위한 장치로서 기능한다고 분석할 수 있겠군.
④ 과거 연극 양식이었던 신파가 현대 한국 영화에까지 계승된 까닭은 멜로드라마의 특성과 마찬가지로 대중의 관심을 끄는 요소로 작동하기 때문이라고 분석할 수 있겠군.
⑤ 20세기 후반의 한국 신파 영화는 여성이 누리는 삶이 억압과 소외의 상황이라는 역설을 드러냈다는 점에서 〈천국이 허락한 모든 것〉과 유사하다고 분석할 수 있겠군.

21 인공지능과 감정

다음 글을 읽고 물음에 답하시오.

　최근 인공지능이 인간 바둑 최고수를 꺾는 사건에 따라, 자연 세계에서 인간이 갖는 특권적 지위나, 윤리학의 인간 중심적 전통에 대한 의문이 본격적으로 제기되었다. 과연 인간과 같거나 인간보다 뛰어난 지능을 ⓐ지닌 인공지능도 도덕적 고려의 대상으로 인정해야 할까? 이를 부정하는 사람들은 인간성의 핵심을 지적인 능력이 아니라 기쁨과 슬픔, 공포와 동정심 등의 감정적인 부분에서 찾으려 한다. 예컨대 인공지능은 경쟁에서 이겨도 승리를 기뻐하지 못한다. 인간의 특정 작업이 인공지능을 ⓑ갖춘 로봇에 의해 대체되더라도 인간의 감정을 읽고 상호 작용을 하는 작업은 대체되지 못한다는 것이다.

　하지만 최근에는 감정을 가진 로봇, 곧 인공 감정을 제작하려는 열망이 뜨겁다. 인공 감정의 제작을 긍정적으로 여기는 사람들은 인간의 돌봄과 치료 과정을 돕는 로봇이 사용자의 필요에 더 잘 부응할 것이며, 사람들이 인간과 정서적 교감을 하는 로봇을 점점 가족 구성원처럼 ⓒ여기게 될 것이라고 예상한다. 그러면 로봇을 인간과 같은 감정을 가지고 인간과 상호 작용하는 존재로 보고, 이를 도덕 공동체의 일원으로서 받아들여야 하는가? 이 물음에 답하려면 인간에게 감정의 핵심적인 역할은 무엇인지 생각해 보아야 한다. 인공지능의 연구도 그렇지만, 인공 감정의 연구도 인간의 감정을 닮은 기계를 ⓓ만들려는 시도이면서 동시에 감정 과정에 대한 계산 모형을 통해 인간의 감정을 더 깊이 이해하는 과정이기도 하다.

　감정은 인지 과정과는 달리 적은 양의 정보를 바탕으로 개체의 생존과 항상성 유지를 가능하게 하는 역할을 한다. 또 감정은 무엇을 추구하고 회피할지 판단하도록 하는 동기의 역할을 한다. 가령 인간은 무엇에 대한 공포를 느낄 때 그로부터 회피한다. 한편 우리는 사회적 상호 작용에서 서로의 신체 반응이나 표정을 통해 미묘한 감정을 ⓔ읽어내고 그에 적절히 반응하며, 그런 정서적 교감을 통해 공동체를 유지한다.

　그러나 로봇이 정말로 이러한 감정 경험을 하는지 판단하기는 쉽지 않다. 많은 철학자들은 인공지능이 결과적으로는 인간과 똑같은 인지적 과제를 수행했다고 하더라도 그것은 의미를 이해하지 못하기 때문에 진정한 지능이 아니라고 주장했다. 이처럼 인공지능에 회의적인 철학자들은 인공 감정에 대해서도 마찬가지로, 감정을 입력 자극에 대한 적절한 출력을 내놓는 행동들의 패턴이 아니라 내적인 감정 경험으로 이해한다면 인공 감정이 곧 인간의 감정이라고 말할 수 없다고 본다.

　㉠이러한 철학자들에 따르면, 로봇이 감정을 가지기 위해서는 감정을 인식하고 표현하는 데 그쳐서는 안 되고 내적인 감정을 생성할 수 있어야 한다. 그러나 거기에는 현실적으로 상당히 어려운 전제 조건이 만족되어야 한다. 첫째, 감정을 가진 개체는 기본적인 충동이나 욕구를 가진다고 전제된다. 목마름, 배고픔, 피로감 등의 본능이나 성취욕, 탐구욕 등이 없다면 감정도 없다. 둘째, 인간과 사회적 상호 작용을 하기 위해 인간이 가지는 것과 같은 감정을 가지려면, 로봇은 최소한 고등 동물 이상의 일반 지능을 가지고, 생명체들처럼 복잡하고 예측 불가능한 환경에 적응할 수 있어야 한다. 그런데 ㉮복잡한 환경에 적응하여 행위할 수 있는 일반 지능을 가진 인공지능에 이르는 길은 아직 멀다. 현재 인공지능이 제한적인 영역에서 주어진 과제를 얼마나 효율적으로 산출하는지 이외의 문제들은 부차적인 것으로 치부되고 있기 때문이다. 그렇다면 진정한 감정이 없는 로봇을 도덕 공동체의 일원으로 받아들일 이유는 없다.

89 윗글을 통해 답을 찾을 수 <u>없는</u> 질문은?

① 인간이 지닌 기본적인 충동이나 욕구에는 어떤 것들이 있는가?
② 일부 사람들이 인공 감정을 만드는 것에 찬성하는 까닭은 무엇인가?
③ 인공지능에 대한 도덕적 고려를 부정하는 이들은 인간성을 어떻게 설명하는가?
④ 고등 동물들이 인간과 달리 복잡한 상황에 잘 적응하지 못하는 이유는 무엇인가?
⑤ 최근 인공지능이 인간 바둑 최고수를 꺾은 사건은 사회적으로 어떤 영향을 미쳤는가?

90 윗글을 바탕으로 추론할 수 있는 내용으로 적절하지 <u>않은</u> 것은?

① 인간은 자연 세계에서 특별한 권리를 갖고 있는 존재로 인식되어 왔다.
② 전통적인 윤리학은 인간을 중점적인 도덕적 고려의 대상으로 삼아 왔다.
③ 인간은 타인의 감정에 공감하는 과정을 통해 추구할 대상과 회피할 대상을 구별한다.
④ 인간의 내적인 감정 경험은 인간이 지닌 기초적인 충동이나 욕구에 기인하여 발생한다.
⑤ 현재 개발된 인공지능은 아직 복잡한 환경에 유연하게 적응할 수 있는 수준에 이르지 못하였다.

91 ㉠의 관점에서 인공 감정에 대하여 보일 수 있는 반응으로 가장 적절한 것은?

① 사회적 상호 작용이 가능한 수준의 로봇을 만들기 위해서는, 인공지능과는 별개의 영역에서 인공 감정만을 위한 기술적 연구가 필수적으로 수행되어야겠군.
② 인간이 기피하는 행동이라도 명령을 내리면 그대로 수행하는 로봇보다는, 그러한 명령의 수행을 꺼리는 로봇이 진정한 인공 감정 로봇에 더 가깝다고 볼 수 있겠군.
③ 자신의 감정뿐 아니라 타인의 감정까지 인식하고 표현할 수 있는 인공 감정 로봇은, 타인과의 정서적 교감이 가능하므로 인간의 도덕 공동체에 받아들여질 수 있겠군.
④ 입력에 대한 출력으로 이루어진 인공지능에는 회의적이지만, 입력된 자극에 대하여 적절한 반응을 출력하는 인공 감정 로봇은 인간과 유사하다고 인정할 수 있겠군.
⑤ 인간의 감정 과정을 모방하는 인공 감정을 위한 계산 모형은, 인간의 인지 과정을 모방하는 인공지능을 위한 계산 모형보다 더 많은 양의 정보를 요구할 가능성이 크겠군.

92 〈보기〉의 '어떤 인공지능 연구자'가 ㉮에 대하여 반박할 수 있는 내용으로 가장 적절한 것은?

> **보기**
>
> 과거 초보적인 인공지능은 설계자가 미리 입력한 정보와 규칙에 따라 주어진 자극에 대한 반응을 산출하였기에, 그 과정이 아무리 정교해도 설계자의 이해를 초월하지는 않았다. 하지만 머신 러닝에 기초한 첨단 인공지능은 설계자가 기본 규칙이나 학습 능력만을 만들어 주면, 복잡한 문제 환경에서도 막대한 양의 데이터를 스스로 분석하여 이해·판단하고 상황에 맞는 반응을 보인다. 이러한 능력은 설계자에게조차 미지의 영역이다. 이에 <u>어떤 인공지능 연구자</u>는 "인간이 자신의 기분이나 행동을 합리적으로 설명하더라도 그 설명은 불완전할 수밖에 없다. 인간에게는 이성만으로 설명되지 않는 감정과 같은 영역이 있기 때문이다. 첨단 인공지능의 작동도 이와 유사하다고 볼 수 있다."라고 말했다.

① 초보적인 인공지능과 달리, 머신 러닝에 기초한 첨단 인공지능은 설계자의 입력이 없더라도 스스로 복잡한 환경에 적응하여 행위할 수 있는 수준에 이르렀습니다.
② 머신 러닝에 기초한 첨단 인공지능은 인간이 감당하기 어려운 양의 데이터가 주어지더라도, 이를 효율적으로 분석하여 주어진 과제에 대한 해답을 찾을 수 있습니다.
③ 머신 러닝에 기초한 첨단 인공지능에 대한 연구는 인간의 감정을 깊이 이해하는 과정으로서, 그동안 설명하지 못했던 인간의 감정을 설명할 수 있는 단서가 될 것입니다.
④ 머신 러닝에 기초한 첨단 인공지능은 인간의 돌봄과 치료 과정을 돕는 로봇이 사용자의 필요에 부응하는 것과 같은 기술을 발전시켜, 로봇이 사회의 구성원이 되도록 할 것입니다.
⑤ 머신 러닝에 기초한 첨단 인공지능의 반응 능력은 단순한 데이터 입력에 대한 출력으로 보기 어려우며, 이를 복잡한 환경에 적응하여 행위할 수 있는 일반 지능으로 볼 가능성이 있습니다.

93 문맥상 ⓐ~ⓔ와 바꾸어 쓰기에 적절하지 <u>않은</u> 것은?

① ⓐ : 소유(所有)한
② ⓑ : 함양(涵養)한
③ ⓒ : 간주(看做)하게
④ ⓓ : 제작(製作)하려는
⑤ ⓔ : 파악(把握)하고

다음 글을 읽고 물음에 답하시오.

우리는 숲속을 걸으며 특별한 주의를 기울이지 않아도 복잡한 형태의 나무들 사이에서 작은 동물의 움직임을 알아챌 수 있다. 나무는 움직이지 않으므로 시간차를 두고 획득한 두 이미지의 차이를 통해서 움직임을 쉽게 인식할 수 있을 것 같지만, 실제로 우리의 안구는 한곳을 응시할 때에도 끊임없이 움직인다. 즉, 망막에 맺히는 이미지 전체가 계속해서 변하므로 움직임을 인식하기 위해서는 더 정교한 정보 처리가 필요하다. 최근 일정한 간격의 미세 전극이 촘촘히 배열된 마이크로칩을 이용하여 망막에서 발생하는 전기 신호를 관찰할 수 있게 되면서, 고차적인 시각 정보 처리가 뇌에서 전적으로 이루어지는 것이 아니라 망막에서 시작된다는 증거들이 새롭게 발견되었다.

㉠망막은 어떻게 전체 이미지 속에서 작은 동물의 움직임에 관한 정보를 골라내는 것일까? 망막에는 일정한 영역에 분포하여 빛에 반응하는 광수용체세포와 여러 광수용체세포에 연결되어 최종 신호를 출력하는 신경절세포가 존재한다. 특정 종류의 신경절세포들은 각 세포가 감지하는 부분이 이미지 전체와 다른 경로로 움직일 때 전기 신호를 발생시킨다. 안구의 움직임에 의한 상의 떨림은 망막에 맺힌 전체 이미지가 같은 방향으로 움직이도록 하는데, 움직이는 동물의 상은 이와는 이동 경로가 다르므로 그 부분에 분포한 신경절세포만이 신호를 생성한다. 바로 이 신호를 바탕으로 움직임을 인식할 수 있는 것이다.

빠르게 움직이는 테니스공의 경우를 생각해 보자. 충분한 밝기의 빛이 도달하더라도 망막이 시각 정보를 처리하는 데에는 수십 분의 1초가 걸린다. 강하게 친 테니스공은 이 시간에 약 2m까지 이동할 수 있기에 라켓의 위치를 훨씬 벗어날 수 있다. 그런데도 우리는 어떻게 그 공을 정확히 쳐 낼 수 있을까?

이를 알아보기 위해 연구자들은 마이크로칩 위에 올려진 도롱뇽의 망막에 막대 모양의 상이 맺히게 하고 상의 밝기와 이동 속도 등을 변화시켜가며 망막에서 발생하는 신호를 측정하는 ㉡실험을 하였다. 막대 모양의 상이 1/60초 동안만 망막에 맺히도록 한 후에 상 아래에 위치한 신경절세포에서 출력되는 신호를 측정하자, 광수용체세포에서 발생한 전기 신호가 여러 신경세포를 거치며 일어난 시간 지연으로 인해 상이 맺힌 순간부터 약 1/20초 후에 신경절세포에서 신호가 발생하기 시작하였으며, 이는 약 1/20초 동안 지속되는 것을 확인할 수 있었다. 또한 상을 일정한 속도로 움직이며 상의 이동 경로에 위치한 신경절세포에서 발생하는 신호를 측정하자, 적절한 밝기와 이동 속도일 때에 실제 상이 도달한 위치보다 더 앞에 위치한 신경절세포에서 신호가 발생하기 시작하여 상의 앞쪽 경계와 같은 위치 혹은 앞선 위치에서 세기가 최대가 되었다.

이처럼 개별 신경절세포의 시간 지연에도 불구하고 상의 앞쪽 경계에서 최대가 되는 모양의 신호를 만들기 위해서는 특별한 기제가 필요하다. 첫째, 신경절세포의 출력 신호 세기는 밝기가 변화한 직후에 최대이고 점차 작아지는데, 이를 신경절세포 반응의 시간 의존성이라 한다. 둘째, 신경절세포는 물체의 이동 방향에서 가장 먼저 자극되는 광수용체세포의 신호를 크게 증폭하여 받아들이고, 곧바로 증폭률을 떨어뜨려 신호의 세기를 줄여버리는데 이를 동적 조절이라 한다. 신경절세포 신호 증폭률의 동적 조절에 따라, 상의 이동 경로에 위치한 신경절세포들에서 생성한 신호들이 합쳐진 출력 신호 그래프는 상의 앞쪽 경계면 혹은 그보다 앞선 지점에서 최대 세기를 보이는 비대칭적인 모양이 되는 것이다.

그런데 물체와 주변의 밝기 차이가 작아 분별이 어렵거나 물체의 속력이 너무 커서 증폭률이 이에 맞춰 재빨리 변화하지 못하면, 이러한 기제가 잘 작동하지 못하여 시간 지연에 대한 보상이 잘 이루어지지 않는다. 어두울수록, 그리고 테니스공이 빠르게 움직일수록 이를 정확하게 맞히기 어려운 이유이다.

94 윗글을 통해 답을 찾을 수 <u>없는</u> 질문은?

① 망막에서 최종 신호를 출력하는 세포는 무엇인가?
② 고차적 시각 정보가 처리되는 과정은 어떤 관찰 방식을 통해 밝혀졌는가?
③ 광수용체세포와 신경절세포 사이에서 신호 지연이 발생하는 이유는 무엇인가?
④ 신경절세포는 어떤 생물학적 원리로 광수용체세포의 신호 세기를 증폭하는가?
⑤ 작은 동물의 움직임을 발견하는 데 정교한 정보 처리가 필요한 까닭은 무엇인가?

95 윗글에서 추론할 수 있는 내용으로 적절하지 <u>않은</u> 것은?

① 망막의 신경절세포가 생성한 신호는 망막에 상이 맺힌 시간보다 오래 유지될 것이다.
② 망막의 시각 정보 처리는 시각 정보를 제공하는 물체의 이동보다 더 빠르게 이루어질 것이다.
③ 망막에서 시각 정보를 처리하는 데 소요되는 시간은 빛의 밝기에 따라 달라질 수도 있을 것이다.
④ 빛에 반응하는 광수용체세포들에 연결되어 신호를 출력하는 세포의 전기 신호에 따라 시각 정보가 처리될 것이다.
⑤ 새로운 마이크로칩이 개발됨에 따라 망막이 정보의 수용뿐만 아니라 정보의 처리에도 관여함이 새롭게 알려졌을 것이다.

96 ㉑에 답할 수 있는 내용으로 가장 적절한 것은?

① 사람이 가만히 한 곳을 응시하더라도 사람의 안구는 끊임없이 움직여 물체의 움직임을 확인합니다.
② 전체 이미지의 빛에 반응하는 광수용체세포와 달리, 신경절세포는 작은 물체의 움직임에 반응합니다.
③ 상의 떨림에 따라 망막에 맺히는 전체 이미지의 요소들이 각기 다른 이동 경로를 따라 움직이게 됩니다.
④ 움직이는 물체는 고정된 물체와 대조함으로써 시간의 흐름에 따른 물체의 위치 변화를 파악할 수 있습니다.
⑤ 특정 종류의 신경절세포는 이미지 전체의 이동 경로와 다른 양상으로 이동하는 물체의 움직임에 반응합니다.

97 〈보기〉는 ㉠의 결과를 도식화한 자료이다. 윗글을 바탕으로 〈보기〉를 이해한 반응으로 적절하지 <u>않은</u> 것은?

> **보기**
>
> 다음은 ㉠이 진행되는 과정에서, 왼쪽에서 오른쪽으로 이동 중인 막대의 상이 특정한 순간 놓인 위치에 따라, 도롱뇽의 망막에 맺힌 빛의 밝기 분포, 그리고 도롱뇽의 신경절세포가 출력한 신호의 세기를 그림 및 그래프로 나타낸 것이다. 그래프 ⓐ, ⓑ, ⓒ는 각기 다른 조건에서 측정한 결과로서, ⓐ와 ⓑ는 상의 이동 속력이 서로 같았지만, 상과 주변의 밝기 차이가 서로 달랐다. 또 ⓒ는 ⓐ, ⓑ와 상의 이동 속력이 달랐다.

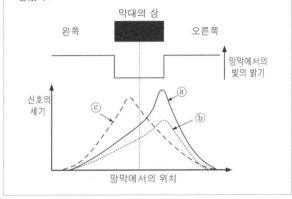

① ⓐ에서 신호가 왼쪽으로 갈수록 감소하는 비대칭적인 모양으로 나타난 것은, 신경절세포들이 상의 이동에 따라 광수용체세포의 신호를 조절하여 받아들인 결과로 이해할 수 있군.
② ⓑ에서 신호의 최댓값이 막대의 상 오른쪽 경계면과 가까운 위치에서 나타난 것은, 막대의 상이 왼쪽에서 오른쪽을 향하여 일정한 속도로 이동한 결과로 이해할 수 있군.
③ ⓒ에서 신호의 최댓값이 막대의 상 왼쪽 경계면과 가까운 위치에서 나타난 것은, 실제 상의 도달 위치보다 앞선 신경절세포에서 신호가 발생한 결과로 이해할 수 있군.
④ ⓐ가 ⓑ보다 더 강한 신호를 보인 것은, 상과 주변의 밝기 차이가 상대적으로 큰 ⓐ에서 시간 지연에 대한 보상이 ⓑ에 비해 더 잘 이루어진 결과로 이해할 수 있군.
⑤ ⓒ가 치우친 방향이 ⓐ, ⓑ와 다른 것은, ⓒ에서 상이 이동하던 속력이 지나치게 빨랐기에 신경절세포의 동적 조절 기제가 잘 작동하지 않은 결과로 이해할 수 있군.

다음 글을 읽고 물음에 답하시오.

　조선 후기 역사학에서 국가의 정당성을 역사적으로 보장하기 위한 정통론은 홍여하의 『동국통감제강』에서 처음 등장했다. 이는 17세기 명·청 교체라는 중국 대륙 질서의 동요에 따라 중화(中華)가 공석(空席)이 되었다는 의식과 함께, 주자학을 수용한 조선이 이제 소중화(小中華)로서 중화를 대신하자는 각성에서 비롯한 것이었다. 이러한 소중화 의식은 효종 대의 북벌론을 사상적·정치적으로 지지하면서 점차 조선 사회에서 보편화되었다. 이에 북벌론자들뿐만 아니라 당대 사상가 대부분도 중국과 오랑캐, 즉 화이(華夷)의 구분은 지리 경계나 종족에 있지 않다고 보면서, '오늘날에는 우리가 중화'라고 주장하게 되었다.

　㉠조선 후기 유학자 이익은 이러한 역사 인식을 계승하여 이를 체계적으로 심화하였다. 먼저 그는 중국 역시 다른 나라와 마찬가지로 한 조각 땅에 지나지 않는다고 말하면서 전통적 화이관의 근본인 중국 중심의 천하(天下) 사상을 분쇄하였다. 이에 따라 모든 나라는 중국 중심의 천하에 소속된 존재가 아니라, 각기 독자적 국가를 이룬 것으로 인식되었다. 즉 전통적인 중국 중심의 천하가 병렬된 개별 국가로 분절된 것이다. 이러한 관점에서 조선은 하나의 독립된 역사적 세계였다. 이는 북벌론자들의 정통론이 중화를 대신하는 소중화로 조선을 인식함으로써 여전히 중국 중심의 천하 의식을 지니고 있던 것과는 다르다. 또한 북벌론자의 정통론은 화이의 구분 기준이 되는 예(禮)를 중국의 풍속까지 포함하는 것으로 보았으나, 이익은 이와 달리 예(禮)를 유교적 규범으로 여겼다는 것도 차이점이다.

　이익은 기존 역사 서술에는 두 종류가 있다고 생각하였다. 하나는 이미 결정된 성패를 뒤쫓아 가면서 그 성패가 마치 선악응보(善惡應報)라는 인과 법칙에 의해 당연하게 이루어진 것처럼 서술하는 것이었다. 다른 하나는 역사 속에서의 인간 행위를 선악 이원론의 시각에서 인식하고 평가하는 역사 서술이었다. 그러나 이익은 이들 모두가 역사적 실제에 부합하지 않는 편견이라고 비판하였다. 대신 이익은 역사 서술에서 원인이나 객관적 여건을 중시할 것을 제안하였다. 그에 따르면, 천하의 역사 운동이나 역사 사실의 전개에서는 시세(時勢)가 기본적인 요인이며, 인간의 행위는 부차적인 것이고, 도덕적 시비는 거의 관계가 없는 것이다. 이때 시세는 어떠한 형태의 법칙성도 거부하는 우연적인 것이며, 동시에 특수한 것이다. 따라서 실제 역사에 개입된 인간 행위의 성패는 시세에 적합한가 아닌가에 따라 결정된다. 요컨대 이익이 말하는 시세란 인간을 둘러싸고 있는 객관적인 여건과 정세로서, 무법칙적으로 운동하면서 인간의 의지와 관계없이 역사를 규정하는 원동력이다.

　이익은 역사 운동과 역사 사실을 도덕적 선악으로부터 완전히 분리하고, 인간 행위에 대해서만 도덕적 선악의 시비 문제를 가리고자 했다. 즉 인간 행위에 대해서는 선은 선으로 여기고 악은 악으로 여기되, 그 선악이 역사 운동과 역사 사실로부터는 완전히 분리된다는 것을 전제로 하는 것이다. 이것은 사실과 도덕의 분화를 의미한다. 이익은 이처럼 실제적 사실을 중시했기 때문에, 화이의 구분 기준도 내면적 규범인 도덕과 인의가 아니라, 외적·객관적 사회 규범인 예(禮)에서 구하게 되었다.

98 윗글의 내용과 일치하지 <u>않는</u> 것은?

① 조선이 중국의 중화를 대신하자는 사상은 북벌론을 지지하면서 조선 사회에 널리 전해졌다.
② 『동국통감제강』은 조선의 정당성을 역사적으로 보장하기 위한 정통론을 최초로 제시하였다.
③ 중국 중심의 천하 사상은 중국 외의 모든 나라를 중국 중심의 세계에 소속된 존재로 인식한다.
④ 이익은 역사 서술이 역사적 실제에 부합해야 한다고 보면서 사실과 도덕을 분화해야 한다고 주장했다.
⑤ 이익은 인간 행위는 무법칙적으로 움직이는 정세에 의한 것이므로 선악의 시비를 가릴 수 없다고 보았다.

99 〈보기〉는 윗글을 바탕으로 '북벌론자'와 '이익'이 나누는 대화를 재구성한 내용이다. 윗글을 참고할 때, 대화의 내용으로 적절하지 <u>않은</u> 것은?

> 보기
>
> **북벌론자** : 명·청 교체가 일어남으로써 기존의 중화는 공석이 되었습니다. 이전에 수용한 주자학을 바탕으로 이제 조선이 중화를 대신해야 합니다. ·····① ①
> **이익** : 중국은 다른 나라와 다를 것이 없는 나라입니다. 중국 중심의 천하 사상을 버리고 모든 나라를 각각의 독자적 국가로 인식해야 할 것입니다. ·····② ②
> **북벌론자** : 화이를 구분하는 기준에는 중국의 오랜 풍습까지 포함되어야 합니다. 중국과 오랑캐는 지리 경계나 종족에 의해서 구분되는 것이 아닙니다. ·····③ ③
> **이익** : 화이를 구분하는 기준이 지리 경계나 종족에 있지 않다는 의견에는 동의합니다. 그러나 그 기준은 특정 국가의 풍습이 아니라 유교적 규범이 되어야 합니다. ·····④ ④
> **북벌론자** : 중국 대륙의 질서 변화로 새로운 사상이 필요해진 건 사실입니다. 그러나 도덕 규범을 화이의 구분 기준으로 삼는 것은 조선의 보편적 사상과 괴리됩니다. ·····⑤ ⑤

100 '이익'의 관점에서, 시세(時勢) 를 이해한 내용으로 가장 적절한 것은?

① 인간 행위의 선악을 결정짓는 기준으로 작용한다.
② 천하의 역사 운동에 영향을 미치는 부수적인 요인이다.
③ 역사 서술에서 어느 정도의 주관성이 필요한 원인이 된다.
④ 우연성과 특수성을 바탕으로 인간 행위의 성패를 결정한다.
⑤ 성패를 결정하는 인과 법칙으로 역사를 규정하는 원동력이다.

101 윗글에 제시된 ㉠의 견해와 〈보기〉에 제시된 ㉡의 관점을 비교하여 이해한 반응으로 적절하지 <u>않은</u> 것은?

> 보기
>
> 이익의 역사론을 계승한 안정복의 ㉡『동사강목』은 개별 사실(史實)에 대한 성실한 고증을 바탕으로 했다는 점에서 의의가 있다. 여기서 안정복은 이전의 사서(史書)들이 중국 중심의 역사관에서 탈피하지 못했을 뿐만 아니라 유교적 제약으로 인해 객관성을 살리지 못했음을 지적하면서, 사실에 대한 철저한 고증과 객관적 해석을 중시하였다. 특히 단군·기자의 사실성을 강조함으로써 중국에 대한 조선의 문화적 대등성과 정통성을 과시하기도 하였다. 또한 『동사강목』은 합리적 역사관에 근거하여 사료를 수집하고 비판적 시각에서 이를 해석하였고, 권력이나 편견 등에 의한 역사적 왜곡을 바로잡음으로써 근대적 역사 연구의 기초를 제공하였다.

① 인간을 둘러싼 여건과 정세가 역사를 규정한다고 주장한 ㉠의 견해는, 사실에 대한 철저한 고증을 통해 객관성을 유지하려 한 ㉡의 관점과 상통한다고 볼 수 있겠군.
② 전통적인 천하 개념을 병렬된 개별 국가로 분절한 ㉠의 견해는, 중국 중심의 역사관에서 탈피하지 못한 이전의 사서들을 비판하는 ㉡의 관점과 상통한다고 볼 수 있겠군.
③ 선악응보의 법칙과 선악 이원론의 관점에 기초한 기존 역사 서술 방식을 비판한 ㉠의 견해는, 역사적 왜곡을 바로잡기 위해 노력한 ㉡의 관점과 상통한다고 볼 수 있겠군.
④ 유교의 예(禮)를 외적이고 객관적인 사회 규범으로 해석한 ㉠의 견해는, 합리적 역사관에 근거하여 수집한 사료를 비판적으로 해석한 ㉡의 관점과 상통한다고 볼 수 있겠군.
⑤ 조선을 중국으로부터 독립된 역사적 세계로 인식하였던 ㉠의 견해는, 단군·기자의 사실성을 강조함으로써 조선 역사의 정통성을 강조한 ㉡의 관점과 상통한다고 볼 수 있겠군.

다음 글을 읽고 물음에 답하시오.

세상은 변화를 겪는다. 사람이 그렇게 여기는 이유는 시간이 @흐른다고 생각하기 때문이다. 그런데 ⊙4차원주의자는 시간이 흐르지 않는다고 주장한다. 시간이 흐르지 않는다면, 과거, 현재, 미래는 똑같이 존재할 것이다. 이러한 견해를 가진 사람을 영원주의자라고 한다. 시간의 흐름 여부에 대한 인식의 차이는 과거, 현재, 미래에 대한 개념 혹은 표상의 차이를 ⓑ가져온다. 영원주의자들에게 매 순간은 시간의 퍼즐을 이루는 하나의 조각처럼 이미 주어져 있다. 영원주의자에게 시제는 특별한 의미를 가지지 않으며, 과거, 현재, 미래 사이에는 앞 또는 뒤라는 관계만이 존재한다. 현재는 과거의 뒤이고 동시에 미래의 앞일 뿐이다. 영원주의 세계에서 한 사람은 각 시간 단계를 가지는데, 그 사람이 없던 수염을 ⓒ기르면 이는 시간의 흐름에 따른 변화가 아니다. 외모의 차이는 단지 그 사람의 서로 다른 단계 사이의 차이일 뿐이다. 반면에 ⓛ3차원주의자는 시간이 흐른다는 견해를 내세운다. 시간이 흐른다면, 과거, 현재, 미래 시제는 모두 상대적으로 다른 의미나 표상을 지닌다. 이러한 생각을 지니는 이들 중에 현재만이 존재한다고 보는 사람이 바로 현재주의자이다. 그들에게는 이미 지나간 과거와 아직 도래하지 않은 미래는 존재하지 않으므로, 지금 주어진 현재만이 존재한다.

시간여행은 시간에 관한 견해가 첨예하게 대립하는 주제이다. 현재주의자에 따르면, 현재에서 과거, 미래의 특정 시점을 찾아가는 것은 영원주의자의 생각처럼 각각 독립적으로 존재하는 시간 퍼즐의 여러 조각 중 하나를 찾아가는 것이 아니다. 시간여행이 가능하다고 여기는 영원주의자와는 달리 현재주의자 중에 다수는 시간여행이 불가능하다고 주장한다. 누군가가 시간여행을 하려면 과거나 미래로 이동할 수 있어야 하지만, 3차원주의를 이념적 바탕으로 ⓓ삼는 현재주의자들은 흘러간 과거와 아직 오지 않은 미래는 실재하지 않는다고 보기 때문이다. 이를 도착지 비존재의 문제라고 한다.

그런데 현재주의자 중 일부는 시간여행이 가능하다고 보기도 한다. 과거로의 시간여행을 시작하는 현재 시점 T_n에서 과거의 특정 시점 T_{n-1}은 실재가 아니다. 그러나 시간여행자가 T_{n-1}에 도착할 때 그 시점은 그에게 현재가 되어 존재하지 않을까? 하지만 이러한 견해를 반대하는 입장에서는 이것이 과거를 마치 현재인 양 여기게 하는 속임수라고 주장한다. 과거 시점 T_{n-1}에 도착한다면, 과거는 이제 현재가 된다. 그러나 시간여행의 가능성을 ⓔ따질 때 우리가 관심을 가지는 현재는 애초에 출발하는 시점인 T_n이지 과거의 도착지인 T_{n-1}이 아니다. 만일 T_{n-1}이 현재가 된다는 것이 중요하다면, T_{n-1}에 도착한 사람에게 T_n은 이제 미래가 된다는 것 역시 중요하다. 그런데 현재주의자는 미래의 비존재를 주장하므로, T_{n-1}에 도착한 시간여행자는 존재하지 않는 미래에서 출발하여 현재에 도착한 셈이다. 이것이 바로 출발지 비존재의 문제이다. 결국 3차원주의 세계에서 시간여행이 가능하다는 점을 보여주려면 이러한 문제를 해소해야 한다.

시간여행의 가능성을 믿는 3차원주의자는 '출발지 비존재'를 '출발지 미결정'으로 보게 되면 문제가 해소된다고 주장한다. 시간여행자가 과거 T_{n-1}에 도착하는 순간, 그는 실재하지 않는 미래로부터 현재로 이동한 것이 아니라 미결정된 미래로부터 현재로 이동한 것이 된다. 그렇다고 하더라도 출발지 비존재의 문제와 마찬가지로, 미래는 아직 존재하지 않기에 전혀 결정되지 않았으며 아직 결정되지 않은 것이 다른 어떤 것의 원인이 될 수 없으므로 시간여행은 여전히 불가능하다는 비판에 직면할 수 있다. 그러나 T_{n-1}에 도착하는 사건의 원인이 T_n에서의 출발이라는 점을 고려한다면, T_{n-1}에 도착하는 순간 미래 사건이 되는 시간여행은 도착 시점에서 이미 결정된 사건으로 여겨질 수 있다. 즉 미래는 계속 미결정된 것이 아니라, 시간여행 여부에 따라 미결정되었다고도 할 수 있고 결정되었다고도 할 수 있다. 이에 조건부 결정론자는 출발지 미결정의 문제가 해소되어 시간여행에 걸림돌이 없다고 주장한다. 그러나 ㉮시간여행이 3차원주의와 양립할 수 없음을 고수하는 이들은 출발지 비존재의 문제를 출발지 미결정의 문제로 대체하여 이를 해소하는 전략을 받아들이지 않을 것이다.

수능식 리트변형 N제

102 윗글을 통해 답을 찾을 수 없는 질문은?

① 3차원주의자는 모두 현재주의자라고 볼 수 있는가?
② 시간여행이 3차원주의자의 견해와 양립할 수 있는 근거는 무엇인가?
③ 4차원주의자와 3차원주의자는 시제의 상대성에 대하여 어떤 관점을 보이는가?
④ 같은 영원주의자들이 시간여행 가능성에 대해 상호 대립적인 의견을 갖는 까닭은 무엇인가?
⑤ 시간의 흐름 여부에 대한 인식과 과거, 현재, 미래의 개념 혹은 표상의 차이에는 어떤 관계가 있는가?

103 현재주의자에 대해 추론한 내용으로 적절하지 <u>않은</u> 것은?

① 현재주의자는 사람들이 세상이 변화를 겪는다고 보편적으로 인식하는 이유가 실제로 시간이 흐르기 때문이라고 생각할 것이다.
② 시간여행이 가능하다고 보는 현재주의자는 시간여행을 통해 도착한 과거가 현재가 되므로 그 실재를 인정할 수도 있다고 주장할 것이다.
③ 시간여행이 가능하다고 보는 현재주의자는 과거로의 시간여행의 가능성을 따질 때 중요한 건 도착 시점이 아니라 출발 시점이라고 볼 것이다.
④ 시간여행이 불가능하다고 보는 현재주의자는 과거, 현재, 미래가 각각 독립적으로 존재하는 것이 아니라는 것을 주장의 근거로 제시할 것이다.
⑤ 시간여행이 불가능하다고 보는 현재주의자는 시간여행을 통해 현재에서 과거로 이동하면 출발지가 존재하지 않게 된다는 것을 시간여행의 문제점으로 제기할 것이다.

104 ㉮의 이유를 추론한 내용으로 가장 적절한 것은?

① 미래 사건의 결정은 시간여행의 여부에 따라 달라질 수 있기 때문에
② 미결정된 사건이 다른 어떤 것의 원인이 되는 경우도 존재하기 때문에
③ 확정될 수 없는 미래를 현재와 마찬가지로 실재한다고 가정하기 때문에
④ 시간여행으로 도착한 과거에서 미래 사건인 시간여행은 이미 결정된 사건이기 때문에
⑤ 시간에 의해 주어지는 매 순간은 흐르지 않고 선후 관계로서의 의미만 가지기 때문에

105 ㉠ 또는 ㉡의 관점에서 〈보기〉를 이해한 반응으로 가장 적절한 것은?

> **보기**
>
> 과거 ┃ ┃ ┃ 미래
> T_0 T_1 T_2
>
> 위 그림은 시간의 흐름을 왼쪽에서 오른쪽으로 흐르는 선으로 표현한 것이다. 왼쪽으로 갈수록 더 오래된 과거이고, 오른쪽으로 갈수록 더 먼 미래이다. 현재 시점은 T_1이며, 시간여행은 T_1을 기준으로 T_0 혹은 T_2로만 이루어진다고 가정한다.

① ㉠은 시간은 흐르지 않기에 T_0, T_1, T_2는 똑같이 주어진 것이며, 그 사이에 선후 관계가 존재하지 않는다는 점을 근거로 시간여행이 가능하다고 주장할 수 있겠군.
② ㉡의 일부는 T_1에서 출발한 시간여행자가 T_0에 도착하는 순간 T_1이 결정되지 않은 미래가 된다고 봄으로써 T_1에서 T_0로의 시간여행이 가능하다고 주장할 수 있겠군.
③ ㉡의 일부는 '출발지 비존재'의 문제에 대해, T_2로의 시간여행은 미래를 현재로, T_0로의 시간여행은 과거를 현재로 만들기에 현재는 미결정된 채로 존재한다고 반박할 수 있겠군.
④ ㉡의 일부는 지난 T_0은 존재하기에 T_0로의 시간여행은 가능하지만, 오지 않은 T_2는 존재하지 않기에 T_2로의 시간여행은 불가능하다는 '도착지 비존재'의 문제를 지적할 수 있겠군.
⑤ ㉡의 일부는 '도착지 비존재'의 문제에 대해, T_2는 시간여행 여부에 따라 존재하거나 존재하지 않게끔 결정된다는 '조건부 결정론'을 통해 시간여행이 가능하다고 반박할 수 있겠군.

106 문맥상 ⓐ~ⓔ와 같은 의미로 쓰이지 <u>않은</u> 것은?

① ⓐ: 세월이 <u>흐른</u> 탓인지 옛 모습이 남아있지 않다.
② ⓑ: 정보통신기술은 삶의 방식에 큰 변화를 <u>가져왔다</u>.
③ ⓒ: 그녀는 오랫동안 <u>기른</u> 머리를 잘라 기부하기로 했다.
④ ⓓ: 이 위기를 전화위복의 계기로 <u>삼아</u> 나아가야만 했다.
⑤ ⓔ: 아버지는 그 두 사람에게 어떤 관계인지 <u>따져</u> 물었다.

다음 글을 읽고 물음에 답하시오.

윤리학에서는, 도덕적인 가치나 규범이 여타의 자연적인 사실과 동일하거나 그것으로 환원된다는 주장을 자연주의라고 한다. 자연주의는 과학의 검증을 받을 수 있는 사실에서 도덕의 근거를 ⓐ찾으려고 한다. 다윈이 1859년에 『종의 기원』을 출간한 후, 스펜서는 진화론에서 도덕적 판단을 끌어낼 수 있다고 생각했다. 그는 다윈의 진화론을 자기 나름으로 해석하여 어떤 행위가 더욱 진화되면 도덕적으로 더 좋은 행위라고 생각했다. 그에 따르면 적자생존은 치열한 경쟁을 정당화해 주는 것이다. 당시에는 스펜서의 주장이 최신 과학 이론을 도덕과 연결시켜 주는 훌륭한 이론처럼 보였다.

그러나 1903년 영국 철학자 무어는 사실에서 가치를 ⓑ끌어내려는 모든 시도는 '자연주의적 오류'를 저지른다고 비판했다. 일반적으로, 누군가에게 "A는 A인가?"라고 물으면 그 물음은 의미가 없는 하나 마나 한 물음일 것이다. 반면에 "㉮A는 B인가?"라는 물음은 의미가 있다. A가 B인지 모르는 사람이 있을 수 있기 때문이다. 물론 "A는 B인가?"라는 물음도 의미가 없을 때도 있다. A와 B가 같다는 것을 누구나 알아서 그 물음이 "A는 A인가?"라는 물음과 같을 때가 그렇다. 스펜서의 주장대로 '더욱 진화됨'이라는 자연적 사실이 '좋음'이라는 가치와 동일하다고 가정해 보자. 그러면 "더욱 진화된 것은 좋은 것인가?"라는 물음은 하나 마나 한 물음이 되어야 한다. 그러나 "더욱 진화된 것은 좋은 것인가?"라는 물음은 의미가 있다. 왜냐하면 우리는 그런 물음을 들으면 "정말 그런가?"라고 ⓒ되물을 수 있기 때문이다. 따라서 무어는 '더욱 진화됨'과 '좋음'이 같지 않다고 결론짓는다. 이 논변은 '좋음'을 어떤 다른 자연적 사실과 동일시하려는 모든 시도들에 적용될 것이다. 이와 같은 무어의 논변은 자연주의를 강력하게 비판했다고 받아들여졌다. 만약 무어가 옳다면 가치는 사실과 독립적이므로 진화론을 비롯한 과학은 도덕의 문제에 시사하는 바가 없어야 한다.

그러나 무어는 자연주의자들의 의도를 잘못 이해하고 있다고 비판받는다. 이들의 관점에 따르면, 스펜서가 '좋음'의 정의를 찾고 있다고 해석할 때는 무어의 논변이 성립한다. 그러나 스펜서는 '좋음'의 정의를 찾은 것이 아니라 진화론을 이용하여 실제로 무엇이 좋은 것인지를 찾은 것이다. '더욱 진화됨'은 '좋음'의 정의는 아니어도 그 외연이 같을 수 있다. 그러면 "더욱 진화된 것은 좋은 것인가?"라는 물음은 의미가 있어도 '더욱 진화됨'은 '좋음'과 동일할 수 있다. 이것을 이해하기 위해 "춘원은 춘원이다."라는 명제와 "춘원은 이광수이다."라는 명제를 비교해 보자. 첫 번째 명제는 어느 누구에게도 의심의 여지가 없지만, 두 번째 명제에 대해서는 "정말 그런가?"라는 의문이 생길 사람도 있다. '춘원'과 '이광수'는 정의 관계여서 동일한 것이 아니라 그 둘이 ⓓ가리키는 대상이 동일해서 동일하기 때문이다. '좋음'과 '더욱 진화됨'의 관계도 마찬가지인데, 무어는 스펜서의 생각과 달리 이러한 지시 관계의 가능성을 고려하지 않았다.

무어의 반자연주의 논변이 실패함에 따라 스펜서가 해석한 진화론이 도덕적 가치에 영향을 줄 수 있는 길이 열렸다. 그러나 그가 다윈의 진화론을 잘못 해석했다는 지적이 있다. 다윈의 이론에서 진화는 특정한 목적을 향하는 것이 아니기 때문에 변화만이 있을 뿐이지 '더욱 높은' 진화의 단계라는 것은 없다는 것이다. 그렇다면 '더욱 진화됨'이라는 개념이 과학적으로 틀렸으므로 '더욱 진화됨'은 '좋음'으로 환원되지 않는다.

결국 자연적 사실이 도덕적 가치와 동일할 수 있는 가능성을 애초부터 ⓔ막을 수는 없다. 우리는 도덕 판단을 위해 자연적 사실을 참조할 수 있다. 그렇다고 해서 모든 자연적 사실이 곧바로 도덕적 가치를 대체한다는 말은 아니다. 그 자연적 사실이 과학적으로 옳은지 검증되어야 하고 또 도덕적 가치와 관련이 있다는 것이 증명되어야 한다.

107 윗글을 통해 답을 찾을 수 없는 질문은?

① 스펜서의 주장은 발표 당시에 어떻게 수용되었는가?
② 스펜서는 무엇을 근거로 치열한 경쟁을 정당화하였는가?
③ 도덕 판단을 위해 자연적 사실을 참조할 때 유의할 점은 무엇인가?
④ 진화의 목적에 대한 다윈, 스펜서, 무어의 견해는 각기 어떠한가?
⑤ 자연적 사실과 도덕적 가치가 동일하게 여겨지는 것을 완전히 부정할 수 있는가?

108 A를 '더욱 진화됨'이라 하고 B를 '좋음'이라 할 때, ㉮에 대한 이해로 적절하지 않은 것은?

① 무어의 관점에서 볼 때, A와 B가 동일하더라도 "A는 B인가?"는 유의미할 수 있다.
② 무어의 관점에서 볼 때, 물음의 의미가 없기 때문에 A를 B와 동일하다고 가정할 수 없다.
③ 무어에 대한 비판자들의 관점에서 볼 때, B를 A로 정의하는 맥락에서는 A와 B를 동일시할 수 없다.
④ 무어에 대한 비판자들의 관점에서 볼 때, A와 B가 가리키는 대상이 같다면, A와 B의 외연이 같을 수 있다.
⑤ 무어에 대한 비판자들의 관점에서 볼 때, A를 이용하여 B를 충족하는 것을 실제로 찾는 맥락에서 의미가 있다.

109 윗글을 읽은 학생이 〈보기〉에 대하여 보인 반응으로 가장 적절한 것은?

> **보기**
>
> 다윈의 대변자였던 헉슬리는 약육강식의 원리를 따르는 진화와 인간의 도덕을 구분한 이원론을 주장하였다. 헉슬리에 따르면 진화는 도덕과 관계하지 않는 사실의 영역에서 일어나며, 도덕적 과정보다 열등한 과정이므로 도덕에 영향을 미칠 수 없고, 적자생존만을 목표로 한다. 반면 도덕은 무질서하고 사악한 진화의 과정을 통제하는 방식으로 진화에 개입하여 도덕적인 좋음의 실현을 추구한다. 헉슬리는 이러한 이원론을 통해 도덕을 진화에 대한 인간 문화의 우위를 보여주는 징표로 삼았다.

① 헉슬리는 도덕이 자연적인 사실로 환원된다는 자연주의의 견해에 동의할 가능성이 크군.

② 헉슬리는 진화와 좋음이 정의 관계를 이루고 있다는 스펜서의 견해에 반대할 가능성이 크군.

③ 헉슬리는 진화에서 좋음이 도출될 수 있다는 다윈의 진화론적 견해에 반대할 가능성이 크군.

④ 헉슬리는 진화와 좋음의 지시 대상이 동일하지 않다는 무어의 견해에 동의할 가능성이 크군.

⑤ 헉슬리는 진화와 도덕이 서로 영향을 미치지 못한다는 무어의 견해에 반대할 가능성이 크군.

110 문맥상 ⓐ~ⓔ와 바꿔 쓰기에 가장 적절한 것은?

① ⓐ : 명시(明示)하려고

② ⓑ : 유도(誘導)하려는

③ ⓒ : 반문(反問)할

④ ⓓ : 내포(內包)하는

⑤ ⓔ : 관여(關與)할

다음 글을 읽고 물음에 답하시오.

첨단 소재 분야의 연구에서는 마이크로미터(μm) 이하의 미세한 구조를 관찰할 수 있는 전자 현미경이 필요하다. ⓐ광학 현미경과 ⓑ전자 현미경의 기본 원리는 같다. 다만 광학 현미경은 관찰 매체로 가시광선을 사용하고 유리 렌즈로 빛을 모으는 반면, 전자 현미경은 전자빔을 사용하고 전류가 흐르는 코일에서 발생하는 자기장을 통해 전자빔을 모은다는 차이가 있다.

시료에 가시광선을 비추고 시료의 각 점에서 산란된 빛을 렌즈로 모아 상(像)을 만드는 광학 현미경은 미세한 구조를 관찰하는 데 한계가 있다. 크기가 매우 작은 점광원에서 나온 빛은 렌즈를 통과하면서 회절 현상에 의해 광원보다 더 큰 크기를 지닌 원형의 간섭무늬를 형성하는데, 이를 '에어리 원반'이라고 부른다. 시료 위의 일정한 거리에 있는 두 점에서 출발한 빛이 렌즈를 통과할 경우 스크린 위에 에어리 원반 두 개가 만들어진다. 이때 두 점의 거리가 너무 가까워져 두 에어리 원반 중심 사이의 거리가 원반 크기에 비해 너무 작아지면, 관찰자는 더 이상 두 점을 구분하지 못하고 한 점으로 인식하게 된다. 이 한계점에서 시료 위의 두 점 사이의 거리를 '해상도'라 부른다. 일반적으로 현미경에서 얻을 수 있는 최소 해상도는 사용하는 파동의 파장, 렌즈의 초점 거리에 비례하며 렌즈의 직경에 반비례한다. 따라서 사용하는 파장이 짧을수록 최소 해상도가 작아지며, 더 또렷한 상을 얻을 수 있다. 하지만 광학 현미경의 경우 파장이 가장 짧은 가시광선을 사용하더라도 그 해상도는 파장의 약 절반인 200 나노미터(nm)보다 작아질 수 없다. 한편 전자 현미경에 사용되는 전자빔의 전자는 양자역학에서 말하는 '입자-파동 이중성'에 따라 파동처럼 행동하는데, 이 파동을 '드브로이 물질파'라고 한다. 물질파의 파장은 입자의 질량과 속도의 곱인 운동량에 반비례하는데, 전자 현미경에서 가속 전압이 클수록 전자의 속도가 크고, 수십 kV의 전압으로 가속된 전자의 물질파 파장은 대략 0.01nm 정도이다. 하지만 렌즈 성능의 한계로 인해 전자 현미경의 해상도는 보통 수 nm이다.

전자 현미경의 렌즈는 전류가 흐르는 코일에서 발생하는 자기장을 사용하여 전자의 이동 경로를 휘게 하여 전자를 모아 준다. 전자처럼 전하를 띤 입자는 자기장을 ⓐ통과할 때 그 속도와 자기장의 세기에 비례하는 힘을 자기장의 수직 방향으로 받는다. 전자 렌즈는 코일을 적절히 배치하여 특별한 형태의 자기장을 발생시켜 렌즈를 통과하는 전자가 렌즈의 중심 방향으로 힘을 받도록 만든다. 코일에 흐르는 전류를 증가시키면 코일에서 발생하는 자기장의 세기가 커지고 전자가 받는 힘이 증가해 전자빔이 더 많이 휘어지면서 초점 거리가 줄어드는 효과를 얻을 수 있다. 대물렌즈의 초점 거리가 작아지면 현미경의 배율은 커진다. 따라서 광학 현미경에서는 배율을 바꿀 때 대물렌즈를 교체하지만 전자 현미경에서는 코일에 흐르는 전류를 조절하여 일정 범위 안에서 배율을 마음대로 조정할 수 있다. 하지만 렌즈의 중심과 가장자리를 통과하는 전자가 받는

힘을 적절히 조절하여 한 점에 모이도록 하는 것이 어려우므로 전자 현미경에서는 광학 현미경에 비해 초점의 위치가 명확하지 않다.

전자 현미경은 고전압으로 가속된 전자빔을 사용하므로 현미경의 내부는 기압이 대기압의 $1/10^{10}$ 이하인 진공 상태여야 한다. 전자는 공기와 충돌하면 에너지가 소실되거나 굴절되는 등 원하는 대로 제어하기 어렵기 때문이다. 또 절연체 시료를 관찰할 때 전자빔의 전자가 시료에 축적되어 전자빔을 밀어내는 역할을 하게 되므로 이미지가 왜곡될 수 있다. 이 때문에 보통 절연체 시료의 표면을 도체로 얇게 코팅하여 사용한다.

광학 현미경에서는 실제의 상을 눈으로 볼 수 있지만, 전자 현미경에서는 시료에서 산란된 전자의 물질파를 검출기에 모아 상이 맺힌 지점에서 전자의 분포를 측정함으로써 시료 표면의 형태를 디지털 영상으로 나타낸다. 이러한 전자 현미경의 특성을 활용하면 다양한 검출기 및 주변 기기를 장착하여 전자 현미경의 응용 분야를 확장할 수 있다.

111 윗글에서 알 수 있는 내용으로 가장 적절한 것은?

① 내부 기압의 영향을 받는 전자 현미경의 선명도는 내부 기압이 높아질수록 그에 비례하여 증가한다.
② 일반적으로 두 현미경이 활용하는 파동의 파장과 렌즈의 초점 거리가 같아도 최소 해상도가 달라질 수 있다.
③ 광학 현미경은 가시광선을 광원으로 사용하므로, 마이크로미터 단위 이상의 시료를 관찰하는 데 한계를 보인다.
④ 가시광선을 비춘 시료 위의 각 점이 일정 거리 이상 근접해 있으면 스크린 위에 에어리 원반은 한 개만 생성된다.
⑤ 광학 현미경과 전자 현미경의 성능이나 해상도가 다른 까닭은 두 현미경의 기초적인 원리에 큰 차이가 있기 때문이다.

112 ㉠, ㉡에 대한 설명으로 적절하지 않은 것은?

① ㉠의 배율은 ㉡의 배율과 달리 렌즈를 교체함으로써 조절할 수 있다.
② ㉡은 ㉠과 달리 상이 맺힌 지점의 전자 분포를 측정해야 시료 표면을 시각화할 수 있다.
③ ㉡의 최소 해상도는 ㉠과 달리 사용하는 파동의 파장이 짧아짐에 따라 계속해서 감소할 수 있다.
④ ㉡이 ㉠에 비해 초점 위치가 명확하지 못한 것은, 전자를 한 점으로 모으는 것이 빛보다 어렵기 때문이다.
⑤ ㉠과 ㉡의 해상도 차이는 ㉡에 쓰이는 관찰 매체의 파장이 ㉠에 쓰이는 관찰 매체의 파장보다 짧다는 사실에 기인한다.

113 윗글을 참고할 때, 〈보기〉의 ㉮~㉰에 들어갈 말로 가장 적절한 것은?

> 보기
>
> 전자 현미경에서 다른 조건이 변하지 않을 때 전자의 운동량을 (㉮)시키면 결과적으로 그 최소 해상도는 렌즈 성능의 한계 범위 안에서 (㉯)할 것이다. 또 전자 현미경에서 다른 조건이 변하지 않을 때 코일에 흐르는 전류를 증가시키면, 결과적으로 그 배율은 (㉰) 것이다.

	㉮	㉯	㉰
①	증가	감소	커질
②	증가	감소	작아질
③	증가	증가	커질
④	감소	증가	작아질
⑤	감소	감소	커질

114 윗글을 읽은 학생이 〈보기〉에 대해 보인 반응으로 적절하지 않은 것은?

> 보기
>
> A, B는 전자 현미경을 사용하여 동일한 첨단 소재의 미세 구조를 관찰하여 얻은 디지털 영상이다. 이때 B는 A의 사각형 부분에 해당한다. (단, 1μm는 1,000nm이다.)

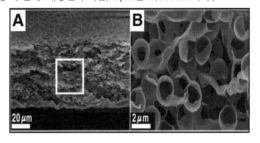

① A에서 사용된 전자빔의 전자가 드브로이 물질파로서 갖는 파장은, B에서 사용된 전자빔의 전자가 드브로이 물질파로서 갖는 파장보다 길겠군.
② A와 B의 해상도를 그대로 사용하여 같은 시료 위의 점들을 관찰한다면, A에서는 한 개로 인식되던 에어리 원반이 B에서는 두 개로 인식될 수도 있겠군.
③ A와 B의 관찰 대상인 첨단 소재가 절연체로서 전자를 축적하게 된다면, 첨단 소재의 표면에 도체를 코팅함으로써 덜 왜곡된 디지털 영상을 얻을 수 있겠군.
④ A와 B가, 동일한 전자 현미경으로 전자를 가속하는 전압을 조절하여 차례대로 얻은 디지털 영상이라면, A에서 전자를 가속하는 전압을 더 높임으로써 B를 얻은 것이겠군.
⑤ A와 B가, 동일한 전자 현미경으로 코일이 형성하는 자기장의 세기를 조절하여 차례대로 얻은 디지털 영상이라면, A에서 자기장의 세기를 더 약화함으로써 B를 얻은 것이겠군.

115 문맥상 의미가 ⓐ와 가장 가까운 것은?

① 그의 삶은 거듭된 난관을 통과할수록 피폐해져 갔다.
② 1차 시험에 통과해야만 최종 면접 여부를 알 수 있다.
③ 얼마 전 우리가 제출한 안건이 담당 기관에서 통과되었다.
④ 저 문은 모든 사람이 통과하기 전에는 닫히지 않을 것이다.
⑤ 버스가 내리려는 사람이 없는 정거장을 그대로 통과하였다.

27 디지털 워터마킹

다음 글을 읽고 물음에 답하시오.

디지털 사진에 특정 식별자, 곧 워터마크를 숨겨서 삽입하는 것을 디지털 워터마킹(watermarking)이라 한다. 삽입된 식별자를 특정 방법으로 ⓐ추출하여 사진의 저작권 증명으로 사용할 수 있다. 따라서 워터마킹은 원본을 회전, 잘라내기, 축소 같은 편집이나 압축을 하여도, 워터마크가 원형에 가까운 형태로 추출되어야 하는 강인성(robustness)이 어느 정도 유지되어야 하며, 워터마크를 삽입하더라도 원래의 데이터 저장 형식이 바뀌지 않아야 한다. 또 삽입된 식별자가 쉽게 노출되지 않도록 비가시성(invisibility)이 유지되어야 한다.

디지털 사진의 데이터는 가로, 세로의 격자 모양으로 배열된 화소의 밝기 값으로 표현된다. 각 화소의 밝기 값을 2차원 배열 형태의 데이터로 표현하는 방식을 ㉠공간 영역 방식이라고 한다. 공간 영역 방식으로 표현된 디지털 사진의 데이터에서 사람의 눈에 잘 띄지 않는 영역에 있는 화소들의 밝기 값을 적당히 변경하여 워터마크를 삽입할 수 있다. 가령 어떤 상표의 이미지 데이터를 특정 영역의 화소 값에 더하거나 곱하여 밝기 값에 포함하면 된다. 공간 영역에서는 화소 값에 직접 식별자를 삽입할 수 있기 때문에 워터마크 삽입과 추출에 필요한 연산량이 비교적 적고 식별자의 삽입을 빠르게 처리할 수 있다는 장점이 있다. 그러나 이렇게 삽입된 워터마크는 특정 영역에 한정되어 기록되어 있기 때문에 잘라내기와 같은 간단한 영상 처리 또는 정보의 손실이 ⓑ발생하는 데이터 압축에 의해 쉽게 훼손되는 단점이 있다.

이러한 문제점은 주파수 영역을 이용하면 어느 정도 ⓒ개선할 수 있다. 단위 거리당 밝기가 변화하는 정도를 공간 주파수라고 하는데, 공간 주파수는 시간의 흐름이 아니라 공간적 이동에 따른 진동의 정도를 나타낸다. 디지털 사진에서 특정 방향으로 명암 변화가 자주 일어날수록 그 방향의 공간 주파수가 높게 측정되는데, 인접한 화소 사이에 밝기 변화가 급격하게 일어날 때 공간 주파수는 최대가 된다. 이 원리를 이용하여 디지털 사진을 수평과 수직 방향의 2차원 평면에 대한 공간 주파수의 분포로 나타낼 수 있다. 이때 2차원 배열로 표현되는 공간 주파수의 2차원적인 분포를 공간 주파수 스펙트럼이라고 한다. 디지털 사진을 주파수 스펙트럼으로 표현하는 방식을 ㉡주파수 영역 방식이라고 하는데, 공간 영역의 사진 데이터는 푸리에 변환 등 수학적 변환식에 의해 손실 없이 주파수 영역으로 변환되고 그 역과정도 성립한다.

주파수 영역에서 워터마크를 삽입하려면, 공간 영역의 데이터를 주파수 영역으로 변환한 다음에 특정 주파수 대역에 식별자 데이터를 삽입하고, 그것을 다시 공간 영역으로 변환해야 한다. 특정 주파수 대역에 삽입된 식별자는 그 주파수를 포함하고 있는 공간 영역의 모든 화소에 ⓓ분산되므로 사진 전체에 퍼져 저장된다. 이렇게 삽입된 워터마크는 사람의 시각에 쉽게 노출되지 않으면서도, 잘라내기 등과 같은 영상 편집이 가해지더라도 남은 영역에 저장된 식별자 데이터에 의해 어느 정도 복원이 가능해진다. 하지만 공간과 주파수 영역 사이에 변환이 필요하므로 워터마크 삽입을 위한 연산량이 대폭 증가하게 되며, 특정 대역에 삽입된 식별자 데이터는 공간 영역에서 잡음(noise)의 형태로 나타나므로 사진 전반에 걸쳐 원본 사진이 흐려지거나 변형되는 등의 단점이 발생한다.

일반적인 사진에서 사람이 알아볼 수 있는 대부분의 정보는 저주파 대역에 몰려 있고, 사람이 사진의 내용을 인식할 때는 저주파 성분보다 고주파 성분에 상대적으로 ⓔ둔감하게 반응한다. 따라서 워터마크 삽입으로 인한 잡음의 양은 대역과 상관없이 동일하더라도 고주파 대역에서는 원본의 왜곡이 눈에 잘 띄지 않는다. 그러나 대부분의 영상 손실 압축 기술이 고주파 성분을 제거하여 전체적인 데이터의 저장 크기를 줄이는 방법을 사용하므로 고주파 대역에 삽입된 워터마크는 압축에 취약해진다. ㉰주파수 영역에서 워터마크는 압축에 대해 강인성이 유지되도록 대부분 중간 대역에 삽입된다.

116 윗글의 내용과 일치하지 <u>않는</u> 것은?

① 디지털 사진의 데이터는 화소의 밝기 값에 해당하는 데이터들을 배열하여 표현할 수 있다.

② 일반적인 디지털 사진에서 인간이 잘 인식하는 정보는 저주파 영역에 상대적으로 많이 존재한다.

③ 디지털 워터마크가 삽입될 때 그 디지털 사진의 데이터 저장 형식은 자유롭게 변환되어도 무방하다.

④ 공간 영역과 주파수 영역 사이 간의 데이터 변환에는 푸리에 변환과 같은 수학적 변환식이 활용된다.

⑤ 디지털 사진에 삽입된 디지털 워터마크의 강인성과 비가시성이 높을수록 그 저작권을 보호하기 쉽다.

117 ㉠, ㉡에 대한 설명으로 가장 적절한 것은?

① ㉠에 삽입된 워터마크는 한정된 영역에 빠르게 배치되기에 편집에 대한 강인성이 높다.

② ㉡에 삽입된 워터마크의 비가시성을 높일수록 압축에 대한 강인성이 낮아질 가능성이 크다.

③ 디지털 사진 데이터를 ㉠은 3차원 공간에 배열하여 표현하고, ㉡은 데이터를 2차원 스펙트럼에 배열하여 표현한다.

④ 워터마크 삽입 시 ㉠은 모든 화소에 대한 덧셈 또는 곱셈 연산을 처리해야 하므로 ㉡보다 일반적으로 연산량이 많다.

⑤ ㉠을 ㉡으로 변환할 때는 데이터 손실이 없지만, ㉡을 ㉠으로 변환할 때는 잡음으로 의한 손실이 발생할 수밖에 없다.

118 ㉮의 이유에 대한 추론으로 가장 적절한 것은?

① 고주파 대역으로 갈수록 인접한 화소 사이에 밝기 변화가 급격히 일어나기 때문이다.

② 중간 대역에 워터마크가 삽입되어야만 편집이 가해지더라도 워터마크 원본을 복원할 수 있기 때문이다.

③ 저주파 대역과 고주파 대역에서는 워터마크를 삽입하기 위한 연산량이 중간 대역보다 훨씬 커지기 때문이다.

④ 워터마크가 저주파 대역에만 삽입되면 비가시성이 떨어지고 고주파 대역에만 삽입되면 강인성이 떨어지기 때문이다.

⑤ 워터마크 삽입으로 인한 잡음의 양이 모든 대역에서 동일해도 중간 대역의 왜곡은 겉보기에 드러나지 않기 때문이다.

119 윗글을 참고할 때, 〈보기〉의 A~C에 대한 반응으로 적절하지 <u>않은</u> 것은?

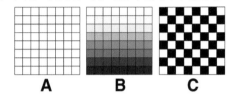

> **보기**
>
> 다음 그림 A~C는 동일한 디지털 사진 한 장에서 부분적인 영역 3개를 확대하여 각기 나타낸 자료이다. 단, A~C에서 가로, 세로의 격자 모양을 나타내는 선들은 디지털 사진을 구성하는 개별 화소를 서로 구분하여 나타내기 위한 것이며, 실제 디지털 사진에는 해당 선들이 존재하지 않는다.
>
> **A**　　　**B**　　　**C**

① 해당 디지털 사진을 수학적 변환식을 통해 공간 영역 방식에서 주파수 영역 방식으로 변환할 때, 각 영역의 주파수를 높은 순서대로 나열하면 C, B, A이겠군.

② 해당 디지털 사진에 공간 영역 방식을 통해 디지털 워터마크를 삽입할 때에도, A와 유사한 주파수 대역을 갖는 영역들에는 워터마크 삽입을 피하는 편이 좋겠군.

③ 해당 디지털 사진에 주파수 영역 방식을 통해 디지털 워터마크를 삽입할 때, A와 유사한 주파수 대역에만 워터마크를 삽입한다면, 워터마크의 비가시성은 최소화되겠군.

④ 해당 디지털 사진에 주파수 영역 방식을 통해 디지털 워터마크를 삽입할 때, 모든 대역에 워터마크를 동일하게 삽입해도, 잡음 발생량은 C와 유사한 주파수 대역에서 최소화되겠군.

⑤ 해당 디지털 사진에 주파수 영역 방식을 통해 디지털 워터마크를 삽입할 때, C와 유사한 주파수 대역에만 워터마크를 삽입한다면, 압축에 대한 워터마크의 강인성은 최소화되겠군.

120 문맥상 ⓐ~ⓔ와 바꾸어 쓰기에 적절하지 <u>않은</u> 것은?

① ⓐ : 가려내어

② ⓑ : 생기는

③ ⓒ : 바로잡을

④ ⓓ : 흩어지므로

⑤ ⓔ : 무디게

28 인격체

다음 글을 읽고 물음에 답하시오.

인격체란 자기의식을 지닌 합리적이고 자율적인 존재를 말한다. 이러한 인격체는 자율적 판단 능력을 ⓐ가지고 있으며 자신의 삶이 미래에도 지속될 것임을 인식하고 있다. 반면 물고기와 같은 동물은 비인격체로, 자기의식이 없으며 단지 고통과 쾌락을 ⓑ느끼는 감각적 능력만을 갖고 있다. 비인격체보다 인격체인 사람을 죽이는 행위를 우리가 더 나쁘다고 간주하는 이유 중의 하나는 그 행위가 살해당하는 사람에게 고통을 주기 때문이다. 그런데 전혀 고통을 주지 않고 사람을 죽이는 경우에도 그 행위를 나쁘다고 볼 수 있을까?

'고전적 공리주의'는 어떤 행위가 ⓒ불러일으키는 쾌락과 고통의 양을 기준으로 그 행위에 대한 가치 평가를 내린다. 이 관점을 따를 경우, 고통 없는 살인은 피살자에게 고통을 주지 않으며 고통과 쾌락을 느끼는 주체 자체를 없애는 것이기에 나쁘다고 판단할 근거가 없다. 따라서 고전적 공리주의의 관점에서는 피살자가 겪는 고통의 증가라는 직접적 이유 대신 피살자가 아닌 다른 사람들이 겪게 되는 고통의 증가라는 간접적 이유를 내세워 인격체에 대한 살생을 나쁘다고 비판한다. 살인 사건이 알려지면 비인격체와는 달리 사람들은 자신도 언젠가 살해를 당할 수 있다는 불안과 공포를 느끼게 되어 결국 고통이 증가하므로 살인이 나쁘다는 것이다.

이에 비해 '선호 공리주의'는 인격체의 특성과 관련하여 고통 없는 살인 역시 나쁘다고 보는 직접적 이유를 제시한다. 이 관점은 특정 행위에 의해 영향을 받는 선호들의 충족이나 좌절을 기준으로 그 행위에 대한 가치 평가를 내린다. 따라서 고통 없는 살인이라고 해도, 살기를 원하는 사람을 죽이는 것은 살고자 하는 피살자의 선호를 좌절시킨다는 점에서 나쁜 것으로 볼 수 있다. 특히 인격체는 비인격체에 비해 미래 지향적이다. 그러므로 인격체를 죽이는 행위는 단지 하나의 선호를 좌절시키는 것이 아니라 그가 미래에 하려고 했던 여러 일들까지 좌절시키는 것이기에, 비인격체를 죽이는 행위보다 더 나쁘다.

'자율성론'은 공리주의와는 다른 방식으로, 살인을 나쁘다고 판단하는 직접적 이유를 제시한다. 이 입장은 인격체의 자율성을 침해하는지의 여부를 기준으로 특정 행위에 대한 가치 평가를 내린다. 인격체는 비인격체와 달리 여러 가능성을 고려하여 스스로 선택을 내리며, 그 선택에 따라 행동하는 능력을 지닌 자율적 존재이다. 또한 그러한 인격체의 자율성은 존중되어야 한다. 인격체는 삶과 죽음의 의미를 파악하여 그중 하나를 스스로 선택할 수 있다. 이러한 선택은 인격체의 가장 근본적인 선택인데, 죽지 않기를 선택한 사람을 죽이는 행위는 심각한 자율성의 침해가 된다. 이와 관련하여, 공리주의는 자율성의 존중 그 자체를 독립적인 가치나 근본적인 도덕 원칙으로 받아들이지는 않지만 자율성의 존중이 대체로 더 좋은 결과를 ⓓ가져온다는 점에서 일반적으로 그것을 옹호할 가능성이 높다.

인격체의 살생과 관련된 이러한 논변들은 인간뿐만 아니라 유인원과 같은 동물에게도 적용되어야 한다. 다만, 인간에 비해 동물은 멀리서 발생한 동료의 피살 소식을 접하기가 쉽지 않기에, 고전적 공리주의의 주장을 유인원과 같은 동물에게 적용하는 데에는 어려움이 있을 수 있다. 그러나 여러 실험과 관찰을 통해 확인할 수 있듯이 침팬지와 같은 유인원은 자기의식을 지닌 합리적 존재로, 선호와 자율성을 지니고 있다. 따라서 이러한 인격적 특성을 지닌 존재를 단지 종이 ⓔ다르다고 해서 차별적으로 대하는 것은 옳지 않으며, 그런 존재를 죽이는 것은 인간을 죽이는 것과 마찬가지로 악한 일이다. ㉮인간이 특별한 생명의 가치를 지닌 존재라면 유인원도 그러한 가치를 인정받아야 한다.

121 윗글을 바탕으로 추론한 내용으로 적절하지 <u>않은</u> 것은?

① 고전적 공리주의와 선호 공리주의에서 고통 없는 살인에 대한 가치 평가는 상이하게 나타날 것이다.
② 인격체에 대한 살인을 악한 행동으로 판단하는 데에는 피살자의 고통이 근거로 작용할 수 있다.
③ 자율성론은 삶과 죽음에 대한 선택이 인격체의 자율성을 보장하는 바탕이 된다고 생각할 것이다.
④ 고전적 공리주의는 고통 없는 살인이 나쁘다는 주장에 대해 직접적 이유를 내세울 수 없을 것이다.
⑤ 공리주의는 자율성의 존중이 다른 도덕 원칙들과의 관계 속에서 의미를 지닐 수 있다고 볼 것이다.

122 인격체 에 대한 설명으로 적절하지 <u>않은</u> 것은?

① 자기 의식을 가진 합리적 존재로, 삶의 연속성을 이해하는 존재이다.
② 감각적 능력의 발달·정도를 기준으로 비인격체와 구분되는 존재이다.
③ 고전적 공리주의에 의하면 타인의 고통을 인지함으로써 고통을 느낄 수 있는 존재이다.
④ 자율성론에 의하면 다양한 가능성을 검토하여 내린 결정에 맞게 행동할 수 있는 존재이다.
⑤ 선호 공리주의에 의하면 선호의 충족을 희망하며 미래와 관련한 행위를 계획하는 존재이다.

123 ㉮의 이유로 가장 적절한 것은?

① 인간 사회에 비해 유인원과 같은 동물 사회에서 살생이 빈번하게 일어나기 때문이다.
② 유인원은 사회적 동물이므로 멀리서 발생한 동료의 살생에 대해 인지할 수 있기 때문이다.
③ 여러 실험과 관찰을 통해 유인원이 인간보다 지능이 떨어지지 않음이 입증되었기 때문이다.
④ 유인원은 물고기와 같은 동물과 달리 자기의식을 지닌 존재라는 사실이 밝혀졌기 때문이다.
⑤ 유인원이 인격적 특성을 가지지 못했다는 이유로 지금까지 차별받은 것은 부당하기 때문이다.

124 윗글의 내용에 입각하여 다음의 학자들이 〈보기〉와 같은 주장을 한다고 할 때, 이를 분석한 학생의 반응으로 적절하지 <u>않은</u> 것은?

> **보기**
>
> **싱어** : 동물은 인간과 마찬가지로 고통을 무서워하고 그것을 느끼고 싶어 하지 않는다. 따라서 비인격체인 동물도 고통받지 않을 권리를 가진다.
> **리건** : 모든 동물은 인간처럼 자신의 삶을 스스로 선택하는 내적인 감정과 욕구를 가진다. 따라서 인간이 인격권을 가지는 것처럼 동물 역시 생명을 존중받을 권리를 가진다.
> **칸트** : 동물에게는 인격이 없으므로 인간에게 주어지는 것과 같은 권리 또한 없다. 하지만 동물을 해치는 것은 인간에게도 고통을 주며 인간의 도덕감을 약화하게 될 것이다.

① 싱어는 동물 역시 고통을 느끼고 싶어 하지 않는다고 보았다는 점에서, 비인격체가 인격체와 달리 불안과 공포를 느끼지 못한다고 주장한 고전적 공리주의의 관점에 반박하고자 하겠군.
② 리건은 동물 역시 자신의 삶을 스스로 선택하고자 한다고 보았다는 점에서, 자율성의 침해 여부에 따라 행위에 대한 가치 평가를 내리는 자율성론의 관점을 비인격체에도 적용하고자 하겠군.
③ 리건은 동물 역시 내적인 감정과 욕구를 가지므로 생명을 존중받을 권리가 있다고 보았다는 점에서, 미래 지향성을 지닌 인격체를 죽이는 행위가 더 악하다고 평가한 선호 공리주의의 관점에 반박하고자 하겠군.
④ 칸트는 동물에게 해를 끼치는 것이 인간에게도 부정적 영향을 미친다고 보았다는 점에서, 죽임을 당한 존재가 아닌 다른 존재들의 고통이 증가하는 것을 고려한 고전적 공리주의의 관점을 비인격체에도 적용하고자 하겠군.
⑤ 칸트는 동물에게 인간과 같은 권리가 주어지지 않는다고 보았다는 점에서, 생명의 가치를 인정받지 못하는 존재를 죽이는 행위의 악함은 간접적으로 설명되어야 한다는 선호 공리주의의 관점을 비인격체에도 적용하고자 하겠군.

125 문맥상 ⓐ~ⓔ와 바꾸어 쓰기에 가장 적절한 것은?

① ⓐ : 함유(含有)하고
② ⓑ : 유도(誘導)하는
③ ⓒ : 야기(惹起)하는
④ ⓓ : 조달(調達)한다는
⑤ ⓔ : 현격(懸隔)하다고

29 자유 의지와 결정론

다음 글을 읽고 물음에 답하시오.

　　종종 두 개의 진술이 동시에 옳을 수 없는 경우가 있다. 우리는 이 경우 두 진술이 서로 대립한다고 말한다. 그런데 진술들이 대립하는 방식에는 두 가지가 있다. 하나는 '모순 관계'이며, 다른 하나는 '반대 관계'이다. 모순 관계는 어느 한 진술이 옳으면 다른 진술은 그를 수밖에 없는 관계이고, 반대 관계는 둘 다 옳을 수는 없지만 둘 다 그를 수는 있는 관계이다.

　　이 모순 관계와 반대 관계를 이해하지 못하여 혼란에 빠지는 경우가 있다. 자유 의지와 결정론의 문제가 한 예이다. 대다수의 사람들은 의지의 자유를 믿는다. 내가 먹고 싶은 음식을 주문할 때, 또 내가 지지하는 후보에게 투표할 때 우리는 우리가 스스로의 의지를 가지고 행동했다고 생각한다. 그런 자유 의지가 없다면 우리는 로봇과 다름없는 존재이고, 따라서 어떤 행동을 하든지 우리에게는 윤리적 책임을 ⓐ물을 수 없다.

　　결정론은 이 세상의 모든 일이 선행 원인에 의해서 결정된다고 본다. 결정론이 옳다면 우리의 모든 행동은 앞선 원인의 결과이므로 사람들에게는 자유 의지가 없다는 결론이 도출된다. 그러나 이것은 세상에 일어나는 일이 신이나 운명에 의해 미리 정해져 있다는 주장과는 다르다. 결정론에서는 현재 상태가 달라지면 미래도 ⓑ바뀐다고 주장하기 때문이다.

　　반면, 비결정론은 인과적으로 결정되는 사건들도 있지만, 적어도 사람의 행동은 선행 원인에 의해 결정되지 않는다고 주장한다. 그래서 비결정론은 사람의 행동이 자유롭다고 본다. 그러나 인과적으로 결정되지 않는 것이 있다고 해도, 여전히 자유 의지는 불가능하다는 비판이 제기된다. 원인이 없는 사건은 우리의 통제를 ⓒ벗어나 있고, 그것은 우리의 자유 의지에 의한 것이 아니기 때문이다. 결국 결정론이 성립하든 성립하지 않든 자유 의지가 존재하지 않는다는 딜레마가 ⓓ나타난다. 자유 의지는 결정론과 비결정론 어느 쪽과도 양립할 수 없다는 것이다.

　　이 딜레마를 어떻게 해결할 수 있을 것인가? 해결책 중 하나는 결정론과 비결정론이 아닌 새로운 이론을 도입하는 것이다. 그러나 결정론과 비결정론은 서로 모순 관계에 있는 주장이므로 두 이론 중 하나는 반드시 옳을 수밖에 없기에 결정론과 비결정론 외의 새로운 이론은 존재할 수가 없다.

　　그러면 자유 의지가 있다는 것을 증명할 방법은 없을까? 이를 위해, 결정론을 'ⓞ엄격한 결정론'과 'ⓛ온건한 결정론'으로 구분하기도 한다. 엄격한 결정론은 결정론과 자유 의지가 양립 불가능하다고 생각하는 반면, 온건한 결정론은 양립 가능하다고 본다. 전자가 결정론과 자유 의지가 양립 불가능하다고 판단하는 이유는 행동에 원인이 있으면 그 행동에는 자유 의지가 없다고 생각하기 때문이다. 그러나 원인이 있다고 해서 자유 의지가 없는 것일까? 특정 행동이 외부의 강제 때문에 ⓔ생긴 것이라면 자유 의지가 없는 것은 당연하다. 행위자가 다른 식으로 행동할 수 없었기 때문이다. 반면, 행위의 원인이 있어도 행위자가 다른 식으로 행동할 수 있었다면 자유 의지는 있는 것이다. 다른 행위를 할 수도 있었지만 그렇게 행동했기 때문

이다. 결국 온건한 결정론자들은 자유 의지 주장과 모순 관계인 것은 결정론이 아니라 강제라고 주장하는 셈이다. 이러한 견해를 받아들인다면 자유 의지와 결정론은 얼마든지 양립할 수 있다.

126 윗글에 대한 설명으로 적절하지 <u>않은</u> 것은?

① 보편적으로 사람들은 자신이 스스로의 의지에 따라 행동하고 있다고 믿는다.
② 온건한 결정론에 따르면 선택의 다양성이 보장된 행동에는 자유 의지가 존재한다.
③ 동시에 옳을 수 없는 두 진술이 대립하는 방식에는 모순 관계와 반대 관계가 있다.
④ 자유 의지와 결정론 간 딜레마는 모순 관계와 반대 관계를 이해하지 못한 결과이다.
⑤ 결정론과 비결정론은 둘 다 옳다고 판단될 수는 없지만 둘 다 그르다고 판단될 수는 있다.

128 윗글을 참고할 때, 〈보기〉에 대한 반응으로 가장 적절한 것은?

리벳은 의지와 동작 사이의 두뇌 현상을 연구하기 위한 실험을 하였다. 리벳은 피실험자에게 자신이 움직이고 싶을 때 손가락을 구부리도록 하였다. 그리고 동작에 대한 의지(W)가 일어나는 시점과 운동 중추가 운동 명령을 하는 준비 전위 시점(RP), 운동 근육이 움직이는 시점(M)을 측정하기 위해, 피실험자의 근육에는 측정기를, 두뇌에는 뇌파 검사기를 달아 반응을 기록했다. 실험 결과 운동 작용은 RP-W-M의 순서로 일어난다는 사실이 밝혀졌으며, 이는 자유 의지에 대한 논쟁으로 이어졌다.

① 결정론을 주장하는 학자들은 리벳의 실험 결과가 의지보다 앞선 원인이 존재함을 보여 주므로 사람의 특정 행동은 인과 관계를 따르지 않는다고 주장하겠군.
② 온건한 결정론을 주장하는 학자들은 리벳의 실험에서 피실험자가 특정 시점에 손가락을 구부려야 한다는 강제에 의해 운동했으므로 자유 의지가 성립할 수 없다고 보겠군.
③ 비결정론을 주장하는 학자들은 손가락을 움직이는 행동은 피실험자가 스스로 통제할 수 있으므로 사람의 행동이 인과적으로 결정된다는 사실을 보여 준다고 해석하겠군.
④ 엄격한 결정론을 주장하는 학자들은 운동 중추의 운동 명령을 유발한 것이 동작 의지가 아니라는 점을 들어 피실험자의 행동은 자유 의지에 의한 것이 아니라고 여기겠군.
⑤ 비결정론을 주장하는 학자들은 현재 상태가 달라지면 미래도 바뀐다고 주장하였으므로, 피실험자에게 자신이 움직이고 싶을 때가 아니라 신호음이 나올 때 손가락을 구부리도록 하였다면 실험 결과가 달라졌을 것이라고 보겠군.

127 ㉠, ㉡을 이해한 내용으로 적절하지 <u>않은</u> 것은?

① ㉠은 외부의 강제와 행동의 원인을 동일시하여 결정론과 자유 의지를 양립시킬 수 없었다.
② ㉠은 음식을 주문하는 행동이 그 음식을 먹고 싶다는 자유 의지에 의한 것이라는 데에 동의할 것이다.
③ ㉡은 자유 의지 주장과 결정론을 모순 관계로 간주하지 않아 자유 의지와 결정론을 양립시킬 수 있었다.
④ ㉡은 자유 의지의 존재가 특정 행동을 유발시킨 원인의 유무보다는 원인의 성격과 관련이 있다고 볼 것이다.
⑤ ㉠과 ㉡은 모두 세상에 일어나는 일은 인과 관계를 따르기에 현재의 변화가 미래를 변화시킬 수 있다고 주장할 것이다.

129 문맥상 ⓐ~ⓔ와 바꿔 쓰기에 가장 적절한 것은?

① ⓐ : 탐문(探問)할
② ⓑ : 역전(逆轉)된다고
③ ⓒ : 모면(謀免)해
④ ⓓ : 출연(出演)한다
⑤ ⓔ : 발생(發生)한

다음 글을 읽고 물음에 답하시오.

선의지는 행위의 가치를 평가할 때 언제나 우선적이어서 여타의 모든 가치들의 조건이 된다. 이 선의지 개념을 이해하기 위해서는 먼저 도덕적 의무라는 개념을 알아야 한다. 의무에 ⓐ어긋나는 것으로 인식된 모든 비도덕적인 행위에 대해서는 비록 그런 행위들이 이런저런 의도에는 유용하다고 할지라도 여기서는 고려의 대상이 아니다. 이런 행위는 의무와 충돌하므로, 과연 그 행위들이 '의무에서 비롯하는' 것일 수 있느냐는 물음이 이 행위 자체에서 아예 발생할 수 없기 때문이다. ㉠의무에서 비롯하는 행위는 어떤 조건도 없이 오로지 당위(當爲)에 의거한다. ㉡의무에 어긋나는 행위를 의무에서 비롯하는 행위와 구별하는 것은 쉽다. 이와 달리 ㉢의무에 맞는 행위를 의무에서 비롯하는 행위와 구별하는 것은 어렵다. 의무에 맞는 행위를 유발하는 동인은 다양해서, 어떤 것은 행위자의 이해관계에서 출발하기도 하고, 다른 어떤 것은 사랑이나 동정심 등의 감정에 의해 나타나기도 한다.

예컨대 자신의 이득이 우선인 의사가 수입을 ⓑ늘리기 위해 최선을 다해 진료한다면, 그의 행위는 의무에 맞는 일이다. 하지만 환자가 정당하게 대우받는 것처럼 보인다고 해서 이 행위가 의무에서 비롯하여 행해졌다고 말할 수는 없다. 한편 공감 능력이 뛰어나 이웃의 불행에 발 벗고 나서서 돕는 어떤 사람이 있다. 그의 행위는 의무에 부합하며 매우 칭찬받을 만하지만 아무런 도덕적 가치를 갖지 못하며 단지 성격적 특성이 발현된 것일 뿐이다. 공감하는 행위가 의무에 맞고 칭찬과 격려를 받을 만하더라도 도덕적 존경의 대상은 아니다. 하지만 이 박애주의자가 뇌 손상으로 공감 능력을 상실하고도 다만 의무로 인식하여 타인을 돕는 경우라면, 그 행위는 비로소 진정한 도덕적 가치를 갖게 된다.

[A]
의무에서 비롯하는 행위는 그 도덕적 가치를 행위에서 기대되는 결과에 의존하지 않으며 대신에 행위를 결정하는 동기인 의지에서 구한다. 이때 결과는 다른 원인으로 성취될 수도 있으며, 이성적 존재자의 의지가 요구되지도 않는다. 반면에 무조건적인 최고선은 이성적 존재자의 의지에서 ⓒ만날 수 있을 뿐이다. 이런 연유로 오직 법칙에 대한 표상, 즉 법칙 자체에 대한 생각만이 우리가 도덕적이라고 부르는 탁월한 선을 이룬다. 법칙의 표상이 의지를 규정하는 근거가 되는 한, 이 표상은 이성적 존재자에게서만 발생한다. 또한 법칙이란 주관적인 것이 아니라 보편적인 것이어야만 한다. 만약 타인에게 거짓 약속을 일삼는 사람이 있다고 하자. 이때 거짓 약속이라는 행위를 유발하는 주관적 원리는 모든 사람을 위한 보편적 법칙이 될 수 없다. 거짓 약속을 하는 행위를 보편적 법칙으로 ⓓ삼는 것은, 약속이라는 행위를 통해 이루고자 하는 목적이 언제나 달성될 수 없게 만들기 때문이다. 즉 행위자의 주관적 원리는 보편적 법칙이 되자마자 자기 파괴를 겪게 되는 것이다.

다시 말해, 행위를 규정하는 의지가 단적으로 그리고 제한 없이 탁월한 선이라고 말할 수 있으려면 법칙을 표상할 때 이로부터 기대되는 결과는 고려하지 않아야 한다. 또한 어떤 법칙을 준수할 때 의지에서 일어날 수 있는 모든 사사로운 충동을 ⓔ빼앗고, 행위 일반의 보편적 합법칙성만을 남김으로써 이것만을 의지를 일으키는 원리로 사용해야 한다. 즉, '나는 내 주관적 원리가 보편적 법칙이 되어야 한다'고 바랄 수 있도록 오로지 그렇게만 행위를 해야 한다는 것이다.

130 윗글에서 알 수 있는 내용으로 적절하지 <u>않은</u> 것은?

① 이타적인 성격에서 비롯한 행위에는 도덕적 가치가 없다.

② 도덕적 의무는 조건이나 결과와는 상관없이 행해져야 한다.

③ 도덕적 의무에 맞는 행위자의 주관적 원리는 무조건적인 최고선이 될 수 없다.

④ 행위의 동기가 이성적 존재자의 의지인지 여부로 도덕적 가치를 판단해야 한다.

⑤ 선(善)을 행하는 행위자의 의지에서 나올 수 있는 다양한 행위 동기들은 보편성을 갖는다.

131 ㉠~㉢에 대한 설명으로 가장 적절한 것은?

① ㉠과 ㉡은 모두 유용한 결과를 의도하는 행위이지만, 그 결과가 서로 다르다는 점에서 구별된다.

② ㉠은 한 가지 이유로만 일어나는 행위이지만, ㉢은 다양한 이유에 따라 일어나는 행위이다.

③ ㉠과 ㉢은 모두 도덕적 의무를 지켜야 한다는 인식에 기초하여 일어나는 행위이다.

④ ㉡과 ㉢은 모두 그 결과만을 고려한다면 도덕적 의무에 부합할 수 있다.

⑤ ㉡은 도덕적 가치를 지니지 못하고, ㉢은 도덕적 가치를 지닌다.

132 [A]에서 추론할 수 있는 내용으로 적절하지 <u>않은</u> 것은?

① 오직 이성적 존재자만이 법칙 자체에 대해 생각할 수 있다.

② 도덕적 가치를 행위의 결과에서 찾는다면, 선행을 위해 법칙을 표상할 필요가 없어진다.

③ 행위가 지니는 본질적 목적을 달성할 수 없는 주관적 원리란 보편적 법칙이 될 수 없다.

④ 법칙에 따라 행동하는 인격은 행위자의 주관적 원리 그 자체를 당위로 삼지 않을 것이다.

⑤ 법칙 자체에 대해 생각하지 않는다면, 행위는 도덕적 의무에 어긋나는 결과를 낳을 것이다.

133 윗글의 관점에서 〈보기〉에 대해 보일 수 있는 반응으로 가장 적절한 것은?

> **보기**
>
> 도덕적 가치에 대한 관념은 시공간에 따라 달라진다. 예컨대 공동체의 전통을 중시하는 사회에서는 관습에 따라 구성원이 집단 의례에 참여하는 것이 도덕적인 행위로 인정받지만, 사생활을 중시하는 사회에서는 그렇지 않을 수 있다. 또 가족의 행복을 추구한다는 동기는 같더라도 이를 위해 일을 열심히 해서 가족을 부양하는 것이 옳은지, 아니면 가족과 함께 더 많은 시간을 보내는 행위가 옳은지에 대한 판단은 사회적·시대적 상황에 따라 달라질 것이다. 따라서 우리가 보편적이라고 믿고 따르는 도덕적 원리가 실제로는 어떤 특수한 시공간 안에서만 인정받는 도덕적 원리일 수 있다.

① 공동체의 관습에 따라 구성원이 자연스럽게 집단 의례에 참여하는 것은, 보편적 법칙에 대한 표상에서 비롯한 행위이므로 도덕적 가치를 갖는다고 볼 수 있겠군.

② 공동체의 전통을 중시하는 사회와 사생활을 중시하는 사회의 가치 판단 기준이 다르므로, 보편적 법칙에 따르려면 각각의 도덕적 기준에 맞춰 서로 다르게 행동해야겠군.

③ 가족의 행복을 추구하는 두 행위에 대한 가치 판단이 변할 수 있기에, 주관적 원리를 배제하고 가족의 행복이라는 결과의 달성 여부로 두 행위의 도덕적 가치를 판단해야겠군.

④ 공동체의 전통이든 사생활이든 각 사회나 시대의 상황에서 통상 중시하는 행위 동기를 따르기보다, 시공간을 초월하여 존재하는 보편적 법칙이 무엇인지 스스로 고민해야겠군.

⑤ 가족의 행복을 추구하는 것은 어느 사회, 어느 시대든 간에 인간에게는 당연한 본성이므로, 이를 따라 둘 중 어느 행위를 선택하든 간에 보편적 법칙에 부합한다고 볼 수 있겠군.

134 문맥상 ⓐ~ⓔ와 바꿔 쓰기에 적절하지 <u>않은</u> 것은?

① ⓐ : 상충(相衝)하는

② ⓑ : 증대(增大)하기

③ ⓒ : 발견(發見)할

④ ⓓ : 간주(看做)하는

⑤ ⓔ : 탈취(奪取)하고

31 수, 이성, 덕성

다음 글을 읽고 물음에 답하시오.

　1789년 프랑스 혁명 초기에 제정된 중간집단 금지에 관한 법들은 개인의 활동에 장애가 된다고 판단되는 동업조합, 상인조합은 물론 정당 활동까지 금지함으로써 합리적이고 이성적인 주체로서의 개인만을 사회에 ⓐ남겼다. 루소는 이미 국가에서 특수의지를 표명하는 부분집단의 존재를 제거하고 개별 시민이 자신의 의견만을 말하게 함으로써 일반의지가 자연스럽게 형성될 것으로 기대했다. 이는 이성을 가진 개인의 합리적인 사회적 행위를 통해 일반 이익을 실현하는 국가 권력을 확립하고자 한 것이었다. 하지만 과연 모든 개인이 이성을 가지고 있다고 확신할 수 있는지에 대한 회의가 있었고, 공공질서의 문제에서 개인들의 산술적 합으로서의 '수'가 이성적인 결과를 가져오리라는 현실적인 보장도 없었다. 이러한 '이성'과 '수'의 긴장은 혁명 시기와 이후 프랑스 정치사에서 ㉠'이성'에 의해 표상되는 자유주의와 '수'에 의해 표상되는 민주주의의 갈등으로 표현되었다.

　우선 혁명 시기 '수'에 대한 '이성'의 우위가 ⓑ드러난 대표적인 예는 '수'의 정치적 권리에 대한 제한이었다. 자유주의자들은 선거를 개인의 '권리'가 아니라 공적인 '기능'으로 간주하였다. 선거권의 제한은 공적인 결정을 합리화하고 민주주의라는 '수'가 갖는 위험을 제거하기 위한 방안으로 정당화되었다. 그들에게 선거는 자신들의 이해를 대변하는 대표자를 뽑는 것이 아니라 시민들의 의지를 해석하고 일반 이익을 잘 인식할 수 있는, 능력 있는 사람들을 지명하는 행위였다.

　혁명이 급진화되면서 '수'로 표상되는 인민의 민주주의적 실천이 등장하였다. 외국과의 혁명전쟁이 시작되면서 조국의 위기가 선언되고, 공적 영역에서 배제되었던 상퀼로트*들도 국민방위대에 들어갔다. 나아가 그들은 자신들의 대표자를 선출하여 그들에게 권한을 위임하는 것으로 만족하지 않았으며, 자신들이 승인하지 않은 법을 거부하고 주권을 직접 행사하기를 원했다.

　하지만 상퀼로트들의 힘을 통해 권력을 장악한 로베스피에르는 인민의 민주주의적 실천을 '덕성'을 명분으로 제한하였다. 로베스피에르의 공포정치는 공화국의 안전을 확보하고 인민이 공적 영역에 지나치게 개입하는 것을 ⓒ막기 위해 '덕성'을 필요조건으로 제시하면서 공화국의 제도 안에서만 인민의 정치적 실천이 이루어지도록 한정하였다. ㉡덕성이란 '조국과 법에 대한 사랑이며, 개인적 이익을 일반 이익에 종속시키는 숭고한 자기희생'이었다. 덕성에 대한 강조는 민주주의의 제한과 대표의 절대화, 즉 대표와 국민의 일치를 통한 대표의 절대 권력을 정당화하기 위한 수단이었다.

　1789년 이후 19세기 동안 '이성', '수' 그리고 '덕성' 사이의 긴장 속에서 프랑스는 정치적 혼란의 위협에 시달렸다. 중간집단의 부재를 그 주요 원인으로 들었던 토크빌이 지적했듯이, 민주주의는 혁명을 통해 절대왕정을 무너뜨렸지만 동시에 중앙집권화에 기반한 거대 권력에 의존함으로써 '이성'과 '덕성'이 약화하여 전제정(專制政)*으로 귀결되었다. 민주주의자이면서 동시에 귀족정에 대한 미련을 지니고 있었던 토크빌은 귀족정 시대 중간집단의 역할에 다시 주목하였다. 혁명과 함께 그것들이 ⓓ사라지면서 개인들은 시민적 덕성을 함양할 기회를 박탈당했고, 국가는 그 권력을 제어할 견제 세력을 잃어버렸다는 것이다. 그러한 의미에서 토크빌은 민주주의 시대 중간집단이 정치적 자유가 실현될 공간을 제공함으로써 ㉢시민적 덕성을 함양하고 권력에 대한 견제 역할을 할 것으로 기대했다.

　자유주의와 민주주의의 갈등을 해소하면서 프랑스 혁명을 종결지었던 자유민주주의 체제로서의 제3공화국은 새로운 사회적 필요에서 중간집단을 다시 허용하였다. 뒤르켐은 분업이 급속하게 진행된 당시 사회에서 직업적 도덕을 형성하고 나아가 국가와 개인 사이의 의사소통을 위한 대표의 기능을 수행하는 독자적인 직업 집단이 필요함을 강조하였다. 프랑스 혁명이 발생한 후 백여 년의 시간을 거치면서 중간집단이 새로운 역할을 부여받은 것이다. 또한, 19세기 말 정착되기 시작한 정당 체제는 새로운 엘리트 충원 구조이자 여론의 형성자로서 ⓔ자리매김된다. 다양한 이데올로기적 색채를 드러내는 정당 체제는 시민과 국가권력을 매개하는 역할을 수행하였고, 그것은 민주주의를 부정하지 않으면서 민주주의를 통제하는 방식이 되었다.

* 상퀼로트(Sans-culotte) : 귀족, 성직자, 부르주아와 구분되는 노동자·수공업자·소상공인 계급.
* 전제정(專制政) : 개인이 국가 권력을 장악하여 민의나 법률에 제약을 받지 않고 실시하는 정치.

135 윗글에 대한 이해로 적절하지 <u>않은</u> 것은?

① 프랑스 혁명기에 선거권 문제를 둘러싼 대립은 '수'와 '이성'의 갈등을 보여 주었다.

② 19세기 말 프랑스에 정착한 정당 체제는 민주주의의 균형을 회복한 것으로 평가할 수 있다.

③ 프랑스 혁명이 외국과의 전쟁으로 비화하면서 인민의 공적 영역에 대한 참여가 활발해졌다.

④ 로베스피에르는 대표와 국민의 일치를 강조함으로써 공화국의 인민 주권을 강화하고자 하였다.

⑤ 토크빌은 귀족정 시대 중간집단의 역할이 프랑스 혁명이 낳은 전제정의 폐해를 보완할 수 있다고 보았다.

136 ㉮에 대한 이해로 가장 적절한 것은?

① '이성'에 의해 표상되는 자유주의는 모든 시민의 의견을 합치면 일반의지를 형성할 수 있다고 볼 것이다.

② '이성'에 의해 표상되는 자유주의는 개인의 사적인 이익을 추구하는 시민의 정치적 권리를 보장하려 할 것이다.

③ '이성'에 의해 표상되는 자유주의는 선거권을 제한하면 공공질서에 관한 이성적인 결과를 기대할 수 없다고 볼 것이다.

④ '수'에 의해 표상되는 민주주의는 기존의 법을 존중하고 따르는 것으로 시민의 일반 이익을 실현할 수 있다고 볼 것이다.

⑤ '수'에 의해 표상되는 민주주의는 집단 아닌 개인이 일반 이익을 실현하는 국가 권력의 주체가 될 수 있다고 볼 것이다.

137 ㉠, ㉡에 대한 설명으로 적절하지 <u>않은</u> 것은?

① ㉠, ㉡은 모두 개인과 집단에 대한 루소의 견해와 상충한다.

② ㉠과 달리 ㉡은 개인과 국가 사이에 별개의 중간집단을 상정하였다.

③ ㉠과 달리 ㉡은 국가의 절대 권력을 견제하기 위한 목적에서 제시되었다.

④ ㉡과 달리 ㉠은 정치적 자유보다는 정치적 안정을 추구하려는 목적에서 제시되었다.

⑤ ㉡과 달리 ㉠은 인민의 정치적 실천을 배제하여 절대 권력을 정당화하기 위한 수단이었다.

138 〈보기〉는 프랑스 혁명기의 법을 설명한 자료이다. 윗글을 참고할 때, 〈보기〉에 대한 반응으로 가장 적절한 것은?

> **보기**
>
> 1791년 프랑스에서는 중세의 길드제가 폐지되고, 영업과 직업의 자유가 보장되었다. 이후 직공들이 조합을 결성하여 임금 인상 투쟁을 일으키자, 의원 르 샤플리에는 모든 조합의 결사(結社)를 법적으로 금지하였다. 길드제가 폐지된 이상 임금 문제는 노동자와 자본가 당사자가 직접 해결할 문제이며, 조합은 개인의 자유를 침해한다는 것이 그 이유였다. 이후 각종 중간조직의 출현을 억제한 르 샤플리에 법은 한 세기가 지나 결사의 자유가 완전히 보장되고 나서야 폐지되었다.

① '이성'에 의해 표상되는 자유주의의 관점에서 보면, 결사의 자유를 제한하는 르 샤플리에 법은 부정적으로 평가되겠군.

② 뒤르켕의 관점에 따르면, 르 샤플리에 법으로 인해 프랑스의 노동자들이 직업적 도덕을 갖출 수 있었다고 볼 수 있겠군.

③ 국가와 개인 간의 관계와 관련하여, 르 샤플리에의 조합에 대한 견해는 루소의 특수의지에 대한 견해와 유사하다고 볼 수 있겠군.

④ 토크빌의 관점에 따르면, 르 샤플리에 법은 개인의 자유를 보장함으로써 혁명 이후의 정치적 혼란을 제어한 것으로 볼 수 있겠군.

⑤ 토크빌의 관점에 따르면, 르 샤플리에 법이 폐지된 후 등장할 조합과 같은 중간조직은 사람들에게 경제적 이익을 보장하리라고 볼 수 있겠군.

139 문맥상 ⓐ~ⓔ와 바꿔 쓰기에 적절하지 <u>않은</u> 것은?

① ⓐ: 잔존(殘存)시켰다

② ⓑ: 표출(表出)된

③ ⓒ: 차단(遮斷)하기

④ ⓓ: 소멸(消滅)하면서

⑤ ⓔ: 고착(固着)된다

32 주희의 수양론

다음 글을 읽고 물음에 답하시오.

인격 완성과 도덕적 실천을 중시한 송대 유학자들에게 심(心)은 중요한 철학적 문제였다. 유학에서 심은 인식, 지각, 판단과 같은 사고를 주관하는 인간의 마음을 가리킨다. 남송 시대의 주희는 심의 작용에 주목하여 미발이발(未發已發)과 체용(體用)의 논리를 근거로 심통성정론(心統性情論)을 제시했다. 미발과 이발은 희로애락(喜怒哀樂)과 같은 감정이 심에서 ⓐ드러나는 과정을 각각 드러나기 이전과 이후로 나누어 설명하는 개념이다. 체용은 본체와 작용으로서, 동일한 사물에 존재하면서 서로 구별되지만 나누어질 수 없는 관계를 ⓑ가리킨다.

주희는 인간의 심에는 인식이 성립하는 과정을 기준으로 하여 미발과 이발의 두 단계가 있다고 주장한다. 그는 심을 이발로만 보던 이전의 관점을 극복하고, 지각 작용이 시작하기 이전이 미발 상태이며 그 이후가 이발이라고 보았다. 나아가 그는 감정의 문제를 논하기 위해 심의 본체와 작용으로 각각 성(性)과 정(情)을 규정하고, 정은 성이 드러난 것이고, 성은 정의 근거라고 보았다. 이러한 주장을 토대로 심이 성과 정을 통괄하는 총체라는 심통성정론을 구축했다.

심이 성과 정을 통괄한다는 것은 심이 성과 정을 겸하고 있다는 것과 심이 성과 정을 각각 주관한다는 두 가지 의미를 지닌다. 감정이 드러나기 이전에 심은 성이 온전한 모습을 유지하도록 하고, 감정이 드러나는 단계에서 심은 정이 올바르게 드러나도록 함으로써 도덕적 행위가 가능하게 만든다. 주희는 인간이 두 가지 성을 지닌다고 설명한다. 첫째, 인간은 도덕적 본성으로서 천리(天理)와 일치하는 순선무악한 ㉠천명지성(天命之性)을 하늘로부터 부여받았다. 둘째, 인간은 육체를 지니고 있기에 기(氣)의 요인을 가진 ㉡기질지성(氣質之性) 또한 타고났다. 천명지성은 도덕의 근거이지만, 기질지성은 주어진 기질적 차이로서 이익의 추구나 감각적 욕구에 ⓒ빠져드는 악한 감정의 뿌리가 된다. 유학에서는 인간과 우주를 설명하기 위해 심성과 더불어 이기(理氣)라는 개념을 제시하는데, 일반적으로 이(理)는 기를 움직이는 근본적인 형이상학적 원리, 기(氣)는 만물을 이루는 형이하학적 질료로 이해된다. 주희에 따르면 기질지성은 성(性)이라는 면에서는 이(理)의 성격을 지니지만 기질이라는 면에서는 기(氣)의 성격을 지니고 있다. 그렇다고 해서 기질지성이 천명지성과 별도로 존재한다는 것은 아니다. 주희가 이러한 주장을 하게 된 것은 인간의 본성이 필연적으로 기질의 영향을 받을 수밖에 없다는 점을 강조하려 했기 때문이다. 즉 도덕적 행위가 가능하기 위해서는 기질지성을 변화시켜 천명지성을 보존해야 한다는 것이다.

심통성정론은 기질지성을 지닌 인간이 어떻게 천명지성이라는 도덕적 본성을 발휘하여 도덕적 감정을 실현할 수 있는가에 대답하기 위한 주희의 해결책이다. 심은 정이 드러나기 이전 단계에서 자신의 본체이기도 한 성을 어떻게 다룰 것인가? 주희가 이러한 난문을 해결하기 위해 도입한 방법은 경(敬)을 통한 품성의 함양이었다. 경은 항상 ⓓ깨어 있으라는 상성성(常惺惺)과 엄숙한 자세인 정제엄숙(整齊嚴肅) 등의 방식을 통해, 흐트러지기 쉬운 심을 한곳에 잡아 두는 것이다. 예법의 준수와 용모의 단정 등과 같은 행위 또한 심성에 영향을 미치므로 경에 들어가는 방도로 인정된다. 품성을 함양하는 경의 단계는 심이 미발일 때이며, 이발일 때는 격물치지(格物致知)의 단계이다. 격물은 구체적인 사물이나 사태에 나아가 하나씩 원리를 궁구해 가는 과정이며, 치지는 이러한 탐구를 통해 점진적으로 학습한 원리가 보편적 원리와 일치함을 깨달아 가는 과정이다. 누적된 지식은 비약적으로 확장하여 만물의 원리를 일관하는 천리와 합일한다. 심의 원리인 성이 천리와 합일하는 것이 주희가 제시한 성즉리(性卽理)의 철학이었다. 이처럼 주희는 미발일 때의 함양과 이발일 때의 격물이라는 수양론을 제시하면서 사회적 실천은 이러한 수양을 전제로 한다고 주장했다.

주희가 제시한 격물의 대상은 광범위하였지만, 그 방법은 주로 성현이 이미 원리를 기록해 둔 경전의 학습이었다. 주희의 격물론은 도덕의 원리를 탐구하는 지적인 과정이고 최종의 목표는 인격 완성이었기 때문에 그는 미발 단계에 설정해 두었던 함양 공부를 이발 단계의 공부에까지 확장하여 수양론을 완성했다. 주희의 철학은 심성에 관한 치밀한 분석을 통해 천리에 따르는 인간의 길을 제시했고, 명예와 이익만을 좇아가는 세상을 도덕적 사회로 ⓔ바꾸고자 했다.

140 윗글에서 알 수 있는 내용으로 적절하지 <u>않은</u> 것은?

① 주희는 도덕적 사회를 구현하려는 목적에서 심통성정론을 제안하였다.

② 주희는 천리가 만물의 원리를 일관한다는 생각을 전제로 격물치지를 설명하였다.

③ 주희는 체용의 논리를 근거로 성(性)과 정(情)을 서로 구별할 수 없다고 주장하였다.

④ 주희는 당대의 다른 유학자들과 마찬가지로 인격 완성과 도덕적 실천을 중시하였다.

⑤ 주희는 기존 관점과는 달리 지각 작용이 일어나지 않는 심(心)도 존재한다고 생각하였다.

141 주희의 관점에서 ㉠과 ㉡을 이해한 내용으로 가장 적절한 것은?

① ㉠은 하늘이 인간에게 선악을 부여하지 않았으며, 인간은 수양을 통해 선을 실현해야 함을 보여 준다.

② ㉡은 인간이 주어진 환경의 영향으로 인해 얻게 되는 인간의 기질적 차이로서, 악행의 뿌리가 된다.

③ 세상이 도덕이 아닌 명예와 이익을 좇는 것은, ㉡이 ㉠을 억누르는 것을 막을 수 없기 때문이다.

④ ㉠과 ㉡은 모두 심(心)의 본체이며, 서로 별개로 구분된 상태로 존재하지는 않는다.

⑤ 인간이 도덕적 행위를 하려면, 경전을 학습하여 ㉠을 보존하면서 ㉡을 버려야 한다.

142 수양론에 대한 설명으로 가장 적절한 것은?

① 함양 공부는 사회적 실천과 동시적으로 이루어져야만 그 효과가 있다.

② 상성성과 정제엄숙은 모두 심이 이발일 때에 필요한 수양의 방도에 해당한다.

③ 격물은 성현의 기록을 탐구하는 것보다 세상을 직접 관찰하는 것을 더 중요시한다.

④ 치지는 보편적인 원리를 깨닫기 위해 점진적으로 지식을 쌓는 수양의 방도를 말한다.

⑤ 예법을 준수하는 것뿐만 아니라 용모를 단정하게 하는 것도 품성의 함양으로 이어질 수 있다.

143 윗글을 읽은 학생이 〈보기〉에 대해 보인 반응으로 적절하지 <u>않은</u> 것은?

> **보기**
>
> 학교에 지각하여 시간에 쫓기던 수영은 불편한 몸으로 교차로를 건너는 할머니를 보고 순간적으로 안타까움을 느꼈으나 이를 그냥 지나치고 말았다. 시간이 지나 수영은 '그때 내가 할머니를 도와드렸더라면 더 좋지 않았을까?'라는 후회와 부끄러움을 느꼈다. 그러나 수영은 다른 한편으로는 '그랬더라면 내가 더 늦었을지도 몰라.'라는 안도감도 동시에 느꼈다.

① 주희의 관점에서 볼 때, '수영'이 회상을 통해 안도감을 느꼈던 이유는 이(理)를 떠나 육체로부터 나온 기질지성이 작용하였기 때문이겠군.

② 주희의 관점에서 볼 때, '수영'은 품성 함양과 학습을 통한 수양을 거쳐야 이후 비슷한 상황을 마주할 때 몸이 불편한 사람을 돕게 될 수 있겠군.

③ 주희의 관점에서 볼 때, 미발 단계에 있던 '수영'의 마음은 할머니를 목격하는 지각 작용을 통해 안타까움이 드러나는 이발 단계로 전환되었겠군.

④ 주희의 관점에서 볼 때, '수영'은 하늘로부터 부여받은 순선무악한 성질을 본래부터 지니고 있었음에도 불구하고 몸을 불편한 할머니를 돕지 않은 것이겠군.

⑤ 주희의 관점에서 볼 때, '수영'이 후회의 감정을 크게 느끼고 다음부터는 몸이 불편한 사람을 돕기로 다짐했다면 이는 정(情)에 대한 심(心)의 주관에 의한 것이겠군.

144 문맥상 ⓐ~ⓔ와 바꿔 쓰기에 가장 적절한 것은?

① ⓐ : 분리(分離)되는

② ⓑ : 선정(選定)한다

③ ⓒ : 매료(魅了)되는

④ ⓓ : 기상(起牀)하여

⑤ ⓔ : 개편(改編)하고자

33 윤리규범과 법규범

다음 글을 읽고 물음에 답하시오.

윤리규범과 법규범은 인간에게 요구되는 행위가 무엇인지를 단순히 기술하는 것이 아니라 그러한 행위로 나아갈 것을 지시하는 규정적 성격을 지닌다는 점에서 유사하다. 하지만 보다 구체적인 측면에서 보면 윤리규범과 법규범은 서로 명확하게 구별되는 특징을 지니고 있다. 이에 관해 칸트는 법규범은 윤리규범과 달리 행위의 외적인 측면에 대해서만 관여할 뿐, 행위자가 어떤 심정에서 그러한 행위를 하게 되었는지에 대해서는 상관하지 않는다는 점에서 두 규범이 상이하다고 보았다. 법은 모든 사람이 공존하는 가운데 각자의 의지가 자유로이 표출될 수 있도록 만드는 외적인 형식에 관심이 있을 뿐이다.

칸트의 설명 체계에 의하면 법규범에 대하여 다음과 같은 세 개의 명제가 성립한다. 첫째, 법규범은 사람들에게 무엇을 해야 하고 무엇을 하지 말아야 하는지를 지시해 주는 처방을 담고 있다는 규정성 명제, 둘째, 법규범은 사람들에게 오로지 외적으로 그것에 부합하게끔 행동할 것을 요구할 뿐, 그것을 따르는 것 자체가 행위의 이유가 될 것까지 요구하지는 않는다는 외면성 명제, 셋째, 법규범은 특정한 목적을 공유하는 사람만이 아니라 그 관할 아래 놓여 있는 모든 사람을 구속한다는 무조건성 명제가 바로 그것이다.

하지만 칸트의 설명 체계에서 외면성 명제는 심각한 역설을 유발한다. 칸트의 법규범은 그것을 따르는 사람들의 실질적 목적이나 필요를 전제로 하지 않으며, 오로지 외적인 자유만을 전제로 한다는 점에서 무조건적이며 명백한 방식으로 효력을 지닌다. 이에 따르면 법규범은 오직 정언 명령에 의해서만 표현될 수 있다. 정언 명령이란 행위의 수단, 목적, 결과에 대한 고려 없이 오로지 행위의 선(善) 자체만을 절대적인 법칙으로 표현하는 명령이다. 예를 들어 "살인을 해서는 안 된다."는 양심의 명령이 대표적인 정언 명령에 속한다.

그런데 이러한 정언 명령에 복종하는 유일한 방식은 그것이 명령이라는 이유에서 그것에 따르는 것이다. 명령이기 때문에 하는 행위와 단순히 외적으로 명령에 부합하는 행위는 구별되어야 한다. 가령 형벌의 두려움 때문에 어쩔 수 없이 정언 명령이 요구하는 행위로 나아갔다면, 이는 정언 명령에 복종한 것이라고 말할 수는 없다. 따라서 외면성 명제가 성립하는 한, 법규범이 정언 명령으로 표현된다는 것은 불가능한 일이다. 외면성 명제에 따르면 법규범은 그를 따르는 내면의 동기까지 요구하지는 않는다는 점에서 윤리규범과 달라야 하기 때문이다. ㉠하지만 칸트의 설명 체계에서 외면성 명제의 도입을 포기하기도 쉽지 않다. 그는 법칙 수립의 개념 자체를 규범과 동기라는 두 요소를 통해 정의하고 있기 때문에, 법규범에 관해서도 동기는 제시되어야 한다. 그리고 그가 말하는 법규범에서의 동기란 타율적 강제라는 외적인 동기이다. 따라서 칸트는 절대적이고 객관적인 방식으로 사회에서 수용되는 윤리규범과 달리 법규범은 정언 명령을 통해 누가 특정 규범을 지키도록 다른 사람이 강제할 수 있는 것이라고 설명한다. 이렇듯 칸트의 설명 체계에서 외면성 명제가 법규범의 핵심적 징표의 하나로 기능하는 한, 이를 무시하기는 어려울 것이다.

그렇다면 법규범은 정언 명령의 반대 개념인 가언 명령으로 표현될 수 있는가? 가언 명령이란 수단과 목적을 고려하고, 이를 조건으로 표현하는 명령으로, "만일 당신이 강제와 형벌의 위험을 피하고자 한다면, 법이 지시하는 바를 행하라."와 같은 구조를 취하게 될 것이다. 그런데 이 경우에는 법규범이 강제와 형벌의 위험을 피하고자 하는 사람들에 대해서만 효력을 발하게 되므로, 앞에서 살펴본 무조건성 명제에 반(反)하게 된다.

결국 윤리규범과 법규범에 대해 보편적으로 인정되는 규정성 명제와 무조건성 명제 외에 외면성 명제를 도입하는 순간, 법규범은 정언 명령으로도 가언 명령으로도 표현될 수 없게 되는 모순, 즉 법정 명령의 역설을 낳는다. 다시 말해서 법규범은 명령의 형태로 표현될 수가 없으므로 법규범에 기술된 내용을 행하도록 지시하거나 요구할 수가 없게 된다.

145 윗글을 통해 답을 찾을 수 없는 질문은?

① 칸트가 법규범의 핵심적인 징표로 제시한 것은 무엇인가?
② 칸트는 윤리규범과 법규범의 차이를 어떻게 설명하였는가?
③ 법규범은 어떤 형태로 지시 또는 요구의 기능을 수행하는가?
④ 정언 명령과 가언 명령의 표현 방식 및 형식은 어떻게 다른가?
⑤ 윤리규범과 법규범은 어떤 상황에서 상호 모순을 일으키는가?

146 윗글을 바탕으로 추론한 내용으로 적절하지 <u>않은</u> 것은?

① 칸트의 설명 체계에서 법규범을 가언 명령으로 표현한다면, 법규범에 대하여 무조건성 명제가 부정될 것이다.
② 칸트의 설명 체계에서 윤리규범은 법규범과 달리, 내면적 동기의 실천이라는 목적을 공유하는 사람들에게만 지시를 내릴 것이다.
③ 칸트의 설명 체계에서 법규범이 정언 명령으로 표현되기 위해서는, 외면성 명제에 따라 법규범에 발생하는 역설을 해결해야 할 것이다.
④ 칸트의 설명 체계에서 규범을 어겼을 때 가해지는 형벌이 무섭다는 이유로 법규범을 지키는 사람은, 정언 명령에 복종했다고 보기 어려울 것이다.
⑤ 칸트의 설명 체계에서 외면성 명제는 법규범에 대하여만 성립하며, 윤리규범에 따른 행위는 행위자의 내적인 동기까지 고려하여 이루어질 것이다.

147 ㉮의 이유를 추론한 내용으로 가장 적절한 것은?

① 법규범은 실질적 목적이나 필요를 전제하지 않는 무조건적 명령이어야 하기 때문이다.
② 법규범은 인간의 외적 행위뿐만 아니라 내적 동기까지 포함해야 하는 개념이기 때문이다.
③ 법칙이 수립되기 위해서는 규범뿐만 아니라 동기라는 요소가 함께 제시되어야 하기 때문이다.
④ 법규범에서 외면성 명제는 규정성 명제와 무조건성 명제보다 더 중요한 가치를 지니기 때문이다.
⑤ 법규범은 행위에 대한 타율적 강제를 피하려는 사람들에 대해서만 효력을 지녀야 하기 때문이다.

148 윗글을 참고할 때, 〈보기〉에 대한 반응으로 가장 적절한 것은?

> **보기**
>
> 켈젠은 법과 도덕이 형식적으로 구별된다고 설명한다. 가령 도덕은 "살인을 해서는 안 된다."와 같은 형식을 취한다. 한편 법은 "A가 살인을 한다면, 공무원인 B는 일정한 제재를 가할 수 있다."라는 조건부의 형식을 취한다. 켈젠에 따르면 이러한 형식의 법은 특정 사회에 소속된 사람들의 행위를 강제할 수 있지만, 이러한 형식의 도덕은 행위에 대해 어떤 외적 강제도 가할 수 없다. 도덕은 윤리규범과 합치되는 행위에 대한 사회적 승인 또는 불승인만을 고려하여 규정된다.

① 켈젠은 법이 특정 사회에 소속된 구성원 모두에게 적용된다고 보았다는 점에서, 법규범이 구속하는 범위에 대한 칸트의 견해를 비판할 가능성이 크군.
② 켈젠은 도덕을 특정 행위에 대한 사회적 승인 여부의 문제로 보았다는 점에서, 윤리규범의 사회적 수용 방식에 대한 칸트의 견해에 동의할 가능성이 크군.
③ 켈젠은 도덕이 특정 행위에 대해 외적 강제력을 지니지 않는다고 보았다는 점에서, 윤리규범의 외적 강제력에 대한 칸트의 견해를 비판할 가능성이 크군.
④ 켈젠은 도덕이 "살인을 해서는 안 된다."와 같은 형식을 취한다고 보았다는 점에서, 윤리규범의 무조건성 명제 성립에 대한 칸트의 견해에 동의할 가능성이 크군.
⑤ 켈젠은 법이 "A가 살인을 한다면, 공무원인 B는 일정한 제재를 가할 수 있다."와 같은 형식을 취한다고 보았다는 점에서, 법규범의 표현에 대한 칸트의 견해에 동의할 가능성이 크군.

다음 글을 읽고 물음에 답하시오.

경제 이론은 경제 주체들의 행동에 관한 예측을 시도하는데, 현실에서 관찰되는 사람들의 행동이 이론에서의 예측과 다르게 나타나는 경우도 적지 않다. 경제학은 이러한 '이상 현상'을 분석하고 토론하는 과정에서 발전한 학문이다. 최근의 경제학 분야에서는 사람들의 행동에 관한 ㉠전통적 경제학의 가정을 문제 삼는 ㉡행동경제학이 특히 주목받고 있다.

전통적 경제학과 행동경제학의 차이가 본격적으로 확인되는 대표적 영역이 저축과 소비에 관련한 분야이다. 전통적 경제학에서는 온전하게 합리적 사고를 하는 사람들이 전 생애 차원에서 최적의 소비 계획을 ⓐ세우고 불굴의 의지로 실행한다고 가정한다. 또한 돈에는 사용 범위를 제한하는 꼬리표 같은 것이 붙어 있지 않아 전용(轉用)이 가능하다고 가정하며, '전용 가능성'이 유연한 선택을 촉진함으로써 후생을 높여준다고도 믿는다. 전통적 경제학은 이러한 인식을 근거로 사람들이 일생 동안 소비 수준을 비교적 ⓑ고르게 유지할 것이며 소득의 경우 나이가 들면서 점점 증가하다가 퇴직 후 급속히 감소하는 패턴을 보인다는 점에 착안해, 연령에 따른 소비 패턴은 연령에 따른 소득 패턴과 달리 독립적으로 유지될 것이라고 예측했다. 그러나 사람들의 연령에 따른 실제 소비는 이론의 예측보다 그 수준은 낮았지만 연령에 따른 소득 패턴과 상당히 유사하게 나타났다. 전통적 경제학에서는 이러한 이상 현상을 '유동성 제약' 개념을 통해 ⓒ밝혔다. 유동성이란 자산을 현금으로 전환할 수 있는 정도를 말하는데, 전통적 경제학은 금융 시장이 완전치 않아 미래 소득이나 보유 자산 등을 담보로 현재 소비에 충분한 유동성을 조달하는 데 제약이 존재하므로, 소비 수준이 예측보다 낮아졌다고 설명한다.

행동경제학에서는 청년 시절과 노년 시절의 소비가 예측보다 적은 것은 외부 환경의 제약에 따른 어쩔 수 없는 행동이 아니라 자발적 선택의 결과물이라며, 이를 '심적 회계'에 의해 설명한다. 사람들은 현금, 보통 예금, 저축 예금, 주택 등 각종 자산을 마음 속 별개의 계정에 배치하고 그 사용에도 상이한 원리를 적용한다는 것이다. 자산의 피라미드 중 맨 아래층에는 지출이 가장 용이한 형태인 현금이 있는데, 이는 대부분 지출에 사용된다. 많은 이들은 급전이 필요할 경우 저축 예금이 있는데도 연리 20%가 ⓓ넘는 신용카드 현금 대출 서비스를 받아 해결한다. 금융적으로 바람직한 방법은 예금을 인출해 지출을 하는 것임에도, 높은 금리로 돈을 빌리고 낮은 금리로 저축을 하는 비합리적 행동을 하는 것이다. 마음속 가장 신성한 계정에는 퇴직 연금이나 주택과 같이 노후 대비용 자산들이 ⓔ놓여 있는데, 이들은 최악의 사태가 발생하지 않는 한 마지막까지 현금으로의 인출이 유보되는 자산들이다. 심적 회계가 이런 방식으로 작동하는 경우 자산의 전용 가능성은 현저히 떨어지며, 특정 연도에 행하는 소비는 일생 동안의 소득 총액뿐 아니라 그 소득을 낳는 자산들이 마음속 어느 계정에 있는가에 따라서도 달라진다.

행동경제학에 따르면, 사람들은 제한적으로 합리적 사고를 하고, 전 생애에 걸친 최적의 소비 계획을 세우려 하지만, 미래보다 현재를 더 선호하고 유혹에 빠지기 쉽다. 사람들은 자신과 가족의 장기적 안전을 지키기 위해 행동을 제약하기 위한 속박 장치를 마음속에 만들어 내는데, 이러한 자기 통제 기제가 바로 심적 회계이다. 심적 회계의 측면에서, 유동성 제약은 장기적으로 자신에게 불리한 지출 행위를 사전에 차단하기 위한 자발적 선택의 결과로 이해될 수 있다. 심적 회계가 당장의 유혹을 억누르고 현재의 지출을 미래로 미루는 행위, 곧 저축을 스스로 강제하는 기제라면, 퇴직 연금이나 국민 연금 제도는 이런 기제가 사회적 차원에서 구현된 것이다.

149 윗글을 통해 답을 찾을 수 <u>없는</u> 질문은?

① 경제 이론은 이론적 예측과 어긋나는 상황에 어떻게 대응하는가?
② 전통적 경제학과 행동경제학의 차이가 드러나는 영역은 무엇인가?
③ 사람들의 실제 소비 패턴은 전통적 경제학의 예측과 어떻게 달라졌는가?
④ 행동경제학은 인간이 심리적으로 가장 중요하게 여기는 자산이 무엇이라고 보는가?
⑤ 퇴직 연금·국민 연금 제도가 이론적으로 지지되거나 반대되는 각각의 근거는 무엇인가?

150 ㉠, ㉡에 대한 설명으로 적절하지 <u>않은</u> 것은?

① ㉠에 따르면, 사람들의 유연한 선택은 후생을 증진하는 데 기여한다.
② ㉡에 따르면, 사람들은 자산의 종류에 따라 서로 다른 사용 계획을 세우는 과정을 거친다.
③ ㉠과 ㉡은 모두 사람들이 자신의 최선을 고려한 소비 계획을 세우려 한다는 점을 인정하였다.
④ ㉠은 ㉡과 달리 사람들이 합리적 사고를 바탕으로 현재보다 미래를 더 선호할 것이라고 주장하였다.
⑤ ㉡은 금융 시장의 불완전성을 근거로 제시한 ㉠과 달리, 스스로의 선택을 근거로 유동성 제약을 설명하였다.

151 <u>심적 회계</u>에 대한 이해로 가장 적절한 것은?

① 사람들은 유동성 개념을 고려하지 않고, 마음속 계정에 따라 각기 상이한 경제학적 원리를 적용한다.
② 합리적 사고가 불완전한 사람들도 자신이 세운 최적의 소비 계획을 지킬 수 있는 통제 기제를 가질 수 있다.
③ 사람들의 소비가 단기간이 아닌 일생 동안의 소득 총액에 의해 달라진다는 점을 새롭게 밝혀내면서 제시된 개념이다.
④ 일반적으로 사람들은 심리적 속박에 얽매여 있으므로 최악의 사태가 발생하더라도 노후 대비용 자산을 인출하지 않는다.
⑤ 일반적으로 자산 피라미드의 최하층에 있는 현금을 곧바로 지출하는 것보다, 자산을 현금으로 전환하는 것이 선호된다.

152 윗글을 바탕으로 〈보기〉를 이해한 반응으로 적절하지 <u>않은</u> 것은?

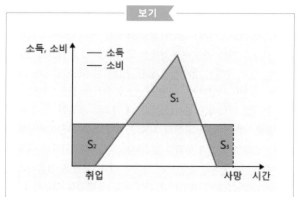

보기

[그림] 생애 주기 가설에 따른 소득과 소비 패턴 예측

　　모딜리아니는 현재 소비가 현재 소득뿐 아니라 평생 소득에 달려 있다는 내용의 '생애 주기 가설'을 [그림]처럼 제시하였다. 가설의 예측에 따르면, 개인은 예상되는 평생 소득을 기대 수명으로 나눈 만큼을 매년 소비한다. 또 이에 따르면, 최근 젊은 층의 소비가 예측보다 감소하는 현상은, 의학 발달로 기대 수명이 늘어난 결과로 해석할 수 있다.

① 전통적 경제학의 관점에서, 시간에 따른 소득 그래프의 변화와 달리 시간에 따른 소비 그래프는 일정하리라는 생애 주기 가설의 예측에 동의할 수 있겠군.
② 전통적 경제학의 관점에서, 생애 초기 S_2 면적이 예측보다 감소하는 것은 의학 발달보다는 미래의 S_1을 담보로 현재의 현금을 조달하기 어렵기 때문이라고 설명할 수 있겠군.
③ 전통적 경제학의 관점에서, S_1의 발생 기간에 합리적인 개인은 S_1의 사용 범위가 제한됨을 고려하여 자산 인출을 유보함으로써 S_3의 발생 기간을 대비하리라고 예상할 수 있겠군.
④ 행동경제학의 관점에서, 퇴직 연금·국민 연금 제도는 S_3처럼 소득과 소비 간 차이가 발생하는 것을 보완하기 위해 사회적 차원의 기제로 구현된 것이라고 설명할 수 있겠군.
⑤ 행동경제학의 관점에서, S_1을 저축하는 도중에 갑자기 추가 소비가 필요해진 개인은 비교적 낮은 저축 이자를 포기하기보다 비교적 높은 대출 이자를 갚는 선택을 내릴 수 있겠군.

153 문맥상 ⓐ~ⓔ와 바꿔 쓰기에 가장 적절한 것은?

① ⓐ : 설립(設立)하고
② ⓑ : 균일(均一)하게
③ ⓒ : 진술(陳述)했다
④ ⓓ : 초탈(超脫)하는
⑤ ⓔ : 설치(設置)되어

다음 글을 읽고 물음에 답하시오.

　금융 위기에 관한 많은 연구가 진행되었음에도 그 원인에 관한 의견은 하나로 모이지 않는 경우가 대부분이다. 이는 금융 위기가 여러 현상이 복잡하게 얽혀 발생한 문제일 뿐만 아니라, 경제 주체의 행동이나 금융 시스템의 작동 방식을 이해하는 시각이 다양하기 때문이다. 금융 위기에 관한 견해는 은행 위기를 해석하는 관점에 따라 네 가지로 분류할 수 있다.

　우선, 예금주들이 은행의 지불 능력이 부족하다고 예상함에 따라 실제로 은행의 능력이 감소하는 현상, 즉 ⊙'자기 실현적 예상'이라는 현상을 강조하는 시각이 있다. 예금을 인출하려는 예금주들의 요구에 대응하기 위해 은행이 예금의 일부만을 지급 준비금으로 보유하는 부분 준비 제도는 현대 은행 시스템의 본질적 측면이다. 이 제도에서는 은행의 지불 능력이 변화하지 않더라도 예금주들의 예상이 바뀌면 예금 인출이 쇄도하는 사태가 일어날 수 있다. 예금은 만기가 없으며 선착순으로 지급되는 독특한 성격의 채무이기에, 은행이 지불 능력이 부족해져 예금을 지급하지 못할 것이라고 예상하는 사람은 남보다 먼저 예금을 인출하려고 할 것이다. 이와 같은 사람이 많아져 예금 인출이 쇄도하게 되면, 은행들은 예금 인출 요구를 충족하기 위해 현금 보유량을 늘려야 하고, 이를 위해 앞다퉈 채권, 주식, 부동산과 같은 자산을 매각할 것이다. 이로 인해 자산 가격이 하락하면 은행들의 지불 능력은 실제로 낮아진다.

　둘째, 은행의 과도한 위험 추구를 강조하는 견해이다. 주식회사에서 주주들은 회사의 부채를 제하고 남은 자산의 가치에 대한 청구권을 가지며, 통상적으로 자신이 출자한 지분에 한하는 유한 책임을 진다. 따라서 회사의 자산 가치가 부채액보다 커질수록 주주가 얻을 이익도 커지지만, 회사가 파산하는 경우 주주의 손실은 회사 주식에 투자한 금액으로 제한된다. 이러한 비대칭적인 구조로 인해, 주주들은 수익에 대해서는 민감하지만 위험에 대해서는 둔감하게 되며, 고위험 고수익 사업을 선호하게 된다. 결과적으로 주주들이 더 높은 수익을 얻기 위해 감수해야 하는 위험을 채권자에게 전가하는 것인데, ㉮부채 비율보다 자기 자본 비율이 낮을수록 이러한 동기는 더욱 강해진다. 주식회사의 자기 자본이란 주주에 의해 출자된 자본을 말한다. 은행과 같은 금융 중개 기관들은 대부분 부채 비율이 높은 주식회사 형태를 띤다.

　셋째, 은행가의 은행 약탈을 강조하는 시각이다. 전통적인 경제 이론에서는 은행의 부실을 과도한 위험 추구의 결과로 본다. 과도한 위험 추구는 은행가가 자신의 수익을 높이려는 목적으로 은행의 재무 상태를 악화할 위험이 큰 행위를 선택하는 것이다. 하지만 최근에는, 은행가가 자신이 얻을 이익만 추구하여 은행에 손실을 가져올 행위를 선택하는 은행 약탈이 은행 부실을 야기한다는 인식이 강해지고 있다. 예를 들어, 은행가들이 자신이 운영하는 은행으로부터 남보다 유리한 조건으로 대출을 받거나, 장기적으로 은행에 손실을 초래할 것을 알면서도 자신의 성과급을 높이기 위해 단기적인 성과만을 가져올 행위를 하는 것은 지배 주주나 고위 경영자의 지위를 가진 은행가가 사적인 이익을 위해 은행에 대한 지배력을 행사한다는 의미에서 약탈이라고 할 수 있다.

　넷째, ⓛ이상 과열을 강조하는 견해이다. 위의 세 가지 시각과 달리 이 견해는 다양한 경제 주체의 행동이 항상 합리적이지는 않다는 점에 기초한다. 예컨대 사람들은 일정 기간 자산 가격이 상승하면 앞으로도 계속 상승할 것이라 예상하는 경향을 보인다. 이 경우 자산 가격 상승은 부채의 증가를 낳고 이는 다시 자산 가격의 더 큰 상승을 만든다. 이러한 상승 작용으로 인해 거품이 커지면서 경제 주체들의 부채가 과도하게 늘어나면 금융 시스템이 취약해지므로, 결국 거품이 터져 금융 시스템이 붕괴하고 금융 위기가 일어날 현실적 조건이 강화된다.

154 윗글을 바탕으로 추론한 내용으로 적절하지 <u>않은</u> 것은?

① 예금이 아닌 대부분의 채무는 만기가 있으므로 은행에서 선착순의 형태로 지급하지 않을 것이다.

② 주식회사의 주주는 회사의 자산 가치 중에서 부채를 제외한 만큼의 자산에 대한 청구권을 가질 것이다.

③ 금융 위기의 원인에 대한 의견 불합치는 금융 시스템의 작동 방식에 대한 이해가 다양하기 때문일 것이다.

④ 은행가는 은행의 지배 주주나 고위 경영자의 지위를 가지고 은행에 지배력을 행사하는 사람을 말할 것이다.

⑤ 부분 준비 제도는 은행의 지불 능력을 초과하여 예금 인출이 요구되는 사태에 대응하기 위해 마련되었을 것이다.

155 ㉠, ㉡을 이해한 내용으로 적절하지 <u>않은</u> 것은?

① ㉠은 ㉡과 달리 경제 주체의 비관적인 전망을 전제로 은행 위기를 설명한다.

② ㉠은 ㉡과 달리 금융 시스템이 건전한 상태여도 금융 위기가 발생할 수 있다고 본다.

③ ㉡은 ㉠과 달리 채무 불이행의 상황에 빠지는 경제 주체를 은행으로 한정하지 않는다.

④ ㉡은 ㉠과 달리 경제 주체의 자산 가격이 과도하게 상승하는 결과가 생길 수 있다고 본다.

⑤ ㉠과 ㉡은 모두 경제 주체의 합리적이지 못한 행동에 의해 금융 위기가 발생한다고 본다.

156 ㉮의 이유로 가장 적절한 것은?

① 자기 자본 비율이 높을수록 주주와 주식회사 간의 비대칭적인 손익 구조가 심화하기 때문이다.

② 자기 자본 비율이 높을수록 부채가 늘어난다는 점에서 주주에게 돌아올 이익이 줄어들기 때문이다.

③ 자기 자본 비율이 높을수록 주주 개개인이 출자한 지분에 대한 유한 책임이 각각 늘어나기 때문이다.

④ 자기 자본 비율이 낮을수록 고수익 사업의 성공으로 인한 이익을 분배할 주주의 수가 적어지기 때문이다.

⑤ 자기 자본 비율이 낮을수록 새로운 사업의 실패로 감수해야 할 위험이 채권자에게 더 많이 전가되기 때문이다.

157 윗글을 참고할 때, 〈보기〉에 대한 반응으로 적절하지 <u>않은</u> 것은?

> **보기**
>
> A국은 경제 활성화를 위해 저금리 정책을 시행했다. 이에 따라 부채가 증가하고 주택의 가격이 급상승했다. 주택 가격의 상승 속도가 이자율의 상승 속도보다 높아지자, 은행에서는 상환 능력이 없는 무자격자에게까지 주택을 담보로 하는 대출을 남발하였다. 또한, 은행가들은 이러한 대출 상품을 묶어 판매하여 은행의 실적을 올렸다. 은행가들은 부실 대출의 가능성을 알고 있었지만, 단기 실적에 따른 보너스와 주식 매매 차익을 챙기기 위해 이를 무시했다. 그러나 일정 시기가 지나고 대출을 갚지 못하여 담보로 한 주택을 포기하는 채무자가 늘어나기 시작하자 주택 가격의 폭락이 연쇄적으로 이어졌다.

① 자기 실현적 예상을 강조하는 시각에 의하면, 예금주들이 주택 가격의 연쇄적 폭락 이후에 은행의 지불 능력이 약화될 것으로 예상한다면 은행은 현금 보유량을 늘리고자 하겠군.

② 은행의 과도한 위험 추구를 강조하는 시각에 의하면, 은행이 상환 능력이 없는 무자격자에게까지도 대출을 남발한 것은 위험에 둔감하게 된 주주의 영향력에 의한 것이겠군.

③ 은행가의 은행 약탈을 강조하는 시각에 의하면, 은행가들이 부실 대출의 가능성을 무시한 것은 장기적 시점에서 은행에 손실이 발생할 것을 예측하지 못했기 때문이겠군.

④ 이상 과열을 강조하는 시각에 의하면, 주택 가격의 상승 속도에 주목하여 은행이 대출을 늘린 행위는 자산 가격의 상승이 지속할 것이라 본 낙관적 경향 때문이겠군.

⑤ 이상 과열을 강조하는 시각에 의하면, 주택 가격의 과도한 상승은 부채와의 상호 작용에 의해 거품이 커지는 과정을 보여 주는 것으로 금융 위기 발생의 조건이겠군.

다음 글을 읽고 물음에 답하시오.

노동 시장의 각종 규제를 철폐함으로써 고용과 해고를 자유롭게 할 수 있어야만 기업의 경쟁력이 살아나고 실업 문제도 해결할 수 있다는 목소리가 커지고 있다. 고용의 안정성을 해치지 않으면서 경쟁력을 높일 수는 없는 것일까? 일부 유럽 국가들은 '유연안정성 모델'이라는 새로운 노사 관계 모델을 통해 이 문제와 관련하여 적극적으로 대안을 ⓐ모색하였다.

고용과 관련된 유연성과 안정성은 다양한 형태로 존재한다. 유연성 개념은 해고와 채용을 통해 노동력을 수량적으로 조정하는 '외부적-수량적 유연성', 해고를 자제하되 노동 시간을 탄력적으로 조정하는 '내부적-수량적 유연성', 작업 조직의 재편과 다기능 숙련 향상을 강조하는 '기능적 유연성' 등으로 세분된다. 안정성 개념도 동일한 직장을 유지할 수 있는 '직장 안정성', 동일한 직장은 아니더라도 일자리를 유지할 수 있는 '고용 안정성', 실업이나 질병 등의 상황에서도 안정된 급여를 ⓑ확보할 수 있는 '소득 안정성', 출산이나 재충전 등의 기회를 확보해 일과 삶을 병행할 수 있는 '결합 안정성'으로 나뉜다. 유연안정성 모델에서는 이러한 유연성과 안정성의 특정 형태들 중에서 그 나라의 고유한 조건과 사회 구성원들의 선호를 반영해 바람직한 배합을 선택하려 한다.

유연안정성 모델의 대표적인 성공 사례인 ㉠덴마크의 노동 시장은 역동적이라는 특징을 가진다. 덴마크에서는 노동자에 대한 해고가 법적으로 자유롭고 이와 더불어 노동 이동도 빈번하다. 그런데도 노동자들의 고용 불안 체감도는 낮다. 사회적 타협의 오랜 전통을 통해 실직 기간 중 생계유지에 필요한 비용을 국가가 제공한다는 약속이 확립되어 있기 때문이다. 유연한 시장과 높은 사회 보장의 이러한 조합에 적극적 노동 시장 정책이 추가됨으로써 덴마크 시스템의 효율성은 더욱 높아졌다. 이 정책의 핵심은 실업자들의 재취업을 돕는 다양한 직업 훈련 프로그램을 제공하되, 이를 거부할 경우 실업 수당의 지급을 중단하는 것이다. 이때 국가가 제공하는 일자리 교육에 참여한 실업자는 역량 향상을 통해 취업의 기회가 높아지며, 직업 훈련에 부정적인 실업자는 구직 노력을 강화할 동기를 부여받게 된다.

한편 이 모델의 또 다른 성공 사례인 ㉡네덜란드는 이와 다른 유형의 유연안정성을 ⓒ달성했다. 네덜란드 노동 시장의 가장 큰 특징은 시간제 노동자의 비율이 대단히 높다는 점이다. 이 나라의 경우 전체 노동자의 절반 그리고 여성 노동자의 대다수가 시간제로 근무하고 있다. 이를 바탕으로 기업은 시장 상황의 변동에 대응해 노동 시간을 탄력적으로 조정하고, 노동자들은 일과 가사 그리고 여가 사이에서 더 자유로운 선택을 할 수 있게 된다. 이러한 특징은 외부 상황의 변화에 신축적으로 대응하려는 기업과 고용 불안을 막으려는 노조 사이의 타협의 산물이다. 노동 시장의 유연화가 어느 정도 불가피하다고 본 노조는 고용 보호법을 일부 완화하는 데 동의했다. 그 대신 시간제 노동자 등에 대해서도 전일제 노동자와 대등한 수준의 고용 보호를 얻어 냄으로써 노동자 전체의 직장 안정성을 높일 수 있었다. 최근에는 육아나 재충전 등을 위한 자발적인 노동 시장 불참을 재정적으로 지원하는 법적 제도가 도입됨으로써 시간제를 바탕으로 한 노동 시스템의 안정성이 더욱 ⓓ제고되었다.

덴마크와 네덜란드의 실업률은 유럽연합 평균의 절반에 불과하며, 생산성도 유럽연합 평균을 상회한다. 이들 나라가 높은 경쟁력을 유지하면서도 전체 노동자들의 고용 불안 우려를 ⓔ불식할 수 있었다는 점은 ㉮유연안정성 모델이 경제 전체에 순기능을 발휘했음을 의미한다.

158 윗글에서 알 수 있는 내용으로 가장 적절한 것은?

① 이론과 달리 현실에서는 기업 경쟁력을 높이면서 실업 문제까지 성공적으로 해결한 사례를 찾을 수 없다.

② 유연안정성 모델은 기업 경쟁력을 극대화하기 위해 노동 시장을 기업친화적으로 개선하는 모델로 이해된다.

③ 유연안정성 모델은 유연성의 형태가 먼저 결정되면 그에 맞추어 안정성의 형태가 결정되는 방식으로 배합된다.

④ 네덜란드에는 국가가 개인의 생계유지를 적극적으로 도와야 한다는 점에 대한 사회적 타협이 전통적으로 존재한다.

⑤ 노동자들이 다양한 직업적 기능을 수행할 수 있는 능력을 키우는 것은 유연성과 고용 안정성을 동시에 높일 수 있다.

159 윗글을 바탕으로 ㉠과 ㉡의 노동 시장을 분석한 것으로 적절하지 <u>않은</u> 것은?

① 양국의 노동 시스템에 대한 설명을 고려할 때, 노동자들의 직장 안정성은 ㉠보다 ㉡이 상대적으로 높을 가능성이 크다.

② ㉠은 직업 훈련에 부정적인 사람들에게도 적극적 노동 시장 정책을 통해 재정적 지원을 제공함으로써 노동자들의 소득 안정성을 높였다.

③ ㉠은 해고와 채용을 자유롭게 만듦으로써 노동 시장의 외부적-수량적 유연성을 높이면서도 사회 보장을 통해 노동자들의 안정성을 함께 확보하였다.

④ ㉡은 특정한 이유로 인해 자발적으로 노동을 하지 않으려는 사람들에게도 법적 제도를 통해 재정적 지원을 제공함으로써 노동자들의 결합 안정성을 높였다.

⑤ ㉡은 고용보호법을 다소 완화함으로써 내부적-수량적 유연성을 높이면서도 시간제 노동자에 대한 높은 수준의 보호를 통해 노동자들의 안정성을 함께 확보하였다.

160 윗글을 참고할 때, ㉮를 비판할 수 있는 내용으로 적절하지 <u>않은</u> 것은?

① 정책에 필요한 재원을 충분히 확보할 수 없는 나라에서는, 유연안정성 모델을 적용하기 어려울 수 있다.

② 사회 구성원 간의 선호 차이가 지나치게 큰 나라에서는, 유연성과 안정성을 특정하게 배합하기 어려울 수 있다.

③ 기업에 비해 노조의 힘이 지나치게 약한 나라에서는, 네덜란드 모델의 기초가 된 타협이 이루어지기 어려울 수 있다.

④ 일정하고 규칙적인 노동 시간이 불필요한 분야에는, 네덜란드와 유사한 유연안정성 모델을 적용하기 어려울 수 있다.

⑤ 사회 보장 제도가 매우 취약하여 실업 수당과 같은 지원 없이 생계유지가 불가능한 사람이 많은 나라에서는, 덴마크와 유사한 적극적 노동 정책을 적용하기 어려울 수 있다.

161 ⟨보기⟩는 우리나라 노동 시장에 대한 분석 자료이다. 윗글을 참고할 때, ⟨보기⟩를 이해한 반응으로 가장 적절한 것은?

> **보기**
>
> 우리나라 기업들은 해고와 고용이 경직적이라고 주장하지만, 노동자들은 고용 보호가 불안정하다고 주장한다. 이러한 견해의 상충은 우리나라 노동 시장의 '이중 구조'에 기인한다. 2020년 한국경제연구원 보고서에 따르면, 전체 임금근로자의 약 7%인 대기업 정규직은 한 직장에서 평균 약 14년을 일하면서 상대적으로 높은 임금을 받는다. 또 거의 모든 대기업 정규직은 각종 복지의 혜택을 누린다. 한편 전체 임금근로자의 약 30%인 중소기업 비정규직은 평균적으로 대기업 정규직의 절반이 안 되는 임금을 받으면서 한 직장에서 약 2년밖에 일하지 못한다. 중소기업 비정규직 중에서 필수적인 복지가 보장되는 비율은 약 40%에 불과하다.

① 대기업에서 비교적 높은 임금을 받음으로써 '소득 안정성'을 확보한 정규직 노동자의 비율은, 전체 임금근로자의 1/10에 미치지 못하겠군.

② 근속 연수를 기준으로 할 때, 우리나라의 대기업 정규직은 중소기업 비정규직과 비교하여 약 7배 높은 '고용 안정성'을 갖는다고 볼 수 있겠군.

③ 중소기업에서 필수적인 복지를 보장받음으로써 '결합 안정성'을 확보할 수 있는 노동자들은, 전체 임금근로자 중에서 약 12% 정도밖에 되지 않겠군.

④ 우리나라는 대기업과 중소기업을 포괄하는 전체 노동 시장의 '외부적-수량적 유연성'을 최대한 높이면서, 그와 동시에 '직장 안정성' 또한 최대한 확보해야만 하겠군.

⑤ 유연성과 안정성이 모두 낮은 중소기업 비정규직과 달리, 대기업 정규직은 '내부적-수량적 유연성'과 '결합 안정성'이 상대적으로 높기에 '이중 구조'가 존재하는 것이로군.

162 문맥상 ⓐ~ⓔ와 바꿔 쓰기에 적절하지 <u>않은</u> 것은?

① ⓐ : 찾았다

② ⓑ : 마련할

③ ⓒ : 이룩했다

④ ⓓ : 다듬어졌다

⑤ ⓔ : 없앨

다음 글을 읽고 물음에 답하시오.

법이 실현해야 할 가치를 법이념이라 한다. 법이념은 실정법 위에 있는 하나의 지도 원리이며, 법의 ⊙ 정당성을 판단하는 평가 원리이다. 법이념으로 가장 많이 거론되는 것이 '정의'이다. 정의는 같은 것은 같게, 다른 것은 다르게 취급하라는 것이다. 그러나 정의는 법의 내용을 결정하는 데 방향 제시는 할 수 있지만, 충분한 지침을 주지 못한다. 왜냐하면 정의는 같은 것 또는 다른 것으로 인정하기 위하여 어떤 관점이 필요한가는 말하지 않고, 취급의 비례를 지시할 뿐, 구체적 방식을 규정하지 않기 때문이다.

법은 공동생활의 질서이기 때문에 다양한 개인의 의견을 넘어서는, 모든 사람 위에 있는 하나의 질서이어야 한다. 법을 통한 사회 질서의 확보, 즉 법적 평화는 인간 사회의 존속 요건이며 법이 실현해야 할 과제이다. 이리하여 정의와는 다른 법이념이 요구되는데, 이를 '법적 ⓒ 안정성'이라 한다. 법적 평화는 확고한 법질서를 전제하고, 이는 법의 ⓒ 실정성(實定性)을 요구한다. 실정성은 사회적 사실이고, 실정법은 그것을 제정하는 힘을 전제한다. 무엇이 정의인가를 확인할 수 없다면, 무엇이 법이어야 하는가를 확정하여야 한다. 그리고 법은 그것을 관철시킬 수 있는 자에 의해서 정해져야 한다. 즉, 법은 그 내용이 명확해야 하고, 자주 변경되지 않으며, 실현 가능해야 한다. 그리하여 실정법의 정당성은 그것에 의하여 달성되는 '안정성'에, 서로 다투는 법적 견해들 사이에서 그것이 이루는 '평화'에, 만인의 만인에 대한 투쟁을 종식시키는 '질서'에 근거한다.

법이념들의 요청은 서로 보충적이고 협력적이지만, 때로는 긴장 관계에 놓이기도 한다. 나아가 어떤 것을 위하여 다른 것을 희생해야 하는 경우도 있다. 법적 안정성의 요청 때문에 실정법은 그것의 내용이 정의로운가에 관계없이 효력을 유지하려고 한다. 법적 안정성은 법의 계속성을 요구하지만, 정의는 변화된 사회관계에 법이 적응할 것을 요구한다. 법의 실정성이 항상 법의 안정성을 보장하는 것은 아니다. 하지만 어떠한 법의 변화도 적응의 필요가 계속의 이익보다 더 크다는 증명이 있는 경우에만 정당화될 것이다. 예컨대 혁명 정부의 법과 같은 예처럼, 기존 실정법을 희생시켜 사실상 시행된 법이 법적 안정성을 고려하여 현행법으로 승인을 받는 경우가 있다.

법적 견해의 다툼에 어떤 결론을 내리는 것은 그 결론이 참으로 정의로운지의 여부보다 더 중요하다. 왜냐하면 어떤 법이 존재한다는 것은 무법보다 낫기 때문이다. 모든 사람이 필요하다고 인정하는 법의 일차적 과제는 법적 안정성, 즉 평화와 질서이다. 법관은 법의 실정성을 실현시키고, 법의 명령에 자신의 법 감정을 희생시켜야 한다. 법관의 직무는 다만 무엇이 법인지 물을 일이지 결코 그것이 정당한가 묻지 않는 것이다. 이러한 상황에 처해 있는 법관과 정의롭지 않은 법의 실정성을 인정하지 않는 피고인이 대립할 수 있다. 이것은 비극적인 상황이다. 양심의 의무는 한 인간에게 범죄를 요구했다. 법은 법관에게 형벌을 요구한다. 뿐만 아니라 법은 양심에 따른 범죄 때문에 과해질 형벌을 받아들일 의무까지 요구할 것이다. ㉮ 오판(誤判)의 집행을 면(免)하라는 권유를 거절하였던 소크라테스는 법의 깨뜨릴 수 없는 성질에 대하여 이렇게 말하였다. "자네는 한 나라에서 일단 내려진 판결이 아무런 효력도 거두지 못하고, 한 개인에 의하여 무효가 되고 파괴될 경우, 그런 나라가 쓰러지거나 전복되지 않을 수 있다고 생각하는가?"

163 윗글에서 알 수 있는 내용으로 적절하지 <u>않은</u> 것은?

① 법적 평화가 달성되기 위해서는 법이 사회적 사실로서 존재할 필요가 있다.
② 법의 정당성을 충족하기 위해서는 법관이 자신의 법 감정에 부합하는 판결을 내려야 한다.
③ 인간 사회가 존속하기 위해서는 법이 다양한 개인을 초월하는 단일한 질서를 제시해야 한다.
④ 법적 견해의 다툼에 대하여 법적으로 정의로운 결론을 내렸는지보다는, 결론을 확정하였는지가 더 중요하다.
⑤ 취급의 비례를 지시하는 법이념은 실정법 위의 지도 원리이지만, 그러한 취급을 위한 관점을 충분히 제시하지는 못한다.

164 ㉠~㉢을 이해한 내용으로 적절하지 <u>않은</u> 것은?

① 어떤 법의 ㉡은 그 법의 ㉠을 판단하는 평가 원리가 될 수 있다.
② 어떤 법이 ㉢을 충족하더라도 그 법의 ㉡이 달성되지 않을 수도 있다.
③ 법관은 법의 ㉡을 달성하기 위해, 정의롭지 않다고 여겨지는 법의 ㉢을 실현할 수도 있다.
④ 같은 것은 같게, 다른 것은 다르게 취급하려는 기준으로 법의 ㉠을 판단한다면, 어떤 법의 ㉢을 거부할 수 있다.
⑤ 변화에 대한 적응의 필요가 법의 계속성의 이익보다 작다고 증명된다면, ㉠을 위해 기존 법의 ㉢을 희생시켜야 한다.

165 윗글의 관점에 따라 ㉮의 이유를 추론할 내용으로 가장 적절한 것은?

① 어떤 이유로든 실정법을 희생시키면 법적 안정성을 달성할 수 없기 때문이다.
② 자신의 양심을 관철해야만 만인의 만인에 대한 투쟁을 종식할 수 있기 때문이다.
③ 자신의 양심을 인정받기 위한 이유만으로 법적 평화를 파괴할 수는 없기 때문이다.
④ 법의 정당성은 판결을 받는 피고인이 아니라 판결을 내리는 법관이 고민해야 하기 때문이다.
⑤ 개인의 양심보다는 다수가 지지하는 의견을 따라야만 사회 질서를 확보할 수 있기 때문이다.

166 윗글을 참고할 때, 〈보기〉에 대한 반응으로 적절하지 <u>않은</u> 것은?

> **보기**
>
> 무주택자 A씨는 부모님 간병으로 바빴기에 딸에게 임대 아파트 임차 계약을 대신하게 하였다. 이후 주택공사는 입주민 중에서 무주택자인 임차인에게만 분양 자격을 주었고, 주택 보유자인 딸의 명의로 계약한 A씨는 자격을 얻지 못했다. 퇴거를 거부한 A씨에게, 주택공사는 퇴거 강제 집행을 위한 소송을 제기하였다. 이에 하급심은 주거 안정이라는 공공의 이익을 추구하는 임대주택의 목적을 고려하여 A씨를 실질적인 의미에서 분양 자격을 갖춘 임차인으로 인정하였다. 하지만 최종심에서 대법원은 하급심 판결을 "특별한 사안을 타당성 있게 해결한다는 명분만으로 정해져 있는 법률 해석의 원칙을 어겼다."라고 비판하면서, 명확한 규정에 따라 계약서에 날인한 당사자만을 임차인으로 보아야 한다고 판결하였다.

① 정의를 가장 중요한 법이념으로 삼아 법을 평가하는 관점을 취한다 하더라도, 법적으로 A씨를 실질적인 의미의 임차인이라고 규정하는 것을 보장할 수는 없겠군.
② 하급심 재판부는 모든 사람 위에 있는 하나의 질서로서 법이 갖는 속성보다는, 공공의 이익을 실현한다는 정의가 법이 실현해야 할 가치로서 더 중요하다고 본 것이겠군.
③ 임차인을 실질적인 의미로 해석하는 것에 따른 이익이 법률 해석의 원칙에 따른 이익보다 더 크다는 것을 증명한다면, 하급심의 판결은 법적 정당성을 얻을 수도 있겠군.
④ 대법원은 A씨의 퇴거를 강제로 집행하는 것이 법적으로 정당한지가 아닌, 임차 계약에서 임차인을 규정하는 법의 내용이 명확하고 변함없는지를 기준으로 판결을 내린 것이겠군.
⑤ 대법원은 하급심 재판부에 대하여 '특별한 사안을 타당성 있게 해결한다는 명분' 때문에 법의 명령에 따라 자신의 법 감정을 희생시키지 못했다고 비판한 것으로 이해할 수 있겠군.

다음 글을 읽고 물음에 답하시오.

켈빈(K)이라는 단위를 사용하는 절대 온도는 물체 내부에서 끊임없이 운동하는 원자들의 평균 운동 속도의 제곱에 비례하는 양으로 정의된다. 즉 원자들의 평균 운동 속도를 감소시키면 그 원자 집단의 절대 온도는 내려간다. 평균 운동 속도가 0이 되는 절대 온도 0K가 이론상 가장 낮은 온도이다. 비록 현실에서 물체의 온도를 0K까지 ⓐ낮출 수는 없지만, 레이저 냉각 기술을 활용하면 그에 근접한 온도를 ⓑ얻을 수 있다.

레이저 냉각은 물체 내부에서 움직이는 원자에 레이저 빛을 충돌시켜 원자의 속도를 감소시키는 기술이다. 이때 속도와 질량의 곱인 운동량도 감소한다. 빛은 파동이면서도 광자(光子)라는 입자이기에 운동량을 갖는다. 광자는 빛의 파장에 반비례하는 운동량을 갖고, 빛의 진동수에 비례하는 에너지를 갖는다. 또 빛의 파장과 진동수는 반비례 관계이다. 레이저 빛은 일반적인 빛과 달리 일정한 진동수의 광자로만 ⓒ이루어져 있다. 레이저 빛을 구성하는 광자가 원자에 흡수될 때, 광자의 에너지만큼 원자의 내부 에너지가 커지면서 광자의 운동량이 원자에 전달된다. 에너지와 달리 벡터*인 속도 또는 운동량은 그 반대 방향의 속도 또는 운동량과 상쇄되므로, 레이저 빛을 원자의 반대 방향에서 쏘아 원자와 충돌시키면 원자를 느리게 만들 수 있다. 그런데 원자가 느려지다가 정지하는 순간 레이저를 끄지 않으면, 원자가 반대 방향으로 밀려날 수 있다. 또 원자를 일일이 관측하거나 각 원자의 속도에 맞추어 그와 충돌하는 광자의 운동량을 별개로 제어하기도 어렵다.

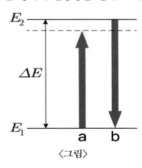

E_2
ΔE
E_1
a b
〈그림〉

이 문제를 해결하기 위해 레이저 냉각 기술은 원자가 빛을 선택적으로 흡수하는 성질과 도플러 효과를 활용한다. 정지 상태에 있는 특정 원자는 원자의 종류마다 각기 고유한 진동수의 빛만을 흡수하는데, 이를 공명 진동수라 한다. 이는 원자가 광자를 흡수할 때, 원자 내부의 전자가 특정 에너지 준위* E_1에서 그보다 더 높은 에너지 준위 E_2로 옮겨가는 것만 허용되기 때문이다. 흡수된 광자의 에너지는 두 에너지 준위의 에너지 값 차이인 ΔE 이다. 다음으로 도플러 효과란, 빛이나 소리와 같은 파동을 발생시키는 파동원과 관측자가 가까워질 때는 파동의 진동수가 더 크게 감지되고, 파동원과 관측자가 멀어질 때는 파동의 진동수가 더 작게 감지되는 현상이다. 이때 원래 진동수와 감지되는 진동수의 차이는 파동원과 관측자가 서로 가까워지거나 멀어지는 속도에 비례한다.

레이저 냉각 시에는 어떤 원자 집단을 사이에 두고 양쪽에서 레이저 빛을 원자에 ⓓ쏘되, ㉠그 진동수를 원자의 공명 진동수보다 작게 한다. 원자가 한쪽 레이저 빛의 방향과 반대 방향으로 움직이면 원자와 광자가 가까워지면서 도플러 효과에 의해 원자에서 감지되는 레이저 빛의 진동수가 커지는데,

그 값이 원자의 공명 진동수에 해당하면 원자는 레이저 빛을 흡수한다. 이때 흡수된 광자의 에너지는 ΔE보다 작지만(〈그림〉의 a), 도플러 효과로 인해 그 진동수가 더 크게 감지된다. 따라서 공명 진동수에 맞는 광자를 원자가 흡수할 때처럼, 원자 내부의 전자가 E_1에서 E_2로 이동한다. 에너지가 높아져 불안정해진 원자는 잠시 후 ΔE의 에너지를 갖는 광자를 방출하고, 전자는 E_2에서 E_1로 ⓔ내려온다(〈그림〉의 b). 이러한 과정이 반복되는 동안, 원자는 자신과 반대 방향에서 오는 광자와 계속 부딪혀 속도가 감소한다. 단, 흡수한 광자의 방출은 임의의 방향으로 이루어지므로 원자의 속도 변화에 영향을 주지 못한다. 이처럼 원자가 광자를 선택적으로 흡수하고 방출하는 과정이 반복되면, 결국 원자 집단의 온도가 내려간다.

* 벡터 : 물리학에서, 크기와 방향으로 정해지는 양(量).
* 에너지 준위 : 원자나 분자 따위가 갖는 에너지의 값이나 상태.

167 윗글을 읽고 알 수 있는 내용으로 적절하지 <u>않은</u> 것은?

① 레이저 냉각은 입자이면서 파동인 빛의 특수한 성질에 기초한 기술로 볼 수 있다.
② 광자가 지닌 에너지가 원자 내부에 흡수되더라도, 그 원자의 운동량은 작아질 수 있다.
③ 원자의 내부에 있는 전자의 에너지 준위가 더 높아지면, 그 원자는 더 불안정해질 것이다.
④ 레이저 빛은 일반적인 빛과 달리 일정한 진동수의 광자만으로 구성되므로, 모든 레이저 빛의 진동수는 동일하다.
⑤ 레이저 냉각 기술이 지금보다 훨씬 높은 수준으로 발달하더라도, 0K보다 낮은 온도에 도달하는 것은 불가능하다.

168 〈보기〉는 레이저 냉각이 이루어지는 과정을 요약한 자료이다. 〈보기〉의 ㉮~㉰에 들어갈 말을 바르게 짝지은 것은?

> **보기**
>
> 한 방향으로 움직이는 특정 원자에 그 반대 방향에서 레이저 빛을 쏘면, 둘의 거리가 가까워질수록 원자가 감지하는 레이저 빛의 에너지는 (㉮), 그 파장은 (㉯). 결국 빛과 충돌하여 운동량이 상쇄된 원자의 속도는 느려진다. 이때 원자에 흡수되었다가 방출되는 광자의 에너지는, 흡수 전의 광자가 지녔던 에너지보다 (㉰).

	㉮	㉯	㉰
①	커지고	짧아진다	작다
②	커지고	짧아진다	크다
③	커지고	길어진다	크다
④	작아지고	짧아진다	크다
⑤	작아지고	길어진다	작다

169 ㉠의 이유를 추론한 내용으로 가장 적절한 것은?

① 원자의 이동 방향과 동일한 방향으로 움직이는 광자를 원자가 흡수해야만, 원자의 속도가 줄어들기 때문이다.
② 원자와 멀어지거나 원자와 전혀 다른 방향으로 이동하는 광자를, 원자 가까이 끌어당겨 충돌시켜야 하기 때문이다.
③ 원자에 충돌할 수 있는 방향으로 가까워지는 광자의 진동수를, 원자가 도플러 효과에 따라 더 크게 감지하기 때문이다.
④ 도플러 효과를 일으켜 광자가 원자로부터 더 큰 운동량을 빼앗아 가도록 해야만, 원자를 느리게 만들 수 있기 때문이다.
⑤ 광자가 원자에 흡수될 때 광자의 에너지만큼 원자의 내부 에너지가 커지지 않게, 광자의 에너지를 줄여야 하기 때문이다.

170 윗글을 참고할 때, 〈보기〉에 제시된 상황을 이해한 반응으로 가장 적절한 것은?

> **보기**
>
> 레이저 냉각 기술을 활용하여 가상의 원자 A~E를 냉각하는 상황을 가정해 보자. 각 원자의 특성은 다음에 제시된 표와 같다. (단, 빛의 속도는 일정하며, 언급되지 않은 조건은 실험 결과에 영향을 미치지 않는다고 가정한다.)
>
> | 원자의 종류 | 원자의 질량 | 정지 상태의 원자가 흡수하는 파장(nm) |
> |---|---|---|
> | A | 207 | 283 |
> | B | 78 | 196 |
> | C | 196 | 242 |
> | D | 65 | 213 |
> | E | 26 | 309 |

① 파장이 283nm보다 긴 레이저 빛은 A에 레이저 냉각을 일으키지 못한다.
② 정지 상태에서 각기 흡수하는 광자의 운동량과 에너지는 A가 C보다 크다.
③ 두 원자가 운동하는 속도가 서로 같다면, E의 운동량은 D의 운동량보다 크다.
④ D의 공명 진동수는 C의 공명 진동수보다는 작고, B의 공명 진동수보다는 크다.
⑤ 동일한 레이저 빛을 원자에 쏠 때 E가 B보다 운동 속도가 빠르다면, E가 B보다 광자의 진동수를 더 크게 감지한다.

171 문맥상 ⓐ~ⓔ와 바꾸어 쓰기에 가장 적절한 것은?

① ⓐ: 감경(減輕)할
② ⓑ: 함양(涵養)할
③ ⓒ: 주조(鑄造)되어
④ ⓓ: 발사(發射)하되
⑤ ⓔ: 급락(急落)한다

다음 글을 읽고 물음에 답하시오.

미국 헌법은 권력 기관 간 견제와 균형의 원리에 기초한 대통령제를 실시하고 있다. 이는 특정 정치인이나 집단의 권력 독식·남용을 방지함으로써 민주주의를 지키도록 설계된 것이다. 이러한 제도 설계는 미국 역사에서 상당 기간 성공적으로 기능했다. 그러나 ㉠민주주의 정치 체제를 지키는 것은 헌법만으로는 불충분하다. 민주주의의 수호에는 헌법이나 법률에 명문화되지 않은 민주주의 규범도 중요한 역할을 한다.

민주주의 유지를 위한 핵심 규범에는 민주주의보다 오랜 전통을 가진 '㉡상호 관용'과 '㉢제도적 자제'가 있다. 먼저 상호 관용은 경쟁자가 권력을 차지할 권리를 나와 동등하게 가진다는 사실을 인정하는 것이다. 상호 관용의 반대 개념은 상대방을 어떤 수단으로든 이겨야만 하는 위협적인 적으로만 인식하는 것이다. 다음으로 제도적 자제는 제도적으로 허용된 권력을 신중하게 행사하는 태도이다. 합법적 권력의 행사라도 자제되지 않을 경우 기존 체제를 위태롭게 할 수 있다. 제도적 자제의 반대 개념인 '헌법적 권력의 공격적 활용'은 규칙을 벗어나지 않으면서도 권력을 최대한 활용하여 경쟁자를 경쟁의 장 자체에서 제거하려는 태도를 말한다.

상호 관용과 제도적 자제는 상호 연관되어 있다. 상대를 경쟁자로 받아들이면 제도적 자제를 기꺼이 실천하게 되며, 제도적 자제를 실천하면 상호 관용적인 집단이라는 이미지를 갖게 되는 선순환이 발생한다. 반면 서로를 적으로 간주하면 상호 관용의 규범은 무너진다. 이때 정치인은 제도가 부여한 법적 권력을 최대한 활용하려 하며, 이는 상호 관용의 규범을 잠식해 경쟁자가 적이라는 인식을 심화하는 악순환을 가져온다.

민주주의 규범이 붕괴하면 견제와 균형에 기초한 민주주의는 두 가지 위기 상황을 맞게 된다. 첫째는 야당이 입법부를 장악하여 행정부 권력과 입법부 권력이 분열되는 상황이다. 이때 야당은 대통령을 공격하기 위해 헌법에서 부여한 권력을 남용한다. 둘째는 여당이 입법부를 장악하여 권력이 집중되는 상황이다. 이때 여당은 민주주의 규범을 무시하고 대통령의 권력 강화를 위해 노력하며, 야당을 제거하려는 대통령의 탄압적 행위를 묵인하기도 한다.

미국 민주주의는 건국 이후 큰 위기를 두 차례 겪었다. 첫 번째 위기는 노예제 존폐에 대한 입장 차이로 인해 발생하였다. 노예제를 찬성한 남부의 백인 농장주들, 그리고 그들과 같은 입장을 취한 민주당은 당시 노예제 폐지를 주장한 북부의 공화당을 심각한 위협으로 인식했다. 결국 남부의 미국 연방 탈퇴에 따라 남북 전쟁까지 발발했다. 그 후 민주주의 규범이 다시 형성되기 시작한 것은 공화당과 민주당이 전후 협상 대상에서 인종 문제를 제외하면서부터이다. 전쟁에서 승리한 북부는 연방 유지 등의 정치적 필요에 의해 남부에서 군대를 철수하고 흑인 인권 보장을 위한 노력을 중단했는데, 이에 따라 민주당은 남부에서 흑인 인권을 억누르면서 일당 지배의 기반을 구축했다. 이에 따라 공화당에 대한 민주당의 적대감은 완화되었고, 그 결과 상호 관용의 규범도 회복되었다. 역설적이게도 남북 전쟁 이후의 민주주의 규범은 인종 차별을 묵인한 비민주적인 타협의 산물이었다. 이렇게 형성된 규범은 오랜 기간 백인 중심의 미국 민주주의를 유지하는 데 기여했다.

두 번째 위기는 1960년대 이후 민주주의의 확대와 함께 일어났다. 흑인의 참정권이 제도적으로 보장되고, 대규모 이민으로 다양한 민족과 인종이 미국 정치 체제로 유입됨에 따라, 공화당과 민주당은 각기 다른 집단의 이익과 가치를 대변하게 되었다. 그 과정에서 양당 간 경쟁은 '당파적 양극화'로 치달았다. 양당은 보수적·진보적 정책뿐만 아니라 인종, 종교, 삶의 방식을 기준으로 첨예하게 대립하였고, 이는 적대적 갈등으로 확대되었다. 인종 차별에 의존했던 기존 민주주의 규범이 한계를 보이며 붕괴한 것이다. 이러한 상황에서, 미국은 새로운 민주주의 규범을 확립할 필요가 있다.

172 윗글의 내용과 일치하는 것은?

① 미국의 남북 전쟁은 공화당이 남부의 흑인 인권 보장을 위한 노력을 중단하였기 때문에 일어났다.

② 민주주의 정치 체제가 유지되기 위해서는 상대를 경쟁자로 인식하는 태도가 필요하다.

③ 민주주의 체제의 위기는 정치 권력을 잡은 정당이 입법부를 통제하지 못할 때 발생한다.

④ 입법부를 여당과 야당 중 한쪽이 장악하면 필연적으로 권력이 독점되는 문제가 발생한다.

⑤ 1960년대 이후 미국의 공화당과 민주당의 양극화는 보수와 진보라는 정치적 측면에 집중되었다.

173 ㉠, ㉡에 대한 설명으로 적절하지 않은 것은?

① ㉠과 ㉡은 모두 민주주의 정치 체제를 보호하기 위해 제정된 제도이다.

② ㉠과 ㉡은 모두 견제와 균형에 기초한 민주주의를 유지하는 역할을 한다.

③ ㉠과 ㉡은 모두 민주주의라는 사상이 등장하기 전부터 존재해 온 전통적 가치이다.

④ ㉠과 ㉡은 모두 서로 긍정적이거나 부정적인 영향을 끼치는 상호 연관성을 지니고 있다.

⑤ ㉠은 상대의 권리를 인정하는 규범이고, ㉡은 상대를 고려하여 나의 권력을 행사하는 규범이다.

174 윗글을 참고할 때, ㉮의 이유로 가장 적절한 것은?

① 미국의 헌법은 경쟁자를 제거하는 권력을 행사하는 것을 허용하지 않기 때문이다.

② 미국의 헌법은 특정한 정치인이나 집단이 권력을 남용하는 것을 막지 못하기 때문이다.

③ 미국의 헌법적 권력은 헌법의 범위 내에서도 민주주의 정치 체제를 위협할 수 있기 때문이다.

④ 남북전쟁과 같은 역사적 위기에서 헌법적 권력의 행사가 민주주의 규범의 한계를 드러냈기 때문이다.

⑤ 미국의 헌법은 정권을 잡은 대통령과 여당이 권력을 행사하는 데 유리하도록 설계되어 있기 때문이다.

175 〈보기〉에 제시된 '허드슨'의 관점에 따라 큰 위기를 이해한 반응으로 적절하지 않은 것은?

> **보기**
>
> 허드슨은 미국 민주주의가 보호적 민주주의와 다원적 민주주의를 추구하면서 위기를 맞았다고 설명하였다. 그에 따르면, 보호적 민주주의는 여러 사회 집단이 앞다투어 자신들의 권리와 재산권을 주장하도록 후원하였다. 또 다원적 민주주의는 보호적 민주주의를 통해 발생하는 갈등을 용인하면서, 이를 봉합하기 위한 정치 엘리트의 역할을 강조하였다. 이에 따라 전자는 사회 집단을 분열시키고 극단적 갈등을 일으키는 요인으로 변질되었고, 후자는 정치 엘리트가 특정 계층의 이익만을 대변하도록 하는 요인으로 변질되었다. 이에 허드슨은 참여 민주주의를 대안으로 제시하였다. 참여 민주주의는 인종이나 계층에 따라 주장하는 권리가 상충하는 갈등이 발생할 때, 당사자가 직접 정치에 참여하여 갈등을 해소함으로써 사회적 불평등과 권력 편중을 완화할 수 있다고 설명한다.

① 기존의 미국 민주주의가 인종 차별에 의존한 역설적 결과임을 고려할 때, 참여 민주주의를 새로운 대안으로 제시할 수 있겠군.

② 남북전쟁의 발발을 야기했던 역사적 상황을 고려할 때, 첫 번째 위기가 일어난 원인 중 하나로 보호적 민주주의를 제시할 수 있겠군.

③ 백인 중심의 민주주의가 지속되어 왔던 역사적 상황을 고려할 때, 첫 번째 위기가 일어난 원인 중 하나로 다원적 민주주의를 제시할 수 있겠군.

④ 여러 사회 집단의 권리 표출이 적대적 대립으로 이어졌음을 고려할 때, 두 번째 위기가 일어난 원인 중 하나로 보호적 민주주의를 제시할 수 있겠군.

⑤ 사회 집단 사이의 갈등을 용인하여 사회 양극화가 발생하였음을 고려할 때, 두 번째 위기가 일어난 원인 중 하나로 다원적 민주주의를 제시할 수 있겠군.

다음 글을 읽고 물음에 답하시오.

음악에서 음들의 의미는 개별 음들이 조화롭게 연결되는 맥락 속에서 형성되는데, 그 맥락이 어떻게 형성되는지 알기 위해서는 음악의 기본 요소인 음정과 화음, 화성의 개념을 이해해야 한다.

'음정'이란 떨어진 두 음의 거리를 의미하며, 음정의 크기(1도~8도)와 성질(완전, 장, 단 등)은 두 음이 어울리는 정도인 협화를 결정한다. 협화에 따라 음정은 완전 음정(1도, 4도, 5도, 8도), 불완전 음정(장3도, 단3도, 장6도, 단6도), 불협화 음정(장2도, 단2도, 장7도, 단7도 등)으로 나뉜다. 이때, '한 음의 중복'인 완전1도가 가장 협화적이며, '도'를 기준으로 4도만큼 떨어진 구성인 완전4도〈도-파〉는 '도'를 기준으로 5도만큼 떨어진 구성인 완전5도〈도-솔〉보다 덜 협화적이다. 또한 불완전 음정은 협화 음정이지만, 완전 음정보다는 덜 협화적이다.

중세와 르네상스 시대에는 여러 선율로 이루어진 다성부 구조를 사용한 선법 음악이 발달했다. 이 구조에서 각 선율은 독립성을 유지하면서도 음정에 맞추어 조화를 이루는데, 이러한 선율의 구성 방식을 대위법이라고 하며, 이를 활용한 대표적인 음악이 바로 돌림 노래, 캐논 등이다. 각 선율들이 만들어 내는 수직적인 음향은 부차적인 의미를 지닌다.

㉠중세의 대위법은 완전 음정만을 협화 음정으로 강조하였으며, 불완전 음정과 불협화 음정은 장식적으로만 사용했다. 반면 르네상스 시대부터는 불완전 음정인 3도와 6도를 적극적으로 사용하기 시작했다. (가)의 악보에서 나타나듯이, ㉡르네상스의 대위법은 음정의 성질에 따라 선율의 진행이 단계적으로 이루어지도록 했다. 예를 들어, 7도의 불협화 음향이 '매우' 협화적인 음향인 8도로 진행하기 전에 '적당히' 협화적인 음향인 6도를 거치도록 하는 것인데, 이를 통해 선법 음악이 추구하는 자연스러운 음향을 표현할 수 있었다. 이는 2도-3도-1도의 음향 진행에서도 확인할 수 있다.

한편, '화음'은 불완전 음정 3도가 완전5도를 분할하는 음정으로 사용되면서 등장했다. 이는 음의 결합을 세 음으로 확장한 것으로 볼 수 있다. 예컨대 음정의 개념에서 〈도-미-솔〉은 〈도-미〉, 〈미-솔〉, 〈도-솔〉처럼 두 음씩 묶은 음정들이 결합된 것이지만, 화음의 개념에서는 이 세 음을 묶어 하나의 단위로 본다. 세 음의 구성을 한 단위로 취급하는 3화음에서는 맨 아래 음이 화음의 근음(根音)이 되며, 그 음으로부터 화음의 이름이 정해진다. 또 이 근음 위에 쌓는 3도 음정이 장3도인지 단3도인지에 따라 화음의 성격을 각각 장3화음, 단3화음으로 구별한다. 완전5도 〈도-솔〉에 장3도 〈도-미〉를 더한 〈도-미-솔〉은 '도 장3화음'이 되는 것이다. 이러한 화성적 음향이 발전해 3화음 위에 3도 음을 한 번 더 쌓으면 네 개의 음으로 구성된 화음이 생기는데, 이것을 '7화음'이라고 부른다. 예를 들어, 위의 〈도-미-솔〉의 7화음은 '솔'로부터 3도 위에 있는 음인 '시'가 쌓인 〈도-미-솔-시〉이다.

조성 음악은 이러한 화음의 개념을 바탕으로 발달했다. 르네상스 이후 등장한 조성 음악은 수평적인 선율보다 수직적인 화음을 중시했으며, 다성부 구조가 쇠퇴한 대신 선율과 화성으로 구성된 구조를 주로 활용했다. ㉮이러한 구조에서 선율은 화음에 근거해 만들어지기에, 화음의 구성음들은 선율에 '내재'해 있다.

조성 음악에서 화음들이 조화롭게 연결되며 만들어 내는 맥락을 바로 '화성'이라 한다. 악보 (나)가 보여 주듯, 조성 음악에서는 5도 관계에 놓인 세 화음이 화성을 형성하는 근본적인 역할을 한다. 으뜸음 '도'에서 5도 위 음인 '솔'은 딸림음, 5도 아래 음인 '파'는 버금딸림음이라고 하며, 이 세 음을 각각 근음으로 하여 그 위에 쌓은 3화음(〈도-미-솔〉, 〈솔-시-레〉, 〈파-라-도〉)을 주요 3화음이라고 한다. 이러한 방식으로 만들어진 으뜸화음, 딸림화음, 버금딸림화음을 활용하여 으뜸화음으로 향하는 화성 진행을 만들 수 있다.

176 윗글의 내용과 일치하지 <u>않는</u> 것은?

① 음악에서 개별 음들이 의미를 갖기 위해서는 각 음들이 이루는 맥락이 조화로워야 한다.

② 떨어진 두 음이 어울리는 정도에 따라 음정은 완전 음정, 불완전 음정, 불협화 음정으로 구분된다.

③ 화음은 완전5도 음정을 분할하기 위해 불완전 음정 3도가 사용되면서 등장하였다.

④ 3화음을 이루는 세 음 중 맨 아래 음은 근음이며, 맨 위 음에 따라 화음의 성격이 결정된다.

⑤ 조성 음악에서 화성을 형성하는 세 개의 화음을 구성하는 음들은 으뜸음에서 음정이 5도만큼 떨어져 있다.

177 ㉠, ㉡을 이해한 내용으로 적절하지 <u>않은</u> 것은?

① ㉠은 1도, 4도, 5도, 8도의 완전 음정만을 협화 음정으로 인정하고, 이를 강조한다.

② ㉡은 단계적 진행을 통해, 덜 협화적인 음향을 사용하면서도 음향의 자연스러움을 추구한다.

③ ㉠과 ㉡의 방식을 활용하여 선법 음악을 실현한 대표적인 양식에는 돌림 노래와 캐논이 있다.

④ ㉠과 ㉡은 선율과 음향이 음악을 구성하는 독립적인 요소라는 점을 전제로 하는 작곡법이다.

⑤ ㉠과 ㉡은 복수의 선율이 음정에 따라 조화를 이루는 구조를 사용하여 음악을 구성하고자 한다.

178 윗글을 바탕으로 ㉮의 의미에 대해 추론한 내용으로 가장 적절한 것은?

① 조성 음악에서 음정 간의 조화는 다성부를 구성하는 선율에 따라 이루어진다.

② 조성 음악의 선율은 으뜸화음, 딸림화음, 버금딸림화음의 구성음들로만 이루어진다.

③ 조성 음악의 선율은 근음과 그 위에 쌓이는 음들의 수직적인 협화도에 따라 형성된다.

④ 조성 음악의 화성 진행은 불협화 음정에서 점차 협화 음정으로 향하는 방식을 취한다.

⑤ 조성 음악은 화음에 근거한 단선율을 중시하여 불협화 음정은 장식적으로만 사용한다.

179 윗글을 참고할 때, 〈보기〉에 대한 반응으로 가장 적절한 것은?

보기

(단, 위 악보는 '도'를 으뜸음으로 하며, 각 마디는 특정한 하나의 화음을 구성하는 음들을 사용한 것으로 간주한다.)

① A~D의 선율은 모두 각 마디에 사용된 화음의 근음으로 시작되고 있군.

② A와 B의 선율에는 각각 으뜸화음과 딸림화음의 구성음으로 '솔'이 내재해 있겠군.

③ C에서 D로의 화성 진행은 으뜸화음에서 으뜸화음으로 향하는 구성을 활용한 것이겠군.

④ D는 '파'를 근음으로 하는 버금딸림화음 위에 3도를 쌓은 버금딸림7화음을 사용한 것으로 볼 수 있겠군.

⑤ B에서 C로의 선율 진행은 협화도가 가장 큰 두 음을 사용하여 선법 음악이 추구하는 자연스러운 음향을 표현한 것이겠군.

수능식
리트변형
N제

정답과
해설

01	④	02	④	03	⑤	04	③

1

정답설명

④ 3문단에서 곡물법 논쟁 이후 영국 정부가 곡물법 유지, 즉 영국 곡물 산업 보호를 택하였음을 알 수 있기는 하지만, 그 이후의 결과를 언급하고 있지는 않다. 따라서 해당 질문에 대한 답은 지문을 통해 찾을 수 없다.

오답설명

① 1문단에서 나폴레옹 전쟁 이후 수요 감소와 곡물 수입으로 인한 곡가 하락이 이루어진 영국 곡물 시장의 경제적 상황과, 이에 따라 수입 곡물에 대한 관세 인상을 요구한 농부 및 지주들과 이에 반대한 공장주들의 견해가 제시되어 있음을 확인할 수 있다.

② 1문단에서 나폴레옹 전쟁 이후 영국에서 수입 곡물에 대한 관세 부과와 관련한 곡물법 논쟁이 벌어졌고, 이후 문단에서는 맬서스와 리카도의 견해를 중심으로 수입 곡물에 대한 관세가 영국 내 곡물 시장의 수요와 공급에 어떤 영향을 미칠 것인지 설명하고 있다.

③ 1문단과 3문단에서 곡물법 논쟁 당시 영국의 의회는 수입 곡물에 대한 관세 인상을 요구했던 지주와 귀족이 다수였고, 이에 따라 곡물법을 유지하기로 하였음을 알 수 있다.

⑤ 3문단의 '농업 생산에서 영국보다 우위에 있는 프랑스의 곡물을 수입하는 대신'에서 리카도의 비교 우위론에 따르면, 농업 생산에서 영국보다 비교 우위에 있는 국가는 프랑스였음을 알 수 있다.

2

정답설명

④ 윗글에서 보호무역(㉠)의 옹호자는 농부, 지주, 맬서스이고, 자유무역(㉡)의 옹호자는 공장주와 리카도임을 알 수 있다. 3문단에 따르면, 리카도는 곡물법을 폐지하고 곡물 수입을 개방하더라도 영국이 비교 우위에 있는 다른 생산 활동을 하면 된다고 주장하였다. 이는 곡물 수입이 영국 내 다른 산업에 부정적인 영향을 미치지 않을 것임을 의미한다. 이와 달리 맬서스는 2문단에서 곡물법 폐지와 그로 인한 곡물 수입이 농업뿐만 아니라 상공업의 부진도 초래할 것이라고 주장하였음을 알 수 있다. 따라서 해당 선지의 진술은 적절하다.

오답설명

① 1문단에서 영국의 곡물법은 자국의 농업을 보호하기 위해 제정된 것이지 제조업을 보호하기 위해 제정된 것은 아님을 알 수 있다. 따라서 해당 선지의 진술은 적절하지 않다.

② 2문단에서 맬서스는 자국의 농업 생산 보호를 강조하였음을 알 수 있다. 곡물 수입으로 인한 농업의 타격은 결과적으로 상공업의 부진으로까지 이어질 수 있기 때문이다. 이는 맬서스가 농업을 상공업보다 기초적인 산업으로 보았음을 의미한다. 따라서 해당 선지의 진술은 적절하지 않다.

③ 2문단에서 맬서스는 곡물법을 강화하면 지주의 구매력이 상승하여 수요를 창출할 수 있다고 보았음을 알 수 있다. 한편, 3문단에서 리카도는 곡물법을 통해 늘어난 이윤이 지주에게 집중될 것이라고 보았음을 알 수 있다. 이는 맬서스와 리카도가 모두 곡물법이 지주의 경제력을 증가시키는 요인으로 보았음을 의미한다. 따라서 해당 선지의 진술은 적절하지 않다.

⑤ 1문단의 '곡물 수입이 활발해짐에 따라 곡식의 가격이 하락하기 시작했다.'와 2문단의 '곡물 수입은 곡가 하락을 초래하여'를 통해 곡물 수입이 늘어날 경우 곡가의 하락이 나타남을 알 수 있다. 이는 보호무역과 자유무역 모두에서 공통적으로 나타나는 현상이다.

3

정답설명

⑤ 3문단에서 리카도의 비교 우위론은 영국이 농업 생산에 비교 우위가 있지 않으므로 곡물을 타국에서 수입하는 대신 다른 생산 활동에 주력하는 것이 낫다고 주장하였음을 알 수 있다. 이는 영국이 곡물법을 폐지하고 곡물 수입을 허용해야 한다는 입장이다. 리카도는 곡물법이 강화되어 곡가가 상승하면 농업 이윤이 투입된 노동으로 돌아가지 않고 지대 인상을 유도함으로써 소득의 불균형을 초래할 것이라고 보았다. 이는 리카도가 곡물법 강화에 반대하는 이유이다. 그러나 리카도는 곡물 수입 개방이 농업의 이윤이 투입된 노동에만 돌아가게끔 만든다고 말하고 있지는 않다. 리카도는 그러한 왜곡을 막기 위해 농업 무역을 개방하고 다른 산업을 키우자는 주장을 펼치고 있는 것이다. 따라서 해당 선지는 적절하지 않다.

오답설명

① 3문단에서 리카도의 비교 우위론은 영국이 타국과 비교하여 농업 생산에 비교 우위가 있지 않으므로, 곡물법을 폐지하고 영국이 비교 우위에 있는 다른 생산 활동에 주력해야 한다고 보았음을 알 수 있다. 이를 고려하면, 해당 선지의 진술은 적절하다.

② 3문단에서 리카도는 비교 우위론에 입각하여 곡물 수입의 제한이 결과적으로 지대 인상을 유도하고, 이에 따라 국가의 전체적인 생산 형태가 왜곡되는 결과가 초래될 것이라고 주장하였음을 알 수 있다. 이를 고려하면, 해당 선지의 진술은 적절하다.

③ 3문단에서 리카도는 비교 우위론에 입각하여 농업 생산에서 영국보다 우위에 있는 프랑스의 곡물을 수입하는 대신, 영국은 타국보다 비교 우위에 있는 생산 활동에 주력해야 한다고 주장하였음을 알 수 있다. 이는 영국이 생산과 관련하여 타국보다 우위에 있는 상품 생산에 주력하여, 그 상품을 수출해야 함을 의미한다. 이를 고려하면, 해당 선지의 진술은 적절하다.

④ 3문단에서 리카도는 비교 우위론에 입각하여 자국의 농업 생산 보호를 목적으로 제정된 곡물법이 결과적으로 곡물 가격을 인상시키고, 이에 따라 지대 인상을 유도하여 국민 소득 불균형을 초래한다고 보았음을 알 수 있다. 이를 고려하면, 해당 선지의 진술은 적절하다.

4

정답설명

③ 윗글의 3문단에서 곡물법 논쟁 당시 지주와 귀족으로 구성되어 있었던 영국 의회는 결과적으로 곡물법을 폐지하지 않기로 결정하였음을 알 수 있다. 그런데 1문단에 따르면, 지주들이 곡물법에 따라 수입 곡물에 대한 관세를 더욱 인상하라고 요구한 것은 국력 유지와 국방의 측면에서 자국 농업을 보호해야 할 필요가 있다고 보았기 때문이다. 또한, 2문단에서 이러한 지주들의 입장을 이론적으로 뒷받침했던 맬서스는 곡물 수입 개방이 지주들의 이윤 감소와 그에 따른 구매력 약화 및 상공업의 부진을 초래할 수 있다는 이유에서 곡물법 폐지에 반대하였음을 알 수 있다. 한편, 〈보기〉에서 영국의 농업은 노동이나 자본 등 생산요소를 투입할수록 생산량의 크기가 감소하는 수확체감 산업임을 알 수 있다. 또 브릭덴은 호주의 경우 농업에서 자유무역을 채택하여 곡물 수입을 개방하면, 지주의 이윤은 증가하고 근로자의 임금은 감소하여 소득분배가 악화되고, 그에 따라 생활 수준이 저하될 것이라고 주장하였다. 이를 종합하면, 곡물법 논쟁 당시 영국 의회가 곡물법을 폐지하지 않은 것은 지주의 이윤 증가와 근로자의 임금 감소에 따른 소득분배 악화 때문이 아닌 지주들의 이윤 감소를 우려했기 때문임을 추론할 수 있다. 이를 고려하면, 해당 선지의 진술은 적절하지 않다.

오답설명

① 1문단에서 영국에서 곡물법 논쟁이 대두된 것은 나폴레옹 전쟁 이후 곡물에 대한 수요가 감소했음에도 곡물 수입이 개방되면서 곡물의 가격이 하락했기 때문이다. 이에 따라 3문단에서 리카도는 비교 우위론에 입각하여 영국이 곡물법을 폐지하고, 곡물 수입을 개방해야 한다고 주장하였음을 알 수 있다. 한편, 〈보기〉에서 리카도는 영국이 수확체감산업인 농업에서 자유무역을 채택하고, 수확체증산업을 특화해야 한다고 주장하였다. 이를 종합하면, 리카도가 곡물법 폐지와 곡물 수입 개방을 주장한 것은 곡물 공급을 비교 열위에 있는 자국의 농업이 아닌 자유무역을 통한 수입으로 대체해야 한다고 보았음을 추론할 수 있다. 하지만 이에 대해 브릭덴은 호주의 특수한 경제 상황을 근거로 비교 우위론에 따른 자유무역이 각 국가의 특수한 상황에 따라 이루어져야 한다고 주장하였다. 이를 종합하면, 리카도가 영국이 비교 열위에 있는 농업을 자유무역을 통한 수입으로 대체하자고 주장한 것은 나폴레옹 전쟁 이후 영국의 특수한 상황을 고려했기 때문일 것이다.

② 3문단에서 리카도는 곡물법으로 인한 수입 곡물에 대한 관세 인상과 그에 따른 곡물 가격 인상이 결과적으로 지주들의 이윤을 증대시킬 뿐 농업 생산에 투입된 노동에 돌아가지는 않으므로 소득 불균형을 야기한다고 주장하였음을 알 수 있다. 이는 리카도가 영국의 곡물법이 자국의 소득 불균형을 초래할 것이므로, 곡물법 폐지와 곡물 수입 개방을 통해 자국의 소득 불균형을 해소해야 한다고 보았음을 의미한다. 한편, 〈보기〉에서 브릭덴은 호주의 경제 상황을 고려하여 호주가 농업에서 자유무역을 채택할 경우, 지주들의 이윤은 증가하지만, 근로자의 임금은 감소를 유도하여 결과적으로 소득분배 악화를 초래할 수 있다고 보았다. 이는 브릭덴이 호주가 농업에서 자유무역을 채택

하는 것이 호주 전체의 소득 불균형을 초래할 것이라고 보았음을 의미한다. 이에 브릭덴은 농업에서 보호무역을 채택하여 농업의 확장을 막고, 소득 불균형을 해소하고자 하였음을 추론할 수 있다. 이를 종합하면, 리카도가 영국의 농업에 자유무역이 필요함을 주장한 것과 같은 이유에서 브릭덴은 호주의 농업에 보호무역이 필요함을 주장한 것임을 추론할 수 있다. 이를 고려하면, 해당 선지의 진술은 적절하다.

④ 1문단에서 곡물법 논쟁 당시 영국의 공장주들은 곡물법에 따른 수입 곡물에 대한 관세 인상이 곡물 가격 상승, 임금 상승과 제조품의 수출 감소 및 제조업 발전 저해 등을 초래할 것이라는 점과 영국이 농업이 아닌 공업의 확장을 추구해야 한다는 점을 들어 곡물법 폐지를 주장하였음을 알 수 있다. 한편, 〈보기〉에서 영국은 농업이 수확체감산업으로, 노동이나 자본 등을 투입할수록 생산량이 감소함을 알 수 있다. 이를 종합하면, 영국의 공장주들은 영국이 수확체감산업인 농업을 포기하고, 노동이나 자본 등을 투입할수록 생산량이 기하급수적으로 증가하는 공업을 특화해야 한다고 보았기 때문에 곡물법 폐지를 요구하였음을 추론할 수 있다. 이를 고려하면, 해당 선지의 진술은 적절하다.

⑤ 2문단에서 맬서스는 곡물법 폐지와 그에 따른 곡물 가격의 하락이 결과적으로 농업의 발전에 악영향을 미쳐 농업 부문의 고용 감소와 지대 감소, 그에 따른 지주의 구매력 감소로 이어질 것이라고 보았음을 알 수 있다. 이는 맬서스가 곡물법 폐지와 그에 따른 곡물 수입 개방이 농업 부문에 종사하는 지주와 근로자의 소득 불균형이 아닌 지주와 근로자의 이윤을 모두 감소시킬 것이라고 보았음을 의미한다. 〈보기〉에서 브릭덴은 호주의 경제 상황을 고려하여 호주가 농업에서 자유무역을 채택하면 지주와 근로자 간의 소득 불균형이 초래될 것이라고 예측하였다. 이를 고려하면, 해당 선지의 진술은 적절하다.

빠른 정답 02 | 범죄의 성립요건

05	③	06	②	07	⑤	08	③

5

정답설명

③ 5문단에 따르면, 행위자가 위법한 행위 말고 다른 행위를 할 수 있는 기대 가능성이 없는 상황에서는 행위자에게 책임을 물을 수 없다. 따라서, 범죄가 성립되지 않는다. 그러나 범죄의 성립은 (1) 구성요건에 해당하는지, (2) 위법성이 있는지, (3) 유책한 행위인지 이 세 요소를 순서대로 심사해야 한다고 2문단에 밝혔다. 유책 여부를 가리는 심사를 하려면 일단 위법성을 충족하는 행위여야 한다. 따라서 유책하지 않다고 해서 위법성을 충족하지 않는다는 선지의 진술은 적절하지 않다.

오답설명

① 2문단에 따르면, 범죄는 먼저 구성요건에 해당하는 행위여야 하는데, 구성요건이란 형벌을 부과할 대상이 되는 행위를 형법에 기술해 놓은 것이라고 하였다. 따라서, 일반 상식에서 바람직하지 않은 행위라 할지라도 형법에 규정되어 있지 않다면, 범죄라고 판단되지 않는다.

② 2문단에 따르면, 구체적인 사실이 (범죄의) 구성요건에 해당할 때에는 일반적으로 위법하다고 하였는데, 구성요건에 해당한다는 것은 형법에 죄로서 기술되어 있다는 것을 말한다. 따라서, 선지의 진술은 적절하다.

④ 2문단에 따르면, 범죄의 성립은 (1) 구성요건에 해당하는지, (2) 위법성이 있는지, (3) 유책한 행위인지 이 세 요소를 순서대로 심사해야 한다고 하였다. 따라서, 처음부터 구성요건에 해당하지 않는 행위는 그 유책 여부를 심사할 대상이 되지 않는다.

⑤ 3문단에 따르면, 정당방위는 현재의 위법한 침해로부터 자기 또는 타인의 법익을 방위하기 위하여 상당한 이유가 있는 행위를 하는 것이며, 긴급피난은 자기 또는 타인의 법익에 대한 현재의 위난을 피하기 위하여 상당한 이유가 있는 행위를 하는 것이다. 정당방위 또는 긴급피난에 해당하는 행위는 구성요건에 해당하더라도 위법하다고 보지 않으므로, 위법성을 없앤다고 할 수 있다. 그런데, 정당방위 또는 긴급피난은 둘 다 현재의 위난 또는 현재의 침해로부터 자신을 지키는 것이다. 미래에 닥칠 가능성이 있는 위난에 대한 행위는 이에 해당하지 않는다. 따라서, 이러한 행위를 한 이유가 위법성을 없애지 못한다.

6

정답설명

② 윗글에 따르면 ㉮는 구성요건에 해당하는 행위(형법에 범죄로 기술된 행위)이지만, 위법성이 없는 경우, 즉 정당방위 또는 긴급피난인 경우를 말한다. 그와 같은 사례를 고르면 ㄱ, ㄷ이다.

ㄱ. 갑이 남의 집 담을 넘어 들어간 것은 주거침입죄로 볼 수 있으며, 이는 윗글에서 말하는 구성요건에 해당한다. 그러나 ㄱ에서 갑의 행위는 개한테 쫓기고 있는 현재의 위난을 피하기 위하여 한 행위이므로 이는 윗글을 참고할 때 위법성이 없는 긴급피난에 해당한다고 볼 수 있다.

ㄷ. 갑이 대형운전면허가 없음에도 버스 운전을 한 것은 무면허운전으로 볼 수 있으며, 이는 윗글에서 말하는 구성요건에 해당한다. 그러나 ㄷ에서 갑의 행위는 자신과 기사 둘밖에 없는 상태에서 주행 중인 고속버스의 기사가 갑자기 쓰러진 급박한 상황에서 행해진 것이다. 즉 현재의 위난에 대해 자신과 기사의 안전을 지키기 위한 행위이므로, 이는 윗글을 참고할 때 위법성이 없는 긴급피난에 해당한다고 볼 수 있다.

오답설명

ㄴ. 과거 괴한이 갑을 위협했던 상황은 갑의 생명을 침해하는 위법한 행위일 수 있으므로, 이에 대한 갑의 대응은 정당방위로 볼 수도 있다. 그러나 3일 후 마주친 괴한은 아직 갑에게 위법한 침해를 하지 않고 있으므로, 이때 갑이 괴한을 기절시킨 행위는 현재의 침해로부터 자신을 지키기 위한 정당방위로 보기 어렵다. 따라서 ㄴ은 위법성이 인정될 수 있다.

ㄹ. 갑의 행위는 음주운전이므로 구성요건에 해당하는 사항이다. 또 〈보기〉에 제시된 설명만으로는 갑의 음주운전이 윗글에서 말하는 정당방위나 긴급피난에 해당한다고 보기 어렵다. 또한 윗글에서 제시한 유책한 행위인지를 판단하는 관점에서 볼 때, 음주를 하지 않아 안전한 운전이 가능한 일행의 제안을 갑이 거절했으므로, 갑이 위법 행위를 하지 않기 위해 최선을 다했다고 보기도 어렵다. 따라서 갑의 음주운전은 위법성이 인정될 수 있다.

7

정답설명

⑤ 교사의 질문에 따라 길동의 행위가 (1) 구성요건에 해당하고, (2) 위법성이 인정되는 상황이라고 가정한 상황에서, 윗글에서 설명한 방식대로 (3) 유책한 행위인지의 여부를 심사한다고 하자. 5문단에서 '위법성은 개인의 행위를~법적으로 비난할 수 있는가 하는 것이 바로 책임의 문제이다'라고 하였으므로 위법성은 개인의 행위를 법질서와의 관계에서 판단하는 것이고, 책임의 문제는 개인의 특수성을 고려하여 위법한 행위를 한 개인을 법적으로 비난할 수 있는지와 관련된다. 그리고 이러한 책임의 문제는 구체적인 상황에서 행위자가 위법한 행위 말고 다른 행위를 할 수 있었겠는가 하는 기대 가능성으로 볼 수 있다고 하였다. 교사의 두 번째 질문에서 이미 법질서와의 관계에서 판단한 위법성은 인정된 것으로 볼 수 있고, 〈보기1〉에서 길동은 돈을 더 벌고, 주변 사람에게 빌리고, 할인해 달라고 부탁하고, 추후에 갚겠다는 제안까지 하는 등 약을 구하기 위해 할 수 있는 적법한 행위를 모두 한 상태이다. 따라서 다른 기대 가능성이 있는 적법한 행위가 없는 상황에서 아내의 생명을 살리기 위해 절도라는 범죄를 저지른 것이므로, 개인의 특수성을 고려하는 책임 여부 심사와 관련하여 길동의 위법 행위에 대해 윤리적인 비판은 할 수 있겠지만 법적인 비난을 하기는 어렵다고 보는 것이 적절하다. 따라서 학생 5의 추론은 적절하지 않다.

오답설명

① 길동이 한 행위는 연구실에 침입하여 약을 훔친 행위로서, 경찰에게 절도 혐의로 조사를 받았다는 〈보기〉의 진술에서 해당 행위의 죄명을 유추할 수 있다. 2문단에서 구성요건이란 형벌을 부과할 대상이 되는 위법한 행위를 형법에 유형화하여 기술해 놓은 것이라고 하였으므로, 길동의 행위는 절도죄라는 구성요건에 해당한다고 볼 수 있다.

② 길동이 보호한 법익은 아내의 생명이다. 길동이 침해한 법익은 약사의 재산권(신약)이다. 길동의 행위는 자기 또는 타인의 법익에 대한 현재의 위난을 피하기 위한 행위이며, 길동이 침해한 법익(약사의 재산권)보다 보호한 법익(아내의 생명)이 더 중한 권리이니 긴급피난이 인정된다고 볼 수 있을 것이다. 3문단에서 긴급피난에 따라, 생명과 같이 대체할 수 없는 큰 법익을 지키기 위해 어쩔 수 없이 재산과 같은 법익을 희생시킨 일을 가지고는 위법을 따지지 않는다고 하였기 때문이다. 따라서, 길동의 행위는 긴급피난에 의한 절도, 즉 위법성을 충족하지 않는 행위로 볼 수 있다.

③ 약사가 신약의 할인 판매를 거절한 행위는, 길동 입장에서는 아내의 생명을 위협하는 행위라고 볼 수도 있을 것이다. 그러나, 약사의 행위는 위법한 행위가 아니다. 3문단에 따르면 정당방위는 자기 또는 타인의 법익에 대한 위법한 침해로부터 방위하는 것이므로, 이 경우 정당방위를 주장할 수는 없다.

④ 5문단에 따르면 위법성은 개인의 행위를 법질서와의 관계에서 판단하는 것이어서, 행위자 개인의 특수성은 위법성 판단의 기준이 되지 않는다. 그리고 형법에서 위법한 행위를 한 행위자 개인을 법적으로 비난할 수 있는가 하는 것이 바로 책임의 문제이며, 이는 구체적인 상황에서 행위자가 위법한 행위 말고 다른 행위를 할 수 있었겠는가 하는 기대 가능성으로 볼 수 있다고 하였다. 따라서 학생 4의 추론은 적절하다.

8

정답설명

③ ㉯는 윗글에 제시된 '카르네아데스의 널' 사례에서 선원 A의 행위가 윤리적으로는 옳지 않으나 범죄에는 해당하지 않는다는 뜻으로 해석할 수 있다. 윗글에서 선원 A에 대한 범죄 성립 여부를 심사한 과정을 살펴보자. 4문단에서 선원 A가 선원 B를 밀어 물에 빠져 죽게 한 행위는, 정당방위와 긴급피난 중 어느 쪽에도 해당하지 않는다고 하였다. 즉, 선원 A의 행위는 위법성을 충족하는 행위이다. 그러나, 그 상황에서 선원 A가 다른 적법한 행위를 할 기대 가능성은 없었다고 할 수 있다. 선원 B를 밀지 않으면 둘 다 죽고, 선원 B를 살리려면 자신이 널판을 놓고 빠져 죽어야 하기 때문이다. 즉, 선원 A의 행위는 그에게 책임을 물을 수 없다. 이를 종합하면, 선원 A의 행위는 위법성을 충족하는 행위이지만, 유책한 행위는 아니며, 이에 따라 범죄가 성립되지 않는다. 이러한 논리로 선원 A의 행위는 B를 죽게 했다는 윤리적 비판은 가능할지 몰라도, 법적 비난을 할 수는 없는 것이다.

오답설명

① 윗글의 ㉯에서는 선원 A의 행위가 윤리적 비판은 받을 수 있지만, 법적 비난은 받을 수 없다고 하였다. 그러므로, 선원 A가 다른 선택을 해도 윤리적 비난을 받을 수 있기 때문에 법적 비난이 어렵다는 선지의 진술은 적절하지 않다.

② 선지의 진술처럼 선원 B가 널판을 붙잡고 놓지 않은 행위가 선원 A 입장에서 생명을 위협하는 행위라고 보았다면, 윗글의 정당방위에 대한 설명을 고려할 때 선원 A의 행위는 정당방위로서 위법성을 없애는 행위라고 볼 수 있을 것이다. 그러나 4문단에서 선원 A의 행위는 정당방위에 해당하지 않는다고 하였다. 따라서 선지의 내용은 윤리적으로 비난 가능하나 법적으로 비판할 수 없는 행위라는 판단의 근거로 쓰일 수 없다.

④ 자신의 생명이라는 대체할 수 없는 법익을 지키기 위한 행위이기 때문에 위법성을 적용할 수 없다는 선지의 진술은, 3문단에서 언급한 위법성을 없애는 사유 중 긴급피난에 해당할 것이다. 그런데 4문단에서는 선원 A의 행위에 대해 '보호한 법익이 침해한 법익보다 훨씬 커야 하는데' 그렇지 못한 행위라고 하였다. 즉, 윗글의 관점에서 볼 때 선원 A의 행위는 자신의 생명이라는 법익을 지키기 위해서 침해한 법익이 타인의 생명이라는 법익, 즉 자신의 생명과 대등한 법익이므로 긴급피난에 해당하지 않는다고 보아야 할 것이다. 따라서 선지의 진술은 윗글을 고려할 때 위법성을 없애는 사유가 되지 못하므로, 이를 법적으로 비판할 수 없는 근거로 제시할 수 없다.

⑤ 윗글에서 행위의 의도가 범죄의 성립 여부를 결정짓는지에 대해서 설명한 부분은 찾을 수 없다. 윗글에 따르면 범죄의 성립 여부는 구성요건, 위법성, 유책한 행위라는 3가지 요소로 결정된다.

빠른 정답 03 | 관습법의 효력

09	④	10	③	11	①	12	②

9

정답설명

④ 윗글의 2문단과 3문단에서 법체계에서 관습법이 갖는 효력에 대한 견해로 변경적 효력설과 보충적 효력설이 제시되었음을 알 수 있다. 하지만 윗글에서 양자는 상반된 견해로 제시되었을 뿐 보편적 견해가 변화했다는 사실이나 그 이유를 언급하고 있지는 않다. 따라서 해당 선지의 질문에 대한 답은 윗글에서 찾기 어렵다.

오답설명

① 1문단에서 급변하는 사회 흐름에 따라 현행 법제(성문법)가 예상하지 못한 현상이 발생하기도 하는데, 그 틈을 사회적 관행으로부터 형성된 관습법이 메울 수 있다고 하였음을 알 수 있다. 따라서 해당 선지의 질문에 대한 답은 윗글에서 찾을 수 있다.

② 5문단에서 관습법은 법전에 쓰여 있지도 않고 단순한 관행과도 구별되므로, 그 실체와 내용을 확인하는 일이 쉽지 않고 따라서 수동적으로 드러남을 알 수 있다. 따라서 해당 선지의 질문에 대한 답은 윗글에서 찾을 수 있다.

③ 1문단에서 새롭게 생겨난 관행이 반복되어 형성된 관습이 사회 일반의 법적 확신까지 얻게 되면 관습법이 됨을 알 수 있다. 따라서 해당 선지의 질문에 대한 답은 윗글에서 찾을 수 있다.

⑤ 3문단에서 민법 제1조는 민사에 관한 법률 규정이 없으면 관습법을 따르고, 관습법이 없으면 조리를 따른다고 규정하고 있음을 알 수 있다. 1문단에서 관습법과 조리는 불문법에 속함을 알 수 있으므로, 민법에서 인정하는 불문법에는 관습법과 조리가 있음을 추론할 수 있다. 따라서 해당 선지의 질문에 대한 답은 윗글에서 찾을 수 있다.

10

정답설명

③ 윗글의 1문단에서 법은 존재 형식에 따라 성문법(㉠)과 불문법으로 나누어지고, 불문법에는 관습법(㉡)이 포함된다고 하였다. 또한 1문단에서 실제로 ㉠의 틈이 ㉡을 통해 메워지기도 한다는 것을 알 수 있다. 다만, 법체계에서 ㉡의 효력을 ㉠보다 우선하여 인정할 것인지 또는 ㉠을 보충하는 한에서만 인정할 것인지는 견해에 따라 다르다고 하였다. 그런데 2문단에서 변경적 효력설에 따르면 관습법은 효력상 법률과 대등한 지위에 놓일 수도 있다고 하였다. 따라서 재판에서 언제나 ㉠보다 ㉡이 열등한 지위를 갖는다는 선지의 진술은 적절하지 않다.

오답설명

① 1문단에서 성문법(㉠)은 문자로 고정되므로 급변하는 사회 흐름에 따라 발생할 현상을 예상하지 못하기도 한다고 하였다. 하지만 사회 변화에 대하여 성문법은 법률의 개정이나 새로운 입법

을 통해 대응할 수 있다고도 하였다. 반면, 관습법(㉡)은 사회 구성원들을 규율하는 관행으로부터 형성되는 것으로, 법체계에 속하기는 하지만 직접적인 개정이나 입법의 대상은 아니다. 따라서 선지의 진술은 적절하다.

② 1문단에 따르면 성문법(㉠)은 입법 기관을 통해 제정되어 문자로 확정되어 있다. 따라서 그 존재 및 내용을 문자로 기록된 법규를 통해 확인할 수 있을 것이다. 반면 5문단에서 관습법(㉡)은 ㉠과 달리 법원의 판결을 통해 수동적으로 드러나는 존재임을 알 수 있다. 따라서 선지의 진술은 적절하다.

④ 4문단에서 보충적 효력설은 관습법(㉡)은 성문법(㉠)이 규율하지 않는 법적 문제에만 적용되기 때문에, ㉠과 충돌하는 ㉡은 존재할 수 없다고 보았음을 알 수 있다. 이로부터 보충적 효력설이 ㉠과 ㉡이 충돌할 경우 ㉡을 적용하지 않아야 한다고 보는 견해임을 추론할 수 있다. 따라서 선지의 진술은 적절하다.

⑤ 2문단에서 변경적 효력설은 법적 확신이 깔린 관습법(㉡)은 사회 변화에 제때 대응하지 못하여 법적 확신이 깔려 있지 않은 법률(㉠)을 배제할 수 있다고 보았음을 알 수 있다. 따라서 선지의 진술은 적절하다.

11

정답설명

① 〈보기〉에서 ⓐ는 형법에서 불문법의 적용 여부를 규정한 내용을 진술하고 있다. 형법에서는 법률에 규정되어 있는 행위만 범죄로 인정한다고 했으므로, 성문법만 인정한다는 것을 알 수 있다. 적용할 법률이 없는 경우에도 관습법이나 조리 등의 불문법에 근거해 유죄 판결을 내릴 수 없다고 하였으므로 불문법 적용의 여지를 주지 않았다. 그런데 윗글의 2, 3, 4문단에서 관습법이 성문법과 대등한 효력을 가진다는 변경적 효력설이나, 성문법에 법률 규정이 없는 경우에만 관습법을 보충적으로 적용한다는 보충적 효력설 모두 관습법의 법체계 적용을 전제로 하고 있음을 알 수 있다. 따라서 관습법의 효력을 인정하지 않는 형법에서는 변경적 효력설과 보충적 효력설 모두 적용되지 않는다고 보는 것이 적절하다. 따라서 선지는 〈보기〉의 ⓐ를 이해한 반응으로 적절하지 않다.

오답설명

② 〈보기〉에서 ⓑ는 우리 법체계에서 판례의 적용 여부에 대해 규정한 내용이다. 법관은 헌법과 법률에 의해 재판할 의무가 있다는 것은 윗글에서 말하는 성문법을 기본으로 따라야 한다는 진술이라고 할 수 있다. 또 판례에 구속될 의무가 없다고 한 것은, 법관의 판결에 있어 판례가 판단의 근거 규정으로 쓰이지 않아도 된다는 뜻이다. 이는 우리 헌법에서는 원칙상 판례를 법으로서 인정하지 않는 입장이라고 볼 수 있을 것이다. 따라서 선지의 진술은 〈보기〉의 ⓑ를 이해한 반응으로 적절하다.

③ 〈보기〉에서 ⓑ는 현실에서는 대법원의 판례에 하급법원이 구속되어 판결을 내리고 있다고 하였다. 이는 실질적으로 판례가 불문법으로서 기능하고 있다는 뜻이라고 할 수 있다. 다만 원칙적으로는 성문법(헌법과 법률)을 기준으로 한다고 하였으므로, 판례는 성문법을 보충하는 효력으로 사용되고 있음을 유추할 수

있다. 따라서 윗글의 보충적 효력설에 대한 설명을 참고하면, 선지의 진술은 〈보기〉의 ⓑ를 이해한 반응으로 적절하다.

④ 〈보기〉에서 ⓒ는 우리 상법에서 관습법의 적용 여부에 관해 규정한 내용이다. 상법 제1조에 따르면 상법에 규정이 없는 경우 관습법에 따른다고 하였으므로, 관습법은 상법에 대한 보충적 효력을 가지고 있다고 할 수 있다. 따라서 윗글의 보충적 효력설에 대한 설명을 참고하면, 선지의 진술은 〈보기〉의 ⓒ를 이해한 반응으로 적절하다.

⑤ 〈보기〉에 제시된 ⓒ의 상법 제1조에서, 법을 적용하는 위계는 상법〉관습법〉민법 순서임을 알 수 있다. 즉, 상업에 관한 일에 한해서는 (상법의 규정이 없는 경우) 관습법이 민법보다 우선한다. 이는 윗글에서 말하는 변경적 효력설의 견해, 즉 관습법의 법률적 효력을 적극적으로 지지하는 견해에 가깝다고 볼 수 있다. 따라서 선지의 진술은 〈보기〉의 ⓒ를 이해한 반응으로 적절하다.

12

정답설명

② 〈보기〉의 분묘기지권은 묘를 건물과 같은 재산권의 일종으로 해석하여, 묘가 타인의 토지에 설치된 것이더라도 묘 주인의 토지 사용권을 인정해 주는 권리로, 우리나라 법체계에서 법률상 효력을 지니는 관습법이다. 이러한 분묘기지권은 법적 분쟁에서 땅 주인의 권리보다 묘 주인의 권리를 우위에 놓는 관습법이라 할 수 있다. 분묘기지권은 그 의미 내용이 문자로 확정된 성문법이 아니므로, 그 법률상 효력을 윗글의 2문단과 3문단에서 언급된 변경적 효력설과 보충적 효력설에 따라 해석할 수 있다. 그런데 〈보기〉에 따르면 분묘기지권에서 묘는 건물과 같은 재산권의 일종으로 해석한다고 하였다. 이는 묘에 관한 권리가 법률상 규정되어 있지 않음을 의미한다. 즉 분묘기지권은 성문법이 규율하고 있지 않은 법적 문제에 한하여 적용되는 권리인 것이다. 한편, 윗글의 4문단에서 관습법이 성문법이 규율하고 있지 않은 법적 문제에 한해 적용된다고 보는 견해는 변경적 효력설이 아닌 보충적 효력설임을 알 수 있다. 이를 고려하면, 해당 선지의 진술은 적절하지 않다.

오답설명

① 5문단에서 법원의 역할에 주목하는 견해에 따르면, 관습은 법원의 판결을 통해 관습법으로 승격될 수 있음을 알 수 있다. 이에 근거하여 〈보기〉의 분묘기지권은 1958년 대법원 판결에 의해 관습법으로 성립했음을 추론할 수 있다. 따라서 해당 선지의 진술은 적절하다.

③ 〈보기〉에서 분묘기지권에 관한 최근 대법원의 판결은 땅 주인의 권리를 인정함으로써 묘 주인의 권리를 인정했던 기존의 판례를 뒤집었음을 알 수 있다. 그런데 윗글의 1문단에서 관습법은 사회적 관행으로부터 형성된 관습이 사회 일반의 법적 확신을 얻으면 관습법으로 불린다고 하였는데, 이는 관습법의 구성 요건에서 사회 일반의 법적 확신이 중요함을 의미한다. 따라서 특정 관습에 대한 사회 일반의 법적 확신이 옅어지거나 없어진다면 관습법의 법률상 효력도 약해질 것이라고 추론할 수 있다.

따라서 선지의 진술은 적절하다.

④ 〈보기〉에서 분묘기지권에 관한 최근 대법원의 판결은 땅 주인의 권리를 인정함으로써 묘 주인의 권리를 인정했던 기존의 판례를 뒤집었음을 알 수 있다. 이는 묘 주인의 권리를 우선시한 분묘기지권을 일부 제한하는 것으로 볼 수 있다. 윗글의 4문단에 따르면, 보충적 효력설은 성문법과 충돌하는 관습법이 존재하는 경우 법질서의 결단에 따라 관습법을 인정하거나 부인할 수 있다고 본다. 이에 따라 〈보기〉에 제시된 최근 대법원의 판결을 보충적 효력설의 관점에서 살펴보면, 대법원은 법질서에 따라 땅 주인의 권리를 인정함으로써 토지와 관련한 성문법과 충돌하는 분묘기지권의 법적 효력을 일부 제한한 것으로 볼 수 있다. 따라서 선지의 진술은 적절하다.

⑤ 〈보기〉에 따르면 분묘기지권은 최근까지 관습법으로서 법적 효력을 지녔는데, 이 분묘기지권은 '묘를 건물과 같은 재산권의 일종으로 해석하는 것'이라고 하였다. 그리고 2문단에서 설명하는 변경적 효력설에 따르면 관습법은 효력상 법률과 대등한 지위에 놓이게 된다는 것을 알 수 있다. 이를 종합할 때 변경적 효력설의 관점에서 〈보기〉의 분묘기지권을 살펴보면, 분묘기지권에서 명시하는 묘 주인의 관습법적 권리가 땅 주인의 재산권이라는 법률적 권리와 대등한 법적 지위를 가지고 있다고 해석될 것임을 추론할 수 있다. 따라서 선지의 진술은 적절하다.

13	③	14	③	15	⑤	16	②

13

정답설명

③ 윗글의 3문단을 통해, 베링이 개체의 면역은 병원균이 생성하는 독소를 중화하는 물질인 항독소에 의해 이루어진다는 사실과 항독소가 그 기능을 유지한 채 다른 동물에게도 접종될 수 있다는 사실을 밝혔다는 것, 이에 따라 19세기 말에는 말에서 추출한 항디프테리아 혈청을 주사해 디프테리아 환자의 치료와 예방에 사용하였다는 내용을 확인할 수 있다. 따라서 해당 선지의 진술은 적절하다.

오답설명

① 2문단에서 파스퇴르는 약화한 조류 콜레라균을 수탉에 주입하는 실험을 통해 조류 콜레라균에 한 번 감염된 수탉은 조류 콜레라균에 대한 면역성을 가진다는 것을 밝혔다고 하였다. 하지만 파스퇴르는 이러한 면역 반응이 어떠한 메커니즘을 통해 일어나는지에 대해서는 의문을 남겼다. 이는 파스퇴르가 수탉의 면역 메커니즘을 해명하지 못하였음을 의미한다. 따라서 해당 선지의 진술은 적절하지 않다.

② 2문단에서 파스퇴르는 약화한 조류 콜레라균을 수탉에 주입하는 실험을 하였고, 이를 통해 조류 콜레라균에 한 번 감염된 수탉은 회복 후 병원성이 강한 콜레라균을 주입하여도 죽지 않는다는 사실을 밝혔음을 알 수 있다. 따라서 해당 선지의 진술은 적절하지 않다.

④ 5문단에서 정상 동물이 가지고 있는 물질인 보체는 장기간 보존되기 어렵다는 사실을 알 수 있다. 따라서 해당 선지의 진술은 적절하지 않다.

⑤ 1문단에서 19세기 중엽까지 사람들은 면역에 대한 경험적 사실은 알고 있었지만, 그러한 면역의 특성과 메커니즘은 알지 못하였음을 알 수 있다. 이는 19세기 중엽까지는 면역 반응을 인위적으로 일으키는 방법뿐만 아니라 면역의 자연적 메커니즘도 밝혀지지 않았음을 의미한다. 따라서 해당 선지의 진술은 적절하지 않다.

14

정답설명

③ 윗글의 5문단을 통해, 보르데가 용균성 면역 반응 과정에 항체와 연관되어 작용하는 다른 물질이 필요하다는 것을 밝혔으며, 오늘날 보체라 불리는 이 물질은 정상 동물에 이미 존재하지만, 열을 견디지 못할 뿐 아니라 장기간 보존되기 어려움을 알 수 있다. 이를 고려하면, 정상 동물의 혈청에 존재하는 물질인 보체가 용균성 항체를 열로부터 보호한다는 선지의 진술은 적절하지 않다.

오답설명

① 2문단에서 파스퇴르는 수탉의 면역 반응을 유도하기 위해 배양액 속에 방치하여 병원성을 약화시킨 조류 콜레라균을 수탉들에 주입하였음을 알 수 있다. 이를 고려하면, 해당 선지의 진술은 적절하다.

② 3문단에서 베링은 병원균에 대한 개체의 면역 반응이 병원균이 생성하는 독소를 중화하는 물질인 항독소에 의해 이루어진다고 보았음을 알 수 있다. 이는 베링이 개체의 면역 반응을 병원균에 의해 생산된 독소를 중화하는 작용으로 이해하였음을 의미한다. 이를 고려하면, 해당 선지의 진술은 적절하다.

④ 4문단에서 파이퍼는 비브리오 콜레라균에 한 번 감염되어 면역이 생긴 쥐의 면역 혈청과 균을 면역성이 없는 다른 동물에 주입하였으며, 이 실험을 통해 면역이 생긴 쥐의 면역 혈청이 그 기능을 유지한 채 다른 동물에게 주입되었을 때에도 효과가 있다는 사실을 밝혔음을 알 수 있다. 이를 고려하면, 해당 선지의 진술은 적절하다.

⑤ 4문단에서 파이퍼가 비브리오 콜레라균에 감염되어 용균성 항체가 생긴 쥐의 면역 혈청이 콜레라균이 생성한 독소에는 효과가 없다는 사실을 밝혔음을 알 수 있다. 이를 고려하면, 해당 선지의 진술은 적절하다.

15

정답설명

⑤ 5문단에서 특정 병원균에 면역성이 있는 개체에서 추출한 면역 혈청은 장기간 보존되거나 열에 노출될 경우 그 기능을 상실한다는 것을 알 수 있다. 이는 장기간 보존되지 못하는 보체 때문임을 알 수 있다. 하지만 이때 면역성이 없는 정상 동물의 신선한 혈청을 소량 첨가하면, 정상 동물에 이미 존재하는 보체가 보충되는 것이므로 다시 면역 혈청이 활성화되어 용균성 면역 반응을 일으킬 수 있다. 요컨대 이는 면역 혈청을 이용해 용균성 면역 반응을 일으키기 위해서는 면역 혈청에 보체를 주입함으로써 면역 혈청을 활성화할 필요가 있음을 의미한다. 한편, 선지에서 폐렴구균에 대한 용균성 면역을 일으키는 혈청을 장기간 보관하여 예방 주사로 사용한다고 하였는데, 이때 그 면역 혈청의 보체가 기능을 상실했을 것이라고 추론할 수 있다. 그러므로 면역 혈청의 면역 기능을 다시 활성화하기 위해서는 폐렴 환자가 아닌 정상적인 사람에게서 추출한 혈청을 혼합하여 보체를 추가해 줄 필요가 있을 것이다. 이를 고려하면, 해당 선지의 진술은 적절하다.

오답설명

① 5문단에서 용균성 항체와 함께 작용하여 체외에서 용균성 면역 반응을 일으킬 수 있는 물질인 보체는 면역 반응을 통해 그 양이 증가하지 않음을 알 수 있다. 따라서 폐렴 예방 주사를 반복해서 맞는다고 해도 체내 보체의 양은 증가하지 않을 것이라고 추론할 수 있다. 따라서 선지의 진술은 적절하지 않다.

② 4문단에서 면역성이 없는 쥐의 복강에 콜레라균을 주입할 경우 그 쥐는 균에 감염되어 죽었다고 하였다. 4문단에 따르면 콜레라균에 면역성이 없는 쥐가 균에 대한 용균성 반영으로 콜레라

균을 죽이는 용균성 면역을 보이려면, 면역성이 있는 쥐의 혈액에서 추출한 면역 혈청을 균과 함께 주입해야 한다. 이를 고려할 때, 선지의 진술처럼 면역성이 없는 환자에게 폐렴구균을 주입한다고 해서 폐렴구균이 완전히 죽는 용균성 면역 반응이 활성화된다고 볼 수 없다. 따라서 선지의 진술은 적절하지 않다.
③ 4문단에 제시된 파이퍼의 실험에서 발견된 용균성 면역에 대한 설명과 5문단에 제시된 보르데의 실험에 의해 밝혀진 바에 따르면, 용균성 면역은 항체와 보체가 함께 일으키는 것으로서 독소 중화 효과가 없었음을 알 수 있다. 따라서 항체와 보체가 함께 일으키는 면역 반응이 독소를 중화한다는 선지의 진술은 적절하지 않다.
④ 5문단에서 보르데는 용균성 면역 반응이 혈청 내에 존재하는 항체와 보체가 조화롭게 작용함으로써 이루어진다는 사실을 밝혔음을 알 수 있다. 그리고 4문단에서 언급되었듯이, 개체 내에서 두 물질이 조화롭게 작용하여 용균성 면역 반응이 일어나면 개체 내에 있는 병원균은 죽어 소멸할 것이다. 따라서 〈보기〉에서 폐렴구균이 체내에 잠복하면서 특정 증상을 드러내지 않는 것을 용균성 면역 반응이 잘 유지되기 때문으로 해석하는 것은 적절하지 않다. 용균성 면역 반응이 잘 유지되었다면 폐렴구균이 죽어 소멸할 것이기 때문이다. 이를 고려하면, 해당 선지의 진술은 적절하지 않다.

16
정답설명
② 윗글의 ⓑ '남기다'는 문맥상 '어떤 상황의 결과로 생긴 사물이나 상태 따위를 다른 사람이나 장소에 있게 두다.'의 의미로 사용되었다. 한편, 선지의 '전승(傳承)하다'는 '문화, 풍속, 제도 따위를 이어받아 계승하다.'의 의미이다. 따라서 해당 선지는 적절하지 않다.

오답설명
① ⓐ '열다'는 문맥상 '새로운 기틀을 마련하다.'의 의미로 사용되었다. 한편, 선지의 '개척(開拓)하다'는 '새로운 영역, 운명, 진로 따위를 처음으로 열어나가다.'의 의미이므로, ⓐ와 바꾸어 쓰기에 적절하다.
③ ⓒ '들어가다'는 문맥상 '밖에서 안으로 향하여 가다.'의 의미로 사용되었다. 한편, 선지의 '침입(侵入)하다'는 '침범하여 들어가거나 들어오다.'의 의미이므로, ⓒ와 바꾸어 쓰기에 적절하다.
④ ⓓ '일어나다'는 문맥상 '자연이나 인간 따위에게 어떤 현상이 발생하다.'의 의미로 사용되었다. 한편, 선지의 '유발(誘發)되다'는 '어떤 것에 이끌려 다른 일이 일어나다'의 의미이므로, ⓓ와 바꾸어 쓰기에 적절하다.
⑤ ⓔ '잃다'는 문맥상 '몸 일부분이 잘려나가거나 본래의 기능을 발휘하지 못하다.'의 의미로 사용되었다. 한편, 선지의 '상실(喪失)하다'는 '어떤 것을 아주 잃거나 사라지게 하다.'의 의미이므로, ⓔ와 바꾸어 쓰기에 적절하다.

17
정답설명
① 1문단에서 최근 남극 대륙 주변의 풍향이 바뀜에 따라 전보다 더 따뜻한 해수가 빙붕 아래로 유입되고 있다는 사실, 그리고 이러한 따뜻한 해수로 인해 빙붕 바닥에서 녹는 얼음의 양이 해수면 상승에 영향을 미친다는 사실을 알 수 있다. 따라서 해당 선지의 진술은 적절하다.

오답설명
② 6문단에서 빙붕의 단위 면적당 빙붕 바닥에서 녹는 얼음의 질량인 S 값은 대형 빙붕들보다 소형 빙붕들에서 더 큰 값으로 나타남을 알 수 있다.
③ 4문단에서 R 값은 남극 대륙 빙붕의 질량 감소 요인 중 빙붕 바닥에서 얼음이 녹는 질량인 D가 차지하는 비율임을 알 수 있다. 남극 대륙 빙붕의 얼음을 감소시키는 요인에는 빙산으로 부서져 없어지는 얼음의 질량인 C와 빙붕 바닥에서 녹는 얼음의 질량인 D가 있으므로, 이 중 D가 차지하는 비율을 구하기 위해서는 D를 C와 D가 더해진 값으로 나누어야 한다(D/(C+D)). 그런데 선지에서 말하는 R 값은 D를 C+D로 나눈 값이 아니라, D를 남극 대륙 빙붕의 전체 질량으로 나눈 값이라고 설명하고 있다. 따라서 해당 선지의 진술은 적절하지 않다.
④ 1문단에서 남극 대륙의 해안선을 덮고 있는 것은 빙붕이고, 빙붕이 조각나 떨어져 나온 것을 빙산이라 함을 알 수 있다. 빙상은 육지를 덮고 있는 얼음 덩어리를 의미한다. 따라서 해당 선지의 진술은 적절하지 않다.
⑤ 2문단에서 남극 대륙 빙붕의 질량 변화는 인공위성 관측 자료가 많아지면서 정확한 측정이 가능해졌음을 알 수 있다. 또한 3문단에서 인공위성 기술은 육지에서 흘러 내려와 빙붕이 되는 얼음의 질량을 측정하는 데 사용될 뿐만 아니라, 빙붕에서 조각나 떨어져 나가는 빙산의 질량을 구하는 데에도 사용됨을 알 수 있다. 따라서 해당 선지의 진술은 적절하지 않다.

18
정답설명
② 2문단과 3문단에서 빙붕 위로 쌓이는 눈의 질량인 B는 빙붕을 시추하여 얻은 얼음 코어와 기후 예측 모델을 통해 구할 수 있음을 알 수 있다. 한편, 빙붕의 끝자락에서부터 육지 방향으로 수 킬로미터 상부에 임의의 기준선을 설정하여 측정하는 것은 빙붕에서 조각나 빙산으로 떨어져 없어지는 질량 C의 정밀한 값이다. 이를 고려하면, 해당 선지의 진술은 적절하지 않다.

오답설명
① 2문단에서 빙붕 질량의 전체 감소량은 빙붕이 빙산으로 떨어져 나간 질량 C와 빙붕의 바닥에서 녹는 얼음의 질량 D를 합하여

구할 수 있음을 알 수 있다. 그런데 3문단에서는 C 값은 얼음의 유속, 두께를 인공위성을 통해 측정하고, A, B, C, E 값을 고려하여 D 값을 구한다고 하였다. 이는 D 값이 직접 측정되는 것이 아니라 간접적으로만 측정됨을 의미하므로, 해당 선지의 진술은 적절하다.

③ 2문단에서 E는 빙붕의 전체 질량 변화량임을 알 수 있고, 3문단에서 E 값은 빙붕의 면적과 두께를 통해 구할 수 있음을 알 수 있다. 이를 고려하면, 해당 선지의 진술은 적절하다.

④ 3문단에 C를 측정할 수 있는 두 가지 방법이 제시되어 있다. 그 중 첫 번째 방법은 떨어져 나오는 빙산의 면적과 두께를 이용하는 것인데, 빙산의 움직임이 빠를 경우 정확한 측정이 쉽지 않다고 하였다. 따라서 선지의 진술은 적절하다.

⑤ 1문단과 2문단에서 육지를 덮고 있는 얼음 덩어리인 빙상에서 흘러내리는 얼음 덩어리인 빙붕이 될 수 있음을 알 수 있고, 3문단에서는 이처럼 빙상에서 흘러 내려와 빙붕이 되는 얼음의 질량을 인공위성 레이더가 일정 시간 간격을 두고 촬영한 두 영상 자료의 차이를 통해 알 수 있음을 확인할 수 있다. 이를 고려하면, 해당 선지의 진술은 적절하다.

19

정답설명

③ 엘니뇨가 발생하면, 강설량이 증가하지만 눈이 빙붕 표면에 쌓이는 속도보다 바닥의 얼음이 녹는 속도가 더 빨라진다고 하였다. 즉 엘니뇨는 얼음 증가 요인인 B를 증가시키지만 얼음 감소 요인인 D 또한 증가시킨다. 지문에 따르면, R 값은 얼음 감소 요인 중 D가 차지하는 비율인 D/(C+D)이며, S 값은 단위 면적당 D 값이다. 또한 4문단에서 서남극 지역의 소형 빙붕들에서는 대형 빙붕들에 비해 R 값이 크다고 하였다. 따라서 엘니뇨 발생으로 D 값이 증가하면 서남극 소형 빙붕들의 R 값 역시 증가할 가능성이 크다. 그러나 남남극 지역의 S 값은, 남남극 지역의 단위 면적당 D 값을 의미하는데 지역과 관계없이 D 값이 증가하는 시점에서 S 값이 감소한다고 할 수 없으므로, 선지의 진술은 적절하지 않다.

오답설명

① 2문단에 따르면 눈이 빙붕 표면에 쌓이는 것은 B로서 빙붕의 얼음을 증가시키는 요인이다. 또 빙붕 바닥의 얼음이 녹는 것은 D로서 빙붕의 얼음을 감소시키는 요인이다. 즉 엘니뇨는 얼음 증가 요인인 B를 증가시키지만 얼음 감소 요인인 D 또한 증가시키는데, R 값은 4문단에 따르면 D/(C+D)임을 알 수 있다. 〈보기〉에서 다른 요인은 일정하게 유지된다고 하였으므로, C가 일정하게 유지될 때 엘니뇨가 장기간 지속되어 D가 더 커질수록 R 값 또한 더 커질 가능성이 크다.

② 엘니뇨는 얼음 증가 요인인 B를 증가시키지만 얼음 감소 요인인 D 또한 증가시키는데, 2문단과 4문단에 따르면 E=(A+B)-(C+D)임을 알 수 있다. 〈보기〉에서 제시되지 않은 다른 요인은 일정하다고 가정하였으므로 A와 C가 일정하다고 가정할 때, 엘니뇨의 지속은 B의 증가량보다 D의 증가량을 더 크게 만들기 때문에, 결국 엘니뇨가 지속될수록 B를 포함하는 얼음 증가 요인의 합보다 D를 포함하는 얼음 감소 요인의 합이 커짐에 따

라 결과적으로 E가 감소할 가능성도 커질 것이다.

④ 〈보기〉에 따르면 라니냐가 발생할 경우 차가운 해수로 인해 남극의 강설량과 빙붕 바닥의 얼음이 녹는 양이 감소한다고 하였다. 즉 라니냐는 얼음 증가 요인인 B도 감소시키고, 얼음 감소 요인인 D도 감소시키는 현상이 된다. 한편, 6문단에 따르면 S 값은 빙붕의 단위 면적당 D 값이고 남극 대륙의 대형 빙붕보다 서남극의 소형 빙붕에서 S 값이 더 크게 나타나므로, 라니냐가 발생한 기간에는 남극 대륙 전체에서 D 값이 감소하는데 서남극 소형 빙붕들의 바닥에서 D 값이 상대적으로 더 크게 감소할 것이고, 이에 따라 그 S 값도 감소할 것이라고 추론할 수 있다.

⑤ 2문단에 제시된 B와 D의 정의를 고려할 때, 강설량이 감소하는 것은 B가 감소하는 원인이고, 빙붕 바닥의 얼음이 녹는 양이 감소하는 것은 D가 감소하는 원인일 것이다. 즉 라니냐는 얼음 증가 요인인 B도 감소시키고, 얼음 감소 요인인 D도 감소시키는 현상이 된다. 그런데 선지에서처럼 라니냐가 B를 감소시키는 폭보다 D를 감소시키는 폭이 훨씬 더 크다면, 2문단과 4문단에서 알 수 있듯이 (A+B)-(C+D)로 계산되는 E에서 A와 C가 일정하다고 할 때 결과적으로 E가 증가할 가능성이 크다는 것을 알 수 있다.

20

정답설명

③ ㉮ 6문단에서 빙붕의 단위 면적당 D 값인 S 값은 소형 빙붕들에서 큰 값으로 나타나고, 대형 빙붕들에서는 작은 값으로 나타나 지역에 따른 편차가 큼을 알 수 있다. 이는 빙붕의 단위 면적당 바닥에서 녹는 얼음의 양이 대형 빙붕보다 소형 빙붕에서 높게 나타나기 때문이다. 그런데 S 값의 편차는 소형 빙붕과 대형 빙붕의 S 값의 차이를 의미하므로, 지역에 따른 S 값의 편차가 실제로 커진다는 것은 단위 면적당 대형 빙붕의 바닥에서 녹는 얼음의 양보다 소형 빙붕의 바닥에서 녹는 얼음의 양이 더 커짐을 의미한다. 5문단에 따르면 기존의 연구들은 대형 빙붕들 위주의 데이터를 남극 전체에 확대 적용해 왔다고 하였으므로, 이를 종합하면 S 값의 편차가 실제로 증가하면, 대형 빙붕 데이터 위주의 기존의 연구 방식에 따른 D 값의 오차도 증가할 것이라고 추론할 수 있다.

㉯ 4문단에서 R 값은 빙붕의 질량 감소 요인 중 D 값이 차지하는 비율임을 알 수 있고, 이러한 R 값은 지역에 따라 10%에서 90%이므로 편차가 큼을 알 수 있다. 이는 소형 빙붕에서 R 값이 비교적 높게 나타나고, 대형 빙붕의 R 값은 비교적 낮게 나타나기 때문이다. R 값의 편차가 실제로 작아진다는 것은 소형 빙붕과 대형 빙붕의 질량 감소 요인 중에서 D 값이 차지하는 비율 간의 차이가 실제로 작아짐을 의미한다. 즉, 소형 빙붕 바닥의 얼음이 녹아 사라지는 비율(소형 빙붕의 R 값)이 작아질 때 대형 빙붕 바닥의 얼음이 녹아 사라지는 비율(대형 빙붕의 R 값)은 그보다 작은 폭으로 감소하거나 또는 커짐으로써 둘 사이의 R 값의 편차가 작아져야 한다. 또 만약 소형 빙붕의 R 값이 커진다면, 대형 빙붕의 R값은 그보다 더 큰 폭으로 증가해야 둘 사이의 R 값의 편차가 작아진다. 이렇게 대형 빙붕과 소형 빙붕 사이의 R 값 편차가 실제로 작아지면, 기존의 연구 방식에 따라 대형 빙붕 위주의 D 값을 남극 대륙 전체로 확대

적용하더라도 D 값의 오차는 전보다 감소할 것이다.

㉤ 윗글의 5문단에서 남극 대륙 전체의 D 값 중 남극 대륙 면적의 91%를 차지하는 대형 빙붕의 D 값이 차지하는 비율은 50%이고, 나머지는 남극 대륙 면적의 9%를 차지하는 소형 빙붕의 D 값이 차지함을 알 수 있다. 이는 남극 대륙 전체 빙붕의 바닥에서 녹는 얼음의 질량 중 소형 빙붕의 바닥에서 녹는 얼음의 질량이 50%를 차지함을 의미한다. 그런데 기존의 연구는 면적에 따라 대형 빙붕의 D 값을 남극 대륙 전체로 확대 적용했기 때문에 실제 D 값과 오차가 생겨난다고 하였다. 한편, 6문단에서 남극 대륙 전체의 S 값은 남극 대륙 전체 빙붕의 단위 면적당 D 값을 의미함을 알 수 있다. 그런데 S 값은 소형 빙붕에서 높게 나타나고, 대형 빙붕에서 낮게 나타나므로, 기존의 연구 방식에 따라 대형 빙붕의 S 값을 남극 대륙 전체로 확대 적용하면, 남극 대륙 전체의 S 값은 실제 값보다 낮게 측정될 것이라고 추론할 수 있다.

21

정답설명

① 윗글의 ⓐ '내려가다'는 문맥상 '기준이 되는 장소에서 다소 낮아 보이는 방향으로 계속 멀어져 가다.'의 의미로 사용되었다. 한편, '하락(下落)하다'의 의미는 '값이나 등급 따위가 떨어지다.'의 의미이므로, '빙상'이라는 주어가 있는 문맥을 고려할 때 ⓐ와 바꾸어 쓰기에 적절하지 않다.

오답설명

② ⓑ '없어지다'는 문맥상 '사람이나 사물 또는 어떤 사실이나 현상 따위가 어떤 곳에 자리나 공간을 차지하고 존재하지 않게 되다.'의 의미로 사용되었다. 한편, 선지의 '소실(消失)되다'는 '사라져 없어지다.'의 의미이므로, ⓑ와 바꾸어 쓰기에 적절하다.

③ ⓒ '많아지다'는 문맥상 '수효나 분량, 정도 따위가 일정한 기준을 넘게 되다.'의 의미로 사용되었다. 한편, 선지의 '풍부(豐富)해지다'는 '넉넉하고 많게 되다.'의 의미이므로, ⓒ와 바꾸어 쓰기에 적절하다.

④ ⓓ '얻다'는 문맥상 '구하거나 찾아서 가지다.'의 의미로 사용되었다. 한편, 선지의 '획득(獲得)하다'는 '얻어 내거나 얻어 가지다.'의 의미이므로, ⓓ와 바꾸어 쓰기에 적절하다.

⑤ ⓔ '맞닿다'는 문맥상 '마주 닿다.'의 의미로 사용되었다. 한편, 선지의 '인접(鄰接)하다'는 '이웃하여 있다. 또는 옆에 닿아 있다.'의 의미로 사용되었으므로, ⓔ와 바꾸어 쓰기에 적절하다.

빠른 정답 06 | 법관의 재판에 대한 국가 배상

| 22 | ② | 23 | ⑤ | 24 | ② | 25 | ⑤ |

22

정답설명

② 우리나라는 국가 배상법을 제정하여, 국가 행정으로 인해 개인이 입은 손해를 국가가 배상하도록 규정하고 있으나, 재판에 대한 국가의 배상 책임을 부정하거나 제한하는 규정은 없다는 것을 5문단을 통해 알 수 있다. 이에 대법원은 판례를 통해 재판에 대한 국가 배상 책임 범위를 제한하고 있다고 하였다. 즉, 국가 배상법에 재판에 대한 규정이 없어서 판례를 통해 알 수 있다고 하였으므로 선지에서 진술한 질문은 답을 찾을 수 없다.

오답설명

① 5문단에 따르면, 재판에 대한 불복 절차(심급 제도)가 마련되어 있는 경우에 이를 거치지 않고 국가 배상 책임을 묻는 것은 인정되지 않으나, 법관의 귀책 사유로 인해 불복 절차를 거치지 않은 것과 같은 특별한 경우에는 예외적으로 국가 배상 책임을 물을 수 있다.

③ 2문단에 따르면, 재판의 공정성을 위하여 법관은 직무상의 독립을 보장받으며, 재판을 할 때 사실 관계의 파악, 법령의 해석, 사실 관계에 대한 법령의 적용 등의 직무를 하게 된다.

④ 1문단에 따르면, 국가 배상 제도는 19세기 후반 프랑스에서 판례에 의해 도입되었으며, 이후 프랑스, 독일, 우리나라 등 여러 나라에서 인정하고 있음을 전 지문을 통해 알 수 있다.

⑤ 3문단에 따르면, 재판에서 확정 판결에 구속력을 부여하는 기판력을 인정함으로써, 자칫 계속 반복될 수 있는 법적 분쟁을 막고 법질서의 명확성과 예측 가능성을 유지한다.

23

정답설명

⑤ 국가 배상 책임을 적용할 때, ㉠(재판)과 ㉡(일반 행정)의 차이점과 공통점을 묻는 문제이다. 5문단에 따르면, ㉠의 경우에 법관이 법을 어길 목적을 가지고 있었거나, 소를 제기한 날짜를 확인하지 못하는 것과 같이 직무 수행에서 요구되는 법적 기준을 현저하게 위반했을 경우에는, 국가 배상 책임을 인정한다. 그러나 직무상 독립에 따라 내린 판단에 대하여는, 나중에 상급 법원이 기존 판결과는 반대되는 판단을 내렸다 하더라도 위법성을 인정하지 않는다는 것을 알 수 있다. 법령 해석의 문제는 2문단에서 설명한 것처럼 법관에게 보장되는 직무상 독립의 문제이며, 법령 해석의 과실로 인한 국가 배상 책임은 성립하지 않는다. 반면, 일반 공무원의 활동인 ㉡은 고의뿐만 아니라 과실로 손해를 입힌 경우에도 국가가 손해를 배상하도록 한다는 것을 1문단을 통해 알 수 있다.

오답설명

① 2문단에 따르면, ㉠은 법관이 여타 국가 기관으로부터 직무상

독립을 보장받으므로 국가 배상 책임이 제한적으로 적용된다. 이는 ㉠이 국가 기관의 행정과 다른 독립적인 직무임을 드러낸다고 할 수 있다. 또한 이는 ㉡과 다른 ㉠의 특수성이라고 하였으므로, ㉡은 국가로부터 독립된 직무라고 할 수 없을 것이다.

② 5문단에 따르면, 대법원은 ㉠에 대한 국가 배상 책임의 인정 범위를 좁히고 있다. 그럼에도 법관이 그에게 부여된 권한의 취지에 명백히 어긋나게 이를 행사하였다고 인정할 만한 특별한 사정이 있는 경우, 예를 들어 뇌물을 받고 재판한 것과 같이 법관이 법을 어길 목적을 명백히 가지고 있었던 경우에는 재판의 위법성을 인정한다고 하였다. 즉, 법관이 법을 어길 목적으로 직무를 행한 경우 위법성을 인정하는 것이다. ㉡의 경우 고의로 법을 위반한 직무 집행을 하여 개인에게 손해를 입힌 경우에 국가 배상 책임이 성립된다고 1문단에서 진술하였다. 이를 종합하면, ㉠과 ㉡ 둘 다 직무 집행자가 법을 어길 목적이 있었을 경우 위법성을 인정한다는 것을 알 수 있다.

③ 4문단에 따르면, ㉠이 ㉡과 달리 특수성을 가지는 이유는 심급 제도가 존재한다는 점이다. 심급 제도란 하급 법원의 잘못된 결과를 상급 법원에서 시정할 수 있는 제도이며, 이러한 심급 제도의 마련은 국가의 배상 책임이 지나치게 적용되는 것을 방지하고자 하는 것이라고 볼 수 있다.

④ 3문단에 따르면, 확정된 판결에 기판력이 인정되는 것은 ㉡과 다른 ㉠의 특수성이며, 확정 판결은 국가 배상 청구의 대상으로 삼지 않는다.

24
정답설명
② 평가원이 즐겨 출제하는 잘못된 인과로 구성된 선지다. 3문단에 따르면, 법적 안정성이란 법질서의 명확성과 예측 가능성을 유지하는 것을 의미한다. 그리고 2문단에 따르면, 법관이 손해 배상 책임에 부담을 느껴 소신껏 재판 업무에 임할 수 없게 되는 것을 방지하고자, 법관의 직무는 독립성을 보장 받는다. 따라서 '법적 안정성 확보' 때문에 법관에게 배상 책임을 지우지 않는 것은 잘못된 설명이다. 3문단과 4문단에 따르면, 법적 안정성의 확보를 위해서는 먼저 기판력을 인정하여 확정된 판결에 저촉되는 청구와 판결을 할 수 없도록 해야 하며, 심급 제도를 통해 기존의 판결에 불만이 있다면 상위 등급의 법원에서 다시 재판을 받을 수 있도록 해야 한다.

오답설명
① 4문단에 따르면, 재판에 대한 국가 배상 책임을 지나치게 넓게 인정하면 심급 제도가 무력화되어 법적 안정성을 해치게 된다. 따라서 불복 절차(심급 제도)가 마련되어 있는 경우에 이러한 절차를 거치지 않고 국가 배상 책임을 묻는 것은 인정되지 않는다고 5문단에서 진술하였다.

③ 법적 안정성을 위해 심급 제도를 거친 확정 판결에 대해서는 기존 판결에 저촉되는 청구나 판결을 할 수 없다. 그럼에도 법관이 자신에게 부여된 권한의 취지에 명백히 어긋나게 이를 행사하였다고 인정할 만한 특별한 사정이 있는 경우에는 재판의 위법성이 인정됨을 5문단에서 진술하고 있으며, 그 예로 뇌물 수수 혹은 직무 수행에서 요구되는 법적 기준을 현저하게 위반한

경우를 제시하였다. 즉, 법적 안정성을 위해 법관의 이같은 행위까지 용인하는 것은 아님을 알 수 있다.

④ 3문단에 따르면, 법적 안정성이란 법질서를 명확하고 예측 가능하도록 유지하는 것을 의미하며, 이에 우리 사법 체계에서는 당사자가 불복하지 않아서 판결이 확정되거나 최상급 법원의 판단으로 확정된 판결에 구속력, 즉 기판력을 인정함으로써 법질서를 명확하고 예측 가능하도록 유지하고자 한다고 하였다.

⑤ 3문단에 따르면, 기판력이 생긴 판결(확정된 판결)을 다시 국가 배상 청구의 대상으로 삼는다면 법적 안정성이 흔들리게 될 것이다. 이는 피해를 문제 삼을 때마다 해당 피해를 재판하는 법관이 달라질 수 있고, 이에 따라 법률에 대한 일관적이지 않은 태도가 작용할 수 있다는 점에서, 법 적용에 대한 예측 가능성이 흔들리게 되는 것을 의미한다.

25
정답설명
⑤ 〈보기〉는 국민의 기본권을 침해하는 B법 집행으로 유죄 판결을 받아 손해를 입은 피해자에게 국가가 배상 책임이 있는지에 대한 논쟁이다. 국가 배상 청구권을 인정하지 않은 기존 판례의 근거는, 전 지문에 걸친 재판의 특수성 및 국가 배상 책임 성립의 관계, 그리고 5문단에서 진술한 법관의 직무 위법성에 대해 국가 배상 여부를 제한적으로 인정하는 요건을 바탕으로 판단할 수 있다. A가 항소를 하지 않고 사망하였으므로 그 상태에서의 판결이 확정 판결이라는 선지의 진술은 적절하다. 항소 절차를 진행했다면 1심과 다른 판결이 났을 가능성이 존재한다는 진술 역시 적절하다. 그러나 법관이 직무상 독립에 따라 내린 판단에 대하여 상급 법원이 다른 판단을 하였다는 사정만으로는 재판(1심)의 위법성이 인정되지 않는다는 것을 5문단을 통해 알 수 있다. 따라서, 선지의 '항소심에서 1심과 다른 판결이 내려졌다면 국가 배상 책임이 인정될 수 있으나'라는 진술은 반대 입장의 근거로 적절하지 않다.

오답설명
① 5문단에 따르면, 재판에 대한 불복 절차가 마련되어 있는 경우, 이러한 절차를 거치지 않고 국가 배상 책임을 묻는 것은 허용하지 않는다고 하였다. B법은 기본권을 침해하는 법이지만 항소심이 존재하였던 것을 〈보기〉를 통해 알 수 있다. 따라서, A에게 불복 절차의 기회가 있었고, 불복 절차를 거치지 않은 것이 법관의 귀책사유와 같은 사정 때문이 아니므로 국가 배상 책임이 존재한다고 볼 수 없을 것이다.

② 5문단에 따르면, 법관이 자신에게 부여된 권한의 취지에 명백히 어긋나는 방식으로 권한을 행사한 경우, 예를 들어 법을 어길 목적을 가지고 재판을 하거나, 소 제기 날짜를 확인하지 못한 것과 같은 직무 수행에서 요구되는 법적 기준을 현저하게 위반했을 경우를 제외하면, 법관이 직무상 독립에 따라 내린 판단에 대하여 국가 배상 책임이 인정되지 않는다. B법이 기본권을 침해하는 법으로 훗날 위헌 판결이 났으나, 법관은 당시에 유효한 B법에 따라 판결하였고 A의 기본권을 침해하려는 고의성을 가졌다고 볼 근거는 없으므로 재판의 위법성은 인정되지 않을 것

이다. 따라서, 국가 배상 책임이 성립하지 않는다.

③ 5문단에 따르면, 법관이 자신에게 부여된 권한의 취지에 명백히 어긋나는 방식으로 권한을 행사한 경우, 예를 들어 법을 어길 목적을 가지고 재판을 하거나, 소 제기 날짜를 확인하지 못한 것과 같이 직무 수행에서 요구되는 법적 기준을 현저하게 위반했을 경우를 제외하면, 법관이 직무상 독립에 따라 내린 판단에 대하여 국가 배상 책임이 인정되지 않는다고 하였다. B법이 기본권을 침해하는 법으로 훗날 위헌 판결이 났으나, 법관은 당시에 유효한 B법에 따라 판결하였고, 이 과정에 직무 수행에서 요구되는 법적 기준을 현저하게 위반한 사실이 확인되지 않았으므로 재판의 위법성은 인정되지 않을 것이다.

④ 5문단에 따르면, 법관에 의한 재판의 위법성은 확정 판결이라 하더라도 법관이 고의나 직무 수행에서 요구되는 법적 기준을 현저하게 위반하였을 때, 법관의 귀책 사유로 인해 불복 절차를 따르지 못했을 때와 같은 특별한 경우에 인정되는 것으로 제한하고 있다. 그러나 〈보기〉의 사례에서 그러한 요건은 찾을 수 없다. 따라서, 법관의 행위에 위법성이 없으므로 국가 배상 책임이 성립하지 않는다.

26

정답설명

② 3문단을 보면, 정보의 논리는 대리인에게 기대하는 효용을 극대화하고 대리인의 배반을 최소화하기 위한 위임의 두 가지 요건 중 하나로 주인과 대리인의 선호 일치를 제시한다. 하지만 윗글에서 정보의 논리에 관한 서술 중에 주인과 대리인의 선호 일치가 왜 발생하는지를 설명한 부분은 찾을 수 없다. 따라서 선지의 질문은 윗글을 통해 답을 찾을 수 없는 질문에 해당한다.

오답설명

① 5문단에서는 정치적 불확실성으로 현재 정책이 미래의 정치 권력에 의해 바뀔 가능성을 언급하면서, 이러한 정치적 불확실성이 존재할 때 정책의 지속성을 보장하고자 위임이 이루어지며, 이에 따라 정치적 거래 비용이 창출된다는 설명이 제시된다. 이를 바탕으로 정치적 불확실성과 정치적 거래 비용 간의 관계가 있음을 알 수 있다. 또 6문단에서는 "정치 세력들 사이의 정책 선호의 차이가 현저할수록" 등의 서술로 정치적 불확실성을 구체적으로 설명하고 있으며, 정치적 불확실성이 커질수록 정책의 안정성이 더 크게 위협받고, 정책의 안정성을 보장하기 위해 정치적 거래 비용이 증가하는 관계가 있다고 설명하고 있다. 이를 통해 선지의 질문에 대하여 정치적 불확실성이 커지면 정치적 거래 비용 또한 커지는 관계가 있다고 답할 수 있다.

③ 2문단에 따르면, 정보의 불완전성으로 인한 거래 비용인 정보 비용과 집합 행동의 문제로부터 발생하는 거래 비용인 신뢰 비용을 절감하는 것이 기능주의 이론에서 말하는 위임의 이유다. 이를 통해 선지의 질문에 대하여 권한 위임을 통해 정보 비용과 신뢰 비용을 절감할 수 있다고 답할 수 있다.

④ 5문단과 6문단에 따르면, 위임을 통해 정치적 거래 비용을 증가시켜 정책의 안정성을 보장할 경우 그 대신 대리인에 대한 통제 가능성을 상실한다는 것을 알 수 있다. 6문단에서도 정치 행위자들은 정책의 안정성과 대리인에 대한 통제 가능성 간의 맞교환을 요구받는다는 점을 확인할 수 있다. 따라서 이를 통해 선지의 질문에 대하여 정치 행위자들은 위임 설계 시 정책의 안정성과 대리인에 대한 통제 가능성 중 하나를 선택하게 된다고 답할 수 있다.

⑤ 2문단에 따르면, 주인들이 서로 불신하여 전체의 합의에 따른 공동의 장기적 이익 대신 자신의 단기적 이익을 추구하기 때문에 집합 행동의 딜레마가 발생하고, 신뢰의 논리는 위임을 바로 이러한 딜레마를 해결하기 위한 대안으로 이해하고 있음을 확인할 수 있다. 따라서 이를 통해 선지의 질문에 대하여 정치 행위자들이 상호 불신으로 단기적 이익만을 추구하기 때문이라고 답할 수 있다.

27

정답설명

④ 신뢰의 논리는 주인들이 상호 불신으로 집합 행동의 문제를 겪으며, 공동의 장기적 이익을 추구하지 못하고 자신의 단기적 이익을 추구한다고 전제한다. 이때 주인이 자신의 선호와는 독립된 선호를 가진 대리인에게 권한을 위임함으로써 공동의 장기적 이

익을 달성할 수 있다는 결론을 도출하는 것이 신뢰의 논리이다. 그런데 [A]에 따르면, 글쓴이는 여기서 전제와 결론 간의 모순을 지적하고 있다. [A]에 따르면, 공동의 장기적 이익을 달성하기 위해 독립된 선호를 가진 대리인에게 권한을 위임한다는 것 자체가 이미 주인들이 각자 자신의 단기적 이익을 추구하지 않는다는 것, 즉 집합 행동의 문제가 없다는 것을 함축하게 된다. 이러한 글쓴이의 비판을 달리 말하면, 선지의 진술대로 주인들이 각자의 단기적 이익을 추구하여 집합 행동의 문제가 발생한다고 전제할 경우에는, 이들이 공동의 장기적 이익을 달성하기 위해 자신들의 단기적 이익에 대한 선호를 포기하고 독립된 선호를 가진 대리인에게 권한을 위임하는 결과가 나올 수 없다. 따라서 신뢰의 논리로는 위임을 제대로 설명할 수 없다는 것이 [A]에서 제시된 글쓴이의 생각이다.

오답설명

① [A]에서 글쓴이는 권한을 위임하는 시점에서 대리인이 앞으로 주인의 선호대로 일할지 아닐지를 알 수가 없고, 권한을 위임하고 대리인이 일을 진행한 이후에야 이를 확인할 수 있다는 문제를 지적한다. 따라서 선지의 진술, 즉 주인과 대리인의 지식 격차가 위임 이후 더욱 벌어지는 문제는 글쓴이가 [A]에서 지적하는 정보의 논리가 가진 결함과는 무관하다.

② 글쓴이가 [A]에서 지적하는 정보의 논리의 결함은 주인과 대리인의 선호가 일치하는지를 위임을 하는 시점에는 알 수가 없고, 사후에 가서야 알 수 있다는 것이다. 글쓴이의 이러한 생각대로라면, 위임을 설계할 때 주인과 대리인의 선호가 일치한다고 말하는 것 자체가 불가능하기에 "위임을 설계할 때는 주인과 대리인의 선호가 일치하지만"이라고 말하기 어렵다. 또한, 글쓴이가 [A]에서 사후에 반드시 배반이 일어나기 때문에 정보의 논리가 잘못되었다고 비판한 것도 아니다.

③ [A]에서 글쓴이는 신뢰의 논리에 대하여, 주인들이 자신들의 단기적 이익을 포기하지 못하므로 집합 행동의 문제를 겪는다는 전제와 주인들이 자신들의 단기적 이익에 대한 선호를 포기하고 독립된 선호를 가진 대리인에게 권한을 위임하게 된다는 결론 사이에 모순이 있다고 비판하는 것이지, 현실에서 집합 행동의 문제를 위임이 아닌 다른 방식으로 해결할 수 있으므로 주인이 대리인에게 권한을 위임할 필요가 없다고 주장하는 것은 아니다.

⑤ [A]는 위임을 설계하는 시점에서 집합 행동의 딜레마를 해결하는 수단으로 위임을 설명하는 신뢰의 논리가 가진 논리적 모순을 지적하는 것으로서, 사후에 집합 행동의 문제가 재발한다는 선지의 내용은 [A]에 제시된 글쓴이의 비판과는 무관하다.

28

정답설명

③ ㉠은 정치적 거래 비용 이론이 위임을 설명하는 주요 관점에 해당한다. ㉠과 같은 논리로 위임을 설명하는 정치적 거래 비용 이론에 대하여 서술하는 5문단에 따르면, 권한 위임의 목적은 정책을 정치 행위자들의 간섭과 각축에서 분리, 독립시키기 위함이고, 이러한 위임이 이루어지는 과정에서 정치적 거래 비용이 창출된다. 즉 주인이 더 많은 권한을 대리인에게 위임할수록, '대리인에게 위임된 정책의 방향을 변경하거나 대리인을 감시하는 비용'으로 정의된 정치적 거래 비용은 증가할 것이다. 이때 ㉠과 관

련하여 정치적 거래 비용 이론의 핵심 논리는, 주인인 정치 행위자들은 그러한 정치적 거래 비용 증가를 감수하고 대리인에게의 권한 위임을 택함으로써 정치적 불확실성을 특징으로 갖는 민주주의하에서 정책의 안정성을 확보한다는 것이다. 즉 더 큰 권한을 위임할수록 창출되는 정치적 거래 비용이 증가하며, 그렇게 증가한 정치적 거래 비용이 정책의 안정성을 보장한다. 따라서 선지의 진술은 ㉠과 관련한 내용에 대한 이해로 적절하지 않다.

오답설명

① ㉠의 관점에서 정치적 거래 비용 이론을 설명하는 5문단에 따르면, 민주주의의 특징은 정치 행위자가 정치적 권한을 불확실하게 가질 수밖에 없는 정치적 불확실성이며, 이러한 상황에서 정책의 지속성을 보장하려는 목적으로 위임이 일어난다. 따라서 선지의 진술은 적절하다.

② ㉠의 관점에서 정치적 거래 비용 이론을 설명하는 5문단에 따르면, 정치적 거래 비용이 커질수록 정책이 역전될 가능성이 줄어든다. 이 역전 가능성이란 곧 5문단에서 말하는 "현재 정책이 미래의 정치 권력에 의해 합법적으로 바뀔" 가능성으로 이해할 수 있다. 즉 ㉠과 같은 관점을 가진 정치적 거래 비용 이론에 따르면, 정치적 거래 비용이 커질수록 현재 정책이 미래의 정치 권력에 의해 간섭되고 바뀔 가능성이 줄어든다. 따라서 선지의 진술은 적절하다.

④ ㉠의 관점에서 정치적 거래 비용 이론을 설명하는 6문단에 따르면, 정치 권력을 중심으로 각축하는 정치 세력들 사이의 정책 선호의 차이가 현저할수록 정책이 바뀔 가능성이 커지고, 정책의 안정성을 확보하기 위한 정치적 거래 비용은 증가한다. 따라서 선지의 진술은 적절하다.

⑤ ㉠의 관점에서 정치적 거래 비용 이론을 설명하는 5문단에 따르면, 정치적 거래 비용이란 대리인에게 정책을 위임하는 데 소요되는 비용으로 정의된다. 또 이어서 ㉠의 관점에서 정치적 거래 비용 이론을 설명하는 6문단을 통해 정치 권력을 두고 경합하는 정치 세력의 수가 줄어들수록 정책이 바뀔 가능성은 작아지고, 정책의 안정성은 높아짐을 추론할 수 있다. 따라서 이런 상황에서는 위임을 설계하는 세력이 정책의 안정성을 높이기 위해 위임된 정책의 대리인을 통제로부터 독립시켜 정치적 거래 비용을 증가시킬 유인은 감소할 것이다. 따라서 선지의 진술은 적절하다.

29

정답설명

④ 정치적 거래 비용 이론에 따르면, 권한 위임은 대리인에 대한 통제 가능성을 희생하는 대가로 현재 정책의 안정성을 확보하려는 목적에서 이루어진다. 이런 관점에서 〈보기〉의 상황을 살펴보면, 시청에서 전문가 위원회로 권한을 위임함으로써 시민과 시의회의 간섭, 통제 가능성이 올라갔다고 보기는 어렵다. 만약 전문가 위원회가 시민들의 의견을 잘 반영하여 계획을 수정한다고 하더라도, 이는 권한을 넘겨받은 대리인이 한 일이지 주인이 대리인의 권한을 일부 몰수하거나 대리인을 직접 통제하여 행한 것이 아니다. 따라서 정책의 안정성 확보를 위해 권한의 위임이 일어난다고 설명하는 정치적 거래 비용 이론의 입장에서는 전문가 위원회를 시민의 요구를 관철하는 수단이라고 보기 어렵다. 또한 전문가 위원회는 시의회가 아닌 시청이 구성한 것이다.

오답설명

① 〈보기〉에서 시민을 대변하는 시의회의 주장과 행정부인 시청을 대변하는 시장의 발언을 고려하면, 현재 시민이라는 주인과 시장이라는 대리인의 선호가 일치하지 않는 상황임을 알 수 있는데, 정보의 논리에 따르면 이는 위임으로 효용 극대화와 배반 최소화가 달성될 수 없는 상황에 해당한다. 따라서 정보의 논리에 따르면 주인이 대리인에게 권한을 위임하지 않거나, 대리인을 간섭, 통제하는 것이 바람직하다고 볼 수 있다.

② 〈보기〉에서 대의 민주주의의 유권자인 시민을 주인으로 이해하고, 그러한 시민의 권한을 위임받은 시청을 대리인으로 이해할 수 있는데, 시청을 대신하여 새롭게 등장한 대리인인 전문가 위원회가 만약 전문 지식 보유와 선호 일치라는 두 가지 요건을 갖춘다면, 이들에게 권한을 위임하는 것이 정보의 논리에 따라 거래 비용을 감소시키는 이익을 낳는다.

③ 시청이 낸 계획이 실제로 시민의 장기적인 이익을 고려하였는지 사실 여부를 〈보기〉에서 명확하게 알 수는 없다. 하지만 선지에 제시된 것처럼 시장의 그러한 발언이 옳다고 볼 경우, 신뢰의 논리에 따르면 유권자로서 주인으로 볼 수 있는 시민을 대변하는 시의회의 단기적 요구보다는, 장기적 이익 추구를 위해 주인인 시민으로부터 권한을 위임받은 대리인으로 볼 수 있는 시청의 계획을 따르는 것이 나을 것이다.

⑤ 시민을 대변하는 시의회의 시의 재개발 정책을 향한 반발 및 그로 인한 갈등이 발생한 〈보기〉의 상황은 정치적 불확실성에 따른 갈등으로 볼 수 있고, 이에 대하여 시청이 독립된 위원회를 구성하여 권한을 위임하는 것은 그러한 정치적 불확실성과 갈등으로부터 재개발 정책의 안정성을 지키려는 수단으로 이해할 수 있다.

30

정답설명

④ 여기서 '일컫다'는 "무엇을 가리켜 이름 지어 부른다."라는 뜻으로, "어떤 대상을 가리켜 이른다."라는 뜻을 가진 '지칭(指稱)하다'로 바꿔 쓸 수 있다.

오답설명

① 여기서 '나누다'는 "섞여 있는 것을 구분(區分) 혹은 분류(分類)하다."라는 뜻으로, "각자의 몫을 나누어 주다."라는 뜻의 '분배(分配)하다'로 바꿔 쓸 수 없다.

② 여기서 '보다'는 "어떠하게 생각하다 혹은 간주(看做)한다."라는 뜻으로, "무언가를 집중하여 똑바로 보다." 혹은 "사물의 진실을 바로 보다."라는 뜻을 가진 '직시(直視)하다'로 바꿔 쓸 수 없다.

③ 여기서 '어렵다'는 "가능성이 없거나 매우 낮다."라는 뜻으로, '난망(難望)하다'로 바꾸는 것이 적절하다. '난해(難解)하다'라는 말은 "어떤 의미를 이해하기 어렵다." 혹은 "어떤 문제를 풀기 어렵다."라는 뜻인데, "정보의 논리를 위임 설계 단계에 적용하기 '어렵다(적용할 가능성이 없거나 매우 낮다)'"라는 문맥에 부합하지 않는다.

⑤ 여기서 '얻다'는 "어떤 상태나 성질을 갖거나 누리게 된다."라는 뜻으로, 세금 등 주로 금전을 거두어들인다는 의미의 '수취(收取)하다'로 바꿔쓸 수 없다.

빠른 정답 08 | 법학적 해석

31	③	32	④	33	④	34	④

31

정답설명

③ 3문단에 따르면, 해석자는 법학적 해석을 통해 자기가 이념적 입법자였다면 제정하였을 법으로 나아가며, 재판은 이를 확인하는 구체적인 과정이라고 할 수 있다고 하였다. 윗글에는 그 예로 특정 법률에 관한 위헌성 심사 재판이 이루어진 A의 사건이 제시되어 있다. 하지만 이렇듯 관련한 재판이 없는 상황에서, 법에 대한 법학적 해석이 구체적으로 어떻게 이루어지는가에 대해서는 윗글에서 확인할 수 없다.

오답설명

① 2문단에서 이념적 입법자의 의사는 법학적 해석의 목표이자 결과라고 하였다.

② 윗글은 지문 전체에 걸쳐 문헌학적 해석과 법학적 해석을 비교하고 있는데, 문헌학적 해석은 주관적으로 의도한 의미를 확정하는 것이며 경험적인 방법인 데 비해, 법학적 해석은 법률이 객관적으로 타당한 의미를 갖도록 하는 것이며 선험적으로 판단한다고 하였다. 따라서 선지의 질문은 윗글에서 답을 찾을 수 있다.

④ 2문단에 의하면, 이념적 입법자의 의사는 이념적으로 법률의 의사와 일치한다. 따라서 법률 자체가 일차적으로 입법자의 의사를 확인할 수 있는 수단임을 유추할 수 있다. 또한 5문단에 제시된 실제 법학적 해석 사례에서, 헌법재판소가 입법자의 의사를 파악하기 위하여 확인한 수단으로 법률의 제안 이유서, 법률안 초안 등이 언급된다. 따라서 선지의 질문은 윗글에서 답을 찾을 수 있다.

⑤ 4~5문단에 따르면, 해당 조항에서 등장하는 '청소년'이라는 용어는 문맥을 어떻게 파악하느냐에 따라, '실제의 청소년'만을 의미하는 것으로 해석할 수도, '그림, 영상물 속 가상의 청소년'을 의미하는 것으로도 해석할 수도 있어서, 죄형 법정주의의 명확성 원칙을 위반한 위헌 규정이라는 문제가 제기된 것임을 확인할 수 있다. 따라서 선지의 질문은 윗글에서 답을 찾을 수 있다.

32

정답설명

④ 1문단에서 ㉡(문헌학적 해석)은 제정자가 주관적으로 의도한 의미를 확정하는 것이라고 하였다. 따라서, 문헌을 통해 입법자의 의사를 파악하려 한다는 것을 알 수 있다. 반면, ㉠(법학적 해석)은 법률 제정자가 의도한 의미를 확정하는 데 머무르는 것이 아니라 법규가 객관적으로 타당한 의미를 갖도록 하는 것을 지향한다고 하였다. 이 과정은 ㉠이 법률 제정자가 미처 의식하지 못한 이념적 입법자의 의사를 확정하는 것이라고 하였으므로, ㉠은 법률 제정자의 의사를 배제하는 것이 아니라 법률 제정자의 의사를 기반으로 더 타당한 방향으로 나아가는 것임을 알

수 있다. 따라서 ㉠이 법률 제정자의 의사를 배제한다는 선지의 진술은 적절하지 않다.

오답설명

① 2문단에 따르면 해석자는 ㉠의 과정에서 법률을 그 제정자가 이해한 것보다도 더 잘 이해할 수 있게 된다. 따라서 선지의 진술은 적절하다.

② 2문단에서, 법률에는 다수의 제정자가 관여하기 때문에 의미에 대하여 갖가지 의견이 있을 수 있다고 하였다. 그러나 법학적 해석은 일의적이어야 하므로 이념적 입법자의 단일 의식에 의해 입법의 모든 내용이 결정되었다고 가정한다.

③ 1문단에서 문헌학적 해석은 제정자가 주관적으로 의도한 의미를 확정하는 것이라고 하였다.

⑤ 1문단에서 ㉡은 순수하게 경험적인 방법이라고 하였고 ㉠은 법질서를 체계적으로 모순 없이 해석해야 하는 선험적 요청에 대한 표현이기도 하다. 따라서 선지의 진술은 적절하다.

33

1문단부터 제시된 '문헌학적 해석'과 '법학적 해석'의 정의와 둘의 관계를 잘 파악한 뒤 그 맥락을 고려해 읽어야 ㉢을 정확히 이해할 수 있다.

정답설명

④ 1문단 '법학적 해석은 법률을 실제로 제정하는 주체인 경험적 입법자가 의도한 의미를 확정하는 데 머무르는 것이 아니라 법률이 객관적으로 타당한 의미를 갖도록 하는 것을 지향한다.'라는 문장은 ㉢의 앞 문장 '법학적 해석은 문헌학적 해석을 기반으로 하지만 그것을 초월한다.'와 일맥상통한다. 이 맥락을 바탕으로 ㉢의 의미를 해석하여야 한다.
3문단에 따르면, 실제 법률 제정자(경험적 입법자)의 사상에는 부족함이 있을 수밖에 없으며, 해석자는 법학적 해석을 통해 입법자의 의사를 고려해 자기가 이념적 입법자였다면 제정하였을 법으로 나아가 명료하게 모순 없는 해설을 끌어내어야 한다고 하였다. 또한 이러한 이념적 입법자의 의사는 법률 제정자가 미처 의식하지 못한 선험적인 것이라고 2문단에서 진술하기도 하였다. 이러한 내용들을 종합하면, 선지의 진술이 ㉢의 의미에 대한 이해로 가장 적절하다.

오답설명

① 3문단에서 재판은 경험적 입법자가 이념적 입법자에게 자리를 넘겨주는 것을 확인하는 구체적인 과정이라고 하였다. 그러나 ㉢이 말하는 바가 재판을 통해서만 법률의 제정 의도가 공표되고 확정된다는 의미는 아니다. 법학적 해석에 대하여 말하는 ㉢의 후행 문맥을 보면, 실제 재판은 ㉢을 확인하는 구체적인 과정으로서 제시되어 있다. 따라서 선지의 진술은 ㉢의 의미에 대한 이해로 적절하지 않다.

② ㉢과 관련한 윗글의 내용을 고려할 때, ㉢에서 말하는 경험적 입법자는 실제 법률 제정자이고, 이념적 입법자는 법률 속에만 존재하는 가상의 존재임을 알 수 있다. 법학적 해석은 경험적

입법자가 이념적 입법자가 되려고 노력하는 과정이 아니라, 경험적 입법자가 만든 법률의 모순이나 모호한 부분을 해석자가 이념적 입법자의 입장에서 채워 넣어 명확하게 만들도록 노력하는 과정임을 2문단과 3문단을 통해 알 수 있다. 따라서 선지의 진술은 법학적 해석에 대하여 말하는 ㉢의 의미에 대한 이해로 적절하지 않다.

③ ㉢의 바로 앞 문장에서 법학적 해석은 문헌학적 해석을 기반으로 하지만 그것을 초월한다고 하였다. 따라서, 법학적 해석이 문헌학적 해석을 배제한다는 선지의 진술은 ㉢의 의미에 대한 이해로 적절하지 않다.

⑤ 2문단에 따르면, 실제 법률의 제정에는 다수의 제정자, 즉 다수의 경험적 입법자가 관여하나 법학적 해석은 일의적이어야 하므로, 이념적 입법자의 단일 의식에 의해 입법의 모든 내용이 결정되었다고 가정한다. 따라서 선지의 진술은 법학적 해석에 대하여 말하는 ㉢의 의미에 대한 이해로 적절하지 않다.

34

정답설명

④ 3문단에 따르면 법률에 대한 위헌성 심사는 법학적 해석을 통해 법을 명료하게 만들어내는 것을 확인하는 과정으로 볼 수 있다. 한편 〈보기〉에 따르면 '친생부인의 소'와 관련한 민법 규정에서 '그 출생을 안 날'이라는 문구는 단순히 '출생하였음을 알게 된 날'로 해석될 가능성이 있는데, 이러한 다의적 해석 가능성에 따라 법 제정의 원래 목적을 벗어날 여지가 있으므로 헌법재판소는 해당 규정이 위헌이라고 판결하였고, 그에 따라 규정은 '그 사유가 있음을 안 날'로 바뀌었다. 즉, '그 출생을 안 날'이라는 개정 이전의 문구는, '출생하였음을 안 날'로도 '그 사유(출생과 관련한 비밀)가 있음을 안 날'로도 해석할 수 있기 때문에 명확하지 못하다. 이러한 위헌 심사를 윗글에서 설명한 것처럼 법이 나아갈 방향을 고려하여 타당한 의미를 갖도록 하려는 법학적 해석의 과정으로 이해한다면, 헌법재판소는 '친생부인의 소' 제도의 원래 취지를 자식이 친자가 아닌 것으로 추정될 때 그 관계를 정리하는 것으로 파악하여 명확한 법적 해결을 추구하기 위해 법학적 해석에 따라 해당 문구를 '그 사유를 안 날'로만 해석하는 것이 옳다고 본 것이다. 그런데 문헌학적 해석이라고 해서 해당 문구를 '출생하였음을 안 날'로만 해석하는 것은 아니다. 윗글에 따르면 문헌학적 해석 또한 법학적 해석의 기반이 되는 것으로서, 제정자의 사상을 경험적으로 탐구하는 것이다. 즉, 문헌학적 해석은 제정자의 실제 사상을 탐구하여 제정자가 주관적으로 의도한 의미를 확정하는 것이지 제정자의 취지를 벗어난 해석을 하려는 것은 아니다.

오답설명

① 4문단에서, A씨의 사례와 관련하여 청소년의 성 보호에 관한 법률의 규정에 다의적 해석의 여지가 있어 죄형 법정주의의 명확성 원칙을 위반한 위헌 규정이라는 문제가 제기되었다고 하였다. 그러나 이는 죄에 대한 처벌을 위한 형법의 영역에서 논의된 것으로서, 5문단에서 해당 법률은 다른 규정에서 대상 청소년이나 피해 청소년의 신상 유출을 금지하고, 그 위반에 대해 처벌하는 체계로 되어 있다고 하였다. 한편 〈보기〉의 사례는

수능식 리트변형 N제

범죄자를 처벌하는 형법이 아닌 민법에 대해 논하고 있으므로, 윗글에서 말하는 '죄형 법정주의'와는 관련이 없다. 따라서 선지의 진술은 적절하다.

② 2문단에서 해석자는 법학적 해석을 통해 법률을 그 제정자가 이해한 것보다도 더 잘 이해할 수 있다는 내용을 확인할 수 있다. 따라서 〈보기〉의 헌법재판소가 수행한 위헌 심사 과정을 법학적 해석 과정으로 본다면, 헌법재판소가 해당 민법 제정자보다 그 의미를 더 잘 이해하였다는 선지의 진술은 적절하다.

③ 3문단에 따르면 법률에 대한 위헌성 심사는 법학적 해석을 통해 법을 타당하고 명료하게 만들어내는 것을 확인하는 구체적인 과정으로 볼 수 있다. 또 1문단에 따르면 법학적 해석은 법률 제정자가 의도한 의미를 확정하는 데 머무르는 것이 아니라 법규가 객관적으로 타당한 의미를 갖도록 하는 것을 지향한다. 〈보기〉의 위헌 심사를 이러한 법학적 해석 과정으로 본다면, 선지의 진술은 적절하다.

⑤ 〈보기〉의 개정 이전 규정은 명료하고 타당한 방향으로의 법학적 해석이 이루어지기 전, 다의적 해석의 여지가 있는 모호한 규정이었으므로 위헌 심사가 이루어진 것이다. 3문단에 따르면 실제 법률 제정자의 사상에는 부족함이 있을 수밖에 없고, 언제나 명확하고 모순 없는 것이라고 할 수 없지만 해석자는 온갖 법률 사건에 대하여 명료하게 모순 없는 해결을 끌어내어야 한다. 즉 단순히 '출생하였음'을 안 지 1년이 지난 상황에서, 기존 규정을 본래 목적에 부합하지 않는 방향으로 해석한다면, 선지의 진술처럼 '친생부인의 소'를 제기할 수 없을 수도 있다. 결국 헌법재판소는 바로 선지에서 말하는 것과 같은 문제가 발생하지 않도록 법학적 해석을 거쳐 규정을 더 명료하게 수정하도록 판결한 것이다. 따라서 선지의 진술은 적절하다.

빠른 정답 ▶ 09 | 객관적 관념론

| 35 | ⑤ | 36 | ④ | 37 | ① | 38 | ② | 39 | ③ |

35

정답설명

⑤ 윗글의 4문단에서 철학적 근대의 완성판으로 평가받는 객관적 관념론은 철학적 근대의 핵심 원리인 '이성'에 존재론적, 형이상학적 위상까지 부여함으로써 이성주의를 강화한 철학적 사조임을 알 수 있다. 또한, 같은 문단에서 "여기서 '이성'은 이전의 근대 철학에서 지적 능력의 특정한 형식이나 단계를 지칭했던 것과는 달리 근본적으로는~섭리를 가리킨다."라고 하였으므로, 객관적 관념론이 이성에 부여한 의미가 윗글에서 철학적 근대로 언급되고 있는 데카르트주의 및 칸트주의가 이성에 부여한 의미와 달랐음을 알 수 있다.

오답설명

① 3문단에서 칸트주의는 진리를 만들어지는 것으로 보고, 도덕 준칙과 자연법칙이 자율적 주체인 인간에 의해 부여된다고 보았음을 알 수 있다. 따라서 해당 선지의 진술은 적절하다.

② 2문단에서 데카르트주의는 자연을 양적으로 측정할 수 있는 영역으로 정의하고, 이에 근거하여 자연을 인간보다 열등한 존재로 여기고 인간의 자연 지배를 정당화하였음을 알 수 있다.

③ 1문단에서 '현대의 환경 위기는 자연과 인간을 근본적으로 차별하는 세계관을 사상적 토대'로 한다고 하였다. 5문단에서 객관적 관념론은 이성주의를 강화함으로써 이성적 주체의 위상을 정당화하면서도 무분별한 자연 지배를 경계할 수 있는 논거를 제시하였고, 그 때문에 현대의 환경 철학 담론에서 주목받고 있다고 하였음을 확인할 수 있다.

④ 1문단에서 현대의 환경 위기는 자유, 인권, 평등의 인본주의적 가치에 근거한 민주주의나 세계 시민주의 등의 이념을 위험에 처하게 할 수 있음을 알 수 있다.

36

정답설명

④ 윗글의 1문단에서 철학적 근대가 인간의 이성적 주체성을 강조함으로써 자연과 인간을 근본적으로 차별하는 세계관을 내세웠고, 이러한 세계관을 토대로 하여 현대의 환경 위기가 대두하였음을 알 수 있다. 또한, 2문단과 3문단에서는 자연을 양적으로 측정할 수 있는 영역으로 정의함으로써 인간보다 열등한 존재로 여기는 ㉠과 자연법칙이 인간의 지적 형식에 의해 결정된다는 ㉡이 철학적 근대의 구체적인 사례로 언급되고 있음을 확인할 수 있다.

오답설명

① 1문단에서 철학적 근대는 인간과 자연을 근본적으로 차별하는 세계관을 세웠음을 알 수 있고, 2문단에서는 ㉠이 자연을 주체에 대한 근본적 타자로 여겼음을 알 수 있다. 그런데 2문단에

서 철학적 근대는 ㉠의 발생 및 완성의 과정으로 이루어진다고 하였으므로, 3문단에서 언급된 ㉡ 또한 자연법칙이 인간에 의해 부여된다고 주장함으로써 자연을 주체에 대한 근본적 타자로 여겼을 것이라고 추론할 수 있다.

② 2문단과 3문단에서 자연의 자기 목적을 인간의 심적 태도에 기반하여 고려하고자 한 ㉡과 달리 ㉠은 자연을 어떤 목적이나 내면도 없는 물질적 실체로 여겼음을 알 수 있다.

③ 1문단에서 철학적 근대는 인간의 지성적, 실천적 자율성을 주창함으로써 인본주의적 가치들을 자리 잡게 했다고 평가 받고 있음을 알 수 있다. 2문단과 3문단에서 ㉠과 ㉡은 이러한 철학적 근대의 구체적인 사례로 언급된 것이므로, 양자 모두 인간의 자율성을 강조함으로써 인본주의적 가치들의 정초를 세웠을 것이라고 추론할 수 있다.

⑤ 3문단의 "자연은 '인식'과 '사용'의 대상이던 것에서 나아가~이러한 노선은 칸트주의에서 특히 전형적으로 대두한다."를 통해 자연을 인식과 사용의 대상으로 보는 것은 ㉠과 ㉡의 공통점이지만, 자연법칙과 같은 진리를 '만들어지는' 것, 즉 '제작'의 대상으로까지 보는 경향은 ㉠과는 다른 ㉡만의 전형적인 특징임을 알 수 있다.

37

정답설명

① <보기>에서 포스트모더니즘은 인간의 신체가 자연과 마찬가지로 물질로 구성되어 있다는 점에 근거해 인간과 비인간의 상호 공존을 주장한다. 한편, 윗글 4문단의 '자연은 절대적 이성에~자연과 인간의 근원은 본질적으로 같다는 것이다.'를 통해 객관적 관념론은 자연과 이성이 절대적 이성의 두 양태로서 그 근원이 같다고 보았음을 추론할 수 있다. 따라서 자연과 인간의 근원이 본질적으로 같다는 근거로 포스트모더니즘에서는 자연과 인간의 근원이 물질에 있음을 들 것이고, 객관적 관념론은 이성에 있음을 들 것이므로 동일한 근거를 제시하지 않을 것이다.

오답설명

② 윗글의 1문단에서 철학적 근대는 자연과 인간을 근본적으로 차별하는 세계관을 내세웠음을 알 수 있다. 이에 반해 <보기>의 포스트모더니즘은 인간과 자연이 공존할 뿐 아니라 상호 연결되어 있다고 보았으며, 현대의 환경 위기를 인간중심주의를 사상적 토대로 삼은 근대인이 자연을 대상화하고 정복한 결과라고 비판하였으므로 적절하다.

③ <보기>의 포스트모더니즘은 오늘날의 환경 위기를 인간과 자연의 이분법에 기반한 인간중심주의를 사상적 토대로 삼은 근대인이 자연을 대상화하고 정복한 결과라고 비판했다. 또, 윗글의 1문단에서 현대의 환경 위기에 가장 큰 책임을 지고 있는 것은 인간의 이성적 주체성을 중심으로 자연을 차별하는 세계관을 내세운 철학적 근대라고 평가하고 있으므로 적절하다.

④ 1문단에서 철학적 근대의 딜레마는 현대의 환경 위기와 관련하여 철학적 근대를 그대로 수용할 수도 없고, 무조건 거부할 수도 없는 상황을 가리킨다고 하였다. 그런데 <보기>의 생태중심주의는 포스트모더니즘의 영향을 받아 인간중심주의가 정초한

자유, 인권, 평등 등의 가치를 위협한다는 비판을 받기도 한다고 하였고, 생태중심주의는 철학적 근대를 원천적으로 거부함으로써 현대의 환경 철학 담론에서 공감을 얻고 있는 포스트모더니즘에 기반하여 생태계 전체를 도덕적으로 고려해야 한다고 주장하는 사상이므로, 선지의 진술은 적절하다.

⑤ <보기>에서 생태중심주의는 포스트모더니즘의 영향을 받아 생태계 전체를 도덕적으로 고려해야 한다고 주장하였다. 이러한 생태중심주의는 비인간을 인간과 동등한 위치에 놓는다고 하였으므로 인간을 자연과 같은 비인간보다 우월하게 보는 '철학적 근대'에 대한 반박이 될 수 있다. 그런데 윗글의 1문단은 '환경 위기'에 대해 '철학적 근대'의 책임을 묻는 것이 '철학적 근대'를 통해 자리 잡은 인본주의적 가치들을 위협하고, 생존을 빌미로 한 신유형의 독재나 제국주의를 유발할 수 있는 요인으로 작용할 수 있다고 하였으므로, 이와 마찬가지 맥락에서 '인간'만이 아니라 '생태계 전체'를 중시하는 생태중심주의는 환경 위기에서의 생존을 근거로 인본주의적 가치를 위협하는 방식으로 '신유형의 독재'나 '제국주의'를 유발할 수도 있을 것이다.

38

정답설명

② 윗글 4문단의 '자연은 절대적 이성에 따라~자연과 인간의 근원은 본질적으로 같다는 것이다.'를 통해 객관적 관념론은 인간과 자연은 절대적 이성의 서로 다른 양태이지만 양자는 본질적으로 같다고 보았음을 알 수 있다. 한편, 1문단에서 현대의 환경 위기와 관련한 철학적 근대의 딜레마는 철학적 근대가 인간과 자연을 근본적으로 차별하는 세계관을 제시하는 동시에 인본주의적 가치들을 자리 잡게 했다는 점에 기인한다고 하였다. 즉, 철학적 근대의 딜레마는 근본적으로 인간과 자연의 대립적 관계에 근거한 것이다. 철학적 근대는 자연을 열등한 존재로, 인간을 우월한 존재로 위계화하여 자연을 인간에 대한 근본적 타자로 이해하는데, 객관적 관념론은 인간과 자연은 위계적으로 대립하는 관계로 보기 어려우므로, 이에 근거하여 철학적 근대의 딜레마에 대한 해결을 모색할 수 있을 것이다.

오답설명

① 4문단에서 객관적 관념론은 절대적 이성을 세계의 모든 것에 선행하면서 동시에 그 모든 것을 가능하게 하는 조건으로 보았음을 알 수 있다. 이에 근거하여 객관적 관념론은 인간을 절대적 이성에 따라 사유하고 성숙하여 절대적 이성의 인식에 도달해 가는 의식 양태의 이성으로 보았다. 하지만 이러한 진술이 인간은 절대적 이성에 따라 새로운 인본주의적 가치를 확립해야 함을 의미하지는 않는다.

③ 4문단에서 객관적 관념론은 이성을 존재론적, 형이상학적 위상을 지니는 최상위의 범주로 이해함으로써 모든 자연사와 인간사를 절대적 이성이 시공간의 차원으로 드러난 현상적 실재로 설명하였음을 알 수 있다. 즉 객관적 관념론에 따르면, 자연사가 인간의 이성으로부터 도출되는 현상적 실재가 아니라 인간의 이성 자체가 절대적 이성의 특정 양태인 것이다. 또한, 이에 따라 객관적 관념론은 자연을 양적으로 측정 가능한 존재로 보

지도 않을 것이다.

④ 4문단에서 객관적 관념론은 이성을 지적 능력의 특정 형식이나 단계가 아닌 존재론적, 형이상학적 위상을 지니는 최상위의 범주로 이해하였다.

⑤ 4문단에서 객관적 관념론은 자연을 절대적 이성에 따라 존재하고 변화하는 사물 양태의 이성으로 보기는 하였지만, 이것이 2문단에서 언급된 데카르트주의에서와 달리 자연을 물질적 실체로 보지 않았음을 의미하지는 않는다.

39

정답설명

③ 윗글의 ⓐ '만들다'는 '진리를'이라는 목적어가 있는 문맥을 고려할 때 '규칙이나 법, 제도 따위를 정하다.'의 의미로 사용되었음을 알 수 있다. 이는 3문단에서 칸트주의가 도덕 준칙이나 자연법칙이 자율적 주체인 인간의 지적 틀에 의해 결정된다고 보았다는 점에서도 확인할 수 있다. 한편, 선지의 '만들다'도 '규칙'을 만들었다는 문맥을 고려할 때 이와 유사한 의미로 사용되었으므로, ⓐ와 그 의미가 가장 가깝다.

오답설명

① 선지의 '만들다'는 '교과서를'이라는 목적어가 있는 문맥을 고려할 때 '책을 저술하거나 편찬하다.'의 의미로 사용되었음을 알 수 있다.

② 선지의 '만들다'는 '장갑'이라는 목적어가 있는 문맥을 고려할 때 '노력이나 기술 따위를 들여 목적하는 사물을 이루다.'의 의미로 사용되었음을 알 수 있다.

④ 선지의 '만들다'는 '터전'을 '폐허'로 만들었다는 문맥을 고려할 때 '무엇이 되게 하다.'의 의미로 사용되었음을 알 수 있다.

⑤ 선지의 '만들다'는 '동아리를'이라는 목적어가 있는 문맥을 고려할 때 '기관이나 단체 따위를 결성하다.'의 의미로 사용되었음을 알 수 있다.

40	④	41	②	42	⑤	43	③	44	⑤

40

정답설명

④ 2문단에 따르면 지구 궤도를 도는 우주선에는 연료 분사에 의한 힘 외에 지구의 중력이 작용한다. 따라서 선지의 전반부는 적절하다. 그런데 우주선이 중력을 받으면서 원 또는 타원 궤도를 도는 운동을 할 때, 궤도를 한 바퀴 도는 데 걸리는 시간인 주기는 궤도의 지름이 클수록 더 길다고 하였다. 따라서 궤도의 지름과 궤도를 한 바퀴 도는 데 걸리는 시간이 반비례한다는 선지의 진술은 적절하지 않다.

오답설명

① 2문단에 따르면, 우주선의 운동 에너지 K는 우주선의 질량에 비례하고, 또 속력의 제곱에 비례한다는 것을 알 수 있다. 즉 질량이 일정하게 유지될 때 속력이 2배 증가하면 운동 에너지는 4배 증가할 것이므로, 선지의 진술은 적절하다.

② 2문단에 따르면, 궤도 운동을 하는 우주선은 속력과 관련된 운동 에너지와 중력과 관련된 중력 위치 에너지를 갖는다. 그리고 3문단에 따르면 이 두 에너지의 합을 역학적 에너지라 하는데, 중력만이 작용할 때 역학적 에너지는 보존되면서 지구 중심과의 거리에 따라 우주선이 느려지거나 빨라진다는 사실을 알 수 있다. 타원 궤도를 그리는 우주선은 지구 중심과의 거리가 궤도 운동에 따라 계속해서 변화할 것이므로, 중력 위치 에너지가 계속해서 변화할 것이고, 중력만이 작용하는 상황에서 역학적 에너지는 보존되어야 하므로 중력 위치 에너지의 변화로 인해 속력과 관련한 운동 에너지 또한 변화할 것이다. 결국 우주선의 속력은 일정하지 않을 것이다. 따라서 선지의 진술은 윗글에서 알 수 있는 내용으로 적절하다.

③ 1문단에서 우주선은 연료를 연소하여 기체를 분사함으로써 분사 방향의 반대쪽을 향하는 추진력을 받는데, 이는 어떤 힘이 작용하면 그와 크기가 같고 방향은 반대인 힘이 반작용한다는 뉴턴의 제3법칙을 통해 설명된다고 하였다. 또 이때 작용과 반작용에 따라 같은 크기의 힘을 주고받는데 우주선이 움직이는 까닭은, 같은 크기의 힘을 물체에 가했을 때 물체의 질량과 가속도는 반비례한다는 뉴턴의 제2법칙을 통해 설명된다고 하였으며, 우주선의 질량보다 연료 기체의 질량이 작더라도, 연료 기체를 고속으로 분사함으로써 우주선은 충분한 가속도를 얻는다고 1문단에서 설명하고 있다. 따라서 선지의 진술은 윗글에서 알 수 있는 내용으로 적절하다.

⑤ 6문단에 따르면, 목표물과 같은 원 궤도를 돌던 우주선이 랑데부를 성공할 수 있는 궤도에 진입한 경우 우주선과 목표물의 궤도가 달라지므로, 우주선은 진입한 타원 궤도의 주기가 기존 원 궤도의 주기보다 더 짧다는 점을 이용하여 하나의 주기 혹은 여러 주기의 궤도 운동 후에 우주선과 목표물이 같은 위치에서 만나도록 속력을 추가로 조절해야 한다는 내용을 확인할 수 있다. 따라서 선지의 진술은 윗글에서 알 수 있는 내용으로 적절하다.

41

정답설명

② 발문에 따르면 선지에서 말하는 우주선 갑은 지구를 중심으로 하는 원 궤도에서 궤도 운동을 하고 있다. 2문단에 따르면 이러한 우주선에는 연료 분사에 의한 힘 외에 지구의 중력이 작용하며, 속력에 관련된 운동 에너지와 중력에 관련된 중력 위치 에너지를 갖는다. 그런데 2문단에서 중력 위치 에너지는 우주선이 지구에서 가장 먼 무한대 거리에 있을 때 0이고, 3문단에서 역학적 에너지는 중력 위치 에너지와 운동 에너지의 합으로 표현된다고 하였다. 따라서 우주선 갑이 지구로부터 무한대 거리에 있다면 그 중력 위치 에너지가 0이 되므로, 역학적 에너지가 곧 그 운동 에너지와 같아질 것이다. 따라서 선지의 진술은 발문과 선지에서 제시한 조건에 따른 갑의 역학적 에너지에 대한 설명으로 적절하다.

오답설명

① 3문단에 따르면 우주선에 지구의 중력만이 작용할 때, 궤도 운동하는 우주선의 역학적 에너지는 일정하게 보존된다. 따라서 갑에 중력만이 작용할 때 추진력을 잃고 역학적 에너지가 점차 감소한다는 선지의 진술은 적절하지 않다.

③ 2문단에 따르면 우주선의 속력의 제곱에 비례하여 커지는 것은 운동 에너지이다. 그리고 3문단에 따르면 운동 에너지와 중력 위치 에너지의 합이 역학적 에너지이다. 선지의 진술처럼 갑의 속력이 0이 될 때 운동 에너지 K의 값이 0이 된다고 하더라도, 갑의 중력 위치 에너지가 0이 될 것이라고는 말할 수 없고, 따라서 갑의 두 에너지의 합인 역학적 에너지가 0이 된다고도 말할 수 없다.

④ 2문단에서 속력의 제곱에 비례하여 운동 에너지가 커진다는 것을 알 수 있고, 3문단에 따르면 원 궤도에서 작용하는 중력의 크기가 클수록 우주선의 속력은 빨라진다. 즉 선지의 진술처럼 다른 모든 조건이 변하지 않을 때 갑에 작용하는 중력이 커진다면, 갑의 속력이 빨라짐에 따라 운동 에너지가 빨라질 것이고, 그에 따라 갑의 역학적 에너지는 증가할 것이다.

⑤ 2, 3문단의 설명을 고려할 때 지구 중심과 우주선의 거리가 커질수록 우주선과 지구가 멀어지는 것이므로 중력 위치 에너지 U는 0에 더 가깝게 커질 것이다. 3문단에서 역학적 에너지는 운동 에너지와 중력 위치 에너지의 합이라고 하였고, 선지에서 다른 모든 조건은 변하지 않는다고 하였으므로, 선지의 조건에 따르면 갑의 중력 위치 에너지가 커짐에 따라 갑의 역학적 에너지 또한 증가할 것이다.

42

정답설명

⑤ 4문단에 따르면, 우주선이 궤도의 접선 방향으로 연료를 전방 분사하면, 운동 에너지 감소에 따라 우주선이 작은 타원 궤도로 진입하여 지구에 이전보다 가까워진다. 즉 ㉠에서 말하는 〈그림〉에서, 선지의 진술처럼 원 궤도를 도는 우주선이 일시적 전방 분사를 통해 진입한 새로운 타원 궤도는 작은 타원 궤도임을 알 수 있다. 그런데 5문단에서 우주선이 일시적 전방 분사를 하면, 이전보다 더 작은 타원 궤도로 진입한 우주선의 속력은 기존 원 궤도에서보다 더 느려진 진입 속력과 더 빨라진 최대 속력 사이에서 변화한다고 하였다. 이를 바탕으로 〈그림〉에서 작은 타원 궤도와 기존의 원 궤도를 비교해 보면, 기존 원 궤도는 우주선과 지구의 거리가 일정하므로 중력 위치 에너지의 변화가 없고, 따라서 역학적 에너지가 보존되는 궤도 운동에서의 속력 변화도 없을 것이다. 하지만 작은 타원 궤도에서는 우주선이 궤도의 어느 지점에 있느냐에 따라 중력 위치 에너지가 계속해서 변화할 것이고, 역학적 에너지가 보존되는 궤도 운동의 특성에 따라 운동 에너지가 변화하기 때문에 속력도 변화할 것이다. 즉 〈그림〉의 작은 타원 궤도를 좌우로 절반씩 나누어 보면, 좌측 궤도에서는 우주선이 지구와 점점 가까워지므로 중력 위치 에너지가 감소함에 따라 우주선의 속력은 점점 증가하고, 우주선이 지구와 가장 가까워진 순간에 우주선이 기존 궤도에서의 속력보다 빠른 최대 속력(최댓값)을 가질 것이다. 반대로 우측 궤도에서는 우주선이 지구와 점점 멀어지므로 중력 위치 에너지가 증가함에 따라 우주선의 속력은 감소할 것이고, 지구와 가장 멀어져 기존 궤도와 같은 중력 위치 에너지를 가지는 순간에 우주선은 기존 궤도에서의 속력보다 느린 진입 속력(최솟값)을 가질 것이다. 즉 작은 타원 궤도에 진입한 우주선이 기존 궤도에서와 같은 속력(운동 에너지)을 갖는 궤도상의 지점은 새로운 궤도에서 속력이 점점 빨라지는 과정에서 1개, 새로운 궤도에서 속력이 느려지는 과정에서 1개, 총 2개 지점이 존재함을 알 수 있다.

오답설명

① 4문단에 따르면, 원 궤도에 있는 우주선이 궤도의 접선 방향으로 연료를 후방 분사하여 운동 에너지를 증가시키면, 그만큼 역학적 에너지도 증가하므로 우주선은 기존 궤도보다 지구로부터 더 멀어질 수 있는 큰 타원 궤도로 진입한다. 즉 ㉠에서 말하는 〈그림〉에서, 선지의 진술처럼 원 궤도를 도는 우주선이 현재 궤도보다 지구로부터 더 멀어질 수 있는 큰 타원 궤도에 진입하려면, 후방 분사로 속력을 높여 운동 에너지를 증가시킴으로써 최종적으로 역학적 에너지를 증가시켜야 한다. 따라서 선지의 진술은 ㉠에 대한 이해로 적절하다.

② 2문단에 따르면, 우주선의 중력 위치 에너지는 우주선이 지구에서 가장 먼 무한대 거리에 있으면 0으로 정의되고, 지구에 가까워질수록 그 값은 작아지므로 음수가 될 것이다. ㉠에서 말하는 〈그림〉을 보면, 큰 타원 궤도를 도는 우주선이 지구와 가장 가까워지는 지점은, 작은 타원 궤도를 도는 우주선이 지구에서 가장 멀어진 지점과 같다. 그러므로 큰 타원 궤도에서 우주선이 가질 수 있는 중력 위치 에너지의 최솟값은, 작은 타원 궤도에서 우주선이 가질 수 있는 중력 위치 에너지의 최댓값과 같다. 즉 작은 타원 궤도에서의 중력 위치 에너지의 최솟값은, 큰 타원 궤도에서의 중력 위치 에너지의 최솟값보다 작을 수밖에 없다. 따라서 선지의 진술은 ㉠에 대한 이해로 적절하다.

③ 4문단에 따르면, 원 궤도에 있는 우주선이 궤도의 접선 방향으로 연료를 후방 분사하여 운동 에너지를 증가시키면, 그만큼 역학적 에너지도 증가하므로 우주선은 기존 궤도보다 지구로부터 더 멀어질 수 있는 큰 타원 궤도로 진입한다고 하였다. 즉 ㉠에서 말하는 〈그림〉에서, 선지의 진술처럼 원 궤도를 도는 우주선이 일시적 후방 분사로 새롭게 진입한 궤도는 큰 타원 궤도임을 알 수 있다. 이때 큰 타원 궤도를 궤도 운동하는 우주선은

기존 원 궤도보다 큰 역학적 에너지를 갖게 된다. 그리고 이러한 역학적 에너지의 증가 자체가 속력 증가에 따른 운동 에너지 증가를 통해 얻은 것이다. 물론 타원 궤도 운동에 따라 우주선의 속력이 주기적으로 변화할 것이고, 궤도상 어느 지점에 위치하는지에 따라 운동 에너지가 변화하겠지만, 역학적 에너지가 증가하여 큰 타원 궤도를 도는 상황에서 우주선과 지구 사이의 거리가 기존 원 궤도와 같아지는 지점이 〈그림〉에 존재하고, 그 지점에서 큰 타원 궤도를 도는 우주선의 운동 에너지는 기존 원 궤도를 돌던 때의 운동 에너지보다 클 수밖에 없다. 따라서 큰 타원 궤도에서 우주선이 갖는 운동 에너지의 최댓값은 기존 궤도에서 우주선이 갖는 운동 에너지보다 클 것이므로, 선지의 진술은 적절하다.

④ 4문단에 따르면, 우주선이 궤도의 접선 방향으로 연료를 전방 분사하면, 운동 에너지 감소에 따라 우주선이 작은 타원 궤도로 진입하여 지구에 이전보다 가까워진다. 즉 ㉠에서 말하는 〈그림〉에서, 선지의 진술처럼 원 궤도를 도는 우주선이 운동 에너지를 줄여 새롭게 진입한 궤도는 작은 타원 궤도임을 알 수 있다. 2, 3문단에 따르면 중력 위치 에너지는 우주선이 지구와 멀어질수록 커지는데, 〈그림〉을 보면 작은 타원 궤도에서 우주선이 지구와 가장 멀어지는 지점에서 우주선과 지구 중심 간의 거리는, 기존 원 궤도에서 우주선과 지구 중심 간의 거리와 같음을 알 수 있다. 그러므로 선지에서 말하는 새로운 궤도인 작은 타원 궤도에서 우주선이 가질 수 있는 중력 위치 에너지의 최댓값은, 기존 원 궤도에서 우주선이 가졌던 중력 위치 에너지와 같아진다. 따라서 선지의 진술은 ㉠에 대한 이해로 적절하다.

43
정답설명
③ 〈보기〉에서 우주선 제미니 4호가 처한 상황은, 5, 6문단에서 말하는 것처럼 우주선과 목표물이 동일한 원 궤도에서 동일한 운동 방향일 때 목표물이 우주선의 전방에 있는 상황과 같다. 6문단에 따르면 이때 우주선이 전방의 목표물을 따라잡아 랑데부를 성공시키려면, 일시적 전방 분사를 하여 속력을 줄임으로써 운동 에너지를 줄이고, 결과적으로 역학적 에너지를 줄여 더 작은 궤도로 진입한 다음, 추가적인 속력 조절을 통해 목표물에 가까워져야 한다. 그런데 〈보기〉의 제미니 4호 조종사는 타이탄 로켓을 향하여 이동하는 속력을 높이기 위해 연료를 후방으로 일시적으로 분사하였다가 랑데부에 실패하였다. 이는 5문단에서 말하는 것처럼, 목표물이 전방에 있을 때 전방 분사가 아닌 후방 분사로 인해 우주선의 속력이 빨라짐에 따라 운동 에너지가 증가하고, 결과적으로 역학적 에너지가 증가한 우주선이 이전보다 더 큰 궤도로 진입하였으며, 후방 분사가 끝난 후에는 속력이 주기적으로 변화하면서 결국 목표물과 더 멀어진 것으로 볼 수 있다. 따라서 선지의 진술이 〈보기〉에서 제미니 4호가 랑데부에 실패한 원인을 추론한 내용으로 가장 적절하다.

오답설명
① 5, 6문단을 고려할 때 후방 분사로 더 큰 운동 에너지를 갖게 된 제미니 4호는 그에 따른 역학적 에너지 증가로 기존 원 궤도보다 더 큰 타원 궤도로 진입하였을 것이고, 이때 궤도상 지

구와의 거리 변화에 따라 제미니 4호의 중력 위치 에너지 또한 이전보다 커질 것임을 추론할 수 있다. 따라서 제미니 4호의 중력 위치 에너지가 감소했다는 선지의 진술은 〈보기〉에서 제미니 4호의 실패 원인을 추론한 내용으로 적절하지 않다.

② 5, 6문단을 고려할 때 후방 분사로 더 큰 운동 에너지를 갖게 된 제미니 4호는 그에 따른 역학적 에너지 증가로 기존 원 궤도보다 더 큰 타원 궤도로 진입하였을 것이므로, 제미니 4호와 지구 중심 간의 거리는 이전보다 증가하였을 것이다. 따라서 제미니 4호와 지구 중심 간의 거리가 감소했다는 선지의 진술은 〈보기〉에서 제미니 4호의 실패 원인을 추론한 내용으로 적절하지 않다.

④ 5, 6문단을 고려할 때 후방 분사로 속력이 증가함으로써 더 큰 운동 에너지를 갖게 된 제미니 4호는 그에 따른 역학적 에너지 증가로 기존 원 궤도보다 더 큰 타원 궤도로 진입하였을 것이다. 따라서 제미니 4호의 속력이 감소했다는 선지의 진술은 〈보기〉에서 '제미니 4호'의 실패 원인을 추론한 내용으로 적절하지 않다.

⑤ 5, 6문단을 고려할 때 후방 분사로 속력이 증가한 제미니 4호는 운동 에너지 증가, 그에 따른 역학적 에너지 증가로 인해 기존 원 궤도보다 더 큰 타원 궤도로 진입하였을 것이다. 6문단에 따르면 제미니 4호와 같은 상황에서 랑데부를 성공하기 위해서는 더 작은 타원 궤도로 진입하여야 한다. 따라서 랑데부가 가능한 궤도에 진입하였다는 선지의 진술은 〈보기〉에서 '제미니 4호'의 실패 원인을 추론한 내용으로 적절하지 않다.
여기서 '추가적인 속력 조절' 때문에 틀린 것이 아니냐고 묻는 학생들이 있다. 애초에 랑데부가 가능한 궤도에 진입하지 못했다면, 추가적인 속력 조절을 하여도 랑데부는 성공할 수 없다. '추가적인 속력 조절'에 낚일 수 있지만 그 전에 랑데부가 가능한 궤도가 아니란 것을 짚어야 한다!

44
정답설명
⑤ 윗글의 ⓐ '주고받다'는 문맥상 '서로 주기도 하고 받기도 하다.'의 의미로 사용되었다. 한편, 선지의 '교환(交換)하다'는 '서로 주고받고 하다.'의 의미이다. 따라서 둘을 바꾸어 쓰는 것은 문맥상 적절하다.

오답설명
① '교류(交流)하다'는 '문화나 사상 따위를 서로 통하게 하다.'의 의미이다. 따라서 둘을 바꾸어 쓰는 것은 문맥상 적절하지 않다.
② '교신(交信)하다'는 '우편, 전신, 전화 따위로 정보나 의견을 주고받다.'의 의미이다. 따라서 둘을 바꾸어 쓰는 것은 문맥상 적절하지 않다.
③ '교역(交易)하다'는 '주로 나라와 나라 사이에서 물건을 사고팔고 하여 서로 바꾸다.'의 의미이다. 따라서 둘을 바꾸어 쓰는 것은 문맥상 적절하지 않다.
④ '교체(交替)하다'는 '사람이나 사물을 다른 사람이나 사물로 대신하다.'의 의미이다. 따라서 둘을 바꾸어 쓰는 것은 문맥상 적절하지 않다.

빠른 정답 11 | 생물의 조직화

| 45 | ③ | 46 | ② | 47 | ④ | 48 | ① |

45

정답설명

③ 4문단에 따르면 라마르크는 물리적 법칙을 따르는 조직화의 개념을 자신의 생물 이론에 도입하였고, 그러한 생물관에 기초하여 생물계와 무기계의 이분법으로 생물학의 정체성을 확고히 하였음을 확인할 수 있다. 즉 라마르크의 조직화는 생물과 무생물 간의 구분에도 활용된 것으로 볼 수 있다.

오답설명

① 2문단에 따르면 퀴비에는 '각 기관의 기능은 창조 당시에 부여되었다'고 믿었으므로, 퀴비에는 신이 생물을 창조하였다고 생각했음을 알 수 있다. 즉 19세기의 생물학자인 퀴비에는 신과 같은 초자연적인 힘을 통해 생물의 조직화를 설명하였음을 알 수 있다.

② 2문단에서, 퀴비에가 생물의 기관들은 기능적으로 상호 긴밀하게 연관된다고 생각했다는 점은 확인할 수 있다. 그러나 퀴비에는 기관의 기능이 창조 당시에 부여된 것이라고 믿었고, 생물이 변화하는 환경에 적응할 수 있다고 주장한 것은 3문단의 조프루아이다.

④ 2문단에 따르면 퀴비에는 동물을 네 가지 유형으로 나누었으므로 사분법적 체계를 동물 분류 방식으로 제시하였음을 알 수 있다. 그러나 3문단에서, 조프루아는 모든 생물이 단일 선상에 연속적으로 놓여 연결된다는 '존재의 연쇄'를 믿었다고 하였으므로 조프루아가 삼분법적 체계를 동물 분류 방식으로 제시하지 않았음을 알 수 있으며, 4문단에 따르면 라마르크는 동물, 식물, 광물의 삼분법을 동식물을 합한 생물계와 무기계의 이분법으로 재구성하였으나 동물 분류 방식을 제시하지 않았으므로 적절하지 않다.

⑤ 3문단에 따르면 조프루아는 생물의 조직화 과정에서 구조를 중시하였고, 생물의 구조는 시간이 흘러도 변하지 않지만 시간의 흐름에 따라 환경이 변하면 생물의 특정 기관이 수행하는 기능이 변할 수 있다고 하였다. 즉 골격 구조가 같지만 기능이 다른 기관이 존재한다면 이는 조프루아의 견해로 설명할 수 있을 것이다.

46

정답설명

② 2문단에서 퀴비에는 생물이 부분들의 무작위적 집합을 통해 만들어질 수 있다는 기존 생물학자들의 주장을 비판하고, 생물이 지닌 부분들의 상호 연관성이 환경이 요구하는 생존 조건에 따라 형성된다고 보았음을 알 수 있다. 이는 퀴비에가 생물의 구조나 기능이 우연적으로 생겨나는 것이 아니라 자신에게 주어진 환경에서 생존할 수 있는 가장 적합한 형태로 생겨난다고 보았음을 의미한다. 또 조프루아의 견해 중 특별히 필연성이나 우연성과 연결시킬 수 있는 부분을 단언하기 어렵다. '존재의

연쇄'나 '단일 도안'과 같은 개념에서 생물의 구조가 통일성을 갖는다고 설명하는 부분은 필연성을 부각한다고 이해할 여지가 있고, 기관의 기능 및 외관이 환경이 우연히 변화하면 그에 맞추어 변화한다고 설명하는 부분은 우연성을 부각한다고 이해할 여지도 있다.

오답설명

① 2문단에서 퀴비에는 생물의 조직화 과정에서 구조보다는 기능을 중시하여, 각 기관의 구조가 생물의 창조 당시 부여된 기능에 따라 결정된다고 보았음을 알 수 있다. 한편, 3문단에서 조프루아는 생물의 조직화 과정에서 기능보다는 구조를 중시하였고, '존재의 연쇄'와 '단일 도안' 개념을 통해 모든 생물은 통일성 있는 구조를 갖고 있으며, 생물이 갖는 각 기관의 기능과 외관이 환경에 따라 달라진다고 주장하였음을 알 수 있다.

③ 2문단에서 퀴비에는 생물의 기능이 환경에 적합하게 창조된 것이며, 그 기능에 따라 기관의 구조가 결정된다고 보았음을 알 수 있다. 이는 생물의 불변성을 함축하는데, 2문단에서 언급되었듯, 퀴비에는 생물 종 간의 변화가 불가능하며, 동물은 자신에게 주어진 환경에 맞게 네 가지 제한된 유형으로 창조된다고 보았기 때문이다. 한편, 3문단에서 조프루아는 생물의 구조가 단일 도안을 바탕으로 연속적으로 이어져 있으며, 환경 변화에 따라 생물이 변화할 수 있음을 긍정하였음을 알 수 있다.

④ 2문단에서 퀴비에는 생물이 그 기능을 중심으로 제한된 유형으로만 만들어지고, 동물의 경우 척추, 연체, 체절, 방사형의 네 가지 유형으로만 만들어지며 각 유형 간 변화는 불가능하다고 보았음을 알 수 있다. 이는 생물의 유형이 고정되어 있음을 암시한다. 한편, 3문단에서 조프루아는 생물의 구조가 단일 구조를 바탕으로 기본적으로 통일성을 갖는다고 하였다.

⑤ 2문단에서 퀴비에는 생물이 제한된 유형으로만 만들어지며, 이를 바탕으로 불연속적이고 변화하지 않는 생물 분류 체계를 세웠음을 알 수 있다. 한편, 3문단에 따르면 조프루아는 생물의 구조가 단일 도안을 바탕으로 통일성을 가지며, 연속적으로 이어져 있다고 보았고, 이에 따라 구조는 같지만 기능이나 외관이 다른 상동기관을 설명할 수 있다고 주장하였다. 이는 조프루아가 퀴비에와 달리 생물 구조에 기반한 분류 체계의 연속성을 주장한 것으로 볼 수 있다.

47

정답설명

④ 2문단에서 기능을 구조보다 중시하는 퀴비에는 생물에게 필요한 기관의 기능이 창조 당시 부여되고, 그 기능에 따라 기관의 구조가 결정된다고 설명한다. 한편 3문단에서 구조를 기능보다 중시하는 조프루아는 '단일 도안'을 따르는 통일성 있는 생물의 구조가 먼저 존재하고, 기관의 기능과 외관은 환경에 따라 변화하는 것이라고 설명한다. 그러면서 조프루아는 구조가 같지만 기능과 외관이 상이한 상동기관을 퀴비에의 체계에 대한 비판으로 제시한다. 이러한 맥락을 고려하면 조프루아의 ㉮와 같은 비판은, 만약 퀴비에의 주장처럼 기관에 기능이 먼저 부여되고 구조가 기능에 따라 결정되는 것이라면, 기능이 같은

기관 간에 구조가 달라질 수 없기 때문에 퀴비에의 주장이 틀렸다고 지적하는 것이라 볼 수 있다. 즉, 구조는 같지만 기능이 상이한 상동기관은 구조가 먼저 결정되었다는 것으로 볼 수 있으므로, 이에 부합하는 근거가 될 수 있는 선지의 진술은 ④이다.

오답설명

① 기능에 따라 각 기관의 구조가 결정된다고 말한 것은 조프루아가 아닌 퀴비에이다.

② 상동기관이 퀴비에가 제시한 제한적인 네 가지 유형 모두에서 공통적으로 발견된다는 내용은 윗글에서 확인할 수 없다. 또한 '상동기관의 형성을 퀴비에의 체계가 아닌 조프루아의 분류 체계를 통해 설명할 수 있다.'라는 ㉮의 내용과는 상반되므로 적절하지 않다.

③ 조직화가 생물과 무생물을 구분하는 광범위한 원리가 된다는 것은 퀴비에, 조프루아가 아니라 라마르크가 주장한 것이다.

⑤ ㉮는 상동기관을 퀴비에의 체계로는 설명할 수 없다는 조프루아의 주장인데, 퀴비에는 '생물의 창조'를 언급하며, 신과 같은 초자연적 개념에 대해 긍정하였으므로 적절하지 않다.

48

정답설명

① 〈보기〉에서 동물도 식물도 아니지만 별개의 생물로 분류되는 점균류 곰팡이는 영양분이 모자라면 한 곳에 응집하여 군집을 형성할 수 있음을 알 수 있다. 현대 생물학자들은 이러한 점균류 곰팡이의 특징이 생물의 자발적인 자기 조직화 능력에 기인한다고 본다. 그런데 윗글의 2문단에 따르면, 퀴비에는 생물이 주어진 서식 환경에 가장 적합하게 창조되며, 각 기관의 기능 역시 이때 부여되어 구조를 결정한다고 믿었다. 생물의 조직화는 각 기관에 부여된 기능에 따라 이루어지며, 이 기관들은 기능상의 긴밀한 연관성을 갖고 있다는 것이다. 퀴비에는 생물이 지닌 이러한 부분들의 상호 연관성이 통합적 전체를 이루고, 통합적 전체로서 생물은 어느 한 부분에라도 변화가 발생하면 몸 전체가 치명적 손상을 입는다고 보았다. 퀴비에의 견해를 바탕으로 〈보기〉를 보면, 군집을 형성하는 점균류 곰팡이의 특정 개체의 손상은 점균류 곰팡이 군집 전체에 치명적인 손상을 입힐 것이라고 보는 것이 적절하다.

오답설명

② 2문단에서 퀴비에는 생명체는 주변 환경에 맞게 창조되며, 이때 기관에 부여된 기능에 따라 각 기관의 구조가 결정된다고 보았음을 알 수 있다. 퀴비에는 이러한 생명체 기관 간의 연관성을 부분들의 상호 연관성이라고 불렀다. 이러한 견해를 바탕으로 〈보기〉를 보면, 동물도 식물도 아니지만 별개의 생물로 분류되는 점균류 곰팡이는 그 주변의 환경에 적합한 기능을 가질 것이고, 이 기능에 따라 군집의 형태가 결정될 것이라고 볼 수 있다. 〈보기〉에서 제시된 점균류 곰팡이의 주요 기능은 섭취 기능이므로, 점균류 곰팡이는 주변 환경에 적합한 섭취 기능을 수행하기 위해 각 요소들이 신호를 주고받음으로써, 즉 상호 작용

함으로써 응집하여 군집을 형성하는 것이라고 추론할 수 있다.

③ 3문단에서 조프루아는 생명체의 구조가 단일 도안을 바탕으로 연속적으로 이어져 있지만, 시간에 따라 환경이 변화하면 생명체의 기능과 외관이 변화함으로써 생물이 달라진 환경에 적응할 수 있다고 보았음을 알 수 있다. 이러한 조프루아의 견해를 바탕으로 〈보기〉를 보면, 동물도 식물도 아니지만 별개의 생물로 분류되는 점균류 곰팡이는 주변의 환경 변화에 따라 자발적으로 군집을 형성하거나 각 개체로 흩어질 수 있다. 따라서 조프루아의 견해에 따라 점균류 곰팡이의 군집과 군집을 구성하는 각 개체는 '단일 도안'을 따르는 그 구조상 연속적이지만, 주변의 환경 변화에 따라 그 기능과 형태가 변화한 것으로 이해할 수 있다.

④ 4문단에 따르면 라마르크는 일정한 방향으로 사물의 질서를 통제하여 생물을 형성하는 조직화가 생물을 무생물과 구분하는 핵심 개념이라고 보았다. 이를 〈보기〉에 적용한다면, 동물도 식물도 아니지만 별개의 생물로 분류되는 점균류 곰팡이가 군집을 형성하는 것은 '영양 섭취'라는 목적을 위해 질서를 통제함으로써 군집을 형성하는 조직화의 양상을 보이는 것이라고 볼 수 있다. 〈보기〉에서도 이러한 점균류 곰팡이의 군집 형성을 자발적인 자기 조직화 능력으로 설명하고 있다. 따라서 라마르크의 관점에 따르면 〈보기〉의 점균류 곰팡이의 군집 형성은 조직화의 양상을 보인다는 점에서 생물로 볼 수 있을 것이다.

⑤ 4문단에 따르면 라마르크는 생물과 무생물은 근본적으로 같은 물질로 구성되어 있다고 보았으며 〈보기〉에서 점균류 곰팡이는 동물도 식물도 아니지만 별개의 생물로 분류되고 있다. 따라서 라마르크의 관점에서 자발적으로 군집을 형성하는 점균류 곰팡이의 구성 요소는 근본적으로 무생물인 기계와 다르지 않다고 볼 수 있다.

빠른 정답 ▶ 12 | 경제학을 활용한 법적 판단

| 49 | ③ | 50 | ⑤ | 51 | ③ | 52 | ③ |

49

정답설명

③ 1, 2문단에 따르면, '베이식 사 대 레빈슨' 사건에 대한 소송과 판결은 전통적 경제학 이론이 부정 공시 관련 소송의 법적 난제를 해결하는 사례임을 알 수 있다. 또한 5문단에서도 경제학에는 그동안 상대적으로 주목을 받지 못했던 다양한 영역들이 있으며, 이 분야의 연구 성과들은 법적 문제의 해결 과정에 적극 활용될 수 있다는 언급을 확인할 수 있다. 그러나 4문단에서 행동경제학이 심리학적 연구 성과를 받아들였다는 내용은 확인할 수 있지만, 그러한 행동경제학이 법적 문제의 해결 과정에 어떻게 활용되었는지를 언급한 내용은 윗글에서 찾을 수 없다.

오답설명

① 1, 2문단을 고려할 때, 베이식 사가 인수합병을 실제로는 진행하면서 이를 공개적으로 부인한 것과 같은 행위가 부정 공시에 해당한다는 사실을 알 수 있다.

② 2문단을 통해 전통적 이론에서는 사람들이 기업의 진정한 가치에 대한 정보를 고려하고 그에 맞추어 주식 시장에서 주식 거래를 결정하는 행동을 한다고 보는 것을 알 수 있다. 하지만 4문단에서는 인간의 비합리적 특성이 주가와 기업의 진정한 가치의 괴리를 키우는 역설적인 행동으로 이어진다고 보면서 그러한 전통적 이론을 비판하고 있다.

④ 3문단을 보면, 주가가 기업의 진정한 가치를 반영한다는 전통적 이론이 성립하려면 진정한 가치에 관심을 기울이는 사람과 그렇지 않은 사람 사이에 끊임없는 매수와 매도의 상호 작용이 있어야만 하고, 또한 이것이 가능하려면 기업의 진정한 가치에 관심을 갖는 전문 주식 투자자들이 정보가 부족한 투자자들을 상대로 미래 주가의 향방에 대한 상반되는 예상을 통해 매매 차익을 얻을 여지가 있어야만 한다는 조건이 제시되어 있다.

⑤ 2문단에 따르면, 연방 대법원은 주식 시장이 모든 이에게 열려 있다면 전통적 이론을 법적 판단에도 적용할 수 있다고 보았다.

50

정답설명

⑤ ㉠에서 말하는 약점이 지칭하는 내용은 앞의 문장들로서, '주가가 기업의 진정한 가치를 반영한다는 전통적 이론이 성립하려면~그런데 매매 차익을 얻을 기회란 주가와 기업의 진정한 가치가 단기적으로나마 일치하지 않을 때만 발생한다.'에 해당한다. 여기서 '전통적 이론이 성립하기 위해 매매 차익을 얻을 기회'란 주가와 기업의 진정한 가치가 일치하지 않을 때만 발생한다는 점이 바로 ㉠이 말하는 약점에 해당한다. 3문단의 논리 전개에 따라 이를 정리하자면, '주가가 기업 가치를 반영한다는 전통적 이론이 성립하려면, 매매 차익 발생 여지가 있어야 하는데, 매매 차익 발생 여지가 있으려면 주가가 기업 가치를 제대

로 반영하지 않아 주가와 기업 가치가 일치하지 않아야 한다는 결론에 도달하므로, 모순이 발생한다'는 것이다. 따라서 선지의 진술이 ㉠에 대한 설명으로 가장 적절하다.

오답설명

① ㉠이 의미하는 바는, 전통적 이론이 성립하기 위해 전통적 이론의 전제를 부정해야 하는 모순이 바로 전통적 이론의 약점이 된다는 것이다. 그러나 해당 선지의 진술은 이와 관련이 없으며, 기업의 진정한 가치가 주가에 반영되지 않았다는 것을 입증할 방법이 없다는 내용은 지문에서 확인할 수 없다.

② 정보가 부족한 투자자들이 전문 투자자들을 따라서 움직이므로 매매 차익을 얻을 기회가 발생하지 않는다는 선지의 진술은, ㉠에 앞선 문맥에서 제시된, 주식 시장에서는 두 투자자 간에 매매 차익을 얻을 기회에 따라 매수 매도의 상호 작용이 이루어져야 한다는 전통적 이론의 조건과 상반되는 내용이기는 하다. 그러나 이것이 ㉠이 지적하는 전통적 이론의 또 다른 약점은 아니다. ㉠이 의미하는 바는, 전통적 이론이 성립하기 위해 전통적 이론의 전제를 부정해야 하는 모순이 바로 전통적 이론의 약점이 된다는 것이다. 그러나 해당 선지의 진술은 이와 관련이 없다. 또한, 정보가 부족한 투자자들이 전문 투자자들을 따라서 움직인다는 내용은 윗글에 제시된 어떠한 관점에 따른 설명에서도 확인할 수 없다.

③ 전문 투자자들이 주가가 어느 시점에서 기업 가치와 일치할지 정확하게 알 수 없기에 매매 차익을 얻을 수 있는 순간에 행동하지 못한다는 것은 ㉠이 지적하는 약점이 아니라, 4문단에서 언급한 행동경제학의 주장에 해당한다.

④ ㉠이 의미하는 바는, 전통적 이론이 성립하기 위해 전통적 이론의 전제를 부정해야 하는 모순이 바로 전통적 이론의 약점이 된다는 것이다. 전통적 이론의 주장과 달리 투자자들의 진정한 관심이 기업의 가치가 아니라 차익을 극대화하는 데 있다는 선지의 진술은 케인스의 주장으로서, 3문단에서 ㉠ 이전에 언급되는, 또 다른 전통적 이론의 약점에 해당한다. 따라서 선지의 진술은 ㉠에 대한 설명으로 적절하지 않다.

51

정답설명

③ 5문단에서, '지난 연방 대법원의 판결'에 대하여 새로운 경제학 이론의 관점에서 지적하는 것은 크게 두 가지이다. 첫째, 판결의 이론적 근거가 취약하다. 둘째, ㉡에서 말하는 본래 취지를 판결에 제대로 반영하지 못했다. ㉡을 확인하기 위해서는 전통적 이론의 '이론적 취약점'보다는 '본래의 취지'에 집중해야 한다. ㉡에서 말하는 '본래의 취지'는 '기업의 진정한 가치에 관심을 갖는 투자자들을 보호하는 것'이다. 따라서 이러한 관점에서 연방 대법원의 판결을 비판하려면, 연방 대법원이 판결로 보호해 준 대상, 즉 승소 판결을 받은 원고 측인 주주가 '기업의 진정한 가치에 관심을 갖는 투자자'가 아닐 수 있음을 비판해야 한다. 이러한 관점에서 본다면, 기업의 진정한 가치에 관심을 갖는 투자자들은 설령 기업이 인수합병 정보를 숨겼다 하더라도 기업의 진정한 가치(인수합병과 같은 요인으로 상승할 가치)

를 합리적으로 판단하여 주식을 팔지 않았을 수 있다고 지적할 수 있다. 또는, 행동경제학의 관점을 고려한다면 주주들이 인수 합병 전에 주식을 처분한 행동은 기업의 진정한 가치를 합리적으로 판단하여 내린 결정이 아니라 기업의 가치를 확신하지 못하고 내린 결정이거나, 그저 대세에 편승한 결정일 수도 있다는 점을 지적할 수도 있다. 요컨대 ⓒ에 부합하는 비판은 승소 판결이 보호해 준 주주들이 기업의 진정한 가치에 관심을 갖는 투자자가 아니라는 측면에서 이루어져야 하므로, 선지의 진술이 ⓒ의 이유로 가장 적절하다.

오답설명
① 실제로 인수합병 전에 미리 주식을 처분하여 손실을 입은 원고 측이 주식 거래 차익을 얻는 데 성공했다고 볼 수도 없으며, 이는 ⓒ이 말하는 '본래의 취지'와도 무관하다.
② 선지의 진술은 연방 대법원이 전통적 이론을 근거로 원고 승소 판결을 내린 입장에 부합하므로, 연방 대법원의 판결을 본래 취지와 관련하여 비판하는 ⓒ의 이유로 적절하지 않다.
④ 선지의 진술은 ⓒ에서 말하는 '투자자 보호'라는 본래 취지와 무관하며, 기업이 합병을 숨긴 이유도 윗글에서 확인할 수 없다.
⑤ 선지의 진술은 3, 4문단의 내용과 관련하여 전통적 이론의 한계에 대한 비판의 내용으로는 적절하다고 볼 수 있지만, ⓒ에서 말하는 '투자자 보호'라는 본래 취지와는 무관하다.

52
정답설명
③ ㄱ. 2문단에 따르면, 전통적 이론은 주가에는 기업의 진정한 가치가 반영된다는 것이다. 이때 이 이론은 크게 두 가지 방식으로 수용된다고 주장한다. 그중 첫 번째는 이 이론이 현실에서 항상 성립한다는 관점이다. 따라서 이러한 관점에서 〈보기1〉의 상황을 보면, 기업의 주가가 실제 가치보다 '고평가'되는 상황 자체가 성립하기 어렵다. 따라서 이러한 관점에서는 〈보기1〉의 전문가들의 분석을 거부할 것이고, 실제로 A의 진정한 가치가 그 주가만큼 높다고 주장할 수 있다.

ㄹ. 4문단에 따르면, 행동경제학은 인간의 비합리적 특성(미래 통제에 대한 과신, 뒤처지는 것을 지나치게 두려워 함)에 주목한다. 이러한 비합리적 특성으로 인해, 기업의 진정한 가치와 주가가 괴리되어 있다고 확신하는 전문 투자자들조차 기업의 가치와 주가가 언제 일치하게 될지 정확하게 알 수 없기에, 현재의 추세가 반전되기 직전에 빠져나갈 수 있다고 자신하며 다수에 맞서는 대신 대세에 편승하는 선택을 한다는 것이 4문단에 제시된 행동경제학의 내용이다. 이러한 행동경제학의 관점을 〈보기1〉에 적용하면, 설령 A에 대한 고평가가 사실이라고 확신하는 전문 투자자들이라 하더라도, 언제 A의 고평가가 끝나서 A의 주가가 하락할지 정확히 알 수 없지만 미래 통제에 대한 과신으로 인해 자신만은 주가 하락 전에 차익을 실현할 수 있다고 믿거나, 또는 A를 대량으로 매수하는 다른 일반 투자자들에게 뒤처지는 것을 두려워하는 것과 같은 이유로 대세에 편승하여 A의 고평가된 주식을 계속 사들일 가능성이 크다고 예측

할 수 있다.

오답설명
ㄴ. 2문단에 따르면, 전통적 이론은 주가에는 기업의 진정한 가치가 반영된다고 주장한다. 이때 이 이론은 크게 두 가지 방식으로 수용된다고 하였다. 그중 두 번째는 전통적 이론이 단기적으로는 성립하지 않더라도 장기적인 관점에서 근사적으로는 성립한다는 것이다. 이를 〈보기1〉의 상황에 적용한다면, A의 주가가 고평가되었다는 전문가들의 분석이 사실이라 하더라도 이는 단기적인 것이며, 장기적으로는 기업의 진정한 가치가 주가에 반영되어 그러한 괴리가 좁혀질 것이라고 여길 것이다. 그런데 단기적 고평가가 사라진다는 것은 현재 지나치게 높아진 A의 주가가 내려갈 것이라는 의미이므로, '고평가가 사실일 때 A의 주가가 장기적으로 상승한다'는 것은 전통적 이론의 장기적, 근사적 성립을 인정하는 관점에서의 반응으로 적절하지 않다. 전통적 이론의 장기적, 근사적 성립을 인정하는 관점에서 〈보기1〉의 고평가 분석을 사실로 받아들인다면, 장기적으로는 A의 주가가 기업의 진정한 가치를 반영함으로써 고평가가 해소되고 하락할 것이라고 예측해야 한다.

ㄷ. 3문단에 따르면, 케인스의 주장은 주식 거래가 기업 가치가 아닌 차익에 대한 관심으로 이루어진다는 점에서 전통적 이론을 비판하는 것으로 해석될 수 있다. 즉 이러한 관점에서 보면 사람들이 차익을 실현하려는 행동을 한다는 측면에서 〈보기1〉의 상황에 반응할 것이다. 그런데 A의 고평가 상황에서 주식 매매의 차익을 가장 크게 실현하는 방법은, A의 고평가가 가능한 최고 수준으로 이루어졌다고 판단될 때 A의 주식을 팔고, 이후 A의 고평가가 해소되어 하락하여 차익이 줄어들거나 손실을 보는 상황을 피하는 것이다. 하지만 선지는 A의 주가가 고평가된 정도가 가장 큰 시점에 A의 주식을 파는 것이 아니라 오히려 산다고 하였으므로, 이는 케인스가 말하는 것처럼 차익을 추구하는 행동으로 보기 어렵다.

빠른 정답 13 | 지식인상 논쟁

| 53 | ⑤ | 54 | ④ | 55 | ④ | 56 | ⑤ | 57 | ① |

53

정답설명

⑤ 5문단에서 부르디외는 각자의 특수한 영역에 대한 상징적 권위를 바탕으로, 지식인의 자율성을 위협하는 권력에 저항하며 사회 전체에 보편적인 가치를 전파해 나가는 문화 생산자만이 지식인에 속할 수 있다고 하였다.

오답설명

① 3문단에서 인터넷의 발달로 인해 지식의 개념이 변화하게 되며, 지식 권력이 탈중심화 되었다고 하였다. 또한 4문단에서 이러한 상황을 바탕으로 기존의 지식인상이 재조명될 필요가 대두하였고 이에 따라 푸코가 새로운 지식인상을 제시하고 있음을 언급하였다.

② 3문단에서 디지털화한 다양한 정보들이 연쇄적으로 재조합되면서 하이퍼텍스트의 형태를 띠게 된다고 하였다.

③ 1문단에서 드레퓌스 사건의 전말을 확인할 수 있다. 드레퓌스의 억울한 옥살이는 당시의 군국주의와 반유대주의로 인한 것이었으며, 양심적인 지식인들이 나서서 이에 반항함으로써 결국 드레퓌스는 석방되었다고 하였다. 그리고 드레퓌스 사건을 계기로 지식인이 사회 문제에 적극적으로 참여하는 엘리트 집단으로 인식되기 시작했다고 하였으므로 적절하다.

④ 2문단에서 사르트르가 부르주아 계급에 속한 지식인이 지배 계급이 요구하는 이해와 지식인이 추구해야 할 보편적 지식 사이의 모순을 발견해야 한다고 보았음을 알 수 있다. 지배 계급의 이해와 보편적 지식 간의 모순을 발견하기 위해서는 각각에 대한 이해가 필수적일 것이므로 적절하다.

54

정답설명

④ 5문단에 따르면 부르디외는 지식인이 사회 총자본의 관점에서 볼 때에는 지배 계급에 속하지만, 경제 자본보다 문화 자본의 비중이 더 큰 문화 생산자적 속성을 지닌다고 보았다. 또한 문화 생산자들은 각자의 특수한 영역에 대한 상징적 권위를 가진다고 주장했으므로, 선지의 진술은 적절하지 않다.

오답설명

① 2문단에 따르면 만하임은 지식인이 학문의 보편성을 추구하며 사회의 다양한 계급적 이해들을 역동적으로 종합함으로써 사회 구조에 대한 총체적 인식의 길을 모색하여야 한다고 보았다.

② 2문단에 따르면 그람시는 계급으로부터 독립적인 지식인이란 신화에 불과하다고 하면서 지식인이 계급의 이해에 유기적으로 결합해야 한다고 보았다. 그러면서도 소외 계급의 해방이라는 과제는 역사적 보편성을 지니므로 지식인은 소외 계급에 자의식을 불어넣는 역할을 수행해야 한다고 보았다.

③ 2문단에 따르면 사르트르는 지식인이 보편성에 입각하여 소외 계급의 해방을 추구해야 한다고 주장했으며, 이때 지식인은 지배 계급이 요구하는 이해와 지식인이 추구해야 할 보편적 지식 사이의 모순을 발견해야 하므로 보편적 지식에 대한 이해가 필요하다. 또한 지식인은 소외 계급에서 출현한 전문가가 유기적 지식인이 될 수 있도록 하는 계몽적 역할을 부여받는다고 하였다.

⑤ 2문단에 따르면 만하임은 지식인 집단에도 경제적·사회적 지위 등에 차이가 있기에 지식인을 단일 계급으로 간주할 수 없다고 보았다.

55

정답설명

④ ㉠은 고전적 지식인, 즉 근대적 지식인을 말하고, ㉡은 푸코가 제시한 탈근대적 지식인을 말한다. 그 중에서도 ㉡은 ㉠과 달리 인터넷의 발달로 인해 지식의 개념이 변화(3문단)하였을 뿐만 아니라 하이퍼텍스트 시대에 집단 지성이 출현하고, 기존의 지식인상에 대한 재조명의 필요성이 대두(4문단)함에 따라 제시된 새로운 지식인상에 해당한다.

오답설명

① 4문단에 따르면, 진실한 담론이 지식과 미시 권력 사이의 관계에서 발견된다고 말한 것은 푸코로, 푸코는 ㉠이 아닌 ㉡을 옹호하였다. 따라서 해당 선지는 적절하지 않다.

② 푸코는 지식인이 더 이상 대중의 대변자 역할을 할 필요성이 사라졌음에도 여전히 대중의 지식 및 담론을 금지하고 봉쇄하는 권력 체계에 주목하였다. 이때 이 권력 체계의 대리인 역할을 수행하는 지식인들을 ㉡이 아닌 ㉠으로 규정하였다.

③ 푸코는 ㉠이 아닌 ㉡이 보편적 가치를 전달하기보다는 자신의 전문 분야에 해당하는 구체적 사안에 정치적으로 개입한다고 보았다.

⑤ 푸코는 ㉠이 대중의 지식 및 담론을 금지하고 봉쇄하는 권력 체계와 이 권력 체계의 대리인 역할을 수행한다고 보았으므로 대중의 계급의식을 일깨우는 지식인의 계몽적 역할을 긍정하는 것으로 보기는 어렵다. 또한 푸코는 ㉡이 각자의 분야에 해당하는 구체적 사안에만 정치적으로 개입한다고 보았을 뿐, 대중의 계급의식을 일깨우는 지식인의 계몽적 역할을 해야 한다고 주장하지는 않았다. 이러한 지식인의 계몽적 역할을 중시한 것은 근대적 지식인상 중에서도 사르트르의 주장에 해당한다.

56

정답설명

⑤ 2문단에서 그람시는 계급으로부터 독립적인 지식인이란 신화에 불과하다며 계급의 이해에 유기적으로 결합하여 그것을 대변하는 지식인인 유기적 지식인을 대안으로 제시하였다. 한편 〈보기〉에서 심리학자나 인문학자들은 자신의 배경지식을 바탕으로 의사 결정 과정에 문제를 제기한다고 하였다. 즉, 이들은 각자 계급과 완전히 독립된 지식인인 것이 아니라, 의사 결정 과정을

주도하는 특정 계층이 폐쇄적인 집단 사고를 하는 것을 막아 주는 외부인으로서의 역할을 하는 것이다.

오답설명

① 3문단에서 인터넷의 발달로 하이퍼텍스트 형태의 정보가 등장하면서 지식 권력이 탈중심화되었다고 하였다. 〈보기〉에서는 집단 사고의 문제를 해결하기 위해 다른 분야의 전문가나 대중을 의사 결정 과정에 참여시키는 방안이 제시되었다. 이는 반대 정보를 차단하거나 예상되는 문제점을 고려하지 않은 채 만장일치를 추구하는 등의 지식 권력이 형성되는 것을 막을 수 있다는 점에서 지식 권력의 탈중심화와 연관된다.

② 3문단에서 현대에 들어 인터넷의 발달로 등장한 집단 지성은 엘리트 집단으로부터 지식 권력을 회수하고 새로운 민주주의의 가능성을 열어 놓는다고 하였다. 그런데 이는 대중의 자율성에 기초한 참여와 협업을 전제할 때 가능한 것이다. 〈보기〉에서는 집단 사고의 문제점을 해결하기 위한 방안으로 다른 분야의 전문가나 대중과 같은 외부 관계자들의 참여와 협업을 제시하였으므로, 집단 지성과 마찬가지로 새로운 민주주의의 가능성과 연결될 수 있다.

③ 4문단에서 고전적 지식인이 대중의 지식 및 담론을 금지하고 봉쇄하는 권력 체계의 대리인 역할을 수행한다고 했음을 알 수 있다. 이는 〈보기〉에서 집단 사고가 의사 결정 과정에서 반대 정보를 차단하거나 예상되는 문제점을 고려하지 않고서 만장일치를 추구한 것과 유사하다.

④ 3문단에서 현대에 들어 인터넷의 발달로 등장한 집단 지성은 엘리트 집단으로부터 지식 권력을 회수하고 새로운 민주주의의 가능성을 열어놓는다고 하였다. 〈보기〉에서 재니스는 단일 직업이나 단일 계층, 즉 유사성과 응집성이 높은 집단에서 나타나는 사고를 집단 사고라 칭하고, 집단 사고가 나타나는 과정에서 반대 정보를 차단하거나 예상되는 문제점을 고려하지 않은 채 만장일치를 추구함으로써 문제가 발생한다고 주장했다. 이를 종합하면 재니스는 '엘리트'라는 계층적 공통점을 가진 엘리트 집단이 폐쇄성, 순응성, 외부 세계에 대한 우월성이라는 집단 사고의 문제를 일으킬 수 있다고 예상했을 것이다.

57

정답설명

① ⓐ의 '나가다'는 '앞말이 뜻하는 행동을 계속 진행함을 나타내는 말'로 보조 동사이다. 이와 가장 유사하게 쓰인 것은 ①이다.

오답설명

② 선지의 '나가다'는 '전기 공급이 끊어지거나 전깃불이 꺼지다.'의 의미이다.

③ 선지의 '나가다'는 '일정한 지역이나 공간의 범위와 관련하여 그 안에서 밖으로 이동하다.'의 의미이다.

④ 선지의 '나가다'는 '생산되거나 만들어져 사회에 퍼지다.'의 의미이다.

⑤ 선지의 '나가다'는 '옷이나 신, 양말 따위가 해지거나 찢어지다.'의 의미이다.

58

정답설명

④ 1문단 '회화에서의 묘사는 대상과 형식을 동반한다.'에서 묘사가 언제나 형식을 동반함을 알 수 있다. 그러나 그 대상에 따라 동반되는 형식이 어떻게 달라지는지에 관한 설명은 본문에서 찾을 수 없다.

오답설명

① 3문단 "추상은 예술이 가지고 있는 '드러내는 힘'을 극대화하기 위해 재현적 요소를 최소화한다."에서 그 이유를 알 수 있다.

② 4문단 "사실주의는 대상을 표현할 때 자연에 충실하자는 입장인 반면, 새로운 사실주의는 드러냄을 방해하는 '엄밀한 재현'을 거부한다."에서 그 답을 찾을 수 있다.

③ 3문단 '추상이 사람들이 자신들 앞에 놓여 있는 것을 경이로운 마음으로 바라보게 하는 예술적 방식이라고 보았다.'에서 그 답을 찾을 수 있다.

⑤ 2문단 '이처럼 익숙한 것이 지닌 미적 의미를 발견하기 위해서는 먼저 세계와의 관련성으로부터 자유로워져야만 한다.'에서 그 답을 찾을 수 있다.

59

정답설명

⑤ 2문단에서, 대상의 진정한 미적 의미를 발견하기 위해서는 새로운 사실주의를 통해 세계와의 관련성으로부터 벗어나야 한다고 하였다. 그러나 3문단에서 '칸딘스키는 새로운 사실주의의 특성으로 대상의 실재를 드러내는 객관성과 보잘것없는 것에서 발견하는 미적 중요성의 두 가지를 강조한다.'고 하였다. 즉, 칸딘스키는 세계와의 관련성으로부터 벗어나기 위해 예술의 객관성이 필요하다고 보는 입장이지 배제되어야 한다고 보는 입장이 아니다. 즉 칸딘스키는 대상의 진정한 실재를 드러낸다는 의미에서 예술의 객관성에 동의한다고 보는 것이다. 따라서 해당 선지는 적절하지 않다.

오답설명

① 1문단에서 20세기 초 칸딘스키가 자신이 추구해 온 추상화 운동을 보완할 새로운 사실주의의 출현을 예견했음을 알 수 있다.

② 4문단에서 칸딘스키는 새로운 사실주의에 따라 그려지는 대상을 변형함으로써 인간이 진정한 실재에 눈 뜰 수 있다고 보았음을 알 수 있다.

③ 2문단에서 칸딘스키는 실재에 대한 친숙함이 실재를 가리며, 우리가 세계를 당연한 것으로 받아들여 진정한 세계를 보려고 노력하지 않아 실재의 미적 의미를 직시하지 못한다고 보았음을 알 수 있다.

④ 2~3문단에서 칸딘스키는 '대상의 실재를 드러낸다는 것은 그

베일을 벗'기는 것이라고 하였고, 새로운 사실주의의 특성 중 하나로 대상의 실재를 드러낸다는 의미에서의 객관성을 들었음을 확인할 수 있다.

60

정답설명

② 문맥상 ㉠은 사실주의의 표현 방법이고 ㉡은 새로운 사실주의의 표현 방법일 것이다. 2문단에 제시된 신발의 사례를 살펴보면 새로운 사실주의는 일상적 소재를 마치 처음 보는 것처럼 바라봄으로써 익숙한 것이 지닌 미적 의미를 발견하는 과정을 포함한다. 따라서 해당 선지는 적절하다.

오답설명

① 엄밀한 재현은 ㉠(사실주의)의 특성이 맞다. 그러나 어떤 대상의 베일을 벗긴다는 것은 실제 대상의 진정한 모습 그대로를 드러내기 위해 형식에 대한 관심을 최소화하는 ㉡(새로운 사실주의)을 설명하기 위한 것임을 1~2문단에서 알 수 있다.

③ 대상을 변형함으로써 실재로부터의 이탈을 의도하는 것은 ㉡(새로운 사실주의)의 방식이다. 따라서 해당 선지는 적절하지 않다.

④ 자연에의 충실한 묘사를 강조하는 것은 ㉡(새로운 사실주의)이 아닌 ㉠(사실주의)의 특성이다. 또한 화가의 주관적 관점이 개입되지 않을 확률에 대해서는 윗글에 언급된 바가 없으므로 지문을 통해 알 수 없다.

⑤ 1문단에서, 모든 회화에서의 묘사는 대상과 형식을 동반할 수밖에 없다고 하였고 사실주의 회화 또한 대상과 형식을 동반하는 회화 중 하나였음을 알 수 있다. 한편, 새로운 사실주의는 대상의 변형을 통해 진정한 실재를 인식할 수 있도록 한다는 점에서 형식에 대한 관심을 최소화하는 것일 뿐 대상을 표현하는 형식 자체를 배제하는 것은 아니다. 따라서 ㉠(사실주의)과 ㉡(새로운 사실주의)이 그림에서의 묘사가 반드시 형식을 동반한다는 의견에 반대하기 위해 제기된 회화 방식이라는 내용은 윗글에서 추론할 수 없다.

61

정답설명

③ ㉯는 칸딘스키 바실리가 그린 추상화로, 재현적 요소를 최소화한 추상의 방식을 활용하고 있다. 그러나 3문단에 따르면 칸딘스키는 예술가가 추상의 방식을 따르지 않고서도(의존하지 않고서도) 사물이 스스로 말하게끔 만들 수 있다고 보았다.

오답설명

① 1문단에서 아카데미의 화가들은 회화가 추구해야 할 미(美)란 재현적 내용과 형식의 균형이라고 믿었음을 알 수 있다. 한편, ㉮는 아카데미 화가 빌렘 칼프가 그린 정물화이므로 ㉮의 화가가 재현적 내용과 형식의 균형을 맞춤으로써 아름다움을 창출했다고 볼 수 있다.

② 2문단에서 칸딘스키는 우리에게 세계로부터 한발 물러서는 발

걸음을 내딛도록 하는 것이 예술의 과제이며, 사실주의와 같은 전통적인 방법으로는 이러한 과제가 충족될 수 없다고 보았음을 알 수 있다. ㉮는 아카데미 화가 빌렘 칼프가 그린 사실주의 작품으로, 전통적인 예술의 방법을 사용하고 있을 것임을 추론할 수 있다.

④ 1문단에서 현대 추상화가들은 선, 면, 색채 같은 순수한 형식만으로도 그림이 성립할 수 있다고 보았음을 알 수 있다. ㉯는 추상화가 칸딘스키 바실리가 그린 추상화로, 다양한 형태와 색채를 지닌 선과 면 등의 기하학적 요소들을 그 구성 요소로 삼고 있다. 현대 추상화가들의 입장에서는 이러한 기하학적 요소들이 바로 순수한 형식일 것이므로 해당 선지는 적절하다.

⑤ 1문단에서 회화에서의 묘사는 대상과 형식을 동반하며, 장미 꽃잎의 붉은색 및 윤곽선이 항아리의 흰색 면과 대조를 이루는 것이 작품의 형식적 측면에 해당함을 알 수 있다. 또한 칸딘스키는 추상화가 재현적 요소를 최소화하고 형식만을 드러내는 예술이라고 정의하였다. 따라서 대상을 묘사한 ㉮와 추상화 ㉯는 모두 형식에 대한 관심을 가지고 있을 것임을 알 수 있다.

수능식 리트변형 N제

| 62 | ② | 63 | ④ | 64 | ② | 65 | ④ |

62

정답설명

② 윗글은 음악이 회화적 재현의 조건을 만족시킬 수 있는가에 대한 상반되는 견해를 제시하고 있다. 3문단에서는 베토벤의 〈전원 교향곡〉에 삽입된 새소리가 재현하는 대상을 드러냄을, 4문단에서는 〈물레질하는 그레첸〉에서 주기적으로 반복되는 음형이 물레의 반복적 움직임을 드러냄을 알 수 있다. 즉 본문에서 음악이 재현하는 대상을 드러내기 위해 어떠한 방법을 활용하는지는 확인할 수 있다. 그러나 음악이 재현하는 대상을 일부러 가린다거나, 재현하는 대상을 가리기 위해 특정 방법을 활용한다는 내용은 찾을 수 없다.

오답설명

① 2문단 '몬드리안의 〈브로드웨이 부기우기〉의 경우, 제목을 아는 감상자는 화가의 의도를 파악하게 되어 그림을 뉴욕 거리를 내려다 본 평면도로 볼 수 있지만 제목을 모를 때는 추상화로 보게 될 것이다.'에서, 해당 그림이 뉴욕 거리를 표현한 그림이라는 사실을 알 수 있다.

③ 2문단 '모래 해안의 일부를 묘사한 극사실주의 그림은 재현적 회화이지만 그 제목을 모르면 비재현적으로 보일 수 있다.'와 '몬드리안의 〈브로드웨이 부기우기〉의 경우, 제목을 아는 감상자는 화가의 의도를 파악하게 되어 그림을 뉴욕 거리를 내려다 본 평면도로 볼 수 있지만 제목을 모를 때는 추상화로 보게 될 것이다.'를 통해, 재현적 회화의 경우에도 감상자가 제목을 알지 못할 경우 재현 대상에 대한 해석이 달라질 수 있음을 알 수 있다.

④ 2문단 '재현적 회화의 핵심 조건은 그림의 지각 경험과 그림에 재현된 대상을 지각하는 경험 사이의 유사성이다.'에서 답을 찾을 수 있다.

⑤ 6문단 '작품의 제목이 무시된 채 순수한 음악적 측면만이 고려된다면 작품에 대한 완전한 이해가 불가능한 경우가 있기 때문이다.'와 이어지는 내용을 통해 제시된 '차이콥스키의 〈1812년 서곡〉', '베를리오즈의 〈환상 교향곡〉'의 사례에서 답을 찾을 수 있다.

63

정답설명

④ 3문단은 '회화적 재현에서 〈브로드웨이 부기우기〉와 같은 사례는 전형적이지 않은 반면, 음악의 경우에는 이것이 전형적이라는 점을 지적하는 학자들이 있다'고 말하면서 음악에서는 '제목에 대한 참조 없이도 명백한 재현으로 지각되는 사례, 예를 들어 베토벤의 〈전원 교향곡〉에 삽입된 새소리와 같은 경우가 드문 것은 사실'이라고 하였다. 이를 통해, 제목을 알아야만 재현 대상을 인식할 수 있는 경우가 회화에서보다 음악에서 더 흔하다는 사실을 추론할 수 있다.

오답설명

① 윗글은 '음악이 대상을 재현하는 것이 가능한가?'라는 질문에 대한 학자들의 대립적 의견을 서술하고 있다. 1문단에서 음악이 '본질적으로 추상적'이라는 내용을 확인할 수는 있으나, 음악 역시 대상을 재현할 수 있다고 보는 견해도 존재하므로, 음악이 대상을 재현할 수 없다는 이론이 상식으로 통용될 것이라는 진술은 적절하지 않다.

② 3문단에 제시된 베토벤의 〈전원 교향곡〉은 새소리처럼 명백한 재현으로 지각되는 소리를 삽입함으로써 음악에서도 제목에 대한 참조 없이 그 재현 대상을 파악할 수 있음을 보여 주는 사례이다. 그러나 2문단에 제시된 드뷔시의 〈바다〉는 표제적 제목을 참조하지 않으면 감상자가 이 곡을 바다의 재현으로 듣지 못함을 드러내는 사례로, 그 안에 자연의 소리가 삽입되었는지는 윗글을 통해 추론할 수 없다.

③ 4문단에서 오늘날 많은 학자들이 음악 작품의 가사는 물론 작품의 제목이나 작품의 모티브가 되는 요소들까지도 작품의 일부로 본다는 사실을 확인할 수 있다. 그러나 학자들이 가사, 제목보다 작품의 모티브가 되는 요소를 더 중시한다는 내용은 윗글에서 추론할 수 없다.

⑤ 4문단에서 〈물레질하는 그레첸〉의 주기적으로 반복되는 단순한 반주 음형은 제목과 더불어 감상될 때 물레의 반복적 움직임을 묘사한 것으로 들린다고 하였다. 따라서 제목을 알지 못해도 해당 작품이 표현하는 대상을 알 수 있을 것이라는 내용은 적절하지 않다.

64

정답설명

② 2문단 '재현적 회화의 핵심 조건은 그림의 지각 경험과 그림에 재현된 대상을 지각하는 경험 사이의 유사성이다.'에서 재현적 회화의 조건을 확인할 수 있다. 그러나 이는 그림의 지각 경험과 실제 대상을 지각할 때의 경험 사이에 '유사성'이 있어야 한다는 것이지, 그 두 경험이 완전히 일치해야 한다는 의미를 나타내는 것은 아니다.

오답설명

① 2문단 '몬드리안의 〈브로드웨이 부기우기〉의 경우, 제목을 아는 감상자는 그림을 뉴욕 거리를 내려다 본 평면도로 볼 수 있지만 제목을 모를 때는 추상화로 보게 될 것이다.'에서 재현적 회화와 추상화가 반대되는 개념이며 추상화의 경우 화가의 의도를 확인할 수 없는 경우가 많음을 추론할 수 있다. 1문단에서 재현적 회화란 화가가 어떤 대상을 표현한 것인지 감상자가 알 수 있는 그림이라고 하였으므로 해당 선지는 적절하다.

③ 1문단 '재현적 회화란 회화 속 사물의 외관을 실제 대상과 유사하게 묘사하여, 어떤 대상을 표현한 것인지 감상자가 알 수 있는 그림'에서 알 수 있다.

④ 2문단 '모래 해안의 일부를 묘사한 극사실주의 그림은 재현적 회화이지만 그 제목을 모르면 비재현적으로 보일 수 있다.'에서 알 수 있다.

⑤ 2문단을 통해 '사과를 그린 회화에서 재현 대상인 사과는 작품

의 제목과는 상관없이 감상자가 그림을 통해 인식할 수 있'음을 알 수 있다.

65

정답설명

④ 6문단에서 음악이 회화적 재현의 조건을 만족시킬 수 있다고 보는 입장에서는 '작품의 제목이 무시된 채 순수한 음악적 측면만이 고려된다면 작품에 대한 완전한 이해가 불가능한 경우가 있'다고 보았음을 알 수 있다. 차이콥스키의 〈1812년 서곡〉이나 베를리오즈의 〈환상 교향곡〉에서 나타나는 요소들은 작품의 제목 및 주제를 통해서만 이해될 수 있고, 그러한 요소들의 출현을 설명해 줄 순수한 음악적인 근거란 없다는 것이다. 그러나 이는 그런 사례가 있다는 것일 뿐, 모든 음악이 표제 혹은 이야기와 관련한 음악적 근거를 가지지 않는다는 것은 아니다. 예를 들어, 베토벤의 〈전원 교향곡〉은 '새소리'라는 음악적 근거를 바탕으로 작품 안에 담긴 구체적 묘사를 확인할 수 있다. 따라서 음악이 회화적 재현의 조건을 만족할 수 있다고 보는 입장에서 교향시 내부의 묘사나 심리적이고 사상적인 내용이 언제나 음악적 근거와 독립적으로 나타난다고 보았다는 선지의 진술은 적절하지 않다.

오답설명

① 2문단에서 음악이 회화적 재현의 조건을 만족시키지 못한다고 보는 입장에서는 이른바 작품의 순수한 음악적인 부분이 재현 대상에 대한 즉각적인 인식을 불러일으키지 못한다는 데 주목했으므로 해당 선지는 적절하다.

② 2문단에서 음악이 회화적 재현의 조건을 만족시키지 못한다고 보는 입장에서는, 바다를 재현했다는 드뷔시의 〈바다〉의 경우 표제적 제목을 참조하지 않으면 감상자가 이 곡을 바다의 재현으로 인식하지 못한다고 보았음을 알 수 있다. 이를 〈보기〉의 〈훈족의 싸움〉에 대입하면, 감상자는 〈훈족의 싸움〉을 이해하기 위해 반드시 카울바하가 그린 그림을 참고해야 할 것이다.

③ 5문단에서 음악이 회화적 재현의 조건을 만족시키지 못한다고 보는 입장에서는 감상자가 작품이 재현하고자 하는 것이 무엇인지 몰라도 곡을 이루는 음의 조합과 구조를 파악함으로써 그 음악을 충분히 이해할 수 있다고 보았음을 알 수 있다. 또한, 〈보기〉에서 표제 음악이란 문학적·회화적 함축이 포함된 음악 형식을, 절대 음악은 순수한 음악 내적 요소로만 이뤄진 음악 형식을 의미함을 알 수 있다. 즉 음악이 회화적 재현의 조건을 만족시키지 못한다고 보는 입장에서는 표제 음악을 절대 음악의 감상 방법과 같은 방법으로 이해할 수 있다고 볼 것이다.

⑤ 4문단에서 음악이 회화적 재현의 조건을 만족시킬 수 있다고 보는 입장에서는, 제목이 작품의 일부인 한, 예술 작품의 재현성은 제목을 포함하는 전체로서의 작품을 대상으로 판단해야 한다고 주장했음을 알 수 있다. 이 입장을 적용하면, 동명의 희곡 내용을 표현한 교향시 〈햄릿〉은 제목이 감상 과정에서 작품의 일부로서 고려되어야 할 것이다.

66

정답설명

④ 4문단에 따르면, 포식에 관련한 비판에 대한 동물감정론의 반박에 대하여, 포식에 관련한 비판의 입장에서는 기술 발전 등으로 인해 포식에 대한 인간의 개입이 더욱 수월해지고, 그로 인해 기대할 수 있는 쾌락의 총량이 고통의 총량보다 실제 더 커질 수 있음을 근거로 동물감정론의 반박에 재반박하고 있다. 이러한 재반박의 맥락에서, 기술 발전은 인간이 자연 질서에 개입할 때, 즉 동물의 포식을 막음으로써 쾌락의 총량을 증가시킬 수 있는 방법으로 제시되고 있다.

오답설명

① 1문단에 따르면, 동물권리론은 동물도 생명권, 고통받지 않을 권리 등을 지닌 존재임을 인정하고 있다. 한편 5문단에 따르면, 동물권리론은 포식에 관련한 비판에 대하여 인간의 육식에서나 동물의 포식에서도 동물의 권리가 침해된 것이기는 마찬가지이지만, 동물은 자신의 행동을 조절할 능력이 없기에 다른 동물을 잡아먹지 않을 의무도 없다고 보고 있음을 알 수 있다.

② 3문단에 따르면, 동물감정론은 윤리 결과주의인 공리주의에 근거하고 있음을 알 수 있다. 한편 5문단에 따르면 동물권리론은 윤리 비결과주의인 의무론에 근거하고 있음을 알 수 있다.

③ 2문단에 따르면, 포식에 관련한 비판을 제기하는 입장에서는 동물의 포식까지 막아야 한다고 하는 것은 터무니없다고 지적하면서, 사자가 얼룩말을 잡아먹지 못하도록 막는 것은 우선 인간의 능력을 벗어난다고 말하고 있다.

⑤ 4문단에 따르면, 포식에 관련한 비판을 제기하는 입장에서 동물감정론은 인간에게 포식 방지의 의무가 없다는 것을 확실하게 증명하는 데 성공하지 못했음을 지적하고 있다. 6문단에서도 동물권리론의 반박은 포식에 관련한 비판을 오해했다는 문제가 있음을 지적하고 있다. 즉 윗글에 따르면, 동물감정론과 동물권리론은 포식에 관련한 지적한 문제에 대하여 온전한 답을 제시하지 못하고 있음을 알 수 있다.

67

정답설명

③ 쾌락의 총량을 최대한 늘리고 고통의 총량을 최대한 줄이기 위해서라도 동물의 포식을 인간이 방지해야 한다는 윤리적 의무가 도출된다는 것이 바로 ㉠이다. 동물감정론이 포식 방지의 의무를 거부했던 논리는 그로 인한 고통의 총량이 쾌락의 총량보다 크다는, 즉 인간이 포식 동물의 포식을 막음으로써 유발되는 효용(쾌락-고통)의 값이 음의 값이라는 것이었다. 이에 대하여 포식에 관련한 비판을 제기하는 입장은, 기

술 발전 등으로 기대되는 쾌락의 총량이 고통의 총량보다 커지고, 그에 따라 인간이 포식 동물의 포식을 막음으로써 유발되는 효용(쾌락-고통)의 값이 양의 값이 될 수 있고, 이때 동물감정론이 근거하는 공리주의적 관점에서 이처럼 효용을 극대화하는 행위는 옳은 행위이므로 ㉠과 같은 결론이 도출된다는 재반박을 제시하는 것이다. 이에 부합하는 선지의 진술은 ③이다.

오답설명

① 3문단에 따르면 공리주의적 판단은 고통의 총량을 차감한 쾌락의 총량으로 효용을 계산하는 것이지, 고통의 총량을 더 중시하는 것이 아니다. 또한, 4문단에서 기술 발전은 인간의 포식 방지 개입으로 유발되는 쾌락의 총량을 늘릴 수 있는 수단으로서 제시되고 있다.

② 3문단에 따르면 공리주의적 판단은 고통의 총량을 더 중시하는 것이 아니다. 또한, 4문단에서 기술 발전은 인간의 포식 방지 개입으로 유발되는 쾌락의 총량을 고통의 총량보다 늘릴 수 있는 수단으로서 제시되고 있다. 즉 기술 발전으로 고통을 없앤다는 말은 아니다.

④ 3문단에 따르면 공리주의적 동물감정론자들은 포식 동물의 제거 등을 통해 피식 동물을 보호함으로써 얻을 수 있는 쾌락의 총량보다 이러한 생태계의 변화를 통해 유발될 고통의 총량이 훨씬 클 것이라고 보고 있고, 4문단에서도 기술이 발전할 때 피식 동물 보호로 얻는 쾌락의 총량이 늘어날 '가능성'에 따라 논리를 전개하고 있다. 즉, 이는 이론적인 것이며 현실에서의 쾌락의 총량은 알 수 없으므로 현재 현실적으로 피식 동물 보호로 얻는 쾌락의 총량이 압도적으로 크다고 말하는 선지의 진술은 적절하지 않다.

⑤ 3문단에 따르면 공리주의적 판단은 고통의 총량을 차감한 쾌락의 총량으로 효용을 계산하는데, 4문단에서 기술 발전은 인간의 포식 방지 개입으로 유발되는 쾌락의 총량을 고통의 총량보다 늘릴 수 있는 수단으로서 제시되고 있다. 즉 기술 발전으로 고통을 없앤다는 말은 아니다.

68

정답설명

⑤ 1문단에 따르면 동물감정론은 동물의 쾌락과 고통과 인간의 쾌락과 고통에 차이가 없다는 것을 근거로 동물을 윤리적으로 대우해야 한다고 하지 않았다. 다만 동물이 쾌락과 고통을 느낄 수 있으므로 동물을 윤리적으로 대우해야 한다고 말하고 있다. 선지에서 제시한 조건과 달리 동물의 쾌락과 고통이 인간의 쾌락과 고통과 차이가 있더라도, 그러한 차이는 단지 동물이 그렇게 타고났기 때문에 나타나는 것일 뿐 동물 개체의 책임이 아니라고 할 때, 롤랜즈의 응보 원칙에 따라 동물감정론이 말하는 동물의 윤리적 지위를 뒷받침할 수 있다.

오답설명

① 〈보기〉에 따르면 계약론적 윤리학은 자유로운 이성적 존재자

들 간의 암묵적인 합의의 결과로 도덕 원칙이 만들어진다고 말하고 있다. 한편 5문단에 따르면 의무론은 도덕 행위자는 자신의 행동을 조절하고 설명할 수 있는 능력을 지닌 반면, 도덕 수동자는 그런 능력이 결여된 존재라고 하였다. '자신의 행동을 조절하고 설명할 수 있는 능력'은 곧 '이성'과 연결되므로, 자신의 행동을 조절하고 설명할 수 있는 능력을 지녔는지 여부로 도덕 행위자와 도덕 수동자를 구분하는 의무론과 계약론적 윤리학은 유사한 방식으로 인간과 동물을 구분할 수 있을 것이다.

② 1문단에 따르면 동물권리론은 동물이 권리를 지녔다는 점을 근거로 동물을 윤리적으로 대우해야 한다는 동물의 윤리적 지위를 도출하고 있다. 한편 〈보기〉에 따르면 계약론적 윤리학은 자유로운 이성적 존재자들 간의 암묵적인 합의의 결과로 도덕 원칙이 만들어진다고 말하고 있다. 그리고 이러한 견해는 일반적으로 동물의 윤리적 지위를 논의할 수 없다는 한계가 있다고 여겨진다. 즉 비이성적인 동물로부터 윤리적 지위를 도출할 수 없다는 점에서, 계약론적 윤리학과 동물권리론이 상충할 수 있다.

③ 3문단에 따르면, 윤리 결과주의인 공리주의에 따르면 행동의 효용, 곧 행동이 쾌락을 극대화하는지가 윤리적 평가에서 가장 주요한 기준이다. 한편 〈보기〉에서 롤랜즈는 도덕적 차이가 있는지(평등 원칙), 또한 차이가 있더라도 그것이 개체의 책임으로 인한 것인지(응보 원칙)를 기준으로 윤리적 지위를 판단하고 있다.

④ 〈보기〉에 따르면 비이성적인 동물로부터 윤리적 지위를 도출할 수 없다는 것이 계약론적 윤리학의 관점이다. 한편 5문단에 따르면 의무론은 도덕적 의무를 지니려면 그렇게 할 수 있는 능력을 지녀야 하지만, 도덕 수동자는 도덕에 맞춰 자신의 행동을 조절할 수 없으므로 그런 의무를 지니지 않는다는 점에서 동물이 다른 동물을 잡아먹지 말아야 한다는 윤리적 의무가 없다고 주장하고 있다. 이를 종합할 때 선지의 진술처럼 동물이 이성적으로 행동을 조절할 능력이 없어야만, 계약론적 윤리학의 관점에서 동물에게 행동 조절의 의무가 없다는 의무론의 주장을 뒷받침할 수 있을 것이다.

69

정답설명

④ 5문단에 따르면, 동물권리론은 인간의 육식에서나 동물의 포식에서도 동물의 권리가 침해된 것이기는 마찬가지이지만, 동물은 자신의 행동을 조절할 능력이 없기에 다른 동물을 잡아먹지 않을 의무도 없고, 결국 사자가 얼룩말을 잡아 포식하는 것을 막을 인간의 의무 또한 없다고 반박하고 있다. 물론 6문단에서 이러한 반박의 논리적 허점을 제시하나 이는 동물권리론의 입장이 아니고 그를 비판하는 입장에서 지적한 논리적 허점이다. 따라서 학생4의 의견은 적절하다.

오답설명

① 1문단에 따르면, 동물권리론은 동물의 권리로부터 동물의 윤

리적 지위를 도출하는 반면, 동물감정론은 권리가 아니라 쾌락과 고통 등의 감정을 근거로 동물을 윤리적으로 대우해야 한다고 본다. 즉 동물의 윤리적 대우를 주장한다는 점은 동물감정론과 동물권리론이 유사하지만, 그 근거는 서로 다르다. 따라서 동물감정론이 동물권리론의 논리에 전적으로 동의한다는 학생1의 의견은 적절하지 않다.

② 1문단에 따르면, 동물감정론과 동물권리론이 모두 동물에 대한 인간의 윤리적 대우를 중시하는 것은 사실이다. 그러나 5문단에 따르면, 동물에게는 행동을 조절할 능력이 없다는 사실을 중시하는 것은 동물감정론이 아니라 동물권리론이다. 동물감정론이 동물에게 행동 조절 능력이 없다는 사실에 동의한다는 내용은 윗글에서 확인할 수 없다.

③ 1, 2문단에 따르면, 포식에 관련한 비판의 입장에서 동물권리론과 동물감정론은 모두 동물과 동물 간의 포식을 막아야 한다는 무리한 의무를 함축하고 있다는 점에서 비판할 여지가 있다.

⑤ 5, 6문단에 따르면, 도덕 수동자인 동물에게 포식 방지의 의무가 없다는 것은 포식에 관련한 비판에 대한 동물권리론의 의무론적 반박이며 그러한 반박에 대해 포식 방지의 의무는 인간에 대한 것이라는 비판을 할 수 있다. 그런데 5문단에 따르면 의무론은 윤리 비결과주의이므로 학생5의 의견은 적절하지 않다.

70

정답설명

③ 윗글의 ⓐ '막다'는 문맥상 '어떤 현상이 일어나지 못하게 하다.'의 의미로 사용되었다. 이러한 의미로 사용된 것은 ③ 선지이다.

오답설명

① 선지의 '막다'는 '길, 통로 따위가 통하지 못하게 하다.'의 의미이다.

②, ④ 선지의 '막다'는 '트여 있는 곳을 가리게 둘러싸다.'의 의미이다.

⑤ 선지의 '막다'는 '강물, 추위, 햇빛 따위가 어떤 대상에 미치지 못하게 하다.'의 의미이다.

빠른 정답 17 | 수성

71	③	72	⑤	73	③	74	⑤	75	④

71

정답설명

③ 5문단에서 공전 궤도의 이심률로 인해 행성이 미세한 진동을 일으키는 현상을 '경도 칭동'이라 부름을 알 수 있다. 이러한 경도 칭동 현상은 수성의 외핵이 액체일 경우 지각과 맨틀로 이루어진 외곽층에서만 일어난다고 하였다. 따라서 선지의 진술은 윗글의 내용과 일치한다.

오답설명

① 4문단에서 수성의 정규 관성 모멘트는 수성의 밀도 분포를 알려주는 지표로, 행성의 전체 크기에서 핵이 차지하는 비율에 비례하여 증가함을 알 수 있다. 하지만 이것이 정규 관성 모멘트와 핵의 밀도가 비례함을 뜻하지는 않는다. 핵이 행성 전체에서 차지하는 비율과 핵의 밀도는 다르기 때문이다. 따라서 선지의 진술은 윗글의 내용과 일치하지 않는다.

② 3문단에서 관성 모멘트는 물체가 자신의 회전을 유지하려는 정도라고 하였고, 질량이 같은 경우 물체가 회전축으로부터 멀리 떨어질수록 커짐을 알 수 있다. 즉, 넓적한 팽이가 홀쭉한 팽이보다 관성 모멘트가 클 것이다. 따라서 선지의 진술은 윗글의 내용과 일치하지 않는다.

④ 2문단에서 수성은 지구형 행성 중 지구 외에 자기장이 감지된 유일한 행성임을 알 수 있다. 따라서 선지의 진술은 윗글의 내용과 일치하지 않는다.

⑤ 1문단에서 수성은 금성, 지구, 화성과 더불어 지구형 행성에 속하며 밀도가 지구보다 작음을 알 수 있다. 그러나 수성은 태양계에서 가장 작은 행성이라는 내용이 제시되어 있으므로, 태양계 행성 중 수성의 지름이 가장 작을 것임을 알 수 있다. 따라서 선지의 진술은 윗글의 내용과 일치하지 않는다.

72

정답설명

⑤ 6문단을 통해, 수성의 맨틀은 그 두께가 비교적 얇음을 알 수 있다. 또 적은 양의 철을 포함하고 있다는 사실이 메신저의 엑스선 분광기를 통해 밝혀졌음을 알 수 있다. 하지만 수성의 맨틀이 적은 양의 철을 포함하고 있다는 사실은 수성의 하부 맨틀에 반지각이 존재할 것이라는 가설이 제기되도록 했을 뿐, 맨틀이 얇은 이유 자체가 맨틀이 적은 양의 철을 포함하기 때문인 것은 아니다. 이를 고려하면, 해당 선지의 진술은 메신저의 수성 탐사에 대한 설명으로 적절하지 않다.

오답설명

① 2문단에서 매리너 10호의 탐사에 의해 수성에 자기장이 있음이 감지되었고, 이에 지질학자들은 다이나모 이론에 근거하

여 수성의 자기장이 철-황-규소 화합물로 이루어진 외핵의 대류와 행성의 자전 효과에 의해 형성된다고 추측하였음을 알 수 있다. 따라서 선지의 진술은 매리너 10호의 수성 탐사에 대한 설명으로 적절하다.

② 2문단에 따르면, 매리너 10호가 자기장이 있음을 확인한 것에 대하여, 다이나모 이론에 근거한 액체 핵의 존재에 대한 추측이 제기되기도 하였지만, 수성에서 감지된 자기장은 핵의 고체화 이후 암석 속에 자석처럼 남아 있는 잔류 자기일 가능성도 있었다는 언급도 제시된다. 따라서 선지의 진술은 매리너 10호의 수성 탐사에 대한 설명으로 적절하다.

③ 6문단에서 제시되는, 메신저로부터 얻은 정보에 기반한 수성 모델에 대한 분석 내용을 보면, 과학자들은 수성의 맨틀이 적은 양의 철을 가지고 있음에도 그 밀도가 높은 이유를 설명하기 위해 밀도가 높은 황화철로 이루어져 있으며 그 두께는 지각보다 더 두꺼울 것이라는 반지각의 존재를 새로운 가설로 제시하였음을 알 수 있다.

④ 6문단에서 제시되는, 메신저로부터 얻은 정보에 기반한 수성 모델에 대한 분석 내용을 보면, 수성 지형의 높이는 9.8km로 다른 지구형 행성에 비해 낮은데, 이는 지각의 평균 두께가 50km인 것을 고려할 때, 맨틀 두께가 360km로 비교적 얇아서 맨틀 대류에 의한 조산 운동이 활발하지 않기 때문으로 해석된다고 하였다. 이는 맨틀 대류가 수성 지형의 높이에도 영향을 미쳤다는 해석이다. 따라서 선지의 진술은 메신저의 수성 탐사에 대한 설명으로 적절하다.

73

정답설명

③ 5문단에서 경도 칭동의 크기는 수성의 외핵이 액체일 경우 외곽층의 관성 모멘트에 반비례함을 알 수 있다. 그런데 현재까지 알려진 수성의 경도 칭동 값이 수성 외곽층의 관성 모멘트 값을 사용하여 계산한 값과 일치하는 것으로 나타나므로, 이는 수성에 액체 핵이 존재할 것이라는 가설을 뒷받침할 수 있다. 또한 2문단을 통해, 다이나모 이론은 수성의 핵이 액체 상태일 것이라는 사실을 암시하고 있음을 알 수 있다. 이는 수성의 경도 칭동 측정값이 다이나모 이론과 함께 수성의 액체 핵 존재 가설을 뒷받침할 수 있음을 의미한다.

오답설명

① 2문단에서 다이나모 이론은 지구 자기장의 생성을 설명하기 위해 제안된 이론임을 알 수 있다. 또한 윗글에서 수성 탐사를 통해 얻은 정보를 바탕으로 다이나모 이론이 확립되었다는 정보는 제시되어 있지 않다. 따라서 다이나모 이론이 두 번의 수성 탐사에 의해 확립되었다는 선지의 진술은 적절하지 않다.

② 2문단에 따르면 다이나모 이론은 행성의 자기장이 전도성 액체인 외핵의 대류와 자전 효과에 의해 생성된다고 설명하는 이론이고, 이에 근거할 경우 수성의 핵이 액체 상태라는 추측이 가능하다. 하지만 이러한 이론의 귀결과 달리 지질학자들

은 수성의 자기장이 고체화된 핵 속에 남은 잔류 자기일 수도 있음을 주장하였다. 따라서 다이나모 이론이 수성의 자기장이 고체화된 핵 속에 남은 잔류 자기일 것임과 증명했다는 선지의 진술은 적절하지 않다.

④ 6문단에서 과학자들은 수성 맨틀의 낮은 철 함유량에도 외곽층의 밀도가 높은 이유를 설명하기 위해 반지각의 존재를 새로운 가설로 제시하였음을 알 수 있다. 하지만 이는 다이나모 이론과 무관하며, 과학자들의 새로운 가설도 수성의 철 함유량이 감소한 이유를 설명하기 위한 것은 아니다. 이를 고려하면, 해당 선지의 진술은 적절하지 않다.

⑤ 2문단에서 다이나모 이론은 지구의 자기장이 전도성 액체인 외핵의 대류와 자전 효과에 의해 생성된다고 보았음을 알 수 있다. 이를 고려하면, 해당 선지의 진술은 적절하지 않다.

74

정답설명

⑤ 4문단에서 행성의 정규 관성 모멘트는 행성 전체의 크기에서 핵이 차지하는 비율에 비례하여 커짐을 알 수 있다. 그런데 〈보기〉에서 갑의 정규 관성 모멘트는 지구보다 크고 수성보다 작다고 하였다. 이는 〈보기〉의 행성 전체의 크기에서 핵이 차지하는 비율이 지구보다 크고 수성보다 작음을 의미한다. 따라서 선지의 진술은 〈보기〉의 '갑'에 대한 분석으로 적절하다.

오답설명

① 4문단에서 행성의 정규 관성 모멘트는 행성 전체의 관성 모멘트를 행성 질량에 행성 반지름 제곱을 곱한 값으로 나누어 계산한다는 것을 알 수 있다. 또 〈보기〉에서 가상의 행성의 정규 관성 모멘트는 지구보다 크고 수성보다 작다고 하였다. 그러나 각 행성의 전체 관성 모멘트에 대한 정보가 주어져 있지 않으므로, 윗글과 〈보기〉를 통해 각 행성의 반지름 크기는 확인할 수 없다. 따라서 선지의 진술은 〈보기〉의 '갑'에 대한 분석으로 적절하지 않다.

② 5문단에서 수성이 고체라면 경도 칭동은 수성 전체의 관성 모멘트에 반비례할 것이지만, 수성에 액체 핵이 존재한다면 경도 칭동의 크기는 수성 전체의 관성 모멘트가 아닌 외곽층의 관성 모멘트에 반비례한다고 하였다. 그런데 선지에서는 갑이 '고체 핵'을 가졌다고 말하고 있다. 이러한 조건을 따른다면, 〈보기〉의 갑의 경도 칭동은 갑의 외곽층 관성 모멘트가 아니라 전체 관성 모멘트에 반비례할 것이다. 한편 윗글에 따르면 수성의 경도 칭동 측정값은 외곽층 관성 모멘트에 반비례하는 값으로 측정되고 있고, 이에 따라 수성이 액체 핵을 가졌으리라는 추측이 힘을 얻고 있다. 이러한 윗글과 〈보기〉의 정보, 그리고 선지의 조건을 종합할 때, 주어진 정보들로는 고체 핵을 가진 갑의 경도 칭동 측정값과 액체 핵을 가졌을 가능성이 높은 수성의 경도 칭동 측정값을 비교하여 어느 쪽이 더 크다고 말할 근거가 부족하다. 따라서 선지의 진술은 〈보기〉의 '갑'에 대한 분석으로 적절하지 않다.

③ 6문단에서 수성의 외곽층 밀도는 지구의 상부 맨틀의 밀도보다 높지만, 맨틀이 철 성분을 많이 포함하지 않기 때문에 이를 설명하기 위해 과학자들은 하부 맨틀에 밀도가 높은 반지각이 존재한다는 가설을 제시하였음을 알 수 있다. 즉 반지각의 존재는 철을 거의 포함하지 않는 수성 외곽층의 높은 밀도를 설명하기 위해 제시된 것이다. 그런데 〈보기〉의 갑은 외곽층의 밀도가 지구보다 낮다고 하였다. 이 경우 선지의 조건처럼 갑이 수성보다 적은 철 함유량을 보여 준다고 해도, 그로부터 반지각의 존재를 추측하기는 어렵다. 갑은 지구보다 외곽층의 밀도가 낮으므로, 갑이 보여 주는 적은 철 함유량은 갑의 낮은 외곽층 밀도와 연관 지을 수 있기 때문이다. 다시 말해, 윗글에서 반지각의 존재는 행성 외곽층이 다량의 철을 포함하고 있지 않음에도 높은 밀도를 보이는 현상을 설명하기 위해 제시된 가설이기에, 갑처럼 외곽층의 밀도가 낮은 경우에는 제시되지 않을 수 있다. 따라서 선지의 진술은 〈보기〉의 '갑'에 대한 분석으로 적절하지 않다.

④ 4문단에서 행성 전체의 크기에서 핵이 차지하는 비율이 클수록 행성의 정규 관성 모멘트도 커짐을 알 수 있다. 이는 행성의 정규 관성 모멘트가 작을수록 행성 전체의 크기에서 핵이 차지하는 비율이 작고, 따라서 핵이 아닌 외곽층의 두께는 상대적으로 두꺼울 가능성이 크다는 의미로 이해할 수 있다. 그런데 〈보기〉에서 갑의 정규 관성 모멘트는 지구보다 크고 수성보다 작다고 하였다. 따라서 갑의 외곽층 두께는 수성보다 두꺼울 가능성이 크다고 추론할 수 있다. 따라서 선지의 진술은 〈보기〉의 '갑'에 대한 분석으로 적절하지 않다.

75

정답설명
④ 윗글의 ⓓ '떨어지다'는 문맥상 '일정한 거리를 두고 있다.'의 의미로 사용되었다. 한편, 선지의 '떨어지다'는 문맥상 '값, 기온, 수준, 형세 따위가 낮아지거나 내려가다.'의 의미로 사용되었다. 따라서 해당 선지는 ⓓ와 같은 의미로 볼 수 없다.

오답설명
① ⓐ '보내다'는 문맥상 '일정한 임무나 목적으로 가게 하다.'의 의미로 사용되었다. 한편, 선지의 '보내다'도 같은 의미로 사용되었다.

② ⓑ '식다'는 문맥상 '더운 기가 없어지다.'의 의미로 사용되었다. 한편, 선지의 '식다'도 같은 의미로 사용되었다.

③ ⓒ '들여다보다'는 문맥상 '세밀하게 살펴 알다.'의 의미로 사용되었다. 한편, 선지의 '들여다보다'도 같은 의미로 사용되었다.

⑤ ⓔ '흔들리다'는 문맥상 '상하나 좌우 또는 앞뒤로 자꾸 움직이다.'의 의미로 사용되었다. 한편, 선지의 '흔들리다'도 같은 의미로 사용되었다.

빠른 정답 18 | 암흑물질의 존재

76	③	77	③	78	③	79	④	80	④

76

정답설명
③ 1문단에 따르면, 이론상 암흑 물질의 존재가 예측된 것은 사실이다. 그런데 2문단에 따르면, 암흑 물질은 최근 두 은하단의 충돌을 관측하는 과정에서 그 존재가 확인되었다.

오답설명
① 2문단과 3문단에서 암흑 물질은 질량을 가지고 중력 구심점에 모여 은하의 초기 구조 형성을 도울 수 있어야 함을 알 수 있다.

② 2문단에서 암흑 물질은 중력에 의한 상호 작용을 제외하고는 빛과 상호 작용을 하지 않거나 미약하게 상호 작용하는 성질을 가져야 함을 알 수 있다. 이는 암흑 물질을 설명하기 위해 암흑 물질의 후보로 제시되는 입자가 이러한 성질을 가져야 함을 의미한다.

④ 1문단에서 뉴턴 역학에 따르면, 은하 중심을 축으로 회전하는 별의 속도는 그 궤도 반경이 커질수록 감소해야 한다고 하였다. 하지만 실제 관측 결과 별의 회전 속도는 궤도 반경이 커져도 거의 감소하지 않았고, 이를 설명하기 위해 가설적으로 제안된 것이 은하 중심을 벗어난 영역에도 존재하며 별의 회전에 영향을 미치는 질량을 갖는 암흑 물질인 것이다.

⑤ 1문단에서 뉴턴 역학에 따르면 은하 전체의 질량은 대부분 은하 중심에 존재하므로, 은하의 중심을 벗어난 영역에서는 반경에 상관없이 궤도 내 전체 질량이 일정하게 낮고, 이때 별의 회전 속도는 궤도 반경이 커질수록 줄어듦을 알 수 있다.

77

정답설명
③ 윗글의 4문단에서 윔프는 양성자의 수십 배 정도의 질량을 가지는 것으로 예측됨을 알 수 있다. 또 3문단에서 중성미자는 양성자보다 가볍다고 하였으므로, 이를 종합할 때 윔프는 중성미자보다 무거운 입자임을 추론할 수 있다. 또한 윔프는 4문단에 따르면 우주의 온도가 낮아질 때 느리게 움직이면서, 은하의 씨앗에 모여 은하의 형성을 도울 수 있다.

오답설명
① 4문단에서 윔프는 은하 주변보다 은하 중심에 상대적으로 많이 모여 있음을 알 수 있다. 이는 윔프가 은하 중심에서 멀어질수록, 즉 은하의 주변부로 갈수록 그 수가 감소함을 의미한다. 이를 고려하면, 해당 선지의 진술은 적절하지 않다.

② 5문단에 따르면 질량 밀도가 높은 은하 중심이나 태양에서 윔프가 소멸하면서 윔프의 질량이 빛이나 일반 물질의 에너

지로 변환되는데, 우주선에 대한 관측을 통해 이 에너지를 확인함으로써 윔프의 존재를 '간접적으로' 검출할 수도 있다고 하였다. 즉 이러한 검출은 윔프를 직접 검출하는 방법이 아닌, 간접 검출하는 방법에 해당한다.

④ 4문단에서 윔프는 지구 근처에서 평균적으로 물컵 정도의 공간에 한 개 정도 존재할 것으로 추정되고, 은하의 주변부보다 중심부에 상대적으로 많이 분포함을 알 수 있다. 즉 '물컵 정도의 공간에 한 개 정도 존재한다'는 윔프의 밀도는 지구 근처를 기준으로 하는 밀도이지, 은하 전체에서의 밀도를 설명한 것이 아니다.

⑤ 5문단에서 윔프는 가속기에서 양성자를 충돌시켜 생성할 수 있음을 알 수 있다. 이는 윔프가 장비를 활용해 인위적으로 만들어질 수 있음을 의미한다. 하지만 4문단에 따르면, 윔프는 우주의 온도가 낮아지면 그 수가 감소하다가 밀도가 더 낮아지면 소멸이 이루어지지 않고 그 개수가 보존된다고 하였다.

78

정답설명

③ 3문단에서 중성미자는 중성자가 양성자와 전자로 붕괴하는 과정에서 생기는 입자임을 알 수 있다. 한편 6문단에서 액시온은 우주의 온도가 낮아지면서 쿼크가 양성자 혹은 중성자가 되는 상태 변화 과정을 통해 생겨남을 알 수 있다.

오답설명

① 3문단에서 중성미자는 현재 우주 공간에서 빛에 가까운 속도로 운동하여 은하 형성에 방해가 될 정도라고 하였고, 4문단과 6문단에서는 윔프와 액시온의 운동 속도가 우주 공간에서 은하 형성을 도울 정도로 느리다고 하였다.

② 6문단에서 액시온은 빛과 미약하게 상호 작용을 하지만, 우주 구조 형성 시기에 매우 느리게 움직여 은하 생성을 도울 수 있는 입자임을 알 수 있다. 한편 2문단과 3문단을 보면, 암흑 물질은 중력에 의한 상호 작용을 제외하고는 빛과 상호 작용을 하지 않거나 미약하게 상호 작용해야 하고, 초기 우주 구조 형성 단계에서 은하의 형성을 도울 수 있어야 한다. 액시온은 이러한 조건에 부합하므로, 암흑 물질을 설명할 수 있는 입자의 후보로 제시된 것이다.

④ 3문단에서 중성미자는 빠른 운동 속도로 인해 중력 구심점에 모이지 못하고 은하의 형성을 방해함을 알 수 있다. 한편, 6문단에서 액시온은 매우 느리게 움직임으로써 은하의 씨앗에 모이게 되고 은하 형성을 도울 수 있음을 확인할 수 있다.

⑤ 3문단에서 중성미자는 양성자나 전자보다 가볍지만 그 질량은 아직 알려져 있지 않음을 알 수 있다. 한편, 6문단에서 액시온의 질량은 전자 질량의 수십억 분의 일보다 작을 것으로 추정됨을 알 수 있다. 이는 액시온의 정확한 질량 또한 아직 정확하게 밝혀지지 않았음을 의미한다.

79

정답설명

④ 1문단에 따르면, 뉴턴 역학에 따른 예측이 ⑧이고, 실제 관측 결과가 ④임을 알 수 있다. 그리고 ④와 같은 결과를 설명하기 위해 예측된 개념이 암흑 물질임을 알 수 있다. 즉 별의 궤도 반경이 커져 은하 중심으로부터의 거리가 멀어지면, 회전 속도가 줄어들어야 하는데, 궤도 반경이 커져도 회전 속도가 유지되는 것은 별의 회전 운동 궤도 안에 암흑 물질이 존재하고, 그 암흑 물질의 질량이 회전 속도를 증가시킴으로써 반경 증가에 따라 감소하는 회전 속도를 상쇄한 것으로 이해할 수 있다. 그러므로 선지의 조건처럼 윔프가 암흑 물질로서 존재한다면, 윔프가 더 많이 존재할수록 회전 운동 궤도 안에 존재하는 전체 질량은 더 증가하고, 그에 따라 은하 중심을 축으로 회전하는 별의 속도가 질량의 영향으로 더 빨라져야 한다. 따라서 윔프가 더 많이 존재할 때 별의 회전 속도가 ④보다 더 느려진다는 선지의 진술은 적절하지 않다.

오답설명

① 3문단에 따르면, 중성미자가 암흑 물질을 설명할 수 있을 정도의 질량을 갖는 경우, 은하의 씨앗이 잘 만들어지지 않는다. 즉 중성미자는 윗글에서 제시된 암흑 물질 후보 세 가지 중에서 암흑 물질로 인정되기에는 다른 두 후보(윔프와 액시온)에 비해 상대적으로 암흑 물질로서의 조건을 충족하지 못한다는 사실을 알 수 있고, 따라서 별의 궤도 반경 내에 중성미자가 존재한다고 하더라도 ④를 과학적으로 온전하게 설명하는 데에는 한계가 있을 것임을 알 수 있다.

② 선지의 진술처럼 실제 관측 결과도 ⑧와 일치했다면, 암흑 물질이 은하 내부에 존재한다고 상정해야 할 이유가 사라질 것이다.

③ 1문단에 따르면, 별의 궤도 반경이 커져 별이 은하 중심으로부터 멀어질수록 별의 회전 속도는 ⑧처럼 줄어들어야 하지만, 그만큼 궤도 반경 내의 암흑 물질이 더 많이 존재하기에, 궤도 반경이 커져도 ④처럼 속도가 거의 균일하게 유지된 것이라고 설명할 수 있다. 즉 별이 은하 중심에서 멀어질수록 별의 궤도 반경 내에 있는 전체 암흑 물질의 양은 증가할 것임을 알 수 있다.

⑤ 1문단에 따르면, 뉴턴 역학에 따른 예측이 ⑧에 해당하는데, 이때 은하 질량의 대부분을 차지한다고 알려진 별은 대부분 은하 중심에 모여 있으므로, 중심을 벗어난 영역에는 질량을 가진 별이 거의 존재하지 않고, 따라서 해당 영역에서는 반경에 상관없이 궤도 내의 전체 질량이 일정하게 낮다고 보았음을 알 수 있다.

80

정답설명

④ 윗글의 ⓓ '이루다'는 문맥상 '어떤 대상이 일정한 상태나 결과를 생기게 하거나 일으키거나 만들다.'의 의미로 사용되었

다. 한편, 선지의 '이루다'도 같은 의미로 사용되었으므로, 해당 선지는 적절하다.

오답설명

① 윗글의 ⓐ '따르다'는 문맥상 '어떤 경우, 사실이나 기준 따위에 의거하다.'의 의미로 사용되었다. 한편, 선지의 '따르다'는 문맥상 '어떤 일이 다른 일과 더불어 일어나다.'의 의미이다.

② 윗글의 ⓑ '가지다'는 문맥상 '자기 것으로 하다.'의 의미로 사용되었다. 한편, 선지의 '가지다'는 문맥상 '모임을 치르다.'의 의미이다.

③ 윗글의 ⓒ '모이다'는 문맥상 '한데 합쳐지다.'의 의미로 사용되었다. 한편, 선지의 '모이다'는 문맥상 '특별한 물건이 구해져 갖춰지다.'의 의미이다.

⑤ 윗글의 ⓔ '낮다'는 문맥상 '높낮이로 잴 수 있는 수치나 정도가 기준이 되는 대상이나 보통 정도에 미치지 못하는 상태에 있다.'의 의미로 사용되었다. 한편, 선지의 '낮다'는 문맥상 '품위, 능력, 품질 따위가 바라는 기준보다 못하거나 보통 정도에 미치지 못하는 상태에 있다.'의 의미이다.

빠른 정답 19 | 토지가치세

81	②	82	⑤	83	④	84	③

81

정답설명

② 2문단에 따르면, 헨리 조지가 제안한 토지가치세는 토지에 대한 소유권 중 사용권과 처분권은 개인의 자유에 맡기고, 토지 개량 수익을 제외한 수익권만 정부가 환수하여 사회 전체를 위해 사용하자는 것이다. 대신, 토지가치세가 단일세로서 충분히 걷혀 다른 세금을 대체함으로써 경제를 활성화할 수 있다고 하였고 이러한 토지가치세는 '토지를 제외한 나머지 경제 영역에서는 자유 시장을 옹호했던 조지의 신념에 잘 부합하는 발상'이라고 하였다. 즉, 조지는 토지가치세를 시장 자유주의와 양립할 수 있는 제도로 보고 제안한 것이다. 따라서 헨리 조지의 관점에서 토지가치세가 시장 자유주의와 충돌하는 까닭에 대한 답은 윗글에서 찾을 수 없다.

오답설명

① 4문단에 따르면, 토지가치세가 현실화되지 못한 이유 중 하나가 토지를 건물까지 포함하는 부동산으로 취급하면 건물을 제외한 토지의 가치 측정이 어렵고 그에 따른 과세 대상 금액(징수 세액) 측정도 어렵기 때문이라고 하였다.

③ 2문단에 따르면, 헨리 조지는 토지 소유자의 임대 소득 중에서 자신의 노력이나 기여와는 무관한 불로 소득이 많다면 토지가치세를 통해 환수하는 것이 바람직하다고 주장했다. 그리고 토지 개량의 수익은 토지 소유자가 토지 개량이라는 기여를 한 데 따른 수익이므로 토지가치세의 대상인 불로 소득이라고 할 수 없다.

④ 3문단 '조세 이론은 수요자와 공급자 중 탄력도가 낮은 쪽에서 많은 납세 부담을 지게 된다고 설명한다.'를 통해 조세 이론의 관점에서 수요자와 공급자의 납세 부담 정도를 결정하는 요인으로서 '탄력도'를 제시했음을 알 수 있다.

⑤ 4문단에 따르면, 헨리 조지의 시대와 달리 오늘날은 전체 부에서 토지가 차지하는 비중이 크게 감소하여, 토지가치세의 소득 불평등 해소 능력에 의문이 제기되고 있다고 하였다.

82

정답설명

⑤ 2~3문단에 따르면, 토지가치세는 불로 소득에 대한 과세라는 점에서 공정성에 부합하며, 토지의 공급을 줄이지 않아 초과 부담을 최소화하여 효율적이라고 하였다. 즉, 윗글과 ㉠의 관점에서 토지가치세는 공정성에 부합하면서도 효율적인 세금이므로 '경제주체의 의사 결정을 왜곡한다는 측면에서는 비효율적'이라는 선지의 내용은 적절하지 않다.

오답설명

① 3문단에 따르면, 부동산에 과세하면 지역 개발과 건축업을 위축시켜 초과 부담이 발생하므로 부동산 공급이 감소될 것을 유추할 수 있다. 이는 윗글과 ㉠의 관점에서 비효율적인 세금이라고 할 수 있다.

② 3문단에 따르면, 통상 어떤 재화나 생산 요소에 대한 과세는 거래량 감소, 가격 상승과 함께 초과 부담을 유발한다. 그 예로 자동차 거래량 감소, 건축업 위축과 같은 내용이 제시된 것을 고려할 때, 기업의 영업 활동에 매겨지는 세금은 기업의 투자를 위축시킬 수 있고 이는 초과 부담을 발생시켜 조세의 효율성을 떨어뜨린다고 볼 수 있다. 즉 이는 윗글과 ㉠의 관점에서 비효율적인 세금이라고 할 수 있다.

③ 1문단에 따르면, 경제주체들이 경제적 능력 혹은 자신이 받는 편익에 따라 세금을 부담하는 경우 공정한 세금이 된다. 자동차에 대한 과세가 자동차 소유주에게 매겨지면, 자동차를 소유하지 않은 사람에 비해 자동차를 소유한 사람이 자신이 자동차를 소유할 수 있는 경제적 능력, 또는 자신이 자동차 이용으로 얻는 편익에 따라 세금 부담을 더 지게 되는 셈이므로 이는 윗글과 ㉠의 관점에서 공정한 세금이라고 할 수 있다.

④ 1문단에 따르면, 경제주체들이 경제적 능력 혹은 자신이 받는 편익에 따라 세금을 부담하는 경우 공정한 세금이 된다. 그러나 상품에 매겨지는 부가가치세는 구매자의 경제적 능력과는 무관하게 책정되는 것으로 상품을 사는 사람이라면 누구나 해당 상품에 책정된 만큼의 똑같은 세금을 내게 된다. 즉 이는 윗글과 ㉠의 관점에서 불공정한 세금이라고 할 수 있다.

83

정답설명

④ 토지 공급 감소로 인한 임대료 상승에 따라 기업 투자가 위축되는 것은 초과 부담이 발생한다는 것인데, 3문단에서 '토지가치세는 토지 공급을 줄이지 않아 초과 부담을 발생시키지 않는다.'고 하였다. 따라서 토지가치세가 토지 공급 감소에 따른 임대료 상승으로 이어진다는 이해는 적절하지 않으며, 오히려 5문단에서는 기업 과밀로 인한 임대료 상승과 같은 외부 효과로 인한 피해를 보상하기 위한 방안으로서 토지가치세를 부과할 수 있음을 언급하고 있다.

오답설명

① 외부 효과는 경제 행위가 당사자가 아닌 제삼자에 긍정적 혹은 부정적 영향을 미치는 것으로, 긍정적 외부 효과도 존재함을 알 수 있다. 그런데 해당 지역민의 일자리가 늘어나는 것은 부동산 소유주의 이익 사유화에 따른 부정적인 외부 효과로 보기는 어렵다. 따라서 선지의 진술은 윗글을 참고한 ㉡에 대한 이해로 적절하다.

② 5문단에, 토지가치세가 외부 효과로 인한 피해를 보상하는 방안이 될 수 있다는 점에서 ㉡과 같은 견해가 제시되고 있

다. 그런데 4문단에 따르면, 조세 저항에 따라 토지가치세에 대하여 재산권 침해라는 비판이 거세지면 토지가치세를 도입하더라도 세율을 낮게 유지할 수밖에 없어 충분한 세수가 확보되지 않을 수 있다는 점에서 토지가치세에 현실적인 어려움이 있다. 따라서 만약 조세 저항이 있다면 높은 세율의 토지가치세를 본격적으로 부과하기 어려우므로 외부 효과로 인한 피해를 충분히 보상하기도 어려울 것이다.

③ 4문단에 따르면, 토지 가치 상승분과 건물 가치 상승분의 구분이 쉽지 않다는 것이 토지가치세의 현실적인 어려움을 가중한다. 토지를 건물까지 포함하는 부동산으로 취급하여 과세하는 국가에서는 토지의 가격이 별도로 인지되는 것이 아니므로, 건물을 제외한 토지의 가치 측정이 어려워 과세 대상 금액을 측정하는 것 또한 어려워지기 때문이다.

⑤ 5문단에서 첨단산업 분야의 대기업들이 자리를 잡은 지역 주변에는 인구가 유입되고 일자리가 늘어난다고 하였다. 이 과정에서 해당 지역의 부동산 소유자들은 막대한 이익을 사유화하는 반면, 임대료 상승이나 혼잡비용 같은 손실은 지역민 전체에게 전가되는 것이 외부 효과로 제시되는데, 높은 세율의 토지가치세가 본격적으로 실행에 옮겨질 수 있다면 불로소득에 대한 과세(공정한 세금)를 통해 외부 효과로 인한 피해를 보상하는 방안이 될 수 있다고 하였다.

84

정답설명

③ 3문단에 따르면, 조세 이론은 수요자와 공급자 중 탄력도가 낮은 쪽에서 많은 납세 부담을 지게 된다. 그리고 토지는 세금이 부과되지 않는 곳으로 옮길 수 없다는 점에서 공급자의 탄력도가 낮고, 따라서 납세 부담은 임차인에게 전가되지 않고 토지 소유자가 고스란히 떠안게 됨을 알 수 있다. 토지가치세는 임차인에게 납세 부담이 전가되지 않는다고 하였으므로, 토지가치세가 〈보기〉의 간접세처럼 납세 의무자와 조세 부담자가 달라지고 납세 의무자가 타인에게 조세 부담을 전가하는 방식으로 실현되리라고 보는 선지의 진술은 적절하지 않다.

오답설명

① 4문단에 따르면, 토지 가치 상승분과 건물 가치 상승분의 구분이 쉽지 않다는 것도 토지가치세의 어려움을 가중한다. 또 토지를 건물까지 포함하는 부동산으로 취급하여 과세하는 국가에서는 부동산 거래에서 건물을 제외한 토지의 가격이 별도로 인지되는 것이 아니므로, 건물을 제외한 토지의 가치 평가가 어렵다는 점이 토지가치세의 어려움으로 제시되었다. 또한 〈보기〉에서도 종가세는 과세 대상 금액을 정확히 측정하기 어려워 징수가 상대적으로 어렵다는 단점이 있다고 하였다. 이를 종합할 때 〈보기〉에서 말하는 종가세처럼 금액을 기준으로 토지가치세를 매긴다면 선지의 진술과 같은 어려움이 발생할 수 있다. 따라서 선지의 진술은 적절하다.

② 〈보기〉에서 간접세는 조세 부담자가 직접 세금을 납부하지

않으므로 조세저항이 낮다고 하였다. 한편 윗글 3, 4문단에 따르면 토지가치세의 납세 부담은 임차인에게 전가되지 않고 토지 소유자가 고스란히 떠안게 되며, 이로 인해 납세 의무자이자 조세 부담자로서 〈보기〉에서 말하는 직접세로서의 토지가치세를 부담해야 하는 토지 소유주들의 조세 저항도 문제가 될 것임을 알 수 있다. 윗글에서도 재산권 침해라는 비판이 거세지면 토지가치세를 도입하더라도 세율을 낮게 유지할 수밖에 없어, 충분한 세수가 확보되지 않을 수 있다. 따라서 선지의 진술은 적절하다.

④ 선지에서 말하는 것처럼 토지 면적으로 세금을 부과한다는 것은, 〈보기〉에서 말하는 종량세에 가까운 방식임을 알 수 있다. 그런데 〈보기〉에서 종량세는 물건 가격과 무관하게 양만을 기준으로 하므로 저소득자(토지로 얻는 소득이 상대적으로 적은 토지의 소유주)가 상대적으로 많은 세금을 부담하는 역진성을 보일 수 있다고 하였다. 윗글의 1문단에서 경제 주체들이 경제적 능력에 따라 세금을 부담하는 것이 공정한 세금이라고 하였으므로, 이를 종합할 때 이러한 종량세 방식의 토지가치세는 불공정한 세금으로 작용할 수 있다. 따라서 선지의 진술은 적절하다.

⑤ 윗글에서 토지가치세는 비록 현실적으로는 몇 가지 어려움이 존재하지만, 빈곤과 불평등 문제에 대한 조지의 이상이 반영된 세금임을 알 수 있다. 〈보기〉에서도 상대적 저소득자가 오히려 세금을 더 많이 부담하는 방식의 역진성이 문제가 될 수 있음을 지적하고 있다. 이는 윗글 1문단에서 경제주체들이 경제적 능력 혹은 자신이 받는 편익에 따라 세금을 부담하는 공정성의 개념을 제시한 것과도 상통한다. 이를 종합할 때, 고소득자가 자신의 경제적 능력에 맞게 더 많은 세금을 부담하도록 하는 것이 역진성이 없는 공정한 방식이라고 볼 수 있다. 따라서 선지의 진술은 적절하다.

빠른 정답 20 | 멜로드라마

85	②	86	⑤	87	④	88	③

85

정답설명

② 1문단에 따르면 19세기 이전의 초기 멜로드라마에서 부르주아는 선하되 약한 주인공의 자리에 있었고, 봉건 귀족이 악인의 자리에 있었다. 그리고 2문단에 따르면, 19세기 자본주의 발달과 더불어 멜로드라마의 인물 구도에는 변화가 생겼는데, 봉건 귀족의 자리는 악하되 강한 인물이 대신하고, 그에 의해 고통받는 선량하지만 가난한 사람이 주인공으로 등장하였다고 하였다. 따라서 19세기 자본주의 발달에 따라 봉건 귀족의 자리를 부르주아가 대신하였다는 선지의 진술은 윗글의 내용과 일치하지 않는다.

오답설명

① 1문단에 따르면, 초기 멜로드라마는 악인인 귀족과 선인인 부르주아의 구조로 전개되었으며, 사회적 모순을 타개하지는 못한 채 부르주아가 어떻게든 승리하도록 만들려고 한다고 하였다.

③ 2문단에서 19세기 멜로드라마는 감성을 자극하는 파토스에 집중하였다는 내용, 그리고 약자들의 고통과 슬픔이 표출되었다는 점에서 이러한 파토스의 과잉은 그 나름의 의의를 지녔다고 할 만하다는 평가를 확인할 수 있다.

④ 3문단에 따르면, 20세기에 들어서 멜로드라마는 영화로 중심을 옮겨 갔는데, 그 이유는 영화는 인물을 화면에 크게 나타내는 클로즈업을 통해 인물에 대한 관객들의 감정 이입을 유도하기 쉬웠고, 통속적이고 대중적인 이야기와 화려한 볼거리를 만들어 내기에도 적절했으며, 음악을 통해 과잉된 정서를 표현하기에 효과적이었기 때문임을 확인할 수 있다.

⑤ 4문단에 따르면, 1950년대에 할리우드는 '가족 멜로드라마'라는 또 다른 멜로드라마의 흐름을 만들어 냈다. 이러한 가족 멜로드라마는 통속적 서사의 틀을 유지하면서도 사회적 갈등의 축소판과도 같은 미국 중산층 핵가족에 주목하게 되는데, 그것은 가족이 자본이나 가부장제 같은 사회 권력이 작동하는 무대이기 때문이라고 하였다.

86

정답설명

⑤ ㉠의 결말은 계급에 따른 격차와 같은 사회적 문제가 완벽하게 해소되지 않은 결말이라고 볼 수도 있지만, 3문단의 내용을 고려할 때 이는 이데올로기에 대한 타협 여부보다는 희생적 모성에 대한 공감을 유도하는 파토스에 더 큰 비중을 두고 있다는 점에서, '행복하지 않은 해피 엔딩'을 통해 역설적으로 사회적 모순을 드러내려 했던 ㉡의 관점에 어긋날 여지가 있다. 따라서 선지의 진술은 ㉡의 관점에서 ㉠을 비판할 수 있는 내용으로 적절하다.

오답설명

① 4문단에 따르면, 할리우드의 가족 멜로드라마가 사회적 갈등의 축소판과 같은 중산층 핵가족에 주목한 것은 사실이다. 그리고 서크의 〈천국이 허락한 모든 것〉(1955) 또한 그러한 작품의 예로 제시되었다. 하지만 ⓒ이 반드시 중산층 가족의 문제를 다루어야 한다고 주장한 내용은 윗글에서 확인할 수 없다.

② ⓐ이 상류 계급과 하층민 여성을 다룬 것과 마찬가지로, ⓒ의 영화 또한 유복한 과부와 하층민 정원사의 사랑을 다루고 있다. 게다가 ⓒ이 이러한 계급 간 결혼이 현실적이지 않다고 주장한 내용은 윗글에서 확인할 수 없다.

③ 4, 5문단에서 예시된 ⓒ의 영화 〈천국이 허락한 모든 것〉(1955) 또한 사랑, 시련, 재회의 과정, 자식들의 반대로 사랑을 포기하는 과정, 그럼에도 우연 끝에 '병상'에 있는 정원사와 재회하는 결말과 같이 관객의 슬픔이나 공감을 유도하는 내용을 다루고 있음을 확인할 수 있다. 게다가 ⓒ이 멜로드라마의 일반적인 특성이라고 할 수 있는 파토스를 배제하려 노력했다는 내용 또한 윗글에서 확인할 수 없다.

④ 1문단에 따르면 계급 간 충돌을 단순한 선악 대립 구도로 묘사한 것은 초기 멜로드라마에 대한 설명이다. 3문단에 따르면 20세기 이후로 멜로드라마 영화는 악인에게 괴롭힘을 당하는 약자로부터가 아니라 사회적 모순에 따른 억압적 상황에서 고통받는 약자, 특히 여성들로부터 파토스를 이끌어 냈다고 하였다. ⓐ은 그러한 20세기 이후 멜로드라마 영화의 예로 제시되어 있다. 이를 종합할 때, 선지의 진술은 ⓐ을 비판할 수 있는 내용으로 적절하지 않다.

87
정답설명

④ 2문단에 제시된 파토스에 대한 설명에 따르면, 파토스는 정서적인 호소력을 갖는 주관적·감정적 요소를 뜻하는 예술 용어로, 이를 통해 감상자는 예술에서 연민, 동정, 슬픔 등을 느끼고 그에 공감하게 된다. 또 약자가 겪는 고통과 슬픔을 과장되게 보여 주면서 감성을 자극하는 것이 파토스의 조성(ⓐ)임을 확인할 수 있다. 또한 이것이 영화에서는 인물을 화면에 크게 나타내는 '클로즈업' 기법으로 실현된다고 하였다. 그런데 선지에 제시된 예에서는, 이와 반대로 이별의 슬픔을 겪는 두 연인에게 거리를 두는 '롱쇼트 기법'이 제시되고 있다. 선지에서 말하는 것처럼 두 사람을 잘 알지 못하는 제삼자가 두 연인을 멀리서 관찰하는 듯한 기법으로 연인의 모습을 작게 묘사한다면, 선지의 '제삼자', '관찰', '잘 알지 못함', '작게 보여줌'과 같은 요소들은 감상자가 작품 안에서 묘사되는 인물이나 상황에서 연민이나 동정, 슬픔 등을 느끼고 그에 공감하게 만드는 것이 아니라, 오히려 공감하지 않도록 심리적인 거리를 만드는 기법에 가까울 것이다. 따라서 선지에 제시된 영화 장면의 예는 ⓐ에 해당한다고 보기 어렵다.

오답설명

① 선지에 제시된 예는 이별 이후 오랜만에 재회한 주인공들의 감정을 표현하기 위해 울먹이는 순간을 천천히 강조하여 보여 주고 있으므로, 이러한 파토스의 조성을 부각하는 것으로 적절하다고 볼 수 있다.

② 선지에 제시된 예는 3문단에서도 언급된 '클로즈업' 기법을 통해 가족의 사고 소식으로 놀란 주인공의 감정을 강조하여 보여 주고 있으므로, 이러한 파토스의 조성을 부각하는 것으로 적절하다고 볼 수 있다.

③ 선지에 제시된 예는 오지 않는 상대방을 기다리는 주인공의 슬픔을 타인과의 대비를 통해 강조하여 보여 주고 있으므로, 이러한 파토스의 조성을 부각하는 것으로 적절하다고 볼 수 있다.

⑤ 선지에 제시된 예는 경제적 상류층에 대하여 일종의 위압감을 느끼는 주인공의 감정을 거친 숨소리와 올려다보는 각도 등으로 강조하여 보여 주고 있으므로, 이러한 파토스의 조성을 부각하는 것으로 적절하다고 볼 수 있다.

88
정답설명

③ 〈보기〉에 따르면 1930년대부터 신파는 슬픔을 과장하여 관객을 어떻게든 울게 만들려는 작위적인 비극성으로 인해 비판받기 시작했지만, 통속성과 대중성을 충족하는 요소로서 이후 현대 한국 영화에까지 계승되었다. 한편, 선지에서 말하는 것은 윗글 5문단에서 '서크'가 시도한 방법으로, 여전히 근본적인 갈등이 해소되지 않은 결말에 관객들이 주목하게 하여, 자신들이 보고 있는 것이 '만들어진 현실'이며 행복한 결말은 인위적인 허구 안에서만 가능하다는 것을 생각하게 하고자 했던 서크는 '행복하지 않은 해피엔딩'을 제시하였다고 하였다. 〈보기〉에서 말하는 작위적인 비극성은 서크가 말하는 '행복하지 않은 해피엔딩'처럼 멜로드라마의 새로운 가능성을 위한 역설적 표현이 아니라, 과거 신파에서부터 이어져 온, 통속성과 대중성을 충족하는 요소로서의 비극성을 가리키는 것이므로, 선지의 진술은 윗글을 바탕으로 〈보기〉의 '신파'를 분석한 내용으로 적절하지 않다.

오답설명

① 〈보기〉에 따르면 1910년대 일본극을 수입하여 발전한 새로운 연극 양식인 신파는 1930년대 이후로 영화로 계승되었는데, 그 핵심적인 특징은 주로 슬픈 서사와 비극적인 결말을 보여 준다는 점에서 '관객의 눈물'과 '비극성'으로 요약할 수 있다. 한편 윗글 2문단에 따르면 19세기 멜로드라마 또한 관객을 연민, 동정, 슬픔 등에 공감하도록 하는 파토스의 조성을 부각하였다. 이처럼 둘은 관객이 슬픔에 공감하도록 하였다는 공통점이 있으므로, 선지의 진술은 윗글을 바탕으로 〈보기〉의 '신파'를 분석한 내용으로 적절하다.

② 〈보기〉에 따르면 1930년대부터 신파는 슬픔을 과장하여 관객을 어떻게든 울게 만들려는 작위적인 비극성으로 인해 비

판받기 시작했다. 한편 6문단에서 멜로드라마는 '부적절한 리얼리즘'이니 '관객의 눈물샘'이니 하는 등의 비하하는 말로 언급되었음을 확인할 수 있다. 작위적이라는 것은 '부적절한 리얼리즘'과 상통하고, 관객을 어떻게든 울게 만들려고 했다는 것도 '관객의 눈물샘'과 상통하므로, 선지의 진술은 윗글을 바탕으로 〈보기〉의 '신파'를 분석한 내용으로 적절하다.

④ 〈보기〉에 따르면 1910년대 새로운 연극 양식이었던 한국 신파는 1930년대부터 통속성과 대중성을 충족하는 요소로서 이후 현대 한국 영화에까지 계승되었다고 하였다. 한편 3문단에서도 파토스를 이끌어 내는 멜로드라마는 통속적이고 대중적인 이야기와 화려한 볼거리를 만들어 내기에도 적절했으며, 음악을 통해 과잉된 정서를 표현하기에 효과적이었기 때문에 영화로 중심을 옮겨 갔음을 확인할 수 있다. 따라서 신파와 멜로드라마의 요소는 모두 대중적이고 통속적이며 슬픔을 과장하는 것과 같은 파토스에 집중한다는 공통점을 갖는다는 점에서 영화에 수용되었음을 알 수 있다.

⑤ 〈보기〉에 따르면 20세기 후반의 한국 신파 영화는 도시화와 산업화로 인한 경제적 성장 속에서 오히려 억압되는 여성의 비극적인 이야기를 주로 그렸다는 점에서 신파의 새로운 가능성을 제시하기도 하였다. 이는 윗글 5문단에서 서크의 영화 〈천국이 허락한 모든 것〉이 드러내는 것처럼 여주인공이 누리는 삶의 풍요로움이 오히려 중산층의 지배적 가치와 규범으로 인한 억압과 소외의 상황임을 표현한 것과 유사한 맥락으로 이해할 수 있다.

89	④	90	③	91	②	92	⑤	93	②

89

정답설명

④ 5문단에 따르면, 로봇은 인간이 가지는 것과 같은 감정을 가지려면 최소한 고등 동물 이상의 일반 지능을 가지고, 생명체들처럼 복잡하고 예측 불가능한 환경에 적응할 수 있어야 한다는 내용을 확인할 수 있다. 즉 윗글에서는 일반 지능을 가진 고등 동물은 로봇과 달리 '복잡하고 예측 불가능한 환경에 적응할 수 있는' 것으로 보고 있으므로, 윗글에서 '고등 동물이 복잡한 상황에 잘 적응하지 못하는 이유'에 대한 답을 찾을 수는 없다.

오답설명

① 5문단에 따르면, 목마름, 배고픔, 피로감 등의 본능이나 성취욕, 탐구욕 등이 인간의 기본적인 충동이나 욕구의 예로 제시되고 있다.

② 2문단에 따르면, 인공 감정의 제작을 긍정적으로 여기는 사람들은 인간의 돌봄과 치료 과정을 돕는 로봇이 사용자의 필요에 더 잘 부응하며 사람들이 인간과 정서적 교감을 하는 로봇을 점점 가족 구성원처럼 여기게 될 것이라고 예상한다.

③ 1문단에 따르면, 인공지능을 도덕적 고려의 대상으로 인정하지 않는 사람들은 인간성의 핵심을 지적인 능력이 아니라 기쁨과 슬픔, 공포와 동정심 등의 감정적인 부분에서 찾으려 한다.

⑤ 1문단에 따르면, 최근 인공지능이 인간 바둑 최고수를 꺾은 사건에 따라, 자연 세계에서 인간이 갖는 특권적 지위나, 윤리학의 인간 중심적 전통에 대한 의문이 본격적으로 제기되었다고 하였다.

90

정답설명

③ 3문단에 따르면, 인간이 서로의 감정을 읽고 그에 적절히 반응하면서 정서적인 교감을 통해 공동체를 유지하는 것은 사실이다. 그러나 인간이 '공감'하는 과정을 통해서 추구하고 회피할 대상을 구별하는 것은 아니다. 3문단에서 감정은 무엇을 추구하고 회피할지 판단하도록 하는 동기의 역할을 한다고 하였고, 그 예로 인간은 무엇에 대한 공포를 느낄 때 그로부터 회피한다는 것을 들고 있다. 즉 타인에 대한 공감을 통해 추구할 대상과 회피할 대상을 고른다는 것은 윗글의 설명에 부합하지 않는다.

오답설명

① 1문단에 따르면, 인공지능이 인간 바둑 최고수를 꺾은 사건으로 인해 '자연 세계에서 인간이 갖는 특권적 지위'에 대한

의문이 본격적으로 제기되었다고 하였다. 즉 그러한 사건 이전까지 자연 세계에서 인간이 특권적인 지위를 갖는다는 인식이 존재하였음을 추론할 수 있다.

② 1문단에 따르면, 인공지능이 인간 바둑 최고수를 꺾은 사건으로 인해 '윤리학의 인간 중심적 전통'에 대한 의문이 본격적으로 제기되었다고 하며, 인간뿐만 아니라 인공지능도 도덕적 고려의 대상으로 인정해야 하는지에 대한 의문을 제시하고 있다. 따라서 전통적인 윤리학은 인간을 중점적인 도덕적 고려의 대상으로 삼아 왔음을 추론할 수 있다.

④ 5문단에 따르면, 내적인 감정을 생성하는 것에 대한 첫째 전제로 감정을 가진 개체는 기본적인 충동이나 욕구를 가진다는 것이 제시되고 있다. 이에 따르면, 목마름, 배고픔, 피로감 등의 본능이나 성취욕, 탐구욕 등이 없다면 감정도 없다. 따라서 윗글은 감정이 기초적인 충동, 욕구에 기인하여 만들어진다고 보고 있다.

⑤ 5문단에서 복잡한 환경에 적응하여 행위할 수 있는 일반 지능을 가진 인공지능에 이르는 길은 아직 멀다고 하였다.

91
정답설명
② 4문단에 따르면, ㉠은 입력 자극에 대한 적절한 출력을 내놓는 행동들의 패턴은 인간의 감정이 될 수 없다고 보고 있다. 또 5문단에 따르면, ㉠은 로봇이 감정을 가지기 위해서는 감정을 인식하고 표현하는 데 그쳐서는 안 되고 내적인 감정을 생성할 수 있어야 한다고 주장하며 이를 위해서는 기본적인 충동이나 욕구를 가지고 복잡한 환경에 적응하여 행위할 수 있는 일반 지능 수준에 이르러야 한다고 주장한다. 따라서 ㉠은 인간이 어떤 충동이나 욕구에 따른 감정을 갖고, 그에 따라 무엇을 추구하고 회피할지 판단하도록 하는 동기를 갖는 것처럼, 로봇이 어떤 행동을 꺼리는 것이, 명령을 주어진 대로 수행하는 모습을 보이는 것보다 진정한 인공 감정으로 인정될 가능성이 크다고 추론할 수 있다.

오답설명
① 5문단에 따르면, 사회적 상호 작용이 가능한 인공 감정을 가지기 위해서는 로봇이 '고등 동물 이상의 일반 지능'을 가져야 한다. 그러므로 ㉠의 입장에서 사회적 상호 작용이 가능한 인공 감정은 인공지능과 별개의 영역에서 연구되어야 하는 것이 아니다.

③ 5문단에 따르면, 감정의 인식이나 표현이 아니라, '내적인 감정 생성'이 ㉠이 말하는 인공 감정이 성립할 수 있는 조건의 핵심이다. 따라서 ㉠은 '인식과 표현'만으로 로봇이 도덕 공동체에 받아들여질 것이라고 보지 않을 것이다.

④ 4문단에 따르면, ㉠은 입력에 대한 출력으로 이루어지는 인공지능에 회의적인 것과 마찬가지로, 인공 감정에 대해서도 회의적이다. 그들은 감정을 입력 자극에 대한 적절한 출력을 내놓는 행동들의 패턴이 아니라 내적인 감정 경험으로 이해한다면 인공 감정은 인간의 감정이라고 말할 수 없다고 본다.

⑤ 2문단에 따르면, 인공 감정의 연구는 인간의 감정을 닮은 기계를 만들려는 시도이면서 동시에 감정 과정에 대한 계산 모형을 통해 인간 감정을 더 깊이 이해하는 과정이다. 또 3문단에 따르면, 감정은 인지 과정과는 달리 적은 양의 정보를 바탕으로 한다. 이에 따라 인간의 감정 과정을 모방하는 인공 감정을 위한 계산 모형이 인간의 인지 과정을 모방하는 인공지능을 위한 계산 모형보다 더 적은 양의 정보를 요구할 가능성이 있다고 추론할 수 있으며, ㉠이 감정 과정을 모방한 인공 감정의 계산 모형에, 인지 과정을 모방한 인공지능의 계산 모형보다 더 많은 정보가 필요하다고 주장하는 내용은 확인할 수 없다.

92
정답설명
⑤ ㉮는 인공지능이 고등 동물 이상의 일반 지능을 가지고, 생명체들처럼 복잡하고 예측 불가능한 환경에 적응할 수 있어야 인간이 가지는 것과 같은 감정을 가질 수 있으나 인공지능이 일반 지능에 이르는 길은 멀다고 하며 이에 부정적인 입장을 보이고 있다. 그러나 〈보기〉의 '연구자'는, 머신 러닝에 기초한 첨단 인공지능은 매우 복잡한 환경에서도 적절하게 반응할 수 있고, 설계자조차 첨단 인공지능이 어떻게 반응하는지 설명할 수 없는 미지의 영역이 존재한다고 말한다. 여기서 '복잡한 환경에서도 적절하게 반응'한다는 것은, 단순한 데이터 입력에 대한 출력이 아니라 복잡한 환경에 적응하여 행위하는 일반 지능으로 볼 수 있다는 점에서, 지문의 ㉮를 반박할 수 있다.

오답설명
① 〈보기〉에 따르면 첨단 인공지능 또한 설계자가 기본 규칙이나 학습 능력을 만들어 주는 것은 필요하므로, '설계자의 입력이 없더라도' 첨단 인공지능이 스스로 복잡한 환경에 적응하여 행위할 수 있는 수준에 이른 것은 아니다.

② 〈보기〉에 따르면, 머신 러닝에 기초한 첨단 인공지능이 막대한 양의 데이터도 효율적으로 분석하여 주어진 과제에 대한 해답을 산출할 수 있는 것은 사실이다. 그런데 5문단에 따르면, ㉮와 같은 주장을 펼치는 이들은 주어진 과제를 얼마나 효율적으로 해결하는 것보다 '복잡한 환경에 적응하여 행위'하는 것에 집중하고 있으므로, 단순히 첨단 인공지능이 방대한 양의 데이터를 효율적으로 해결할 수 있다는 것은 ㉮를 반박할 수 있는 근거로 적절하지 않다.

③ 〈보기〉에서 '연구자'가 첨단 인공지능의 작동을 인간의 감정적 영역과 유사하다고 볼 여지가 있다고 말하는 것은 사실이다. 또 2문단에 따르면, 인공 감정의 연구가 인간의 감정을 닮은 기계를 만들려는 시도이면서 동시에 감정 과정에 대한 계산 모형을 통해 인간의 감정을 더 깊이 이해하는 과정인 것도 사실이다. 그러나 5문단에 따르면 ㉮와 같은 주장은 로봇이 인간과 유사하게 '내적인 감정 생성'이 가능해야만 한 인공 감정을 가졌다고 볼 수 있다는 내용이다. 이에 대하여

선지의 진술처럼 머신 러닝에 기초한 첨단 인공지능 연구를 통해 인간의 감정을 더 잘 설명할 수 있다고 말하는 것은 ㉮가 주장하는 바에 대한 적절한 반박이 아니다.

④ 〈보기〉에 따르면 첨단 인공지능이 예전보다 훨씬 어렵고 복잡한 상황에서도 적절하고 효율적인 반응을 보이는 것은 사실이다. 하지만 2문단에 따르면, 인간의 돌봄과 치료 과정을 돕는 로봇이 사용자의 필요에 더 잘 부응할 것이라고 주장하는 이들은 인공 감정의 제작을 긍정적으로 여기는 사람들이다. 즉 이들의 주장에 동조하는 선지의 진술을, 인공지능이 일반 지능에 이를 수 없다고 보며 따라서 인공 감정에도 회의적인 관점인 ㉮에 대한 반박으로 보기는 어렵다.

93

정답설명

② 윗글의 ⓑ '갖추다'는 문맥상 '있어야 할 것을 가지거나 차리다.'의 의미로 사용되었다. 한편, 선지의 '함양(涵養)하다'는 '능력이나 품성 따위를 길러 쌓거나 갖추다.'의 의미이다. 따라서 인공지능 능력을 '기른다'라는 의미가 없는 ⓑ의 '갖추다'를, '길러서 갖춘다'의 맥락에서 쓰이는 '함양하다'로 바꾸는 것은 적절하지 않다.

오답설명

① 윗글의 ⓐ '지니다'는 문맥상 '바탕으로 갖추고 있다.'의 의미로 사용되었다. 한편, 선지의 '소유(所有)하다'는 '가지고 있다.'의 의미이다.

③ 윗글의 ⓒ '여기다'는 문맥상 '마음속으로 그러하다고 인정하거나 생각하다.'의 의미로 사용되었다. 한편, 선지의 '간주(看做)하다'는 '상태, 모양, 성질 따위가 그와 같다고 보거나 그렇다고 여기다.'의 의미이다.

④ 윗글의 ⓓ '만들다'는 문맥상 '노력이나 기술 따위를 들여 목적하는 사물을 이루다.'의 의미로 사용되었다. 한편, 선지의 '제작(製作)하다'는 '재료를 가지고 기능과 내용을 가진 새로운 물건이나 예술 작품을 만들다.'의 의미이다.

⑤ 윗글의 ⓔ '읽다'는 문맥상 '사람의 표정이나 행위 따위를 보고 뜻이나 마음을 알아차리다.'의 의미로 사용되었다. 한편, 선지의 '파악(把握)하다'는 '어떤 대상의 내용이나 본질을 확실하게 이해하여 알다.'의 의미이다.

빠른 정답 22 | 시각 정보 처리

94	④	95	②	96	⑤	97	③

94

정답설명

④ 5문단에서 '신경절세포는 물체의 이동 방향에서 가장 먼저 자극되는 광수용체세포의 신호를 크게 증폭하여 받아들이고, 곧바로 증폭률을 떨어뜨려 신호의 세기를 줄여'버린다고 하였다. 여기서 신경절세포가 광수용체세포의 신호를 증폭시킨다는 사실은 알 수 있지만 신경절세포가 광수용체세포의 신호를 증폭시키는 생물학적 원리에 관해서는 알 수 없다.

오답설명

① 2문단 '망막에는 일정한 영역에 분포하며 빛에 반응하는 광수용체세포와 여러 광수용체세포에 연결되어 최종 신호를 출력하는 신경절세포가 존재한다.'에서 답을 찾을 수 있다.

② 1문단 '일정한 간격의 미세 전극이 촘촘히 배열된 마이크로칩을 이용하여 망막에서 발생하는 전기 신호를 관찰할 수 있게 되면서~망막에서 시작된다는 증거들이 새롭게 발견되었다.'에서 답을 찾을 수 있다.

③ 4문단 '광수용체세포에서 발생한 전기 신호가 여러 신경세포를 거치며 일어난 시간 지연으로 인해 상이 맺힌 순간부터 약 1/20초 후에 신경절세포에서 신호가 발생하기 시작하였으며'에서 두 세포 사이의 신호 지연이 발생하는 이유에 대한 답을 찾을 수 있다.

⑤ 1문단 '나무는 움직이지 않으므로 시간차를 두고 획득한 두 이미지의 차이를 통해서 움직임을 쉽게 인식할 수 있을 것 같지만, 실제로 우리의 안구는 한곳을 응시할 때에도 끊임없이 움직인다. 즉, 망막에 맺히는 이미지 전체가 계속해서 변하므로 움직임을 인식하기 위해서는 더 정교한 정보 처리가 필요하다.'에서 답을 찾을 수 있다.

95

정답설명

② 6문단에서 어두울수록, 그리고 테니스공이 빠르게 움직일수록 사람이 이를 정확하게 맞히기가 어렵다고 하였다. 이는 망막에서 신경절세포에 의한 시간 지연 보상이 제대로 이루어지지 않았을 경우, 시각 정보에 해당하는 물체의 이동 속도보다 시각 정보를 처리하는 속도가 느려질 수 있음을 의미한다. 따라서 해당 선지는 윗글에서 추론할 수 있는 내용으로 적절하지 않다.

오답설명

① 4문단에 제시된 실험에서 막대 모양의 상을 망막에 1/60초 동안만 맺히게 한 후에 상 아래에 위치한 신경절세포에서 출력되는 신호를 측정하자, 상이 맺힌 순간부터 약 1/20초 후

에 신경절세포에서 신호가 발생하기 시작하였으며, 이는 약 1/20초 동안 지속되었음을 알 수 있다. 즉, 상이 망막에 맺힌 시간보다 신경절세포에서 신호가 출력되어 지속되는 시간이 더 길다는 사실을 확인할 수 있다. 따라서 해당 선지는 적절하다.

③ 3문단에서 충분한 밝기의 빛이 도달하더라도 망막이 시각 정보를 처리하는 데에는 수십 분의 1초가 걸린다고 하였다. 또한 6문단에서도 물체와 주변의 밝기 차이가 작아 분별이 어렵거나 물체의 속력이 너무 커서 증폭률이 이에 맞춰 재빨리 변화하지 못하면, 지문에 제시된 기제가 잘 작동하지 못하여 시간 지연에 대한 보상이 잘 이루어지지 않는다고 하였다. 이러한 정보를 종합하면 빛의 밝기에 따라 시각 정보 처리에 소요되는 시간이 달라질 수 있음을 추론할 수 있다.

④ 2문단에서 망막에는 일정한 영역에 분포하며 빛에 반응하는 광수용체세포와 여러 광수용체세포에 연결되어 최종 신호를 출력하는 신경절세포가 존재하며, 이러한 신경절세포가 전기 신호를 생성함에 따라 시각 정보가 처리된다는 사실을 설명하고 있다.

⑤ 1문단에서 최근 일정한 간격의 미세 전극이 촘촘히 배열된 마이크로칩을 이용하여 망막에서 발생하는 전기 신호를 관찰할 수 있게 되면서, 고차적인 시각 정보 처리가 뇌에서 전적으로 이루어지는 것이 아니라 망막에서 시작된다는 증거들이 발견되었다고 하였다.

96
정답설명
⑤ 2문단에서 신경절세포 가운데 특정 종류는 각 세포가 감지하는 부분이 이미지 전체와 다른 경로로 움직일 때 전기 신호를 발생시키며, 따라서 해당 부분에 분포해 있는 신경절세포가 생성한 신호를 바탕으로 움직임을 감지할 수 있다고 하였다. 따라서 해당 선지가 ㉮의 의문을 설명할 수 있는 대답으로 가장 적절하다.

오답설명
① 1문단에서 우리가 가만히 한곳을 응시하더라도 실제로는 안구가 끊임없이 움직인다는 것을 알 수 있다. 그런데 이러한 선지의 진술이 사실이기는 하지만, ㉮의 대답으로는 적절하지 않다. 해당 사실은 망막에 맺히는 전체 이미지가 변하는 이유이다.

② 신경절세포는 광수용체세포에 연결되어 광수용체세포가 감지한 빛에 따라 전기 신호를 발생시키는 것이고, 그러한 신경절세포 중에서 특정 종류의 신경절세포가 전체 이미지와 다른 방향의 움직임을 감지하는 것이다. 광수용체세포는 빛에 반응하고, 신경절세포는 움직임에 반응한다고 둘을 구별하는 선지의 내용은 적절하지 않다.

③ 2문단에서 안구의 움직임에 의한 상의 떨림은 망막에 맺힌 전체 이미지가 같은 방향으로 움직이도록 한다고 하였다. 따라서 상의 떨림이 전체 이미지의 요소들이 각기 다른 부분으

로 움직이도록 한다는 선지의 진술은 적절하지 않다.

④ 1문단에서 우리가 나무들 사이에서 작은 동물의 움직임을 알아채는 것은 시간차를 두고 획득한 두 이미지의 차이 즉, 움직이지 않는 나무와 위치의 변화를 보이는 동물의 이미지를 바탕으로 하는 것이라고 생각하지만, 실제 우리의 안구가 끊임없이 움직임에 따라 망막에 맺히는 이미지 전체가 계속해서 변하므로 움직임을 인식하는 데에는 더 정교한 정보 처리가 필요하다고 하였다.

97
정답설명
③ 4문단에서 실험(㉠)을 통해 적절한 밝기와 이동 속도일 때에는 실제 상이 도달한 위치보다 더 앞에 위치한 신경절세포에서 신호가 발생하기 시작하여 상의 앞쪽 경계와 같은 위치 혹은 앞선 위치에서 세기가 최대가 됨을 확인했다고 하였다. 또한 5문단에서는 그 이유를 신경절세포의 기제에서 찾으면서, 물체가 이동할 때 신경절세포는 동적 조절 기제에 따라 물체의 이동 방향에서 가장 먼저 자극되는 광수용체세포의 신호를 크게 증폭하여 받아들이고, 곧바로 증폭률을 떨어뜨려 신호의 세기를 줄여버린다고 하였다. 그런데 ⓐ와 ⓑ에서 신호 세기 최댓값이 오른쪽 경계면 가까이에서 형성되지만 ⓒ에서는 상의 왼쪽과 가까운 곳에서 신호가 최대로 나타난다. 6문단에 따르면, 물체와 주변의 밝기 차이가 작아 분별이 어렵거나 물체의 속력이 너무 커서 증폭률이 이에 맞춰 재빨리 변화하지 못하면, 이러한 기제가 잘 작동하지 못하여 시간 지연에 대한 보상이 잘 이루어지지 않는다. 〈보기〉에서 ⓒ가 ⓐ, ⓑ와 이동 속력이 달랐다는 정보를 제시해 주었으므로 ⓒ가 지나치게 빨라 시간 지연 보상이 적절하게 이루어지지 못한 결과로 보아야 한다. 따라서 ⓒ가 실제 상이 도달한 위치보다 더 앞에 위치한 신경절세포에서 발생한 신호, 즉 기제가 정상적으로 작동한 신호를 나타낸다고 이해하는 것은 적절하지 않다.

오답설명
① 5문단에서 두 번째로 제시된 기제에 대한 설명을 보면, 신경절세포는 물체의 이동 방향에서 가장 먼저 자극되는 광수용체세포의 신호를 크게 증폭하여 받아들이고, 곧바로 증폭률을 떨어뜨려 신호의 세기를 줄여버리는 동적 조절을 통해 정보 처리의 시간 지연을 보상한다고 하였다. 또한 이러한 동적 조절에 따라, 신경절세포들에서 생성한 신호들이 합쳐진 출력 신호 그래프는 상의 앞쪽 경계면 혹은 그보다 앞선 지점에서 최대 세기를 보이는 비대칭적인 모양이 된다고 하였다. 따라서 선지의 진술은 윗글을 바탕으로 〈보기〉에 제시된 실험(㉠)의 결과를 이해한 반응으로 적절하다.

② 4문단에 따르면, 상을 일정한 속도로 움직이며 상의 이동 경로에 위치한 신경절세포에서 발생하는 신호를 측정하는 실험(㉠)을 통해 적절한 밝기와 이동 속도일 때에는 실제 상이 도달한 위치보다 더 앞에 위치한 신경절세포에서 신호가 발생

하기 시작하여 상의 앞쪽 경계와 같은 위치 혹은 이보다 앞선 위치에서 세기가 최대가 됨을 확인했으므로 적절하다.

④ 6문단에 따르면, 물체와 주변의 밝기 차이가 작아 분별이 어렵거나 물체의 속력이 너무 커서 증폭률이 이에 맞춰 재빨리 변화하지 못하면, 신경절세포의 동적 조절과 같은 기제가 잘 작동하지 못하여 시간 지연에 대한 보상이 잘 이루어지지 않는다. 〈보기〉에서 ⓐ와 ⓑ는 상과 주변의 밝기 차가 서로 다르다고 하였다. 이를 종합하면, 〈보기〉의 그래프에서 ⓐ가 ⓑ보다 신호 세기가 좀 더 큰 것은, ⓑ에 비해 ⓐ에서 상과 주변의 밝기 차가 더 크기 때문에, 시간 지연 보상이 상대적으로 잘 이루어진 것으로 추론할 수 있다.

⑤ 〈보기〉에서 ⓐ, ⓑ, ⓒ 모두 상이 이동하는 방향은 동일하다고 하였고, ⓐ와 ⓑ에서 신호 세기 최댓값이 오른쪽 경계면 가까이에서 형성되는 것을 고려할 때, 실험(㉠)에서 막대의 상이 이동하는 방향은 왼쪽에서 오른쪽을 향하였음을 알 수 있다. 그런데 ⓐ, ⓑ에서는 실제 상의 오른쪽 경계(상의 이동 방향을 고려할 때 앞쪽)와 가까운 위치에서 신호 세기가 최대로 나타난 것을 보아 시간 지연 보상 기제가 제대로 작동하고 있다. 하지만 ⓒ에서는 상의 왼쪽에서 신호가 증폭되어 최댓값이 나타나고 있음을 알 수 있다. ⓒ는 나머지 두 그래프와 상의 이동 속력에서 차이가 있다고 하였으므로 ⓒ의 속력이 지나치게 빨랐음을 알 수 있다.

빠른 정답 23 | 이익의 삼한 정통론

| 98 | ⑤ | 99 | ⑤ | 100 | ④ | 101 | ④ |

98

정답설명

⑤ 4문단에서 이익은 '역사 운동과 역사 사실을 도덕적 선악으로부터 완전히 분리하고, 인간 행위에 대해서만 도덕적 선악의 시비 문제를 가리고자' 하였고, '인간 행위에 대해서는 선은 선으로 여기고 악은 악으로 여기되, 그 선악이 역사 운동과 역사 사실로부터는 완전히 분리된다는 것을 전제'로 한다고 하였다. 즉 이익은 인간 행위에 대한 선악 시비를 가릴 수 있다고 본 것이다. 따라서 선지의 진술은 윗글의 내용과 일치하지 않는다.

오답설명

① 1문단에서 조선에 처음 등장한 정통론은 주자학을 수용한 조선이 이제 소중화(小中華)로서 중화를 대신하자는 각성에서 비롯한 것으로, 이러한 소중화 의식은 북벌론을 사상적·정치적으로 지지하면서 조선 사회에 보편화되었다고 하였다.

② 1문단에서 국가의 정당성을 역사적으로 보장하기 위한 정통론이 처음으로 등장한 것은 홍여하의 『동국통감제강』에서였음을 알 수 있다.

③ 2문단에서 중국 중심의 천하 사상을 분쇄한 이익은 '모든 나라는 중국 중심의 천하에 소속된 존재가 아니라, 각기 독자적 국가를 이룬 것으로 인식'된다고 하였으므로, 중국 중심의 천하 사상은 모든 나라를 중국 중심의 천하에 소속된 존재로 여겼음을 알 수 있다.

④ 3문단에서 이익은 기존 두 종류의 역사 서술이 모두 역사적 실제에 부합하지 않는 편견이라고 비판하였다. 따라서 이익은 역사 서술이 역사적 실제에 부합해야 한다고 보았음을 알 수 있다. 또한 4문단에서 이익이 역사 운동과 역사 사실을 도덕적 선악으로부터 완전히 분리하고, 인간 행위에 대해서만 도덕적 선악의 시비 문제를 가리고자 했음을 알 수 있다. 이는 사실과 도덕의 분화를 의미하므로 선지의 진술은 윗글의 내용과 일치한다.

99

정답설명

⑤ 1문단에서 북벌론자들의 사상적·정치적 기반이 된 정통론이 중국 대륙 질서의 동요에 따라 발생한 것임을 알 수 있다. 그러나 4문단에 따르면 이익은 내면적 규범으로서의 도덕과 인의를 외적·객관적 사회 규범으로서의 예(禮)와 구별하면서, 도덕과 인의가 아닌 예에서 화이의 구분 기준을 찾고 있다. 따라서 북벌론자가 이익이 도덕 규범을 화이의 구분 기준으로 삼았다고 지적하는 내용은 윗글을 참고하여 재구성한 대화의 내용으로 적절하지 않다.

수능식 리트변형 N제

오답설명

① 1문단에서 북벌론자들의 사상적 기반이 된 정통론이 '17세기 명·청 교체라는 중국 대륙 질서의 동요에 따라 중화(中華)가 공석(空席)이 되었다는 의식과 함께, 주자학을 수용한 조선이 이제 소중화(小中華)로서 중화를 대신하자는 각성에서 비롯한 것'이라고 하였다. 따라서 해당 선지는 윗글을 참고하여 재구성한 대화의 내용으로 적절하다.

② 2문단에서 이익은 '모든 나라는 중국 중심의 천하에 소속된 존재가 아니라, 각기 독자적 국가를 이룬 것'이라고 보았음을 알 수 있다.

③ 1문단에서 북벌론자들이 중국과 오랑캐, 즉 화이(華夷)의 구분은 지리 경계나 종족에 있지 않다고 보았음을 알 수 있다. 또한 2문단에서 북벌론자들은 화이의 구분 기준이 되는 예(禮)를 중국의 풍속까지 포함하는 것으로 보며 중국의 천하 사상을 완전히 버리지 못했음을 알 수 있다. 따라서 해당 선지의 내용은 윗글을 참고하여 재구성한 대화의 내용으로 적절하다.

④ 2문단 '조선 후기 유학자 이익은 이러한 역사 인식을 계승하여 이를 체계적으로 심화하였다.'에서 이익이 화이의 구분은 지리 경계나 종족에 있지 않다는 소중화 의식을 북벌론자들과 공유하고 있으며 그러한 역사 인식을 계승하였음을 알 수 있다. 또한 같은 문단에서 이익은 화이의 구분 기준이 되는 예(禮)에 중국의 풍속이 포함되는 것을 거부하고 예를 유교적 규범으로 여겼음을 알 수 있으므로 선지의 내용은 적절하다.

100

정답설명

④ 3문단에서 이익이 말하는 시세(時勢)란 인간을 둘러싸고 있는 객관적인 여건과 정세로서, 무법칙적으로 운동하면서 인간의 의지와 관계없이 역사를 규정하는 원동력이며 어떠한 형태의 법칙성도 거부하는 우연적이고 특수한 것으로, 인간 행위의 성패는 시세에 적합한가 아닌가에 따라 결정된다고 하였다. 이를 종합하면 선지의 진술은 이익의 관점에서 시세를 이해한 내용으로 가장 적절하다.

오답설명

① 3문단에서 이익에 따르면 '천하의 역사 운동이나 역사 사실의 전개에서는 시세가 기본적인 요인이며, 인간의 행위는 부차적인 것이고, 도덕적 시비는 거의 관계가 없는 것'이다. 또한 4문단에서 이익은 '역사 운동과 역사 사실을 도덕적 선악으로부터 완전히 분리하고, 인간 행위에 대해서만 도덕적 선악의 시비 문제를 가리고자' 하였으므로 시세가 인간 행위의 선악을 결정짓는 기준이라고 보는 것은 적절하지 않다.

② 3문단에서 시세는 천하의 역사 운동에서 기본적 요인으로 작용한다고 하였다. 천하의 역사 운동에 부차적으로 관여하는 것은 인간 행위이다.

③ 3문단에서 이익이 말하는 시세란 인간을 둘러싸고 있는 객관적인 여건과 정세라고 정의하고 있다. 따라서 선지의 진술은

이익의 관점에서 시세를 이해한 내용으로 적절하지 않다.

⑤ 3문단에서 시세는 어떠한 형태의 법칙성도 거부하는 우연적인 것으로, '무법칙적으로 운동'하며 '역사를 규정하는 원동력'이라고 하였다. 이미 결정된 성패를 뒤쫓아 가면서 그 성패가 마치 선악응보(善惡應報)라는 인과 법칙에 의해 당연하게 이루어진 것처럼 서술하는 것은 이익이 비판한 기존 역사 서술이다.

101

정답설명

④ 〈보기〉에 따르면 『동사강목』(ⓒ)은 이전의 사서들이 유교적 제약으로 인해 객관성을 살리지 못한 것을 지적한다. 그리고 객관성을 추구하기 위해 합리적 역사관에 근거하여 사료를 수집하고 비판적 시각에서 이를 해석하였음을 확인할 수 있다. 한편 4문단에서 이익(ⓒ)은 실제적 사실을 중시했기 때문에 화이의 구분 기준으로서 내면적 규범인 도덕과 인의가 아니라 객관적이고 외적인 규범인 예(禮)를 강조했음을 확인할 수 있다. 그러나 2문단에 따르면 이익은 예(禮)를 여전히 유교적 규범으로 여겼다는 점 또한 확인할 수 있다. 따라서 '유교적 제약으로 인해 객관성을 살리지 못했음을 지적하면서, 사실에 대한 철저한 고증과 객관적 해석을 중시'하는 '합리적 역사관'에 근거한 『동사강목』(ⓒ)의 관점을, 유교적 규범인 예(禮) 안에서 '우연적이고 무법칙적인' 객관성을 추구한 이익(ⓒ)의 견해와 상통한다고 말하기는 어렵다.

오답설명

① 3문단에서 이익(ⓒ)은 인간을 둘러싸고 있는 객관적인 여건과 정세로서 시세를 제시하며 역사 서술의 객관성을 강조하였는데, 〈보기〉의 『동사강목』(ⓒ)이 개별 사실에 대한 철저한 고증과 객관적 해석을 중시하였다는 점은 이익(ⓒ)의 견해와 상통한다는 것을 알 수 있다. 따라서 선지의 진술은 윗글의 ⓒ과 〈보기〉의 ⓒ을 비교하여 이해한 반응으로 적절하다.

② 〈보기〉에 따르면 『동사강목』(ⓒ)은 이전의 사서들이 중국 중심의 역사관에서 탈피하지 못했다고 비판하였고, 2문단에서 이익(ⓒ) 또한 전통적인 중국 중심의 천하관에서 벗어나 모든 나라를 독자적 국가, 즉 병렬된 개별 국가로 분절하여 봤음을 알 수 있다. 이는 이익(ⓒ)과 『동사강목』(ⓒ)이 모두 중국 중심의 역사관에서 탈피하고자 했다는 점에서 상통한다고 볼 수 있다.

③ 〈보기〉에 따르면 『동사강목』(ⓒ)은 권력이나 편견 등에 의한 왜곡을 바로잡음으로써 근대적 역사 연구의 기초를 제공하였다. 3문단에서 이익(ⓒ) 또한 기존의 역사 서술 두 종류가 모두 '역사적 실제에 부합하지 않는 편견이라고 비판'하며 객관적 역사 서술을 중시했는데 이는 『동사강목』(ⓒ)이 역사가 왜곡될 수 있다고 보아 이를 바로잡으려고 노력한 것과 상통한다고 볼 수 있다. 따라서 선지의 진술은 윗글의 ⓒ과 〈보기〉의 ⓒ을 비교하여 이해한 반응으로 적절하다.

⑤ 〈보기〉에 따르면 『동사강목』(ⓒ)은 단군·기자의 사실성을 강

조합으로써 중국에 대한 조선의 문화적 대등성과 정통성을 과시하였다. 한편 2문단에서 이익(㉠)은 북벌론자의 정통론을 계승하는 동시에, 조선을 중국으로부터 독립된 역사적 세계로 인식하였다. 『동사강목』(㉡)이 사서들에 대한 비판에서 중국에 대한 조선의 문화적 대등성과 정통성을 강조하였다는 점을 고려할 때, 『동사강목』(㉡)과 이익(㉠)의 견해가 상통한다는 것을 알 수 있다.

빠른 정답 24 | 시간여행

| 102 | ④ | 103 | ③ | 104 | ③ | 105 | ② | 106 | ⑤ |

102

정답설명

④ 2문단에서 영원주의자들은 시간여행의 가능성에 대해 긍정한다고 하였다. 윗글에서 같은 영원주의자들이 시간여행의 가능성에 대해 상호 대립하고 있다는 내용은 찾을 수 없다. 윗글에서 시간여행의 가능성에 대하여 대립하는 집단으로 제시되는 것은 영원주의자들이 아닌 현재주의자들이다.

오답설명

① 1문단에서 3차원주의자들 중 현재만이 존재한다고 보는 사람을 현재주의자라고 부른다는 것을 알 수 있다. 따라서 윗글을 통해 선지의 질문에 3차원주의를 주장하는 사람들이 모두 현재주의자라고 말할 수는 없다는 답을 찾을 수 있다.

② 4문단에서 3차원주의자 중 일부는 출발지 비존재의 문제를 출발지 미결정의 문제로 대체함으로써 시간여행이 가능하다고 본다는 것을 알 수 있다. 이를 통해 3차원주의자의 견해와 시간여행이 양립(두 가지가 동시에 성립됨.)될 수 있는 근거를 찾을 수 있다.

③ 1문단에서 4차원주의자들은 시제에 특별한 의미가 없으며, 과거, 현재, 미래를 이미 주어져 있는 것으로 본다고 했다. 한편 3차원주의자들은 과거, 현재, 미래 시제는 모두 상대적으로 다른 의미나 표상을 지닌다고 보았다. 즉 4차원주의자들은 시제의 상대성에 동의하지 않았고, 3차원주의자들은 시제의 상대성에 동의하였음을 알 수 있다.

⑤ 1문단에서 시간의 흐름 여부에 대한 인식의 차이는 과거, 현재, 미래에 대한 개념 혹은 표상의 차이를 가져온다고 하였다. 따라서 선지의 질문은 윗글을 통해 답을 찾을 수 있다.

103

정답설명

③ 시간여행이 가능하다고 보는 현재주의자는 시간여행이 가능하다는 점을 설명하기 위해 3문단과 4문단에서 시간여행자가 과거 시점에 도착할 때 그 시점이 그에게 현재가 되어 존재할 수 있다는 점과 출발지 비존재의 문제를 해결하기 위한 출발지 미결정을 제시하고 있다. 따라서 시간여행이 가능하다고 보는 현재주의자는 출발 시점과 도착 시점의 존재 여부를 모두 중요하게 생각할 것이다.

오답설명

① 1문단에서 3차원주의자는 시간이 흐른다는 견해를 내세운다. 현재주의자는 3차원주의에 속한다. 따라서 세상이 변화를 겪는다는 보편적 인식의 이유에 대해 현재주의자들은 시간이 흐르기 때문이라고 답할 수 있을 것이다.

② 3문단에서 시간여행이 가능하다고 보는 현재주의자들은 과거로의 시간여행을 시작하는 현재 시점 T_n에서 과거의 특정 시점 T_{n-1}은 실재가 아니지만, 시간여행자가 T_{n-1}에 도착할 때 그 시점은 그에게 현재가 되어 존재할 수 있음을 근거로 제시하고 있다.

④ 2문단에서 시간여행이 불가능하다고 여기는 다수의 현재주의자들은 현재에서 과거, 미래의 특정 시점을 찾아가는 것은 영원주의자의 생각처럼 각각 독립적으로 존재하는 시간 퍼즐의 여러 조각 중 하나를 찾아가는 것이 아니라고 주장함을 알 수 있다. 즉 영원주의자들의 견해와 달리 현재주의자들은 과거, 현재, 미래가 각각 독립적으로 존재하는 것이 아니라고 보는 것임을 알 수 있다.

⑤ 3문단에서 시간여행의 가능성을 입증하기 위해서는 출발지 비존재의 문제를 해결해야 한다는 사실을 확인할 수 있다. 즉 시간여행이 불가능하다고 여기는 다수의 현재주의자들은 출발지 비존재의 문제를 시간여행의 문제점으로 제기할 것임을 알 수 있다. 따라서 선지의 진술은 현재주의자에 대한 추론으로 적절하다.

104
정답설명
③ 시간여행이 불가능하다고 보는 현재주의자들은, 출발지 비존재의 문제를 들어 시간여행을 긍정하는 현재주의자들을 비판한다. 이에 대하여 4문단에서 시간여행을 긍정하는 현재주의자는 미래 사건의 미결정성을 근거로 시간여행이 가능하다고 주장함을 알 수 있다. 이에 따르면, 시간여행의 출발점이 되는 미래 사건은 존재하지 않는 것이 아니라 미결정된 사건이고, 미결정된 사건은 시간여행에 의해 결정된 사건이 될 수 있으므로 다른 것의 원인이 될 수 있다. 하지만 이러한 조건부 결정론자의 주장에 근거할 경우 미래는 현재와 마찬가지로 존재하는 것이 된다. 이런 이유로 다수의 현재주의자들은 조건부 결정론자들처럼 출발지 비존재의 문제를 출발지 미결정의 문제로 대체하는 전략을 받아들이지 않을 것이다. 출발지 비존재의 문제를 출발지 미결정의 문제로 대체하는 것은 결국 확정될 수 없는 미래의 존재를 긍정하는 것이 되기 때문이다.

오답설명
① 4문단에서 미래가 계속 미결정된 것이 아니라, 시간여행 여부에 따라 미결정되었다고도 할 수 있고 결정되었다고도 할 수 있다고 주장한 것은 조건부 결정론자의 주장임을 알 수 있다. 따라서 조건부 결정론자의 견해에 반대하는 ㉮의 이유로 해당 내용을 제시하는 것은 적절하지 않다.

② 4문단에서 조건부 결정론자의 견해에 반대하는 이들은 출발지 비존재의 문제와 마찬가지로, 미래는 아직 존재하지 않기에 전혀 결정되지 않았으며 아직 결정되지 않은 것이 다른 어떤 것의 원인이 될 수 없으므로 시간여행은 여전히 불가능하다고 비판함을 알 수 있다. 따라서 이와 반대되는 선지의

내용을 조건부 결정론자의 견해에 반대하는 ㉮의 이유로 제시하는 것은 적절하지 않다.

④ 4문단에서 조건부 결정론자들은 T_{n-1}에 도착하는 사건의 원인이 T_n에서의 출발이라는 점을 고려한다면, T_{n-1}에 도착하는 순간 미래 사건이 되는 시간여행은 도착 시점에서 이미 결정된 사건으로 여겨질 수 있다고 주장했음을 알 수 있다. 따라서 선지의 내용은 곧 조건부 결정론자의 주장이므로, 조건부 결정론자의 견해에 반대하는 ㉮의 이유로 해당 내용을 제시하는 것은 적절하지 않다.

⑤ 1문단에서 4차원주의자는 시간이 흐르지 않는다고 주장하며, 과거, 현재, 미래 사이에는 앞 또는 뒤라는 관계만이 존재한다고 주장함을 알 수 있다. ㉮에서 말하는 시간여행이 3차원주의와 양립할 수 없음을 고수하는 이들은 다수의 현재주의자이다. ㉮는 맥락상 3차원주의자 중에서 시간여행이 불가능하다고 주장하는 현재주의자들의 관점에 해당한다. 따라서 현재주의자들의 견해로 해당 내용을 제시하는 것은 적절하지 않다.

105
정답설명
② 3문단에 따르면 T_1에서 T_0으로 이동할 경우 과거였던 T_0이 현재가 되고 현재였던 T_1이 미래가 되는데, 출발지였던 T_1이 시간여행에 따라 현재주의자의 관점에서 존재하지 않는 미래가 되므로 시간여행은 불가능하다는 '출발지 비존재'의 문제가 지적된다. 그런데 4문단에 따르면 시간여행이 가능하다고 여기는 ㉡은 '출발지 비존재'의 문제에 대하여, 현재였던 T_1은 과거로의 시간여행에 따라 비존재하는 미래가 아니라 미결정된 미래가 된다고 설명하는 '출발지 미결정'의 논리를 통해 시간여행의 가능성을 옹호한다. 선지의 진술은 이처럼 출발지 비존재의 문제를 출발지 미결정의 문제로 대체하여 해소하려는 일부 ㉡의 관점에 부합한다.

오답설명
① 1문단에 따르면, ㉠은 영원주의자로서 시간이 흐르지 않으므로 과거, 현재, 미래는 똑같이 존재할 것이라고 주장한다. 또 2문단에서 ㉠은 각기 독립적으로 존재하는 과거, 현재, 미래라는 시간 퍼즐 중 한 조각을 찾아가는 것으로서 시간여행은 가능하다고 하였다. 하지만 1문단에서 ㉠은 과거, 현재, 미래 사이에는 앞 또는 뒤라는 관계, 즉 선후 관계가 존재함은 인정하고 있으므로 적절하지 않다.

③ '출발지 비존재'의 문제를 반박하기 위해 ㉡이 제시한 출발지 미결정의 논리는 현재였던 출발지 T_1이 과거로의 시간여행에 따라 비존재하는 미래가 아니라 미결정된 미래가 된다고 설명하는 것이다. 그런데 선지에서는 시간여행을 통해 도착지인 T_1과 T_2를 현재로 만드는 것이 출발지 미결정의 논리인 것처럼 잘못된 설명을 제시하고 있다. 따라서 선지의 진술은 출발지 비존재에 대하여 출발지 미결정을 통해 반박하는 일부 ㉡의 논리에 부합하지 않는다.

④ 2문단에 따르면 ⓛ 중에 현재주의자가 있는데, 이중 다수는 흘러간 과거와 아직 오지 않은 미래는 실재하지 않는다고 보기 때문에 시간여행이 불가능하다고 주장하며, 이를 도착지 비존재의 문제라고 한다. 그런데 선지는 미래 T_2는 존재하지 않지만 과거 T_0은 존재한다는 식으로 도착지 비존재의 문제를 잘못 설명하고 있다. 도착지 비존재의 문제는 미래든 과거든 모두 존재하지 않는다고 보는 것에 해당하므로 적절하지 않다.

⑤ 3문단에 따르면, T_1에서 T_0으로의 시간여행에서 T_0에 도착하면 본래 현재였던 T_1이 비존재하는 미래가 되므로 시간여행이 불가능하다고 주장하는 것이 출발지 비존재의 문제이고, 시간여행 시 T_1은 비존재하는 미래가 아니라 미결정된 미래라는 것이 출발지 미결정의 논리이며, 이때 미래가 되는 T_1은 시간여행 여부에 따라 결정될 수도, 미결정될 수도 있다는 것이 출발지 미결정의 논리를 보완하는 조건부 결정론에 해당한다. 즉 조건부 결정론은 도착지 비존재의 문제와는 무관하고, 출발지였던 현재(T_1)가 시간여행 시에 어떤 미래가 되는지에 대한 설명이므로 시간여행 전의 원래 미래였던 T_2와도 무관하다.

106

정답설명

⑤ 윗글의 ⓔ '따지다'는 문맥상 '옳고 그른 것을 밝혀 가리다.'의 의미로 사용되었다. 그러나 선지의 '따지다'는 '계산, 득실, 관계 따위를 낱낱이 헤아리다.'의 의미이다.

오답설명

① 윗글의 ⓐ '흐르다'는 문맥상 '시간이나 세월이 지나가다.'의 의미로 사용되었다. 선지의 '흐르다' 또한 같은 의미로 사용되었다.

② 윗글의 ⓑ '가져오다'는 문맥상 '어떤 결과나 상태를 생기게 하다.'의 의미로 사용되었다. 선지의 '가져오다' 또한 같은 의미로 사용되었다.

③ 윗글의 ⓒ '기르다'는 문맥상 '머리카락이나 수염 따위를 깎지 않고 길게 자라도록 하다.'의 의미로 사용되었다. 선지의 '기르다' 또한 같은 의미로 사용되었다.

④ 윗글의 ⓓ '삼다'는 문맥상 '무엇을 무엇이 되게 하거나 여기다.'의 의미로 사용되었다. 선지의 '삼다' 또한 같은 의미로 사용되었다.

빠른 정답 ▶ 25 | 무어의 논변

| 107 | ④ | 108 | ② | 109 | ⑤ | 110 | ③ |

107

정답설명

④ 1, 4문단을 참고할 때 스펜서는 '어떤 행위가 더욱 진화되면 도덕적으로 더 좋은 행위라고 생각'하였으므로 진화의 목적이 '더 좋은', '더욱 높은' 단계로 가는 것이라고 보았음을 알 수 있다. 한편 4문단에서 "다윈의 이론에서 진화는 특정한 목적을 향하는 것이 아니기 때문에 변화만이 있을 뿐이지 '더욱 높은' 진화의 단계라는 것은 없다는 것"이라는 언급이 있으나 이는 진화의 목적에 대한 다른 학자들(스펜서의 해석을 지적하는 학자들)의 견해이지 이를 진화의 목적에 대한 다윈의 견해로 보기는 어렵다. 또한 2, 3문단에 따르면 무어는 스펜서의 자연주의에 대하여 논리적인 차원에서 비판을 하고 있을 뿐, 진화의 목적에 대한 의견은 제시하지 않았다. 따라서 선지의 질문은 윗글을 통해 답을 찾을 수 없다.

오답설명

① 1문단에서, 당시에는 스펜서의 주장이 최신 과학 이론을 도덕과 연결시켜 주는 훌륭한 이론처럼 보였다는 내용을 확인할 수 있다.

② 1문단에 따르면, 스펜서는 다윈의 진화론을 자기 나름으로 해석하여 어떤 행위가 더욱 진화되면 도덕적으로 더 좋은 행위라고 생각했다. 그에 따르면 적자생존은 치열한 경쟁을 정당화해 주는 것이다. 따라서 선지의 질문은 윗글을 통해 답을 찾을 수 있다.

③ 5문단에 따르면, 도덕 판단을 위해 자연적 사실을 참조할 때에는 그 자연적 사실에 대한 과학적 검증, 그리고 도덕적 가치와의 관련성에 대한 증명이 필요하다.

⑤ 5문단에서, 자연적 사실이 도덕적 가치와 동일할 수 있는 가능성을 애초부터 막을 수는 없다는 내용을 확인할 수 있다. 따라서 선지의 질문은 윗글을 통해 답을 찾을 수 있다.

108

정답설명

② 무어의 관점은 2문단에 제시된다. A를 '더욱 진화됨'으로 보고, B를 '좋음'으로 보면, 무어는 스펜서의 주장대로 '더욱 진화됨(A)'이라는 자연적 사실이 '좋음(B)'이라는 가치와 동일하다고 가정할 경우에는 "더욱 진화된 것은 좋은 것인가?(A는 B인가?)"라는 물음은 하나 마나 한 물음이 되어야 한다고 지적한다. 그런데 무어가 보기에 "더욱 진화된 것은 좋은 것인가?(A는 B인가?)"라는 물음은 의미가 있고, 따라서 스펜서의 주장처럼 '더욱 진화됨(A)'이라는 자연적 사실이 '좋음(B)'이라는 가치와 동일하다고 가정하는 것은 잘못되었음을 지적한다. 즉 무어는 "더욱 진화된 것은 좋은 것인가?(A는 B인가?)"라는 질문에 의미가 있기 때문에 '더욱 진화됨(A)'과 '좋

음(B)'이 동일하다고 가정할 수 없다고 주장한 것이므로, 선지의 진술은 무어의 관점에서 ㉮에 대하여 이해한 내용으로 적절하지 않다.

오답설명

① 2문단에 따르면, 일반적인 관점에서 "A는 B인가?"라는 물음도 의미가 없을 때가 있는데, 이는 A와 B가 같다는 것을 누구나 알아서 그 물음이 "A는 A인가?"라는 물음과 같을 때라고 하였다. 그러나 무어는 A를 '더욱 진화됨'으로 보고, B를 '좋음'으로 보면 ㉮라는 물음에도 의미가 있기에 A와 B가 동일하지 않다고 주장하고 있으므로, 선지의 진술은 적절하다.

③ 2문단을 고려할 때, 스펜서의 주장대로 '더욱 진화됨(A)'이라는 자연적 사실이 '좋음(B)'이라는 가치와 동일하다고 가정할 경우 "더욱 진화된 것은 좋은 것인가?(A는 B인가?)"라는 물음은 의미 없는 물음이 되어야 하나, 무어는 그렇지 않다고 비판하였다. 이 물음에는 의미가 있으므로, 결론적으로 A와 B가 동일시되지 않는다는 것이 무어의 논변의 핵심이다. 3문단에서 무어의 비판자들은 "스펜서가 '좋음'의 정의를 찾고 있다고 해석할 때는 무어의 논변이 성립한다."라고 하였으므로 선지의 진술은 적절하다.

④ 3문단에 따르면, '더욱 진화됨'은 '좋음'의 정의는 아니어도 그 외연이 같을 수 있다. 그러면 "더욱 진화된 것은 좋은 것인가?"라는 물음은 의미가 있어도 '더욱 진화됨'은 '좋음'과 동일할 수 있다고 하였다. 그리고 이때 '더욱 진화됨'과 '좋음'이 동일하다는 것은, 춘원과 이광수의 예를 통해 설명한 것처럼 그 둘이 가리키는 대상이 동일해서 동일하다는 것이다. 이러한 설명을 고려할 때, A를 '더욱 진화됨'으로 보고, B를 '좋음'으로 본다면, A와 B가 가리키는 대상이 동일하고, 그에 따라 A와 B의 외연이 같을 수 있음을 알 수 있다. 따라서 선지의 진술은 적절하다.

⑤ 3문단에서 "이들(무어에 대한 비판자)의 관점에 따르면, 스펜서가 '좋음'의 정의를 찾고 있다고 해석할 때는 무어의 논변이 성립한다. 그러나 스펜서는 '좋음'의 정의를 찾은 것이 아니라 진화론을 이용하여 실제로 무엇이 좋은 것인지를 찾은 것이다."를 참고하면 무어에 대한 비판자들은 A를 이용해 실제의 B를 찾을 때 "A는 B인가?"라는 물음이 의미를 갖는다고 하였으므로 적절한 선지이다.

109

정답설명

⑤ 〈보기〉의 헉슬리는 '진화는 도덕과 관계하지 않는 사실의 영역에서 일어'난다고 하였으나, 도덕은 '무질서하고 사악한 진화의 과정을 통제하는 방식으로 진화에 개입'한다고 하였다. 한편, 윗글의 2문단에서 무어는 자연적 사실(진화)과 좋음(도덕)을 동일시하는 자연주의적 오류를 비판하며, '가치는 사실과 독립적'이라고 보는 입장이다. 이를 고려하면, 도덕이 진화에 영향을 미칠 수 있다고 본 헉슬리가 무어의 견해에 반대할 것이라는 선지의 진술은 적절하다.

오답설명

① 〈보기〉의 헉슬리는 진화는 도덕과 관계하지 않는 사실의 영역에서 일어나며 도덕보다 열등한 과정이라고 설명하였다. 이는 도덕의 근거가 자연적 사실과 구분된다는 이원론의 입장이므로, 도덕이 자연적 사실로 환원된다는 자연주의의 견해와 다름을 알 수 있다.

② 〈보기〉의 헉슬리는 '진화는 도덕과 관계하지 않는 사실의 영역에서 일어나며, 도덕적 과정보다 열등한 과정이므로 도덕에 영향을 미칠 수 없고, 적자생존만을 목표로 한다.'며 이원적으로 분류하였으므로 진화와 좋음(도덕)이 정의 관계라는 입장에 반대한다고 볼 수 있다. 그러나 3문단에 따르면 스펜서의 자연주의적 주장은 진화와 좋음(도덕)을 외연이 같은 '둘이 가리키는 대상이 동일'한 관계로 볼 때 성립하는 것이지, '정의 관계'로 볼 때에는 성립하지 않음을 알 수 있다. 진화와 좋음이 정의 관계를 이루고 있다고 볼 때 성립하는 것은 무어의 논변에 해당한다(3문단). 이를 종합하면, 스펜서가 진화와 좋음을 정의 관계로 보았다는 선지의 진술은 적절하지 않다.

③ 〈보기〉에서 헉슬리는 진화를 도덕에 영향을 미치지 않는 도덕보다 열등한 과정으로 설명하였다. 이러한 헉슬리의 견해에 따르면 진화에서 도덕적인 좋음이 도출될 수 없다. 한편 윗글의 1문단에 따르면 진화론에서 도덕적 판단을 도출할 수 있다고 본 것은 다윈이 아니라 다윈의 진화론을 해석한 스펜서이다.

④ 〈보기〉에서 헉슬리는 진화는 좋음을 실현하려는 도덕에 영향을 미칠 수 없고, 도덕은 진화를 통제하고 개입하는 방식으로 진화에 영향을 미칠 수 있다고 보았다. 이는 진화와 좋음(도덕)을 '둘이 가리키는 대상이 동일'하지 않은 이원적인 관계로 본 것이므로 '진화와 좋음의 지시 대상이 동일하지 않다는' 견해에 동의할 가능성은 크다고 볼 수 있다. 그러나 윗글 3문단에 따르면 무어의 논변은 스펜서가 주장한 진화와 좋음의 관계를 '정의 관계'로 볼 때 성립하는 것으로서, '둘이 가리키는 대상이 동일'한 지시 관계로 볼 때에는 성립하지 않는다는 점에서 비판을 받는다. 즉, 무어는 진화와 좋음의 지시 대상이 동일한지 아닌지의 여부를 고려하지 않았고, 스펜서와 달리 이러한 지시 관계의 가능성을 고려하지 않은 것이다. 따라서 무어가 진화와 좋음의 지시 대상이 동일하지 않다고 보았다는 선지의 진술은 적절하지 않다.

110

정답설명

③ 윗글 ⓒ의 '되묻다'는 '물음에 대답하지 아니하고 도리어 묻다.'의 의미이다. 한편 선지의 '반문(反問)하다'는 '물음에 대답하지 아니하고 되받아 묻다.', '상대의 주장이나 의견에 대하여 동의하지 않는 부분이 있어 이의를 제기하며 질문하다.'의 의미이므로 바꾸어 쓰기에 적절하다.

오답설명

① 윗글 @의 '찾다'는 '발견하기 위해 살피다.'의 의미이다. 한편 선지의 '명시(明示)하다'는 '분명하게 드러내 보이다.'의 의미이다.

② 윗글 ⓑ의 '끌어내다'는 '방법이나 결론 따위를 생각이나 논의에서 구하거나 얻어내다.'의 의미이다. 한편 선지의 '유도(誘導)하다'는 '사람이나 물건을 목적한 장소나 방향으로 이끌다.'의 의미이다.

④ 윗글 ⓓ의 '가리키다'는 '손가락 따위로 어떤 방향이나 대상을 집어서 보이거나 말하거나 알리다.'의 의미이다. 한편 선지의 '내포(內包)하다'는 '어떤 성질이나 뜻 따위를 속에 품다.'의 의미이다.

⑤ 윗글 ⓔ의 '막다'는 '어떤 일이나 행동이 일어나지 않게 하다.'의 의미이다. 한편 선지의 '관여(關與)하다'는 '어떤 일에 관계하여 참여하다.'의 의미이다.

빠른 정답 26 | 전자 현미경

| 111 | ② | 112 | ③ | 113 | ① | 114 | ⑤ | 115 | ④ |

111

정답설명

② 2문단에 따르면, 일반적으로 현미경에서 얻을 수 있는 최소 해상도는 사용하는 파동의 파장, 렌즈의 초점 거리에 비례하며 렌즈의 직경에 반비례한다. 즉 파동의 파장, 렌즈의 초점 거리가 동일하더라도 렌즈의 직경이 달라지면 현미경의 최소 해상도 또한 달라질 것이다. 따라서 선지의 진술은 윗글에서 알 수 있는 내용으로 적절하다.

오답설명

① 2문단에 따르면 전자빔에 가해지는 가속 전압의 영향을 받는 해상도가 작아질수록 상이 더 또렷해진다. 또 4문단에 따르면, 전자 현미경은 고전압으로 가속된 전자빔을 사용하므로 현미경의 내부는 기압이 대기압의 $1/10^{10}$ 이하인 진공 상태여야 한다. 즉 윗글에서 전자 현미경의 선명도가 내부 기압의 영향을 받을 것임은 알 수 있지만, 내부 기압이 높아질 때 선명도도 증가할 것이라는 내용은 윗글에서 확인할 수 없다. 오히려 내부 기압이 진공 상태에 비해 높아지면 전자 현미경은 잘 작동하지 않을 것이다. 따라서 선지의 진술은 윗글에서 알 수 있는 내용으로 적절하지 않다.

③ 1문단에 따르면 광학 현미경이 가시광선을 관찰 매체로 사용하여 시료에 가시광선을 비추는 것은 사실이다. 그러나 2문단을 고려할 때, 이는 광학 현미경이 전자 현미경에 비해 미세한 구조를 관찰하는 데 한계를 보이는 원인이 된다. 이에 따라 1문단에서 말하는 것처럼 첨단 소재 분야의 연구에서는 마이크로미터 이하의 미세한 구조를 관찰할 수 있는 전자 현미경이 필요한 것이다. 즉 광학 현미경이 가시광선을 사용한다는 이유로 마이크로미터 단위 '이상'의 시료 관찰에 한계를 보인다는 선지의 진술은 윗글에서 알 수 있는 내용으로 적절하지 않다.

④ 2문단에 따르면 시료 위의 일정한 거리에 있는 두 점에서 출발한 빛이 렌즈를 통과할 경우 스크린 위에 에어리 원반 두 개가 만들어진다. 이때 두 점의 거리가 너무 가까워져 두 에어리 원반 중심 사이의 거리가 원반 크기에 비해 너무 작아지면, 관찰자는 더 이상 두 점을 구분하지 못하고 한 점으로 인식하게 된다. 즉, 이때 관찰자가 가까워진 두 에어리 원반을 하나로 인식할 뿐, 스크린 위에 에어리 원반이 한 개만 생성되는 것은 아니므로, 선지의 진술은 윗글에서 알 수 있는 내용으로 적절하지 않다.

⑤ 1문단에 따르면, 광학 현미경과 전자 현미경의 기본 원리는 같지만, 둘의 관찰 매체나 빛을 모으는 방식에 차이가 있다. 따라서 선지의 진술은 윗글에서 알 수 있는 내용으로 적절하지 않다.

112

정답설명

③ 2문단에 따르면, 일반적으로 현미경에서 얻을 수 있는 최소 해상도는 사용하는 파동의 파장, 렌즈의 초점 거리에 비례하며 렌즈의 직경에 반비례한다. 즉 파장이 짧아질수록 최소 해상도가 작아지는 것은 사실이다. 그러나 2문단에 따르면, 광학 현미경의 경우 파장이 가장 짧은 가시광선을 사용하더라도 그 해상도는 파장의 약 절반인 200nm보다 작아질 수 없다. 한편 그보다 파장이 훨씬 짧은 드브로이 물질파를 활용하는 전자 현미경의 경우에도 수십 kV의 전압으로 가속된 전자의 물질파 파장은 대략 0.01nm 정도까지 짧아지지만, 렌즈 성능의 한계로 인해 전자 현미경의 해상도는 보통 수 nm가 된다고 하였다. 즉 두 현미경 모두 파동의 파장이 짧아진다고 해도 광학 현미경은 가시광선의 한계로 인해, 전자 현미경은 렌즈 성능의 한계로 인해 최소 해상도가 계속해서 무한정 감소하는 것은 아니므로, 선지의 진술은 적절하지 않다.

오답설명

① 3문단에 따르면, 광학 현미경에서는 배율을 바꿀 때 대물렌즈를 교체하지만 전자 현미경에서는 코일에 흐르는 전류를 조절하여 일정 범위 안에서 배율을 마음대로 조정할 수 있다. 따라서 선지의 진술은 적절하다.

② 5문단에 따르면, 광학 현미경에서는 실제의 상을 눈으로 볼 수 있지만, 전자 현미경에서는 시료에서 산란된 전자의 물질파를 검출기에 모아 상이 맺힌 지점에서 전자의 분포를 측정함으로써 시료 표면의 형태를 디지털 영상으로 나타낸다. 따라서 선지의 진술은 적절하다.

④ 3문단에 따르면, 렌즈의 중심과 가장자리를 통과하는 전자가 받는 힘을 적절히 조절하여 한 점에 모이도록 하는 것이 어려우므로 전자 현미경에서는 광학 현미경에 비해 초점의 위치가 명확하지 않다. 따라서 선지의 진술은 적절하다.

⑤ 1문단에 따르면, 광학 현미경의 관찰 매체는 가시광선이고, 전자 현미경의 관찰 매체는 전자빔이다. 그리고 2문단에 따르면, 사용하는 파장이 짧을수록 최소 해상도가 작아지며, 더 또렷한 상을 얻을 수 있다. 그런데 광학 현미경의 경우 파장이 가장 짧은 가시광선을 관찰 매체로 사용하더라도 그 해상도는 파장의 약 절반인 200nm보다 작아질 수 없다. 따라서 최소 해상도가 더 작아질 수 있도록, 그 파장이 가시광선에 비해 매우 짧은 드브로이 물질파로서 행동하는 전자빔을 관찰 매체로 활용하는 전자 현미경이 쓰이는 것이다. 따라서 선지의 진술은 적절하다.

113

정답설명

① 윗글의 2문단에 따르면, 일반적으로 현미경에서 얻을 수 있는 최소 해상도는 사용하는 파동의 파장, 렌즈의 초점 거리에 비례하며 렌즈의 직경에 반비례한다. 또 전자 현미경에 사용

되는 전자빔의 전자는 양자역학에서 말하는 '입자-파동 이중성'에 따라 파동처럼 행동하는데, 이 파동을 '드브로이 물질파'라고 한다. 이 물질파의 파장은 입자의 질량과 속도의 곱인 운동량에 반비례한다고 하였다. 그리고 전자 현미경에서 가속 전압이 클수록 전자의 속도가 커진다고 하였다. 이는 운동량이 커지는 것이므로, 그에 반비례하여 파장이 짧아지고, 파장이 짧아지면 최소 해상도 또한 작아질 것이다. 단, 수십 kV의 전압으로 가속된 전자의 물질파 파장은 대략 0.01nm 정도이지만 렌즈 성능의 한계로 인해 전자 현미경의 해상도는 보통 수 nm라고 하였다. 이를 종합할 때 가속 전압이 커지면 전자의 속도가 빨라지고 그에 따라 운동량이 커짐에 따라 파장은 짧아진다. 그리고 파장이 짧아짐에 따라 최소 해상도 또한 렌즈 성능의 한계 범위 안에서 작아진다. 따라서 ㉮에는 '증가'가, ㉯에는 '감소'가 들어가는 것이 적절하다. 또 3문단에 따르면, 코일에 흐르는 전류를 증가시키면 코일에서 발생하는 자기장의 세기가 커지고 전자가 받는 힘이 증가해 전자빔이 더 많이 휘어지면서 초점 거리가 줄어드는 효과를 얻을 수 있다. 그리고 대물렌즈의 초점 거리가 작아지면 현미경의 배율은 커진다. 즉 코일에 흐르는 전류를 증가시키면 배율은 커질(㉰) 것이다.

114

정답설명

⑤ 〈보기〉에서 B가 A보다 더 미세한 구조를 관찰하고 있으므로, B의 해상도가 A의 해상도보다 더 작은 것을 알 수 있다. 선지에서는 다른 조건은 건드리지 않고 동일한 현미경을 통해 자기장의 세기만을 조절하여 A와 B를 차례대로 얻었다고 하였다. 3문단에 따르면, 자기장의 세기는 코일에 흐르는 전류를 증가시킴으로써 강화할 수 있다. 즉 코일에 흐르는 전류를 증가시키면 코일에서 발생하는 자기장의 세기가 커지고 그에 따라 전자가 받는 힘이 증가해 전자빔이 더 많이 휘어지면서 초점 거리가 줄어드는 효과를 얻을 수 있다. 그런데 2문단에 따르면, 해상도는 사용하는 파동의 파장, 렌즈의 초점 거리에 비례하며 렌즈의 직경에 반비례한다고 하였다. 즉 다른 조건이 일정할 때 코일이 형성하는 자기장의 세기가 세져야 초점 거리가 줄어듦에 따라 해상도 또한 줄어들 것이다. 그런데 선지에서는 자기장의 세기를 약화하였는데 해상도가 A에서 B로 감소하였다고 말하고 있다. 따라서 선지의 진술은 적절하지 않다.

오답설명

① 2문단에 따르면, 파장이 짧을수록 최소 해상도가 작아지므로, A의 파장이 B의 파장보다 길다는 선지의 진술은 적절하다.

② 2문단에 따르면, 두 점의 거리가 너무 가까워져 두 에어리 원반 중심 사이의 거리가 원반 크기에 비해 너무 작아지면, 관찰자는 더 이상 두 점을 구분하지 못하고 한 점으로 인식하게 된다. 이 한계점에서 시료 위의 두 점 사이의 거리를 '해상도'라 부른다. 이 한계점인 해상도보다 두 점이 가까워지

면, 두 점에서 만들어진 두 에어리 원반이 구분되지 않고 하나로 인식되는 것이다. 해상도가 더 작은 쪽이 B이므로, A에서는 구분되지 않던 두 에어리 원반이 B에서는 구분될 가능성이 있다. 따라서 선지의 진술은 적절하다.

③ 4문단에 따르면, 절연체 시료를 관찰할 때 전자빔의 전자가 시료에 축적되어 전자빔을 밀어내는 역할을 하게 되므로 이미지가 왜곡될 수 있다. 그리고 이 때문에 보통 절연체 시료의 표면을 도체로 얇게 코팅하여 사용한다고 하였다. 따라서 선지의 진술은 적절하다.

④ 선지에서는 다른 조건은 건드리지 않고 동일한 현미경을 통해 전자를 가속하는 전압을 조절하여 A와 B를 차례대로 얻었다고 하였다. 2문단에 따르면, 가속 전압이 커질수록 전자의 속도가 커지고 그에 따라 질량과 속도의 곱인 운동량도 커지는데, 물질파의 파장은 운동량에 반비례하므로, 결국 물질파의 파장은 가속 전압이 상승함에 따라 줄어들 것이다. 그런데 해상도는 사용하는 파동의 파장, 렌즈의 초점 거리에 비례하며 렌즈의 직경에 반비례한다. 즉 다른 조건이 일정할 때 파동의 파장이 줄어들면 해상도도 줄어든다. 즉 A에서 가속 전압을 높이면 파장이 줄어듦에 따라 해상도가 작아질 것이므로, 해상도가 상대적으로 작은 B를 얻을 수 있다. 따라서 선지의 진술은 적절하다.

115

정답설명
④ 윗글의 '통과하다'는 문맥상 '어떤 곳이나 때를 거쳐서 지나가다.'의 의미로 사용되었다. 이와 같은 의미로 사용된 것은 ④번 선지이다.

오답설명
① 선지의 '통과하다'는 '장애물이나 난관 따위를 뚫고 지나가다.'의 의미이다.
② 선지의 '통과하다'는 '검사, 시험, 심의 따위에서 해당 기준이나 조건에 맞아 인정되거나 합격하다.'의 의미이다.
③ 선지의 '통과하다'는 '제출된 의안이나 청원 따위가 담당 기관이나 회의에서 승인되거나 가결되다.'의 의미이다.
⑤ 선지의 '통과하다'는 '멈추었다가 가도록 예정된 곳을 그냥 지나치다.'의 의미이다.

116	③	117	②	118	④	119	④	120	①

116

정답설명
③ 1문단에 따르면, 윗글에서 언급된 디지털 워터마킹의 세 가지 조건 중 두 번째 조건으로, 워터마크를 삽입하더라도 원래의 데이터 저장 형식이 바뀌지 않아야 한다는 점이 제시되고 있다.

오답설명
① 2문단에 따르면, 디지털 사진의 데이터는 가로, 세로의 격자 모양으로 배열된 화소의 밝기 값으로 표현된다. 따라서 선지의 진술은 윗글의 내용과 일치한다.
② 5문단에 따르면, 일반적인 사진에서 사람이 알아볼 수 있는 대부분의 정보는 저주파 대역에 몰려 있다. 이때 어떤 사진을 저주파, 고주파 영역으로 나눌 수 있다는 것을 고려하면, 여기서 '일반적인 사진'이란 맥락상 주파수 영역 방식으로 표현할 수 있는 디지털 사진임을 알 수 있다. 따라서 선지의 진술은 윗글의 내용과 일치한다.
④ 3문단에 따르면, 공간 영역의 사진 데이터는 푸리에 변환 등 수학적 변환식에 의해 손실 없이 주파수 영역으로 변환되고 그 역과정도 성립한다. 따라서 선지의 진술은 윗글의 내용과 일치한다.
⑤ 1문단에 따르면, 디지털 워터마크를 추출하여 사진의 저작권 증명으로 사용할 수 있다고 하였고, 이러한 디지털 워터마크가 충족해야 할 조건으로 강인성과 비가시성을 제시하였다. 만약 강인성이 낮으면 워터마크가 사진의 편집이나 압축에 의해 의도하지 않아도 쉽게 훼손되기 쉬워지고, 비가시성이 낮으면 워터마크가 쉽게 노출되어 이를 의도적으로 제거하거나 변형하기도 쉬워질 것이다. 따라서 선지의 진술은 윗글의 내용과 일치한다.

117

정답설명
② 워터마크 삽입에 의해 사진이 왜곡되어 보이는 정도가 커질수록 워터마크가 들어갔다는 시각적 정보를 주게 될 것이므로, 주파수 영역 방식(ⓒ)에서 워터마크의 비가시성을 높이기 위해서는 가능한 한 고주파 영역에 워터마크를 삽입하는 것이 좋을 것임을 알 수 있다. 그런데 5문단에 따르면, 대부분의 영상 손실 압축 기술이 고주파 성분을 제거하는 방식으로 이루어지므로, 고주파 영역에 워터마크를 삽입하면 압축에 취약해진다고 하였다. 즉 잡음에 의해 왜곡되어 보이는 정도를 최소화함으로써 워터마크의 비가시성을 극대화하기 위해 고주파 영역에 워터마크를 넣으면, 압축에 대한 워터마크의 강인성은 취약해질 것이다.

오답설명

① 1문단에 따르면 워터마크가 원형에 가까운 형태로 추출되어 야 하는 것을 강인성이라 한다. 또 2문단에 따르면, 공간 영역 방식(㉠)에서 워터마크 삽입이 빠르게 처리되는 것도 사실 이다. 그러나 공간 영역 방식(㉠)에서 눈에 잘 안 띄는 영역 에 워터마크를 삽입할 경우, 이렇게 삽입된 워터마크는 특정 영역에 한정되어 기록되어 있기 때문에 잘라내기와 같은 간 단한 영상 처리 또는 정보의 손실이 발생하는 데이터 압축에 의해 쉽게 훼손되는 단점이 있다고 하였다.

③ 2문단에 따르면 공간 영역 방식(㉠)은 디지털 사진의 각 화소 의 밝기 값을 2차원 배열 형태의 데이터로 표현하는 방식이 고, 3문단에 따르면 주파수 영역 방식(㉡)은 디지털 사진을 공간 주파수의 2차원적인 분포인 주파수 스펙트럼으로 표현 하는 방식이다.

④ 2문단에 따르면, 공간 영역 방식(㉠)에서 디지털 워터마크 데 이터를 특정 영역의 화소 값에 더하거나 곱하여 밝기 값에 포함하는 방식으로 삽입할 수 있다. 그러나 공간 영역에서는 화소 값에 직접 식별자를 삽입할 수 있기 때문에 워터마크 삽입과 추출에 필요한 연산량이 비교적 적다고 하였다. 한편 4문단에서 주파수 영역 방식(㉡)은 공간과 주파수 영역 사이 에 변환이 필요하므로 워터마크 삽입을 위한 연산량이 대폭 증가한다고 하였다.

⑤ 3문단에서 공간 영역의 사진 데이터는 푸리에 변환 등 수학 적 변환식에 의해 손실 없이 주파수 영역으로 변환되고 그 역과정도 성립한다고 하였다. 즉 워터마크 삽입과 같은 행위 가 없다면, 두 영역 간의 변환에서는 손실이나 잡음이 발생하 지 않을 수 있다.

118

정답설명

④ 5문단에 따르면, 잡음이 모든 대역에서 발생하더라도 저주파 대역의 잡음으로 인한 왜곡이 사람에게 가장 잘 보일 것이다. 또 영상 손실 압축 기술 대부분은 고주파 성분을 제거하는 식으로 이루어지므로, 고주파 대역의 워터마크가 손실되기 가장 쉬움을 알 수 있다. 이를 고려할 때, 1문단에서 말한 워 터마크의 강인성과 비가시성을 가능한 한 동시에 충족하기 위해 ㉮와 같이 중간 대역에 워터마크가 삽입되는 것임을 추 론할 수 있다.

오답설명

① 3문단에 따르면, 인접한 화소 사이에 밝기 변화가 급격히 일 어날수록 이를 주파수 영역 방식으로 변환했을 때 고주파가 측정되는 것은 사실이다. 그러나 이는 주파수 영역 자체에 대 한 설명이지, ㉮에 대한 이유가 아니다.

② 4문단에 따르면, 주파수 영역 방식에서 특정 주파수 대역에 삽입된 식별자는 그 주파수를 포함하고 있는 공간 영역의 모 든 화소에 분산되므로 사진 전체에 퍼져 저장된다고 하였고, 이렇게 삽입된 워터마크는 사람의 시각에 쉽게 노출되지 않

으면서도, 잘라내기 등과 같은 영상 편집이 가해지더라도 남 은 영역에 저장된 식별자 데이터에 의해 어느 정도 복원이 가능해진다고 하였다. 따라서 '중간 대역에 삽입되어야만' 편 집 시 복원이 가능하다는 선지의 진술은 적절하지 않다.

③ 윗글에서 워터마크 삽입의 연산량은 공간 영역 방식과 주파 수 영역 방식 사이에서 비교·대조가 이루어지고 있을 뿐, 주 파수 영역 방식에서 고주파 대역에 워터마크를 삽입한다고 해서 중간 대역에 워터마크를 삽입할 때보다 연산량이 늘어 난다는 근거는 찾을 수 없다.

⑤ 5문단에 따르면 워터마크 삽입으로 인한 잡음의 양은 대역과 상관없이 동일하더라도 고주파 대역에서는 원본의 왜곡이 눈 에 잘 띄지 않는다. 따라서 중간 대역의 왜곡이 겉보기에 드 러나지 않는다는 선지의 진술은 ㉮의 이유로 적절하지 않다.

119

정답설명

④ 〈보기〉에 따르면, A, B, C는 한 디지털 사진의 특정 영역을 각기 확대한 것이다. 격자 선은 화소 구분을 위해 넣은 것이 라고 하였으므로 이를 빼고 본다면, A는 모두 흰색이므로 명 암 변화가 없고, C는 흰색에서 검은색으로 인접한 화소끼리 극단적인 명암 변화를 보이고 있으며, B는 그 중간이다. 그 러므로 〈보기〉의 디지털 사진을 주파수 영역 방식으로 변환 한다면 A는 저주파 대역, B는 중간 대역, C는 고주파 대역이 될 것이다. 선지의 진술처럼 모든 대역에 워터마크가 일정하 게 들어간다면 모든 주파수 대역에 잡음 자체는 동일한 양으 로 발생하는 것이고, 다만 인간의 인식 특성상 C와 유사한 고주파 대역의 왜곡이 가장 눈에 잘 안 띄는 것이다.

오답설명

① 〈보기〉의 디지털 사진을 주파수 영역 방식으로 변환한다면 A 는 저주파 대역, B는 중간 대역, C는 고주파 대역이 될 것이 다. 따라서 주파수 높이 순서는 C, B, A가 되므로, 선지의 진 술은 적절하다.

② 5문단에 따르면, 일반적인 사진에서 사람이 알아볼 수 있는 대부분의 정보는 저주파 대역에 몰려 있고, 사람이 사진의 내 용을 인식할 때는 저주파 성분에 민감하게 반응한다고 하였 다. 또 2문단에 따르면, 공간 영역 방식으로 표현된 디지털 사진의 데이터에서 '사람의 눈에 잘 띄지 않는 영역'에 있는 화소들의 밝기 값을 적당히 변경하여 워터마크를 삽입할 수 있다고 하였다. 이를 종합할 때, 공간 영역 방식에서 사람의 눈에 잘 띄는 영역은 사람에게 잘 인식되는 정보가 있는 영 역일 것이므로, 그 공간 영역을 공간 영역 방식에서 주파수 영역 방식으로 변환한다면 보통 저주파 영역에 해당할 것이 다. 따라서 공간 영역 방식에서 워터마크를 삽입할 때도 주파 수 영역 방식으로 변환했을 때 A와 유사한 저주파 대역인 공 간 영역은 워터마크 삽입을 피하는 편이 좋다는 선지의 진술 은 적절하다.

③ 1문단에 따르면 비가시성은 삽입된 워터마크가 쉽게 노출되

지 않는 성질을 말한다. 그리고 5문단에 따르면 인간은 저주파 대역에 가장 민감하게 반응하므로, 워터마크 삽입으로 잡음이 생기면 그에 따른 왜곡은 저주파 대역에서 생길 때 가장 눈에 잘 보이게 될 것이다. 즉 A와 유사한 저주파 대역에만 워터마크를 삽입하는 것은 워터마크의 비가시성을 가장 낮추는 일임을 알 수 있다.

⑤ 5문단에 따르면, 고주파 대역은 왜곡이 눈에 잘 띄지 않기는 하지만, 압축 시 제거되는 경우가 많으므로 고주파 대역에 워터마크를 삽입하면 압축에 취약해진다고 하였다. 또 1문단에 따르면 편집이나 압축을 하여도, 워터마크가 원형에 가까운 형태로 추출되는 성질을 워터마크의 강인성이라고 한다. 이를 종합할 때, C와 유사한 주파수 대역, 즉 고주파 대역에만 워터마크를 삽입한다면 압축에 대한 강인성이 가장 약해질 것이다.

120

정답설명
① 윗글의 ⓐ '추출하다'는 문맥상 '전체 속에서 어떤 물건, 생각, 요소 따위를 뽑아내다.'의 의미로 사용되었다. 한편, 선지의 '가려내다'는 '여럿 가운데서 일정한 것을 골라내다.'의 의미이다.

오답설명
② 윗글의 ⓑ '발생하다'는 문맥상 '어떤 일이나 사물이 생겨나다.'의 의미로 사용되었다.
③ 윗글의 ⓒ '개선하다'는 문맥상 '잘못된 것이나 부족한 것, 나쁜 것 따위를 고쳐 더 좋게 만들다.'의 의미로 사용되었다. 한편, 선지의 '바로잡다'는 '그릇된 일을 바르게 만들거나 잘못된 것을 올바르게 고치다.'의 의미이다.
④ 윗글의 ⓓ '분산하다'는 문맥상 '갈라져 흩어지다. 또는 그렇게 되게 하다.'의 의미로 사용되었다.
⑤ 윗글의 ⓔ '둔감하다'는 문맥상 '감정이나 감각이 무디다.'의 의미로 사용되었다.

121

정답설명
① 2문단과 3문단을 통해, 고전적 공리주의와 선호 공리주의에서는 고통 없는 살인이 나쁜 이유에 대한 서로 다른 방식의 접근을 보이고 있음을 알 수 있다. 그러나 고전적 공리주의와 선호 공리주의 모두 고통 없는 살인이 나쁘다는 데에는 동의하고 있으므로 고통 없는 살인에 대한 가치 평가가 상이하게 나타난다는 진술은 적절하지 않다. 2문단에서 고전적 공리주의는 '피살자가 아닌 다른 사람들이 겪게 되는 고통의 증가'를, 3문단에서 선호 공리주의는 '피살자의 선호를 좌절시킨다는 점'을 내세움으로써 고통 없는 살인을 나쁜 것으로 판단한다고 하였다.

오답설명
② 1문단 '비인격체보다 인격체인 사람을 죽이는 행위를 우리가 더 나쁘다고 간주하는 이유 중의 하나는 그 행위가 살해당하는 사람에게 고통을 주기 때문이다.'를 바탕으로 추론할 수 있다.
③ 4문단을 통해, 자율성론이 인격체를 자율적 존재로 간주하며 인격체가 '삶과 죽음의 의미를 파악하여 그중 하나를 스스로 선택할 수 있'다고 보았음을 알 수 있다. 또한 '이러한 선택은 인격체의 가장 근본적인 선택'이기에, '죽지 않기를 선택한 사람을 죽이는 행위는 심각한 자율성의 침해'라고 하였다. 즉, 자율성론에 따르면, 삶과 죽음에 대한 인격체의 선택은 인격체가 자율적 존재가 될 수 있도록 하는 근본적인 조건이라는 점을 추론할 수 있다.
④ 2문단 '이 관점(고전적 공리주의)을 따를 경우, 고통 없는 살인은 피살자에게 고통을 주지 않으며~피살자가 아닌 다른 사람들이 겪게 되는 고통의 증가라는 간접적 이유를 내세워 인격체에 대한 살생을 나쁘다고 비판한다.'를 바탕으로 추론할 수 있다.
⑤ 4문단을 통해, '공리주의는 자율성의 존중 그 자체를 독립적인 가치나 근본적인 도덕 원칙으로 받아들이지는 않지만 자율성의 존중이 대체로 더 좋은 결과를 가져온다'고 본다는 것을 알 수 있다. 이에 따르면, 자율성의 존중은 그 자체로서 독립적인 가치를 지니는 것은 아니지만, 자율성의 존중이 이루어지는 경우 다른 도덕 원칙들과의 관계 속에서 더 좋은 결과를 가져오는 것, 즉 가치를 지니게 되는 것임을 추론할 수 있다.

122

정답설명
② 1문단에 따르면 물고기와 같은 비인격체는 자기의식이 없으며 고통과 쾌락을 느끼는 감각적 능력만을 갖고 있다고 하였

다. 즉 감각적 능력의 발달 정도는 인격체와 비인격체의 구분 기준이 될 수 없다. 비인격체 역시 감각적 능력을 가지고 있 기 때문이다.

오답설명

① 1문단에서 인격체는 자기의식을 지닌 합리적이고 자율적인 존재를 칭하는 말이라고 하였다. 또한 이러한 인격체는 자신의 삶이 미래에도 지속될 것임을 인식하고 있다고 하였으므로, 인격체가 삶의 연속성을 이해한다는 해당 선지의 진술은 적절하다.

③ 2문단에서 고전적 공리주의는 인격체가 타인의 피살 사실을 알게 되면 자신도 언젠가 살해를 당할 수 있다는 불안과 공포를 느끼게 되어 고통을 받을 수 있다고 주장했음을 알 수 있다. 따라서 인격체가 타인의 고통을 인지함으로써 자신 역시 고통을 느낄 수 있는 존재라는 해당 선지의 진술은 적절하다.

④ 4문단에서 자율성론은 인격체가 '비인격체와 달리 여러 가능성을 고려하여 스스로 선택을 내리며, 그 선택에 따라 행동하는 능력을 지닌 자율적 존재'라고 주장했음을 알 수 있다. 따라서 인격체가 다양한 가능성에 대한 검토를 바탕으로 자신이 내린 결정에 따라 행동할 수 있는 존재라는 해당 선지의 진술은 적절하다.

⑤ 3문단에서 선호 공리주의는 인격체는 미래 지향적인 특성을 가지며, 인격체를 죽이는 행위가 인격체가 미래에 하려고 했던 여러 일들까지 좌절시키는 일이라고 주장했음을 알 수 있다. 따라서 인격체가 선호의 충족을 희망하면서 미래와 관련한 행위를 계획하는 존재라는 해당 선지의 진술은 적절하다.

123

정답설명

④ 5문단에서 여러 실험과 관찰을 통해 침팬지와 같은 유인원이 자기의식을 지닌 합리적 존재로서 선호와 자율성을 지닌 인격체라는 사실을 확인했다고 하였다. 유인원 역시 이러한 '인격적 특성'을 지닌 존재이기에 인간과 종이 다르다는 이유만으로 차별받아서는 안 되며, 인간이 특별한 생명의 가치를 인정받는 존재라면 유인원 역시 그러한 가치를 인정받아야 한다는 것이다. 따라서 해당 선지는 유인원이 생명의 가치를 인정받아야 하는 이유로 적절하다.

오답설명

① 윗글에서 인간 사회보다 동물 사회에서 살생의 빈도가 높다는 내용은 확인할 수 없다.

② 5문단에서 인간에 비해 동물은 멀리서 발생한 동료의 피살 소식을 접하기가 쉽지 않다고 말하고 있다.

③ 5문단에서 유인원과 관련하여 여러 실험과 관찰이 이루어졌음을 알 수 있다. 그러나 이러한 실험과 관찰이 입증한 것은 유인원이 자기의식을 지닌 합리적 존재라는 사실이지, 유인원이 인간과 유사한 지능을 가졌다는 사실은 아니다.

⑤ 5문단에서 유인원이 차별을 당하는 것은 적절하지 않다는 내용이 드러나고 있으나, 글쓴이는 유인원을 인격적 특성을 지닌 존재로 보고 있다.

124

정답설명

⑤ 3문단에 따르면 선호 공리주의는 인격체가 비인격체에 비해 미래 지향적이므로 비인격체를 죽이는 행위보다 인격체를 죽이는 행위가 더 나쁘다고 보았음을 알 수 있다. 〈보기〉에서 칸트는 동물에게 인격이 없으므로 인간에게 주어지는 것과 같은 권리도 없다고 보았다. 그러나 칸트는 동물을 해치는 행위는 인간의 도덕감을 약화하고 인간에게 고통을 준다고 말하면서 동물을 해치는 행위를 부정적으로 여기고 있다. 즉, 칸트는 동물을 해치는 행위의 악함을 인간에게 고통을 준다는 사실과 인간의 도덕감을 약화한다는 사실을 통해 설명하고 있는 것이다. 또한 선호 공리주의는 미래 지향성을 바탕으로 비인격체와 인격체를 살해하는 행위의 악함을 설명했을 뿐 생명의 가치를 기준으로 한다는 내용은 윗글을 통해 확인할 수 없다.

오답설명

① 2문단에 따르면 고전적 공리주의는 비인격체와는 달리 사람들이 자신도 언젠가 살해를 당할 수 있다는 불안과 공포를 느끼게 되기 때문에 살인이 나쁘다고 주장한다. 그러나 〈보기〉에서 싱어는 동물이 인간과 마찬가지로 고통을 무서워하고 그것을 느끼고 싶어 하지 않는다고 주장했음을 알 수 있다. 즉 싱어는 비인격체인 동물 역시도 무언가에 대한 불안과 공포를 느낄 수 있다고 본 것이다. 따라서 싱어는 〈보기〉의 주장을 펼치기 위해 고전적 공리주의의 관점에 반박할 것이다.

② 4문단에 따르면 자율성론은 자율성을 침해하는지의 여부를 기준으로 특정 행위에 대한 가치 평가를 내린다고 하였다. 〈보기〉에서 리건은 동물이 자신의 삶을 스스로 선택할 수 있으므로 동물 역시 생명을 존중받을 권리를 가진다고 보았다. 즉 리건은 동물이 자율성을 가진다고 본 것이다. 이를 종합하면 리건은 동물과 인격체가 자율성을 가진다는 측면에서 다르지 않다는 점을 전제로 주장을 펼칠 것이다. 따라서, 리건은 자율성론의 입장을 받아들여 자율성의 침해가 발생하는 행위를 나쁘다고 말함으로써 동물 역시 생명을 존중받을 권리를 가짐을 주장할 수 있다.

③ 3문단에 따르면 선호 공리주의는 인격체가 비인격체에 비해 미래 지향적이므로 인격체를 죽이는 행위가 비인격체를 죽이는 행위보다 더 나쁘다고 보았다. 〈보기〉에서 리건은 동물이 인간처럼 자신의 삶을 스스로 선택하는 내적인 감정과 욕구를 가졌으므로 동물 역시 생명을 존중받을 권리를 가진다고 주장하였다. 즉 리건은 동물이 내적인 감정과 욕구를 가지기에 그러한 선호를 통해 자신의 삶을 구성하려 할 것이며, 이를 바탕으로 인격체가 지닌 미래 지향성을 동물 역시 가지고

있는 것이라고 주장할 것이다. 이를 종합하면 리건은 인격체와 동물 모두 미래 지향성을 지닌다는 점에서, 인격체를 죽이는 행위가 더 악하다는 선호 공리주의의 관점에 반박할 것이다.

④ 2문단에 따르면 고전적 공리주의는 피살자가 겪는 고통의 증가라는 직접적 이유 대신 피살자가 아닌 다른 사람들이 겪게 되는 고통의 증가라는 간접적 이유를 내세워 인격체에 대한 살생을 나쁘다고 비판한다. 〈보기〉의 칸트는 동물에게 해를 끼치는 것이 인간에게도 고통을 준다고 보았다. 즉, 칸트는 비인격체의 죽음을 통해서도 사람들이 느끼는 고통의 양이 증가한다고 본 것이다. 이는 고전적 공리주의가 고통 없는 살인일지라도 그러한 행위가 간접적인 방식으로 피살자가 아닌 다른 사람들의 고통을 증가시키므로 살인이 나쁘다고 본 것과 일맥상통한다. 따라서 칸트는 살인만이 아니라 동물의 죽음 역시 다른 존재들의 고통을 증가시킬 수 있다는 점에서, 이를 고려한 고전적 공리주의의 관점이 비인격체에도 적용될 수 있다고 주장할 것이다.

125

정답설명

③ 윗글 ⓒ의 '불러일으키다'는 '어떤 마음, 행동, 상태를 일어나게 하다.'의 의미이다. 한편 선지의 '야기(惹起)하다'는 '일이나 사건 따위를 끌어 일으키다.'의 의미이므로 바꾸어 쓰기에 적절하다.

오답설명

① 윗글 ⓐ의 '가지다'는 '자기 것으로 하거나 지니다.'의 의미이다. 한편 선지의 '함유(含有)하다'는 '물질이 어떤 성분을 포함하고 있다.'의 의미이다.

② 윗글 ⓑ의 '느끼다'는 '마음속으로 어떤 감정 따위를 체험하고 맛보다.'의 의미이다. 한편 선지의 '유도(誘導)하다'는 '사람이나 물건을 목적한 장소나 방향으로 이끌다.'의 의미이다.

④ 윗글 ⓓ의 '가져오다'는 '어떤 결과나 상태를 생기게 하다.'의 의미이다. 한편 선지의 '조달(調達)하다'는 '자금이나 물자 따위를 대어 주다.'의 의미이다.

⑤ 윗글 ⓔ의 '다르다'는 '비교가 되는 두 대상이 서로 같지 아니하다.'의 의미이다. 한편 선지의 '현격(懸隔)하다'는 '차이가 매우 심하다.'의 의미이다.

빠른 정답 29 | 자유 의지와 결정론

| 126 | ⑤ | 127 | ② | 128 | ④ | 129 | ⑤ |

126

정답설명

⑤ 5문단 '결정론과 비결정론은 서로 모순 관계에 있는 주장'에서 결정론과 비결정론이 모순 관계에 있음을 알 수 있다. 1문단에 따르면 '둘 다 옳을 수는 없지만 둘 다 그를 수는 있는 관계'는 '반대 관계'에 해당한다. 따라서 해당 선지는 적절하지 않다.

오답설명

① 2문단 '대다수의 사람들은 의지의 자유를 믿는다. 내가 먹고 싶은 음식을 주문할 때, 또 내가 지지하는 후보에게 투표할 때 우리는 우리가 스스로의 의지를 가지고 행동했다고 생각한다.'에서 확인할 수 있다.

② 6문단 '행위의 원인이 있어도 행위자가 다른 식으로 행동할 수 있었다면 자유 의지는 있는 것이다. 다른 행위를 할 수도 있었지만 그렇게 행동했기 때문이다.'에서 확인할 수 있다.

③ 1문단 "진술들이 대립하는 방식에는 두 가지가 있다. 하나는 '모순 관계'이며, 다른 하나는 '반대 관계'이다."에서 확인할 수 있다.

④ 2문단 '이 모순 관계와 반대 관계를 이해하지 못하여 혼란에 빠지는 경우가 있다. 자유 의지와 결정론의 문제가 한 예이다.'에서 확인할 수 있다.

127

정답설명

② 2문단에서 내가 먹고 싶은 음식을 주문할 때, 또 내가 지지하는 후보에게 투표할 때 우리는 우리가 스스로의 의지를 가지고 행동했다고 생각한다고 하였다. 즉, 대부분의 사람들은 어떤 음식이 먹고 싶다는 생각이 음식을 주문하는 행위를 유발하는 의지가 된다고 인식한다는 것이다. 그런데 6문단에서 엄격한 결정론(㉠)은 자유 의지가 결정론과 양립 불가능하다고 보았음을 알 수 있다. 따라서 이 관점에서는 음식을 주문하는 행위가 의지가 아닌 다른 선행 원인에 의해 이루어졌다고 볼 것이다.

오답설명

① 엄격한 결정론(㉠)은 '모든 일이 선행 원인에 의해서 결정된다'(3문단)는 결정론의 기본 생각을 따르고 있다. 또 6문단에 따르면 엄격한 결정론은 행동에 원인이 있다면 그 행동에는 자유 의지가 없기에 결정론과 자유 의지가 양립 불가능하다고 보았으며, 행동의 '선행 원인'을 '외부의 강제'와 동일시하여 자유 의지를 부정하였다. 즉, 외부의 강제와 같이 특정 행동을 유발시키는 원인이 모든 일에는 존재하기 때문에, 행동

의 자유 의지가 없다는 것이다. 이러한 관점에 따라 결정론과 자유 의지를 양립할 수 없는 것으로 보았으므로, 해당 선지의 진술은 적절하다.

③ 6문단에 따르면 온건한 결정론(ⓒ)은 자유 의지와 결정론을 양립시킬 수 있었다. '행위의 원인이 있어도 행위자가 다른 식으로 행동할 수 있었다면 자유 의지는 있는 것'이라고 보는 온건한 결정론은 '자유 의지 주장과 모순 관계인 것은 결정론이 아니라 강제라고 주장'했다고 하였다. 따라서 선지의 진술은 적절하다.

④ 6문단에 따르면 온건한 결정론(ⓒ)은 '특정 행동이 외부의 강제 때문에 생긴 것이라면 자유 의지가 없는 것은 당연하'지만, '행위의 원인이 있어도 행위자가 다른 식으로 행동할 수 있었다면 자유 의지'가 있는 것이라고 보았다. 즉, 온건한 결정론의 입장에서 자유 의지가 존재하는지의 여부는 특정 행동을 유발시킨 원인의 유무 그 자체보다, 그 원인이 행위자가 다른 선택을 할 수 없도록 만들었는지와 같은 원인의 성격과 긴밀한 관련을 맺고 있다고 볼 것이다. 따라서 해당 선지는 적절하다.

⑤ 엄격한 결정론(ⓐ)과 온건한 결정론(ⓒ)은 기본적으로 결정론의 입장에서 출발한 이론이다. 3문단에 따르면 결정론은 '이 세상의 모든 일이 선행 원인에 의해서 결정'되는 것이며, '현재 상태가 달라지면 미래도 바뀐다고 주장'한다. 따라서 해당 선지는 적절하다.

128
정답설명
④ 〈보기〉의 실험은 동작에 대한 의지보다 운동 중추의 운동 명령이 선행한다는 사실을 밝혀냈다. 6문단에 따르면 엄격한 결정론자들은 행동에 원인이 있으면 그 행동에는 자유 의지가 없다고 생각한다고 하였다. 〈보기〉의 실험에서 손가락을 움직여야겠다는 의지(W) 이전에 운동 중추가 운동 명령을 내린 것(RP)은 의지보다 선행하는 원인이 있음을 보여 주며, 이를 바탕으로 엄격한 결정론자들은 이 행동에 자유 의지가 없을 것이라고 주장할 수 있는 것이다.

오답설명
① 결정론자들은 이 실험 결과를 바탕으로 자유 의지가 없음을 주장할 수 있다. 그러나 3문단에서 결정론은 '이 세상의 모든 일이 선행 원인에 의해서 결정'된다고 주장했다는 사실을 알 수 있다. 리벳의 실험 결과가 의지보다 선행하는 원인이 존재함을 보여 준다는 설명은 적절하나, 결정론의 입장에서 사람의 행동은 원인에 의해 결정되는 즉, 인과 관계를 따르는 것이므로 해당 선지의 진술은 적절하지 않다.

② 6문단에 따르면 온건한 결정론자들은 특정 행동이 외부의 강제 때문에 생긴 것이라면 자유 의지가 없는 것은 당연하다고 하였다. 그런데 〈보기〉의 실험에서 피실험자는 특정 시점에 손가락을 구부리라는 강제에 의해 손가락을 움직인 것이 아니라 자신이 원하는 때에 손가락을 구부렸다고 하였다. 따라

서 해당 선지는 적절하지 않다.

③ 〈보기〉의 실험에서 피실험자가 손가락을 움직이는 행동은 스스로 통제할 수 있는 행위이기는 하지만, 4문단에 따르면 비결정론을 주장하는 학자들이 사람의 행동이 인과적으로 결정된다고 주장하지는 않았을 것이므로 해당 선지의 진술은 적절하지 않다.

⑤ 3문단에 따르면 현재 상태가 달라지면 미래도 바뀐다고 주장한 학자들은 비결정론자가 아닌 결정론자들이므로, 리벳의 실험에 대해 선지와 같은 주장을 하지 않을 것이다.

129
정답설명
⑤ 윗글 ⓔ의 '생기다'는 '어떤 일이 일어나다.'의 의미이다. 선지의 '발생(發生)하다'는 '어떤 일이나 사물이 생겨나다.'의 의미이므로 바꿔 쓰기에 적절하다.

오답설명
① 윗글 ⓐ의 '묻다'는 '어떠한 일에 대한 책임을 따지다.'의 의미이다. 한편 선지의 '탐문(探問)하다'는 '알려지지 않은 사실이나 소식 따위를 알아내기 위하여 더듬어 찾아 묻다.'의 의미이다.

② 윗글 ⓑ의 '바뀌다'는 '원래의 내용이나 상태가 다르게 고쳐지다.'의 의미이다. 한편 선지의 '역전(逆轉)하다'는 '형세가 뒤집히다.'의 의미이다.

③ 윗글 ⓒ의 '벗어나다'는 '구속이나 장애로부터 자유로워지다.'의 의미이다. 한편 선지의 '모면(謀免)하다'는 '어떤 일이나 책임을 꾀를 써서 벗어나다.'의 의미이다.

⑤ 윗글 ⓓ의 '나타나다'는 '어떤 새로운 현상이나 사물이 발생하거나 생겨나다.'의 의미이다. 한편 선지의 '출연(出演)하다'는 '연기, 공연, 연설 따위를 하기 위하여 무대나 연단에 나가다.'의 의미이다.

빠른 정답 30 | 행동의 의무 합치성

| 130 | ⑤ | 131 | ② | 132 | ⑤ | 133 | ④ | 134 | ⑤ |

130

정답설명

⑤ 윗글은 도덕적 의무에 맞는 행위 즉 결과적으로는 선행(善行)을 만들어내는 다양한 동기들에서 도덕적 가치를 찾을 수 없으며, 이들을 배제하고 오직 법칙 자체에 대한 표상과 생각, 도덕을 당위로 지키려는 의지에서 보편적 법칙을 발견할 수 있다고 주장한다. 특히 4문단에 법칙을 준수할 때 행위자의 의지에서 일어나는 모든 충동을 의지에서 제외해야만 행위 일반의 보편적 합법칙성을 발견할 수 있다는 서술이 있는데, 글의 내용상 '행위자의 의지에서 일어나는 모든 충동'을 1, 2문단에 제시한 선행의 다양한 동기들, 또 3문단 후반에서 언급한 행위자의 주관적 원리로 이해할 수 있다. 정리하면, 윗글은 선지의 진술과 달리 이러한 동기들이 모두 보편적 법칙을 이루지 않는다고 주장한 셈이므로, 선지의 진술은 윗글의 내용과 일치하지 않는다.

오답설명

① 2문단에 나온 박애주의자 사례에서 확인할 수 있듯, 윗글은 타고난 성향이나 성격에서 비롯된 도덕적 행위에는 도덕적 가치가 없다고 본다.

② 1, 2문단에서 어떤 조건이나 결과에 대한 기대 없이 당위로서 도덕적 의무를 수행하는 '의무에서 비롯하는 행위'에 도덕적 가치가 있다고 말한다. 또 3문단에서는 의무에서 비롯하는 행위를 하려는 의지에 탁월한 선이 있다고 말한다. 즉, 글 전반에서 어떤 조건이나 결과에 대한 기대와는 상관없이 당위로서 도덕적 의무를 수행하는 행위에 도덕적 가치를 부여한다는 점에서, 선지의 진술은 윗글의 내용과 일치한다.

③ 2문단의 사례 서술을 보면, 행위자는 결과에 대한 기대 혹은 이타적인 성격 등 다양한 동기에 따라 도덕적 의무에 맞는 행위를 할 수는 있지만, 이는 도덕적 의무를 당위로 받아들여 행하는 것과 다르다. 3문단에 이런 동기들은 결과를 달성하긴 하지만 이성적 존재자의 의지에서 찾을 수 있는 무조건적인 최고선과 관련이 없고, 행위자의 주관적 원리를 보편적 법칙으로 삼을 수 없다는 서술이 있다. 서술들을 종합해 보면, 행위자의 주관적 원리에 따른 행위가 도덕적 의무에 맞는 결과를 내더라도, 이는 이성적 존재자의 의지에서 기원한 것이 아니며 선(善)을 이룰 수도 없으므로, ③은 글의 내용과 일치한다.

④ 3문단에 이성적 존재자만이 법칙 자체를 표상하고 생각할 수 있으며, 이러한 표상과 생각이 행위의 동기인 의지를 규정할 때에 행위는 도덕적 가치를 갖는다는 서술이 있다. 결국 행위의 동기가 이성적 존재자의 의지인지 여부가 행위의 도덕적 가치를 결정하는 기준이므로 ④는 글의 내용과 일치한다.

131

정답설명

② 1문단에 따르면, 의무에서 비롯하는 행위(㉠)는 어떤 조건도 없이 오로지 당위에 의거한 행위이다. 한편 1, 2문단에서 확인할 수 있듯, 의무에 맞는 행위(㉢)는 도덕적 의무를 수행하긴 하지만, 어떤 결과를 바란다거나 혹은 어떤 성향에 의한 것이라든지 등 다양한 동기에 의해 일어나는 행위이다. 이를 종합할 때 ㉠을 일으키는 이유는 오직 당위 하나뿐이고, ㉢은 ㉠과 달리 다양한 이유로 인해 일어날 수 있는 행위이다.

오답설명

① 1문단에 따르면, 윗글은 ㉡에 대하여 이런저런 의도에는 유용할 수 있음을 인정하고 있다. 즉 ㉡은 특정 의도에 따라서는 유용할 수 있지만, 그렇다고 항상 유용한 결과를 의도한다고 보기는 어렵다. 한편 1문단에 따르면, 윗글은 ㉠을 당위에 근거하여 도덕적 의무를 행하는 것으로 본다. 즉 ㉠은 애초에 어떤 유용한 결과를 의도하여 일어나는 행위가 아니다.

③ 1문단에 따르면, 의무에 맞는 행위(㉢)는 결과적으로는 도덕적 의무에 부합하지만, 그 행위 동기는 당위 즉 도덕적 의무를 지켜야 한다는 인식이 아닌 여러 주관적인 이유임을 알 수 있다. 따라서 ㉢이 당위에 기초한 행위라고 말하는 선지의 진술은 ㉢에 대한 설명으로 적절하지 않다.

④ 1, 2문단에 따르면 ㉢의 결과는 도덕적 의무에 부합할 수 있다. 그런데 1문단에서 ㉡은 도덕적 의무와 충돌하는 비도덕적 행위라고 정의하였다. 따라서 ㉡이 도덕적 의무에 부합할 수 있다고 말하는 선지의 진술은 적절하지 않다.

⑤ 1, 2문단에 따르면 ㉢은 도덕적 가치를 갖지 않으며, 도덕적 가치는 행위가 의무에 맞는지 아닌지의 여부가 아니라 행위의 동기인 의지에서 찾아야 한다. 따라서 ㉢이 도덕적 가치를 갖는다고 말하는 선지의 진술은 적절하지 않다.

132

정답설명

⑤ [A] 중반까지의 글쓴이의 논리는 다음과 같다. 행위의 도덕적 결과는 이성적 존재자의 의지가 있든 없든 달성될 수 있다. 이성적 존재자의 의지에서 무조건적인 최고선을 발견할 수 있기에, 이 의지가 없어도 달성되는 결과로 행위의 도덕적 가치를 판단할 수는 없다. 이성적 존재자의 의지에서만 도덕적 가치를 찾을 수 있는 이유는 오직 이성적 존재자만이 법칙 자체를 표상하고 생각할 수 있기 때문이다. 그러나 [A]의 '결과는 다른 원인으로 성취될 수도 있으며, 이성적 존재자의 의지가 요구되지도 않는다.'라는 서술에서 알 수 있듯, 이성적 존재자가 법칙 자체에 대해 생각하지 않더라도, 여타의 다른 동기에 의해 행위는 도덕적 결과를 낼 수는 있다. 따라서 법칙을 생각하지 않으면 결과가 도덕적 의무와 어긋난다고 단언하는 선지의 진술은 [A]에서 추론할 수 있는 내용으로 적절하지 않다.

오답설명

① [A]에 따르면, 법칙에 대한 표상과 생각만이 탁월한 선을 이루는데, 이 표상이 행위자의 의지를 규정한다면 이 표상은 이성적 존재자에게서만 발생한다. 이는 곧 행위의 결과를 기대해서 혹은 성격과 같은 자연스런 본성에 따라서가 아니라, 도덕을 당위적인 법칙으로 떠올리고, 당위 혹은 법칙이라는 개념 자체를 생각하는 것에서 나온 행위가 선하다는 뜻이고, 그러한 표상과 생각을 행위의 동기, 의지로 삼을 수 있는 존재는 이성을 가진 존재일 수밖에 없다는 뜻으로 이해할 수 있다.

② 도덕적 가치의 판단 기준을 결과에 두면, 선지의 진술처럼 행위자는 선(善)을 행하기 위해 법칙을 표상하지 않아도 될 것이다. 윗글은 바로 선지의 진술과 같은 내용을 문제로 보아 행위의 결과에서 도덕적 가치를 찾으면 안 된다고 주장하는 것이다. 따라서 선지의 진술은 [A]의 논리를 구성하는 일부분으로서 [A]에서 추론할 수 있는 내용으로 적절하다.

③ [A] 후반에는 행위자의 주관적 원리가 보편적 법칙이 될 수 없는 사례를 서술하고 있다. 이에 따르면, 거짓 약속이라는 행위를 유발하는 주관적 원리란 약속이라는 행위의 본질적 목적, 즉 '어떤 일이 일어날 것에 대해 서로 동의하고 지키기로 함'을 언제나 달성되지 못하게 하는 자기 파괴적인 성격을 지니기 때문에 보편성을 획득할 수 없다고 하였다. 따라서 선지의 진술은 [A]에서 추론할 수 있는 내용으로 적절하다.

④ [A] 후반에서 행위자의 주관적 원리를 보편적 법칙과 대조하며, 전자가 후자가 될 수 없는 사례를 소개한다. 이로부터 이성적 존재자는 법칙 자체에 대한 표상과 생각에 기초한 의지가 아닌 다른 원인 즉 행위자의 다양한 주관적 원리를 당위로 삼지 않고, 이성을 사용하여 자신의 행위가 보편적 법칙에 부합하는지를 판단한 후에 행위할 것임을 알 수 있다.

133

정답설명

④ 윗글의 관점에서 볼 때, 〈보기〉의 주장에는 다음과 같은 문제가 있다. 우선 〈보기〉는 보편성을 '어떤 시공간 안에서 일반적으로 통용되는 것' 정도의 의미로 규정하며, 이런 규정에 기초하여 도덕적 가치 판단이 시공간에 따라 달라지기에 도덕적 가치에는 보편성이 없다고 결론짓는다. 반면 윗글에서 말하는 도덕적 가치의 보편성, 보편적 법칙 혹은 행위 일반의 보편적 합법칙성이란, 여타 다양한 동기에 따라 발생하는 도덕적 행위가 조건적인 것과 달리, 의무 자체를 당위, 법칙으로 받아들이는 것은 무조건적이고 이성적 존재자의 고유한 것이므로, 시공간에 상관없이 보편적이고 불변함을 뜻한다. 요컨대 결과에 대한 기대나 성격 등 어떤 이유가 붙어서 도덕적 의무를 수행한다면, 상황과 조건이 변할 시 도덕적 가치도 달라지고 행위자의 행동 원리도 변하기 때문에, 그런 주관적인 원리는 보편적 법칙이 될 수 없다고 보는 것이다. 이런 윗글의 관점에서 〈보기〉를 비판한다면 무엇이 진정으로 보편적이며, 도덕적 가치가 있는 것인지를 윗글의 관점에서 짚어

주는 것이 올바른 반응일 것이다. 선지의 진술은 사회나 시대 상황에 따라 통상 도덕적 가치가 있다고 여겨지는 행위를 생각 없이 그대로 따르는 것은 보편적 법칙에 어긋날 수 있음을 지적하면서, 상황에 따라 변하지 않는 무조건적인 도덕적 의무 자체에 대해 고민할 것을 권유하고 있다. 따라서 선지의 진술은 윗글의 관점에서 〈보기〉에 대하여 보일 수 있는 반응으로 가장 적절하다.

오답설명

① 윗글의 관점에서 볼 때 〈보기〉에서 말하는 부분 중 '관습에 따라 자연스럽게 의례에 참여하는 것'은, 해당 관습이 도덕적 행위를 일으키는 동기 혹은 조건으로 개입한 것이므로, 행위자가 스스로 법칙 자체를 표상하고 보편적 법칙에 대해 생각하여 행한 것이 아니다. 따라서 윗글의 관점에서 보면 이 행위에는 도덕적 가치가 없으므로, 선지의 진술은 윗글에 따른 반응으로 적절하지 않다.

② 3문단 후반의 거짓 약속 사례에서 확인할 수 있듯, 〈보기〉에서 말하는 것처럼 두 사회에서 도덕적 가치 판단 기준이 다르다는 사실은 윗글의 관점에서 볼 때 각각의 원리가 주관적이며 보편적이지 않음을 의미한다고 볼 수 있다. 즉 윗글의 관점에서는 보편적 법칙이 될 수 없는 각각의 주관적 원리를 따라 행하는 것에 도덕적 가치가 없으므로, 선지의 진술은 윗글에 따른 반응으로 적절하지 않다.

③ 윗글의 관점에서 보면, 먼저 가족의 행복을 추구한다는 행위의 동기가 과연 법칙 자체를 표상하고 생각하는 이성적 존재자의 의지에서 나온 것인지, 그리고 그런 동기가 과연 보편적 법칙이라 말할 수 있을지부터 의심해야 할 것이다. 만약 가족의 행복을 추구하는 동기를 도덕적으로 인정한다 하더라도, 윗글의 논리에 따르면 이는 그 자체로 당위가 되기에 결과 달성 여부는 도덕적 가치 판단과 관련이 없다. 따라서 선지의 진술은 윗글에 따른 반응으로 적절하지 않다.

⑤ 윗글이 말하는 보편적 법칙 혹은 행위 일반의 보편적 합법칙성은 행위의 수많은 주관적 동기를 제외하고 법칙 자체를 표상, 생각할 수 있는 이성적 존재자를 전제한다. 이러한 윗글의 관점에서, 가족의 행복 추구를 시공간을 초월한 인간의 본성이라 인정한다 하더라도, 본성에 따르는 것은 이성에 근거하여 법칙 자체를 표상하고 생각하고 준수하려는 의지에서 비롯한 행위가 아니므로, 본성을 그대로 따르는 행위에는 도덕적 가치가 없다고 판단할 수 있다.

134

정답설명

⑤ 여기서 '빼앗다'는 '남이 가지고 있는 자격이나 권리 따위를 잃게 하다.'라는 뜻이다. 즉 문맥상 법칙을 준수하는 행위를 할 때 그런 행위를 하고자 하는 의지에 존재하는 다양한 동기들을 모두 없애라는 의미에서 쓰였다. 이때 '빼앗다'의 목적어로 쓰인 '충동'은 없애야 하는 대상이다. 그런데 '탈취(奪取)하다'는 어떤 대상을 '빼앗아 가지다.'라는 뜻이다. 따라서

문맥을 고려할 때 ⓔ의 '빼앗다'는 '탈취하다'로 바꿔 쓸 수 없다.

오답설명

① 여기서 '어긋나다'는 '어떤 일정 기준에서 벗어나다.'라는 뜻으로, 문맥상 도덕적 의무라는 기준에 비추어 보아 맞지 않고 벗어난다는 의미에서 '맞지 아니하고 서로 어긋나다'라는 뜻의 '상충(相衝)하다'로 바꿔 쓸 수 있다.

② 여기서 '늘리다'는 '수나 분량 따위를 본디보다 많아지게 하다.'라는 뜻으로, 문맥상 수입을 본디보다 더 많아지게 한다는 의미에서 쓰였다. 따라서 이는 '양을 늘리거나 규모를 크게 하다.'라는 뜻의 '증대(增大)하다'로 바꿔 쓸 수 있다.

③ 여기서 '만나다'는 '어떤 사실이나 사물을 눈앞에 대하다.'라는 뜻으로, 문맥상 무조건적 최고선을 오직 이성적 존재자의 의지 속에서만 찾을 수 있다는 의미에서 '아직 찾지 못하였거나 알려지지 않은 사물, 현상, 사실 따위를 찾아내다.'라는 뜻의 '발견(發見)하다'로 바꿔 쓸 수 있다.

④ 여기서 '삼다'는 '무엇을 무엇이 되게 하거나 여기다.'라는 뜻으로, 문맥상 거짓 약속을 하는 행위를 보편적 법칙으로 보겠다 혹은 여기겠다는 의미에서 '상태, 모양, 성질 따위가 그와 같다고 보거나 그렇다고 여기다.'라는 뜻의 '간주(看做)하다'로 바꿔 쓸 수 있다.

빠른 정답	31 | 수, 이성, 덕성								
135	④	136	⑤	137	⑤	138	③	139	⑤

135

정답설명

④ 4문단에서 로베스피에르는 덕성을 강조하여 국민과 대표를 일치시키려고 하였다. 그런데 이는 인민의 공적 참여와 인민 주권의 직접적인 행사를 제한하고 대표의 절대 권력을 정당화하기 위한 목적에서 이뤄진 것이므로, 인민 주권을 강화하려 했다는 선지의 진술은 윗글에 대한 이해로 적절하지 않다.

오답설명

① 2문단에서 이성을 수보다 우위에 두는 자유주의적 입장이 표출된 대표적인 사례로 선거권의 제한이 언급되었다. 또 3문단에서는 수를 우위에 두는 민주주의적 입장이 자신들이 승인하지 않은 법을 거부하고 주권의 직접적인 행사로까지 확대되었음이 언급되었다. 이를 통해 수와 이성으로 드러나는 자유주의와 민주주의의 갈등이 선거권 문제를 둘러싼 대립으로 나타났음을 알 수 있다.

② 5문단에서 19세기에 민주주의는 혁명을 통해 절대왕정을 무너뜨렸지만 동시에 중앙집권화에 기반한 거대 권력에 의존함으로써 전제정으로 귀결되었다고 하면서, 정치적 균형이 부재하는 혼란스러운 상황을 제시했다. 그러나 6문단에서 정당체제는 시민과 국가 권력을 매개하고, 민주주의를 부정하지 않으면서 동시에 통제하는 역할을 하였다고 설명되었다. 이는 민주주의의 균형을 회복한 것으로 평가할 수 있다.

③ 3문단에 따르면, 프랑스에서 외국과의 혁명전쟁이 개시되면서 공적 영역에 배제되어 있었던 상퀼로트들이 국민 방위대에 들어가면서 공적 영역에 참여하게 되었으며, 인민의 직접적인 주권 행사에 대한 요구도 커졌다고 설명되었다. 이를 통해 전쟁이 상퀼로트라는 인민의 공적 영역 참여를 증대하였음을 알 수 있다.

⑤ 5문단에 따르면 토크빌은 프랑스 혁명이 전제정으로 귀결된 이후, 중간집단이 사라지면서 개인들은 시민적 덕성을 함양할 기회를 박탈당했고, 국가는 그 권력을 제어할 견제 세력을 잃어버렸다고 보았으며, 중간집단에 의해 개인들의 '시민적 덕성'이 함양될 기회와 권력에 대한 견제의 기회가 마련될 것으로 보았다.

136

정답설명

⑤ 1문단에 나온 루소는 부분집단을 제거하고 각개의 시민들이 의견을 말하게 하려 했고, 이에 따라 개인들의 산술적 합으로서의 '수'에 의해 표상되는 민주주의를 대변하는 인물로 볼 수 있다. 즉 ㉮에서 말하는 '수'에 의해 표상되는 민주주의자에 해당하는 루소에 따르면 개인은 '특수의지를 표명하는 부분 집단'과 달리 일반의지를 형성한다. 따라서 이러한 민주

의의 관점에서 집단이 아닌 개인이 국가 권력의 주체가 될 수 있다. 따라서 선지의 진술은 ㉮에서 말하는 민주주의에 대한 설명으로 적절하다.

오답설명

① 1문단과 2문단에 따르면, '이성'에 의해 표상되는 자유주의는 모든 개인이 이성을 가지고 공공 문제에 합리적 판단을 할 수 있을지 불확실하다고 보아 선거권을 제한해야 한다고 주장하였고, 또 대표자가 시민의 일반 이익을 인식하고, 이를 행해야 한다고 주장하였다. 이러한 자유주의자의 입장에서는 모든 개인의 의견의 산술적 합을 일반의지로 볼 수 없다. 이는 ㉮에서 '수'에 의해 표상되는 민주주의의 관점에 해당한다.

② 2문단에 따르면, '이성'에 의해 표상되는 자유주의는 선거를 '시민들의 의지를 해석하고 일반의지를 잘 인식'하는 능력 있는 사람을 지명하는 것으로, 자신들의 이해를 대변하는 대표자를 뽑는 것이 아니라고 보고 있다. 즉 ㉮에서 말하는 '이성'에 의해 표상되는 자유주의는 선거를 '개인의 권리'가 아니라 '공적인 기능'으로 간주하였음을 알 수 있다. 따라서 자유주의가 개인의 사적인 이익을 추구하는 권리를 보장한다는 선지의 진술은 적절하지 않다.

③ 2문단에서 '이성'에 의해 표상되는 자유주의는 선거권의 제한을 통해 공적인 결정을 합리화하고, 민주주의라는 '수'가 갖는 위험을 제거하고자 하였음을 알 수 있다. 1문단에 따르면 이러한 위험은 '수'에 의해 표상되는 민주주의에 대한 반대 입장, 즉 '공공질서의 문제에서 개인들의 산술적인 합'을 통해 '이성적인 결과'를 도출하지 못한다는 것을 의미한다. 따라서 ㉮에서 말하는 자유주의가 이러한 위험을 막기 위해 '선거권의 제한'을 반대하였다는 선지의 진술은 적절하지 않다.

④ 3문단에서 프랑스 혁명기의 급진적인 민주주의자는 대표자에게 그들의 권한을 위임하는 데 만족하지 않고, 직접 주권을 행사하려고 하였다. 이에 따라 민주주의자는 그들이 승인하지 않은 법을 거부하기도 하였으므로, 기존의 법을 존중하고 따르는 것으로 시민의 일반이익을 실현할 수 있을 것이라는 선지의 진술은 적절하지 않다.

137

정답설명

⑤ ㉠과 ㉡은 각각 로베스피에르가 주장한 '덕성', 토크빌이 주장한 '시민적 덕성'을 가리킨다. 5문단에서 토크빌은 시민적 덕성을 키울 중간집단의 필요성을 설명하였다. 토크빌은 중간집단을 통해 국가의 권력을 견제하고 민주주의를 실현할 수 있다고 보았기 때문이다. 반면 4문단에서 로베스피에르는 덕성을 강조함으로써 공화국의 제도 안에서만 인민의 정치적 실천이 이루어지도록 하였다. 이는 민주주의에 대한 한정을 의미하지만, 인민의 정치적 실천 자체를 배제하려는 것은 아니었다. 4문단에서 로베스피에르는 공화국의 제도 안에서 이루어지는 인민의 정치적 실천은 인정하였기 때문이다.

오답설명

① 1문단에서 루소는 합리적이고 이성적인 주체로서의 개인의 존재를 인정하고, 특수의지를 표명하는 부분 집단을 인정하지 않으며 개별 시민의 의지를 합한 것을 일반의지와 동일시하였다. 한편 4문단에서 로베스피에르가 주장한 덕성은 이와 달리 개인보다 국가를 강조하는 견해였다. 또 5문단에서 토크빌이 주장한 시민적 덕성은 루소의 견해와 달리 중간집단의 필요성을 강조하는 견해였다. 즉 토크빌은 중간집단을 통해서만 시민들의 덕성이 함양될 수 있다고 본 것인데, 이는 부분집단을 제거해야 한다고 보고 각 개인을 중시했던 루소와 달리 이성적이고 합리적인 주체로서의 완전한 개인을 인정하지 않는 태도로 볼 수 있다. 종합하면, 로베스피에르가 주장한 개인보다는 국가 대표자의 절대 권력을 중시하는 덕성과, 토크빌이 주장한 국가 권력을 견제하기 위한 중간집단을 중시하는 시민적 덕성 모두, 부분집단조차 배제하고 순수한 개인을 강조하는 루소의 개인과 집단에 대한 견해와 상충하는 입장을 보인다.

② 4문단에서 로베스피에르가 주장한 '덕성'은 '인민이 공적 영역에 지나치게 개입하는 것'을 막고, 대표의 절대 권력을 정당화하기 위한 수단으로 제시된 것이다. 이는 대표에 의해 개인에게 요구되는 것이고, 중간집단과 관련이 없다. 반면 5문단에서 토크빌이 주장한 '시민적 덕성'은 국가와 개인 사이에 존재하는 '중간집단'에게 요구되는 덕성이다.

③ 4문단에서 로베스피에르의 덕성은 '개인적 이익을 일반 이익에 종속시키는 숭고한 자기 희생'으로 표현되었다. 즉 로베스피에르식 덕성은 개인을 제한하는 수단이며 국가의 절대 권력을 지향한다. 반면 5문단에서 토크빌이 주장한 시민적 덕성은 국가 권력을 중간집단이 견제하여 절대 권력에 의해 이루어지는 정치를 막기 위한 수단으로 볼 수 있다.

④ 4문단에서 로베스피에르가 제시한 덕성은 공화국의 안전을 확보하기 위해 제시된 것임을 확인할 수 있다. 한편 5문단에서 토크빌이 제시한 시민적 덕성이라는 개념은 정치적 자유가 실현될 공간으로서의 중간집단을 통해 개인에게 함양되는 것으로서, 절대 권력에 대한 견제 역할을 한다. 따라서 시민적 덕성은 절대 권력을 견제할 정치적 자유를, 덕성은 공화국의 안전 확보, 즉 정치적 안정을 각기 더 중시하였음을 알 수 있다.

138

정답설명

③ 1문단의 '루소는 이미 국가에서~형성될 것으로 기대했다.'를 통해, 루소는 이성적 개인과 국가 사이에 어떠한 특수의지도 인정하지 않았으며 이것이 일반의지를 형성하는 데 방해가 된다고 보았음을 알 수 있다. 프랑스 혁명 초기 제정된 르 샤플리에 법 역시 이러한 관점과 유사한 맥락에서 노동자와 자본가 개인의 자유와 합리적 행위를 왜곡하는 중간집단을 금지하였다. 따라서 국가와 개인의 관계와 관련하여 루소의 특수의지에 대한 견해와 르 샤플리에의 조합에 대한 견해는 유사하다고 볼 수 있다.

오답설명

① 2문단에 따르면 '이성'에 의해 표상되는 자유주의는 개인의 산술적 합인 '수'의 정치적 권리를 제한할 필요가 있다고 주장하였다. 이와 같은 관점을 〈보기〉에 적용하면, 자유주의는 르 샤플리에와 유사하게 직공들의 조합(중간집단)이 민주주의의 '수'를 앞세워 국가의 공적인 기능이나 일반 이익의 실현을 방해하리라고 볼 것이라고 추론할 수 있다. 즉 이러한 자유주의자들은 르 샤플리에 법에 대하여 긍정적으로 평가할 가능성이 크다.

② 6문단에 따르면, 뒤르켐은 개인과 국가 외에 제3의 독자적인 직업 집단이 직업적 도덕을 형성하는데 필요하다고 본다. 이러한 뒤르켐의 입장에서, 중간집단을 금지한 〈보기〉의 르 샤플리에 법은 프랑스에서 직업적 도덕의 형성에 악영향을 주었다고 볼 수 있다.

④ 5문단에 따르면, 토크빌은 중간집단의 부재로 시민적 덕성이 함양되지 못한 것을 프랑스 혁명 이후 정치적 혼란의 원인으로 본다. 이러한 토크빌의 관점에서, 〈보기〉의 중간조직을 금지한 르 샤플리에 법은 정치적 혼란의 원인으로 간주될 수 있다.

⑤ 〈보기〉에서 조합과 같은 중간조직은 임금과 같은 문제에서 개인의 권익을 옹호하는 기능을 하였다. 이는 중간조직을 경제적 관점에서 본 것이다. 반면 5문단에서 토크빌은 이와 같은 중간집단을 개인적 이해관계가 아니라 정치적 자유의 관점에서 다루었다. 즉 토크빌은 중간집단을 정치적 자유를 실현하고 그에 필요한 시민적 덕성을 함양할 수 있는 것으로 보았을 뿐 개인의 경제적 이익과 관련된 내용을 고려하지는 않았다.

139

정답설명

⑤ 윗글 ⓔ의 '자리매김되다'는 '사회나 사람들의 인식 따위에 어느 정도의 고정된 위치를 차지하게 되다.'의 의미이다. 한편 선지의 '고착(固着)되다'는 '어떤 상황이나 현상이 굳어져 변하지 아니하게 되다.'의 의미이다.

오답설명

① 윗글 ⓐ의 '남기다'는 '다 쓰거나 정해진 수준에 이르지 않고 나머지가 있게 하다'의 의미이다. 한편 선지의 '잔존(殘存)시키다'는 '없어지지 않고 남아 있게 하다.'의 의미이다.

② 윗글 ⓑ의 '드러나다'는 '가려 있거나 보이지 않던 것이 보이게 되다.'의 의미이다. 한편 선지의 '표출(表出)되다'는 '겉으로 나타나다.'의 의미이다.

③ 윗글 ⓒ의 '막다'는 '어떤 일이나 행동을 못 하게 하다.'의 의미이다. 한편 선지의 '차단(遮斷)하다'는 '통하지 못하게 막거나 끊다.'의 의미이다.

④ 윗글 ⓓ의 '사라지다'는 '현상이나 물체의 자취 따위가 없어지다.'의 의미이다. 한편 선지의 '소멸(消滅)하다'는 '사라져 없어지다.'의 의미이다.

140	③	141	④	142	⑤	143	①	144	③

140

정답설명

③ 1문단에서 주희는 체용의 논리를 근거로 본체와 작용이 서로 구별되지만 나누어질 수 없는 관계라고 설명하였다. 또 2문단에서 주희는 심의 본체를 성으로, 심의 작용을 정으로 규정하였다. 따라서 선지의 진술은 적절하지 않다.

오답설명

① 4문단에서 심통성정론은 기질지성을 지닌 인간이 어떻게 본성을 발휘하여 도덕적 감정을 실현할 수 있는가에 대답하기 위한 주희의 해결책이라는 내용을 확인할 수 있다. 또한 5문단에서 주희의 철학은 심성에 관한 치밀한 분석을 통해 천리에 따르는 인간의 길을 제시했고, 명예와 이익만을 좇아가는 세상을 도덕적 사회로 바꾸고자 했다는 내용을 확인할 수 있으므로 선지의 진술은 적절하다.

② 4문단에 따르면, 주희가 말하는 격물은 구체적인 사물이나 사태에 나아가 하나씩 원리를 궁구해 가는 과정이며, 치지는 이러한 탐구를 통해 점진적으로 학습한 원리가 보편적 원리와 일치함을 깨달아 가는 과정이다. 그리고 주희에 따르면, 누적된 지식은 비약적으로 확장하여 만물의 원리를 일관하는 천리와 합일한다. 즉 주희는 천리가 만물의 원리를 일관한다는 생각을 전제로 격물과 치지를 설명하고 있다. 따라서 선지의 진술은 적절하다.

④ 1문단에서 송대 유학자들은 인격 완성과 도덕적 실천을 중시했음을 알 수 있다. 이어진 내용에서 주희 역시 남송 시대의 유학자였음을 알 수 있고 본문에 걸쳐 주희가 사상을 전개하는 데에 있어 인격 완성과 도덕적 실천을 중시했음을 확인할 수 있다. 따라서 선지의 진술은 적절하다.

⑤ 2문단에서 주희는 심을 지각 작용이 시작하기 이전의 미발의 심과 이후의 이발의 심으로 구분하였으나, 이전의 유학자들은 심을 이발로만 보았음을 알 수 있다. 따라서 선지의 진술은 적절하다.

141

정답설명

④ 2문단에서 주희가 심(心)의 본체와 작용으로 각각 성(性)과 정(情)을 규정했음을 알 수 있고, 3문단에서 '주희는 인간이 두 가지 성을 지닌다고 설명한다.~기질지성 또한 타고났다.', '그렇다고 해서 기질지성이 천명지성과 별도로 존재한다는 것은 아니다.'를 통해 주희가 제시한 기질지성과 천명지성은 모두 성(性)에 해당하는 개념으로서 심의 본체이고, 또 별개로 구분된 상태로 존재하지 않는다는 것을 알 수 있다. 따라서 선지의 진술은 주희의 관점에서 ㉠과 ㉡에 대한 이해로 가장 적절하다.

오답설명

① 3문단에서 주희는 천리와 일치하는 천명지성을 하늘로부터 부여받은 순선무악한 것으로 설명하고, 이를 도덕의 근거로 규정하였다. 이는 인간이 도덕을 실현할 수 있는 근거가 하늘에 있다는 의미로서, 하늘은 순선무악, 즉 순수하게 선하고 악이 없는 천명지성을 인간에게 부여한다. 즉 천명지성과 관련하여 하늘이 인간에게 선악을 부여하지 않았다고 말하는 선지의 진술은 윗글에 제시된 주희의 관점에 부합하지 않는다. 따라서 선지의 진술은 주희의 관점에서 ㉠에 대한 이해로 적절하지 않다.

② 3문단에서 주희는 인간이 육체를 지니고 있고, 이로 인해 인간이 천명지성과 함께 기의 요인을 가진 기질지성을 갖게 된다고 설명하였다. 주희는 이를 악한 감정의 뿌리로 규정하였으나, 기질지성 또한 타고난 것으로 보고 있다. 따라서 기질지성이 주어진 환경의 영향으로 얻게 되는 후천적인 것이라는 선지의 진술은 주희의 관점에서 ㉡에 대한 이해로 적절하지 않다.

③ 3문단에서 주희는 인간의 본성이 필연적으로 기질의 영향을 받을 수밖에 없다고 강조하였음을 알 수 있다. 그러나 이는 기질지성의 영향을 피할 수 없음을 인정하고 수양을 해야 한다는 뜻이지, 윗글에 제시된 주희의 관점에서 볼 때 기질지성이 천명지성을 억누르는 것을 막을 수 없다는 뜻은 아니다. 선지의 진술처럼 기질지성이 천명지성을 억누르는 것을 아예 막을 수 없다면, 기질지성을 변화시켜 도덕적 본성인 천명지성을 보존하는 수양을 통해 도덕적 본성을 발휘하는 것은 불가능할 것이다. 따라서 선지의 진술은 주희의 관점에서 ㉠, ㉡에 대한 이해로 적절하지 않다.

⑤ 5문단에서 주희가 제시한 격물의 대상은 광범위하였지만, 그 방법은 주로 성현이 이미 원리를 기록해 둔 경전의 학습이었음을 알 수 있다. 그런데 3문단에서 주희는 인간이 천명지성과 기질지성을 모두 타고났으며, 도덕적 행위가 가능하기 위해서는 기질지성을 '변화시켜' 천명지성을 보존해야 한다고 주장했다고 하였다. 그러므로 기질지성을 버려야 한다고 말하는 선지의 진술은 주희의 관점에서 ㉠, ㉡에 대한 이해로 적절하지 않다.

142

정답설명

⑤ 4문단에 따르면 품성을 함양하는 경의 단계에는 예법의 준수와 용모의 단정 등과 같은 행위 역시 경에 들어가는 방도로 인정된다고 하였다. 즉 윗글에서 주희가 말하는 수양론에서, 예법 준수와 용모의 단정은 모두 품성의 함양으로 이어질 수 있는 방법으로 적절하다.

오답설명

① 4문단의 '이처럼 주희는 미발일 때의~사회적 실천은 이러한 수양을 전제로 한다고 주장했다.'를 통해 주희는 도덕을 실현하기 위해서는 사회적 실천보다 수양론에서 말하는 공부가

선행해야 한다고 본 것임을 알 수 있다. 따라서 선지의 진술은 주희가 말하는 수양론에 대한 설명으로 적절하지 않다.

② 1문단과 2문단에 따르면 주희는 성이 정으로 나타나기 전을 미발로, 성이 정으로 나타나는 것을 이발로 규정하였다. 또 4문단에 따르면 주희는 미발일 때 필요한 수양의 방도를 경으로, 이발일 때 필요한 수양의 방도를 격물치지로 각각 설명하였다. 4문단에서 경은 상성성과 정제엄숙의 방식을 통해 심을 한 곳에 잡아두는 것이라고 하였으므로, 선지의 진술은 주희가 말하는 수양론에 대한 설명으로 적절하지 않다.

③ 4문단에 따르면 심이 이발일 때의 수양은 격물치지의 단계인데, 주희는 격물을 '구체적인 사물이나 사태에 나아가 하나씩 원리를 궁구해 가는 과정'으로 규정하였다. 그런데 5문단에서 주희는 이러한 격물의 방법을 주로 '경전의 학습'에서 찾았다. 따라서 선지의 진술은 주희가 말하는 수양론에 대한 설명으로 적절하지 않다.

④ 4문단에 따르면, 주희는 치지를 격물을 통해 학습한 원리와 보편적인 원리가 일치함을 깨닫는 과정으로 설명하였다. 즉 치지는 점진적으로 쌓은 지식과 만물의 보편적인 원리가 같음을 확인하는 것이다. '보편적인 원리를 깨닫기 위해 점진적으로 지식을 쌓는' 것은 격물에 해당하므로, 선지의 진술은 적절하지 않다.

143

정답설명

① <보기>에서 수영은 할머니를 도와드리지 않고 교차로를 지나친 자신의 행위에 대해 부끄러움과 함께 안도감을 느꼈다. 한편 윗글의 3문단에서 주희는 기질지성을 이익의 추구나 감각적 욕구에 빠져드는 악한 감정의 근원으로 설명하였다. 수영이 '그랬더라면 내가 더 늦었을지도 몰라.'라고 생각하며 안도감을 느끼는 것은 타인보다 본인의 이익을 우선시한 것으로 기질지성이 발한 것이라고 볼 수 있다. 하지만 주희는 기질지성의 성격을 성(性)이라는 면에서 이(理)의 성격을 지니고 있으며, 동시에 육체라는 기(氣)의 요인도 가진 것으로 규정하였다. 따라서 기질지성이 이(理)를 떠나 육체로부터 나온 것이라고 진술한 선지의 내용은 적절하지 않다.

오답설명

② 4문단에서 주희는 도덕적 감정을 실현하기 위한 수양론을 '품성을 함양하는 경의 단계'와 '격물치지의 단계(주로 경전 학습)'로 구분하고, 미발일 때의 함양과 이발일 때의 격물이 모두 필요하다고 설명하였다. 또한 이러한 수양이 사회적 실천의 전제가 된다고 하였다. 따라서 주희는 다음에 수영이 동일한 상황을 마주했을 때 몸이 불편한 할머니를 돕는 것과 같은 도덕적 실천이 이루어지기 위해서는 품성 함양과 학습이라는 수양을 거쳐야 한다고 볼 것이다. 따라서 선지의 진술은 적절하다.

③ 2문단에서 주희는 지각 작용의 시작을 기준으로 심(心)을 미발 상태와 이발 상태로 구분하였다. 이때 미발과 이발은 희로

애락(喜怒哀樂)과 같은 감정이 심에서 드러나는 과정을 각각 드러나기 이전과 이후로 나누어 설명하는 개념임을 1문단을 통해 알 수 있다. 〈보기〉에서 수영은 할머니를 목격하는 지각 작용을 통해 안타까움이라는 감정을 느끼고 있다. 여기에 윗글의 미발과 이발에 대한 내용을 적용하면, 수영의 마음은 이전에 미발 단계에 있었다가 할머니를 목격한 지각 작용을 통해 안타까움이라는 감정이 심에 드러나는 이발 단계로 전환된 것이다. 따라서 선지의 진술은 적절하다.

④ 3문단에서 주희는 인간이 천리와 일치하는 순선무악한 천명지성을 하늘로부터 받았으며, 인간의 마음, 곧 심(心)에 내재하는 천명지성을 도덕의 근거로 설명하였다. 그러나 기질지성, 즉 이익의 추구나 감각적 욕구를 우선하는 성질로 인해 도덕적 행위가 발현되지 않을 수도 있다고 하였다. 즉 주희는 인간이라면 모두 천명지성을 하늘로부터 받았다고 본 것이다. 따라서 주희는 〈보기〉에서 수영이 몸이 불편한 할머니가 교차로를 건너는 장면을 보고서도 할머니를 돕지 않았음에도 불구하고 수영에게는 천명지성이 내재되어 있다고 볼 것이다. 따라서 선지의 진술은 적절하다.

⑤ 3문단에서 주희는 감정이 드러나기 이전에 심은 성이 온전한 모습을 유지하도록 하고, 감정이 드러나는 단계에서 심은 정이 올바르게 드러나도록 하여 도덕적 행위가 가능하도록 만든다고 주장했음을 알 수 있다. 만약 수영이 안도감보다 후회의 감정을 크게 느끼고 다음에는 도덕적 행위를 하기로 다짐했다면, 이는 정을 주관하는 심이 정이 올바르게 드러나도록 만든 것으로 볼 수 있다. 따라서 선지의 진술은 적절하다.

144

정답설명
③ 윗글 ⓒ의 '빠져들다'는 '여러 생각이나 좋지 못한 처지 따위에서 헤어 나오지 못하고 더욱더 그 상황으로 깊이 들어가다.'의 의미이다. 한편 선지의 '매료(魅了)되다'는 '사람의 마음이 완전히 사로잡혀 홀리게 되다.'의 의미로 바꾸어 쓰기에 적절하다.

오답설명
① 윗글 ⓐ의 '드러나다'는 '가려 있거나 보이지 않던 것이 보이게 되다.'의 의미이다. 한편 선지의 '분리(分離)되다'는 '서로 나뉘어 떨어지다.'의 의미이다.

② 윗글 ⓑ의 '가리키다'는 '어떤 대상을 특별히 집어서 두드러지게 나타내다.'의 의미이다. 한편 선지의 '선정(選定)하다'는 '여럿 가운데서 어떤 것을 뽑아 정하다.'의 의미이다.

④ 윗글 ⓓ의 '깨다'는 '생각이나 지혜 따위가 사리를 가릴 수 있게 되다.'의 의미이다. 한편 선지의 '기상(起牀)하다'는 '잠자리에서 일어나다.'의 의미이다.

⑤ 윗글 ⓔ의 '바꾸다'는 '원래 있던 것을 없애고 다른 것으로 채워 넣거나 대신하게 하다.'의 의미이다. 선지의 '개편(改編)하다'는 '책이나 과정 따위를 고쳐 다시 엮다.'의 의미이다.

145

정답설명
⑤ 7문단에서 칸트의 설명 체계에 따라 법규범의 외면성 명제를 인정할 경우 법규범은 정언 명령으로도 가언 명령으로도 표현될 수 없다는 모순이 발생함을 알 수 있다. 윗글은 이러한 '법정 명령의 역설'에 대해 설명하고는 있으나 법규범과 윤리규범이 상호 모순을 일으키는 상황에 대해서는 언급하지 않았다.

오답설명
① 2문단에서 칸트가 법규범에 대해 제시한 규정성 명제, 외면성 명제, 무조건성 명제가 등장하는데, 5문단의 '이렇듯 칸트의 설명 체계에서 외면성 명제가 법규범의 핵심적 징표의 하나로 기능하는 한, 이를 무시하기는 어려울 것이다.'를 참고할 때 칸트가 이 세 명제를 법규범의 핵심적 징표로 보았음을 알 수 있다.

② 1문단에서 칸트는 윤리규범이 행위의 외적인 측면과 내적인 동기에 모두 관여하고, 법규범은 행위의 외적인 측면에만 관여한다는 점을 들어 윤리규범과 법규범의 차이를 설명하고 있음을 알 수 있다.

③ 7문단에서 법규범은 명령의 형태로 표현되어야 법규범에 기술된 내용을 행하도록 지시하거나 요구할 수 있음을 알 수 있다.

④ 3문단에서 정언 명령은 '행위의 수단, 목적, 결과에 대한~절대적인 법칙으로 표현하는 명령'이며 그 예로 "살인을 해서는 안 된다."는 양심의 명령을 들어 정언 명령의 표현 방식 및 형식을 제시하였고, 6문단에서 가언 명령은 '수단과 목적을 고려하고, 이를 조건으로 표현하는 명령'이며 그 예로 "만일 당신이 강제와 형벌의 위험을 피하고자 한다면, 법이 지시하는 바를 행하라."의 구조를 취함을 들어 가언 명령의 표현 방식 및 형식을 제시하고 있다. 이렇게 제시된 정보들을 통해 정언 명령과 가언 명령의 표현 및 형식의 차이를 알 수 있으므로 해당 선지는 윗글을 통해 답을 찾을 수 있다.

146

정답설명
② 7문단의 '윤리규범과 법규범에 대해 보편적으로 인정되는 규정성 명제와 무조건성 명제'를 통해 윤리규범과 법규범에 대해 규정성 명제와 무조건성 명제가 보편적으로 받아들여짐을 알 수 있다. 여기서 무조건성 명제란, 어떤 규범이 특정 목적을 공유한 사람들뿐만 아니라 그 관할 아래에 있는 모든 사람을 구속한다는 것을 의미하는 것이다. 윤리규범이 외적인 행위 외에 내면의 동기까지 요구하는 것은 사실이지만, 내면적 동기의 실천 자체가 윤리규범의 목적인 것은 아니며 윤리

규범 또한 법규범과 같이 무조건성 명제로서 특정 목적을 공유하는 사람들뿐만 아니라 그 관할 아래 모든 사람에게 지시를 내릴 것이다.

오답설명

① 6문단에서 칸트의 설명 체계에서 법규범을 외면성 명제에 따라 가언 명령으로 표현할 경우, 법규범은 그 관할 아래에 있는 모든 사람을 구속한다는 무조건성 명제에 반하게 됨을 알 수 있다. 이를 고려하면, 해당 선지의 진술은 적절하다.

③ 2문단에 따르면 법규범은 사람들에게 외적으로 그것에 부합하는 행위를 하게 할 뿐, 그것이 명령이라는 이유에서 그에 따르도록 하지는 않는다는 점에서 외면성 명제가 된다. 법규범에 대하여 외면성 명제가 성립하는 한, 법규범을 따르는 행위는 명령에 단순히 외적으로 부합하는 행위가 되는데 이것이 '정언 명령에 복종하는 방식(그것이 명령이기 때문에 따르는 것)'에 위배되는 역설이다. 따라서 칸트의 설명 체계에서 법규범이 정언 명령으로 표현되려면 외면성 명제 도입에 따라 법규범에 발생하는 역설을 해결해야 한다.

④ 4문단에서 '가령 형벌의 두려움 때문에 어쩔 수 없이 정언 명령이 요구하는 행위로 나아갔다면, 이는 정언 명령에 복종한 것이라고 말할 수는 없다.'를 통해 확인할 수 있다.

⑤ 4문단에서 '외면성 명제에 따르면 법규범은 그를 따르는 내면의 동기까지 요구하지는 않는다는 점에서 윤리규범과 달라야 하기 때문'이라고 한 데에서 확인할 수 있다.

147

정답설명

③ 5문단에 따르면, 칸트는 법칙 수립의 개념 자체를 규범과 동기라는 두 요소를 통해 정의하고 있기 때문에, 법규범에 관해서도 규범뿐만 아니라 동기도 제시되어야 한다고 하였다. 외면성 명제는 법규범에서의 동기, 즉 타율적 강제라는 외적인 동기를 설명하는 근간임을 알 수 있으며 이를 고려하면, 해당 선지가 ㉮의 이유로 가장 적절하다.

오답설명

① 3문단에서 칸트의 법규범은 그것을 따르는 사람들의 실질적 목적이나 필요를 전제로 하지 않고, 오로지 외적인 자유만을 전제로 하므로 무조건적이라는 것을 알 수 있다. 그러나 이는 법규범의 무조건성 명제를 설명하는 것이지, 법규범의 외면성 명제와 관련된 것은 아니다.

② 2, 4문단에서 칸트의 법규범은 사람들에게 오로지 외적으로 그것에 부합하게끔 행동할 것을 요구할 뿐, 그것을 따르는 것 자체가 행위의 이유가 될 것까지 요구하지는 않는다고 하였다. 이는 법규범이 행위의 외적인 측면을 고려하는 것은 맞지만, 행위의 내적인 동기까지 고려하는 것은 아님을 의미한다.

④ 5문단은 칸트의 설명 체계에서 법규범의 외면성 명제를 부정할 수 없는 이유를 언급하고 있는데, 외면성 명제는 법규범에 따른 행위의 동기를 설명해 주는 근간이다. 하지만 윗글에서

이러한 외면성 명제가 법규범에 대해 성립하는 다른 두 명제보다 중요한 가치를 지닌다는 언급은 되어 있지 않다.

⑤ 6문단에서, 법규범에 외면성 명제를 도입하고, 가언 명령으로 표현하는 경우 '법규범이 강제와 형벌의 위험을 피하고자 하는 사람들에 대해서만 효력을 발하게 되므로, 앞에서 살펴본 무조건성 명제에 반(反)하게 된다'고 하였다. 즉 외면성 명제를 도입하면 무조건성 명제에 반하게 되어 법규범이 행위에 대한 타율적 강제를 피하려는 사람들에 대해서만 효력을 지니는 모순이 나타난다는 것이지 법규범이 타율적 강제를 피하려는 사람들에 대해서만 효력을 지녀야 한다는 말은 지문에 제시되어 있지 않다. 또한 이는 외면성 명제 도입 시 나타나는 법정 명령의 역설에 관한 내용으로, ㉮의 이유로 보기에는 적절치 않다.

148

정답설명

④ <보기>의 켈젠은 윤리규범이 "살인을 해서는 안 된다."와 같은 형식을 취한다고 주장하였고, 윗글의 2, 3, 7문단에서 칸트는 윤리규범이 무조건성 명제의 성립에 따라 정언 명령으로 표현될 수 있다고 보았음을 알 수 있다. 이때 켈젠이 말하는 윤리규범의 형식("살인을 해서는 안 된다.")은 칸트가 말한 정언 명령의 형식에 해당한다. 즉 켈젠과 칸트는 모두 도덕, 윤리규범에서의 형식적인 측면에 대해 유사한 관점을 보이고 있음을 알 수 있다.

오답설명

① <보기>에서 켈젠은 법이 특정 사회에 속한 사람들의 행위를 강제할 수 있다고 보았음을 알 수 있다. 이는 2문단에서 칸트가 법규범에 대해 성립한다고 본 무조건성 명제, 즉 법규범이 그 관할 아래 모든 사람을 구속한다는 것과 상통한다. 즉, 켈젠과 칸트는 모두 법의 적용 범위에 대하여 법은 그 법이 적용되는 사회에 속한 모든 사람을 구속한다고 보는 것으로 이해할 수 있다.

② <보기>의 켈젠은 도덕을 '규범과 합치되는 행위에 대한 사회적 승인 또는 불승인'의 문제로 보았다. 이는 규범이 특정 사회에 속한 구성원들의 합의에 따라 적용(승인)되거나 적용되지 않을(불승인) 수 있다는 의미로 이해할 수 있다. 한편, 윗글의 3~5문단을 통해 정언 명령은 무조건성 명제와 관련되며 정언 명령에 기반한 윤리규범은 사회에서 절대적이고 객관적인 방식으로 수용됨을 알 수 있다. 이는 칸트의 설명 체계에서 정언 명령에 기반한 윤리규범은 특정 사회에 속한 구성원들 간의 합의에 의해서가 아니라, 그러한 합의 여부와 무관하게 한 사회에 절대적 법칙으로 수용된다는 것으로 이해할 수 있다. 따라서 켈젠은 윤리규범의 사회적 수용 방식이 절대적이고 객관적으로 이루어진다는 칸트의 견해에는 비판적일 것이다.

③ <보기>에서 켈젠은 도덕(윤리규범)이 특정 행위에 대해 어떤 외적 강제력도 지니지 않는다고 보았다. 한편, 윗글의 5문단

에서 칸트는 '절대적이고 객관적인 방식으로 사회에서 수용되는 윤리규범과 달리 법규범은 정언 명령을 통해 누가 특정 규범을 지키도록 다른 사람이 강제할 수 있는 것이라고 설명' 하였다. 즉, 칸트는 타율적 강제성을 지니는 법규범과 달리 윤리규범은 특정 행위에 대해 어떤 외적 강제력을 지니지 않는다고 보았음을 추론할 수 있다. 즉 켈젠과 칸트 모두 윤리규범이 외적 강제력을 지니지는 않는다고 본 것이다.

⑤ 〈보기〉에서 켈젠은 법이 "만약 A가 살인을 행한다면, 공무원인 B는 일정한 제재를 가할 수 있다."라는 형식을 취한다고 설명하였다. 윗글 6문단에 따르면 이러한 형식은 수단과 목적을 고려하고, 이를 조건으로 표현하는 가언 명령의 형식임을 알 수 있다. 칸트는 '법규범은 오직 정언 명령에 의해서만 표현될 수 있다.'라는 무조건성 명제 조건에 반하게 된다는 이유를 들어, 가언 명령으로 법규범을 표현할 수 없다고 하였다. 따라서 법이 가언 명령으로 표현된다고 본 켈젠은 법규범이 가언 명령의 형식으로 표현될 수는 없다고 본 칸트의 견해에 비판적일 것이다.

149	⑤	150	④	151	②	152	③	153	②

149

정답설명

⑤ 4문단에 따르면, 심적 회계가 당장의 유혹을 억누르고 현재의 지출을 미래로 미루는 행위를 강제하는 기제라면 퇴직 연금이나 국민 연금 제도는 이런 기제가 사회적 차원에서 구현된 것이다. 즉 퇴직 연금이나 국민 연금 제도는 행동경제학에서 말하는 심적 회계의 기제가 사회적 차원에서 구현된 것이다. 이를 행동경제학의 입장에서 퇴직 연금 및 국민 연금 제도를 뒷받침하는 것으로 이해한다면 해당 제도들이 이론적으로 지지되는 근거로 허용할 수 있다. 그러나 윗글에서 퇴직 연금이나 국민 연금 제도가 이론적으로 반대되는 근거를 찾을 수는 없다.

오답설명

① 1문단에서, 경제 이론에서의 예측과 다르게 나타난 '이상 현상'을 분석하고 토론함으로써 경제학이 발전한다고 하였다. 즉 경제 이론은 이상 현상에 대해 분석과 토론으로 대응한다고 볼 수 있다.

② 2문단에서, 전통적 경제학과 행동경제학의 차이가 본격적으로 확인되는 대표적 영역이 저축과 소비에 관련한 분야라고 하였다.

③ 2문단에서, 전통적 경제학은 연령에 따른 사람들의 소비 패턴은 소득 패턴과 달리 독립적으로 일정하게 유지될 것이라고 예측하였으나 '사람들의 연령에 따른 실제 소비는 이론의 예측보다 그 수준은 낮았지만 연령에 따른 소득 패턴과 상당히 유사하게 나타났다.'고 하였다.

④ 3문단에서, 행동경제학이 말하는 심적 회계에 따르면 마음속 가장 신성한 계정에는 퇴직 연금이나 주택과 같이 노후 대비용 자산들이 있다고 하였다.

150

정답설명

④ 4문단에 따르면 행동경제학은 사람들이 '미래보다 현재를 더 선호하고' 유혹에 빠지기 쉽다고 보았다. 이는 사람들이 자기 통제 기제가 없이는 미래를 고려하지 않고 현재 소비를 더 늘리게 될 것임을 의미한다. 그런데 2문단에서 전통적 경제학은 사람들이 합리적인 사고를 바탕으로 전 생애에 걸쳐 소비 수준을 고르게 유지할 것이라고 주장했다. 전통적 경제학이 규정하는 합리적 개인이 현재보다 미래를 더 선호한다는 내용은 윗글에서 확인할 수 없다. 전통적 경제학이 규정하는 합리적 개인은 미래를 현재보다 선호하기 때문에 특정한 소비나 저축 패턴을 보이는 것이 아니라, 금융 시장의 한계로 인한 유동성 제약을 고려하여 연령에 따른 소비를 이론적 예측보다 낮춘 것이다.

오답설명

① 2문단에 따르면 전통적 경제학은 돈에는 사용 범위를 제한하는 꼬리표 같은 것이 붙어 있지 않아 전용(轉用)이 가능하다고 가정하며, 이러한 '전용 가능성'이 유연한 선택을 촉진함으로써 후생을 높여준다고 믿는다.

② 3문단의 행동경제학에 따르면 사람들은 현금, 보통 예금, 저축 예금, 주택 등 각종 자산을 마음 속 별개의 계정에 배치하고 그 사용에도 상이한 원리를 적용한다.

③ 2문단에 따르면 전통적 경제학에서는 온전하게 합리적 사고를 하는 사람들이 전 생애 차원에서 최적의 소비 계획을 세운다고 본다. 한편 4문단에서도 행동경제학은 사람들이 전 생애에 걸친 최적의 소비 계획을 세우려 한다는 점에는 동의한다. 따라서 선지의 진술은 적절하다.

⑤ 2, 4문단을 종합하면, '유동성 제약'은 미래 소득이나 보유 자산 등을 현재 사용하기 위해 현금으로 전환하는 데에 제약을 두는 것으로 이해할 수 있다. 전통적 경제학은 이를 금융 시장이 완전치 않아 현재 소비에 충분한 유동성을 조달하는 데 제약이 존재하므로, 실제 소비 수준이 이론적 예측보다 낮아지는 것이라고 보았다. 한편 3문단에 따르면 행동경제학은 청년 시절과 노년 시절의 소비가 예측보다 적은 것이 외부 환경의 제약에 따른 어쩔 수 없는 행동이 아니라 자발적 선택의 결과물이라고 보았다. 즉 행동경제학은, 유동성 제약이 장기적으로 자신에게 불리한 지출 행위를 사전에 차단하기 위한 자발적 선택의 결과라고 설명한다.

151

정답설명

② 4문단에서, 행동경제학에 따르면 사람들은 자신과 가족의 장기적 안전을 지키기 위해 행동을 제약하기 위한 속박 장치를 마음속에 만들어 내는데, 이러한 자기 통제 기제가 바로 심적 회계라고 하였다. 즉 행동경제학은 개인이 '제한적으로 합리적 사고를 하'는 주체(합리적 사고가 불완전한 사람)이지만 이들은 자신이 세운 최적의 소비 계획을 지킬 수 있는 방어 기제를 가지고 있고, 그러한 기제가 바로 심적 회계라고 하였다.

오답설명

① 2문단에서 유동성이란 자산을 현금으로 전환할 수 있는 정도를 말한다고 하였다. 한편 3, 4문단에서 행동경제학은 유동성 제약을 '심적 회계'로 설명하며, 개인이 장기적 안전을 위해 자발적으로 노후 대비용 자산을 현금화하지 않는다고 설명한다. 즉 심적 회계는 사람들이 자신과 가족을 보호하기 위해 자발적으로 퇴직 연금이나 주택과 같은 노후 대비용 자산을 현금화하지 않는 유동성 제약을 둔다고 설명하는 것이지, 사람들이 유동성이라는 개념 자체를 고려하지 않는다고 설명하는 것이 아니다.

③ 3문단의 '특정 연도에 행하는 소비는 일생 동안의 소득 총액뿐 아니라~달라진다.', 4문단의 '사람들은 제한적으로 합리

적 사고를 하고, 전 생애에 걸친 최적의 소비 계획을 세우려 하지만~' 부분을 통해 행동경제학은 일생 동안의 소득 총액에 따라 사람들의 소비가 달라지는 것을 심적 회계로 설명하였음을 알 수 있다. 그러나 단기간의 소득이 아닌 일생 동안의 소득 총액을 고려하여 소비 패턴을 예측하고 분석한 것은 행동경제학의 심적 회계 개념이 등장하기 이전에 전통적 경제학에서도 이루어진 방식이므로(2문단), 심적 회계가 이러한 부분에 새롭게 주목하여 등장한 개념이라는 선지의 진술은 적절하지 않다.

④ 3문단에 따르면, 심적 회계에서 마음속 가장 신성한 계정에는 퇴직 연금이나 주택과 같이 노후 대비용 자산들이 놓여 있는데, 이들은 최악의 사태가 발생하지 않는 한 마지막까지 인출이 유보되는 자산들이다. 즉 심적 회계에서의 신성한 계정인 노후 대비용 자산은 인출 순위가 가장 낮은 것이지, 인출 자체가 이루어지지 않는 것은 아니다.

⑤ 3문단에 따르면, 행동경제학이 제시한 심적 회계에 의해 사람들은 자산의 피라미드 중 맨 아래층에는 지출이 가장 용이한 형태인 현금을 지출에 주로 사용한다. 심적 회계의 설명은 급전이 필요할 때에도 마음속 상위 계정의 자산(저축, 주택 등)을 현금화(현금으로 전환)하기보다 현금 대출 서비스를 더 선호한다는 것이다. 따라서 보유 현금 사용보다 자산의 현금 전환이 일반적으로 선호된다는 선지의 진술은 심적 회계에 대한 이해로 적절하지 않다.

152

정답설명

③ 〈보기〉의 모딜리아니는 개인은 평생 벌 돈을 예측하고 그것을 기대 수명으로 나눈 만큼을 매년 소비한다고 주장하였다. 즉 [그림]에서 청년기의 잉여 소득분인 S_1을 저축하여 S_3과 같은 노년기를 보완한다는 것이다. 한편 2문단에 따르면 전통적 경제학자들 또한 이와 유사하게 합리적 개인은 전 생애의 소득을 고려하기 때문에 소득 패턴과 달리 소비 패턴은 일정하게 나타난다고 예측하였다. 하지만 전통적 경제학자들은 돈에는 사용 범위를 제한하는 꼬리표 같은 것이 붙어 있지 않아 전용(轉用)이 가능하다고 가정하였다. 즉 전통적 경제학의 관점에서 합리적 개인이 S_1의 사용 범위가 제한되는 것을 고려하리라고 예상할 수 있다는 진술은 윗글을 바탕으로 〈보기〉를 이해한 반응으로 적절하지 않다.

오답설명

① 2문단에 따르면, 전통적 경제학은 사람들이 일생 동안 소비 수준을 비교적 고르게 유지할 것이며 소득의 경우 나이가 들면서 점점 증가하다가 퇴직 후 급속히 감소하는 패턴을 보인다는 점에 착안해, 연령에 따른 소비 패턴은 연령에 따른 소득 패턴과 달리 독립적으로 유지될 것이라고 예측했다. 〈보기〉에 제시된 모딜리아니의 생애 주기 가설 또한 소비 수준은 전 생애에 걸쳐 일정하게 유지되고, 소득 패턴은 연령에 따라 변화한다는 [그림]과 같은 설명을 제시하고 있으므로 선

지의 진술은 적절하다.

② 〈보기〉는, 전 생애에 걸쳐 소비는 일정하며 소득은 연령에 따라 [그림]처럼 달라진다는 예측을 제시한다. 이는, 개인은 예상되는 평생 소득을 기대 수명으로 나눈 만큼을 매년 소비하기 때문이다. 단 젊은 층의 소비가 예측보다 감소하는 현상에 대해서, 생애 주기 가설은 의료 기술이 발달하였기에 기대 수명이 늘어났기 때문이라고 해석하고 있다. 한편 2문단에 따르면 전통적 경제학 또한 전 생애에 걸친 일정한 소비를 예측하였으나 실제로는 청년기, 노년기의 소비가 소득 패턴과 유사하게 나타남을 확인하였다. 여기서 말하는 '이상 현상'을 〈보기〉에 적용한다면, S_2와 S_3이 발생하는 시기의 소비가 이론적 예측보다 감소하여 그 면적이 줄어드는 현상이 될 것이다. 이때 S_2 시기의 소비 수준이 감소하는 현상에 대하여 〈보기〉는 의료 기술 발달에 따른 기대 수명 증가를 통해 설명하였으나, 전통적 경제학은 이를 금융 시장이 완전치 않아 미래 소득이나 보유 자산 등을 담보로 현재 소비에 충분한 유동성을 조달하는 데 제약이 존재한다는 유동성 제약으로 설명하고 있다. 따라서 선지의 진술은 윗글을 바탕으로 〈보기〉를 이해한 반응으로 적절하다.

④ 3, 4문단에 따르면, 행동경제학은 청년 시절과 노년 시절의 소비가 예측보다 적게 나타나는 것은 전통적 경제학의 유동성 제약과 같은 외부 환경의 제약에 따른 어쩔 수 없는 행동이 아니라 자발적 선택의 결과물이라고 보아 '심적 회계'라는 개념을 제시한다. 이에 따르면 사람들은 소비에 비해 소득이 급격히 줄어드는 노후 미래를 안전하게 대비하기 위해 불리한 지출 행위를 사전에 차단하려 하며, 이러한 기제가 사회적 차원에서 구현된 것이 퇴직 연금이나 국민 연금 제도이다. 이를 〈보기〉에 적용하면, 모딜리아니는 노후에 소비가 소득보다 높아진 S_3과 같은 적자를 S_1의 추가 소득으로 보완한다고 설명하는 것인데, 이에 대하여 행동경제학은 S_3과 같은 적자를 사회적 차원에서 국민 연금이나 퇴직 연금이 일부 보완할 수 있다고 설명할 수 있다.

⑤ 3, 4문단의 행동경제학에 따르면, 사람들은 당장의 소득이 많더라도 장기적인 안전을 위해 현재의 소비로부터 자신을 보호하려 한다. 이러한 내용을 〈보기〉에 적용한다면, S_1과 같이 소비보다 많은 소득이 발생하는 기간에도 사람들은 심적 회계를 통해 이러한 추가 소득을 연금, 주택 등 심적 회계상 상위 피라미드에 놓고, 바로 현금으로 인출하여 소비하지 않으려 할 것이다. 금융적으로 바람직한 방법은 예금을 인출해 지출을 하는 것임에도, 높은 금리로 돈을 빌리고 낮은 금리로 저축을 하는 비합리적 행동을 하는 것이다. 이를 종합하면 S_1과 같이 저축이 가능한 초과 소득이 발생하는 기간에 추가적인 소비가 필요한 상황에서도, 사람들은 저축을 통해 얻는 상대적으로 낮은 이자를 포기하기보다는 갚아야 할 이자가 높은 대출 서비스를 활용하는 것으로 볼 수 있다.

153

정답설명

② 윗글 ⓑ의 '고르다'는 '여럿이 다 높낮이, 크기, 양 따위의 차이가 없이 한결같다.'의 의미이다. 한편 선지의 '균일(均一)하다'는 '한결같이 고르다.'의 의미이므로, 둘을 바꾸어 쓸 수 있다.

오답설명

① 윗글 ⓐ의 '세우다'는 '계획, 방안 따위를 정하거나 짜다.'의 의미이다. 한편 선지의 '설립(設立)하다'는 '기관이나 조직체 따위를 만들어 일으키다.'의 의미이다. 따라서 기관, 조직체에 대하여 주로 사용되는 '설립하다'를 윗글의 'ⓐ 세우다'처럼 계획을 세운다는 맥락에서 사용하는 것은 어색하다.

③ 윗글 ⓒ의 '밝히다'는 '진리, 가치, 옳고 그름 따위를 판단하여 드러내 알리다.'의 의미이다. 한편 선지의 '진술(陳述)하다'는 '일이나 상황에 대하여 자세하게 이야기하다.'의 의미이다. '진술하다'에는 진리 판단에 대한 의미가 특별히 없기 때문에, 윗글의 'ⓒ밝히다'처럼 어떤 상황에 대한 경제학적 원리를 분석하여 그 진리를 이론적으로 알렸다는 맥락에서 사용하는 것은 어색하다.

③ 윗글 ⓓ의 '넘다'는 '일정한 시간, 시기, 범위 따위에서 벗어나 지나다.'의 의미이다. 한편 선지의 '초탈(超脫)하다'는 '세속적인 것이나 일반적인 한계를 벗어나다.'의 의미이다. 즉 '초탈하다'는 주로 사람이 세속적이지 않고, 범상하지 않다는 맥락에서 사용되는 말이므로, 윗글의 'ⓓ 넘다'처럼 단순히 어떤 수치적인 기준이나 범위를 벗어난다는 맥락에서 사용하는 것은 어색하다.

⑤ 윗글 ⓔ의 '놓이다'는 '물체가 일정한 곳에 두어지다.'의 의미이다. 한편 선지의 '설치(設置)되다'는 '어떤 일을 하는 데 필요한 기관이나 설비 따위가 베풀어지다.'의 의미이다. 즉 '설치되다'는 어떤 기관이나 설비에 대하여 사용되는 말이므로, 윗글의 'ⓔ놓이다'처럼 자산이 심적 회계의 특정 계정에 놓였다는 맥락에 사용하는 것은 어색하다.

154

정답설명

⑤ 2문단에서, 예금주들이 예금을 인출하려는 요구에 대응하기 위해 은행이 예금의 일부를 지급 준비금으로 보유하는 제도가 부분 준비 제도라고 하면서, '이 제도에서는 은행의 지불 능력이 변화하지 않더라도 예금주들의 예상이 바뀌면 예금 인출이 쇄도하는 사태가 일어날 수 있다'고 하였다. 따라서 부분 준비 제도는 은행의 지불 능력의 변화와는 무관하게 존재하는 제도라고 할 수 있다. 즉, 은행의 지불 능력을 초과하여 예금 인출이 쇄도하는 사태에 대응하기 위해 마련된 것이 부분 준비 제도라는 해당 선지는 적절하지 않다.

오답설명

① 2문단 '예금은 만기가 없으며 선착순으로 지급되는 독특한 성격의 채무'에서 추론할 수 있다.

② 3문단 '주식회사에서 주주들은 회사의 부채를 제하고 남은 자산의 가치에 대한 청구권을 가지며'에서 추론할 수 있다.

③ 1문단 '금융 위기에 관한 많은 연구가 진행되었음에도 그 원인에 관한 의견은 하나로 모이지 않는 경우가 대부분이다. 이는~경제 주체의 행동이나 금융 시스템의 작동 방식을 이해하는 시각이 다양하기 때문이다.'에서 추론할 수 있다.

④ 4문단 '지배 주주나 고위 경영자의 지위를 가진 은행가가 사적인 이익을 위해 은행에 대한 지배력을 행사한다'에서 추론할 수 있다.

155

정답설명

⑤ 2문단에 따르면, ㉠은 예금주들이 은행의 지불 능력이 부족하다고 예상함에 따라 실제로 은행의 지불 능력이 감소한다고 보는 견해이다. 예금은 만기가 없으며 선착순으로 지급되는 채무이므로, 은행이 지불 능력이 부족해져 예금을 지급하지 못할 것이라고 예상하는 사람은 남보다 먼저 예금을 인출하려는 것이 합리적인 선택일 것이다. 즉, 은행의 지불 능력에 대한 예상에 따라 예금주들의 예금 인출이 쇄도하는 상황은 예금주의 입장에서는 합리적인 행동이라고 할 수 있다. 한편, ㉡은 지문의 다른 세 가지 시각과 달리 경제 주체의 행동이 항상 합리적이지는 않다는 점에 기초한다고 5문단에서 진술하고 있다. 즉, ㉡에 따르면 사람들은 일정 기간 동안 자산 가격이 상승하면 앞으로도 계속 상승할 것이라 예상하는, 합리적인 근거가 없는 낙관을 기초로 행동하는 경향을 보인다.

오답설명

① 2문단에 따르면, ㉠은 예금주들이 은행의 지불 능력이 부족하

다고 비관적으로 예상할 경우 실제로 은행의 지불 능력이 감소한다고 보는 시각이다. 한편, 5문단에 따르면 ㉡은 자산 가격 상승이 지속될 것이라는 사람들의 낙관적인 전망으로 인해 자산 가격에 거품이 형성되면서 금융 시스템이 취약해져 금융 위기가 초래된다고 보는 관점이다. 따라서 ㉠이 ㉡과는 달리 경제 주체의 비관적인 전망을 전제로 은행 위기를 설명한다는 해당 선지의 진술은 적절하다.

② 2문단에 따르면, ㉠은 은행이 예금의 일부를 지급 준비금으로 보유하는 부분 준비 제도를 따르는 상황, 즉 은행의 지불 능력이 법을 지키는 선에서 유지되고 있는 건전한 금융 시스템을 가진 상태여도 예금주들의 예상이 바뀌면 위기에 빠질 수 있다고 본다. 한편, ㉡은 자산 가격의 과도한 상승으로 인해 거품이 발생하여 금융 시스템이 취약해지는 것을 금융 위기의 원인으로 본다. 즉, 금융 시스템이 건전한 상태를 유지하지 못하기에 붕괴하여 금융 위기가 발생하는 것이다. 따라서 ㉠은 ㉡과 달리 금융 시스템이 건전한 상태여도 위기가 발생한다고 본다는 해당 선지의 진술은 적절하다.

③ 2문단에 따르면, '자기 실현적 예상' 현상이 발생하여 예금주들의 예금 인출 요구가 쇄도하게 되면 은행의 지불 능력이 실제로 낮아질 수 있다. 예금주들의 예금은 은행 입장에서는 만기가 없고 선착순으로 지급해야 하는 독특한 성격의 채무이므로, ㉠의 예상이 실현될 경우 은행은 지불 능력이 낮아져 채무 불이행의 상황에 빠질 수 있음을 유추할 수 있다. (자산의 가격이 하락하면 은행뿐만 아니라 다른 경제 주체들도 채무 불이행에 빠질 수 있으나, ㉠에서는 이에 대해 언급하지 않았으므로 이에 대해 판단할 수는 없다.) 한편, ㉡이 발생하면 자산 가격의 상승 작용으로 거품이 커지면서, 경제 주체들의 부채가 과도하게 늘어나 금융 시스템이 취약해진다고 5문단에서 진술하였다. 즉, ㉡에서 채무(부채)가 과도하게 늘어나게 되는 것은 경제 주체들이다. 따라서 ㉡은 ㉠과 달리 채무 불이행의 상황에 빠지는 경제 주체를 은행으로 한정하고 있지 않으므로 해당 선지의 진술은 적절하다.

④ 2문단에 따르면, ㉠의 관점에서 '자기 실현적 예상'의 상황이 실현될 경우, 은행들이 앞다투어 자산을 매각하려고 하면 자산 가격이 하락하게 된다. 한편 ㉡의 관점에서 사람들의 비합리적 예상에 따라 자산 가격이 상승하면 이는 부채의 증가를 낳고 이는 자산 가격의 더 큰 상승을 가져온다. 따라서 ㉡이 ㉠과 달리 경제 주체의 자산 가격이 과도하게 상승하는 결과가 생길 수 있다고 보았다는 해당 선지의 진술은 적절하다.

156

정답설명

⑤ 3문단에 따르면 주식회사의 주주는 손익의 비대칭적인 구조로 인해 고위험 고수익 사업을 선호하게 되며, 더 높은 수익을 얻기 위해 자신들이 감수해야 하는 위험을 채권자에게 전가하게 된다. 자기 자본 비율이 낮다는 것은 회사 자산의 구조상 부채의 비율보다 자기 자본(주주에 의해 출자된 자본)의 비율이 낮음을 의미한다. 즉, 사업이 실패할 경우 주주의 손실은

그 회사의 주식에 투자한 금액으로 제한되는 반면, 회사 자산의 비교적 높은 비율을 차지하고 있는 부채의 채권자들은 그만큼 많은 손실을 얻게 된다는 것이다. 이러한 이유로 자기 자본 비율이 낮을수록 주주의 위험 부담은 채권자에 비해 적어지므로 고위험 고수익 사업을 쉽게 선호할 수 있는 것이다.

오답설명

① 3문단에 따르면 주주와 주식회사 간에는, 회사의 자산 가치가 부채액보다 커질수록 주주가 얻을 이익도 커지지만, 회사가 파산할 경우 주주의 손실은 그 회사의 주식에 투자한 금액으로 제한되는 비대칭적인 손익 구조가 형성된다. 그런데 자기 자본 비율이 높아지는 것 자체만으로 비대칭적인 손익 구조가 심화한다고 보기는 어렵다. 또한, 자기 자본 비율이 높아져 비대칭적 손익 구조가 심화한다고 하더라도 주주의 고위험 고수익 사업에 대한 선호는 강화될 것임을 추측할 수 있다. 따라서 해당 선지는 자기 자본 비율이 낮을수록 주주들의 고위험 고수익 사업에 대한 선호가 강해진다는 ㉮의 이유로 적절하지 않다.

② 3문단에 따르면 주식회사에서 주주들은 회사의 부채를 제하고 남은 자산의 가치에 대한 청구권을 갖는다. 따라서 자기 자본 비율이 높을 때 주식회사의 부채가 늘어날 것이라고 보기는 어렵다.

③ 3문단에 따르면 한 회사의 자기자본 비율이 높다는 것은, 채권자들에게 빌린 부채의 비율보다 주주들에게 출자한 자본의 비율이 더 크다는 것을 의미한다. 자기자본 비율이 높아지기 위해서는 1) 주주의 숫자는 그대로이나 주주 개개인이 출자한 지분량이 높아지거나 2) 주주의 숫자가 증가하거나 3) 부채가 줄어들어야 한다. 1)대로 주주 개개인의 출자 지분량이 높아진다면 주주는 출자한 지분량에 대한 유한 책임을 지기 때문에 선지의 말대로 유한 책임이 각각 늘어날 수 있으나, 2)나 3)의 경우 주주 개개인이 출자한 지분의 양은 그대로이므로 자기 자본은 증가하나 유한 책임이 늘어나지 않을 수 있다. 즉 단순히 자기 자본 비율의 높고 낮음이 주주 개개인의 출자 지분에 대한 유한 책임을 늘리거나 낮출 수 없다.

④ 3문단에 따르면 주식회사에서 주주들은 회사의 부채를 제하고 남은 자산의 가치에 대한 청구권을 가지며, 통상적으로 자신이 출자한 지분에 한하는 유한 책임을 진다. 그런데 자기 자본 비율이 낮다는 것은 회사 자산의 구조상 부채의 비율보다 자기 자본(주주에 의해 출자된 자본)의 비율이 낮다는 것일 뿐, 주주의 수가 적어졌음을 의미하는 것은 아니다.

157

정답설명

③ 〈보기〉에서 A국의 은행가들은 부실 대출의 가능성을 알고 있었지만, 단기 실적에 따른 보너스와 주식 매매 차익을 챙기기 위해 이를 무시하고 대출 상품을 묶어 판매하여 은행의 실적을 올렸다고 하였다. 4문단에 따르면 은행가의 은행 약탈을 강조하는 시각에서는 은행가들이 장기적으로 은행에 손실을 초래할 것을 알면서도 자신의 성과급을 높이기 위해 단기적

인 성과만을 가져올 행위를 함으로써 은행이 부실해질 수 있다고 보았다. 〈보기〉에서 은행가들은 부실 대출의 가능성을 알고 있었으나 이를 무시하였으므로 주택 담보 대출의 남발이 장기적 시점에서 은행에 손실을 발생시킬 것을 예측하지 못했다고 보기 어렵다.

오답설명

① 〈보기〉에서 A국의 은행이 무자격자들에게까지 주택을 담보로 하는 대출을 남발하였고, 이후 상환이 불가능해진 채무자들이 담보로 한 주택을 포기하면서 주택 가격 폭락이 연쇄적으로 이어지게 되었다고 하였다. 2문단에 따르면 자기 실현적 예상을 강조하는 시각에서는 지불 능력이 부족해져 은행이 예금을 지급하지 못할 것이라고 예상하는 사람은 남보다 먼저 예금을 인출하려고 할 것이며, 이에 따라 은행은 현금 보유량을 늘려야 한다고 했다. 〈보기〉의 상황에서 은행이 앞서 지급한 대출금을 제대로 상환받지 못하고 있는 상황이 예금주들에게 알려져, 해당 은행의 예금주들이 은행의 지불 능력이 취약해질 것이라고 예상하게 되면 예금 인출 쇄도 상황이 발생함에 따라 은행은 예금 인출에 대비하기 위해 현금 보유량을 늘릴 것이다.

② 〈보기〉에서 A국의 은행은 주택 가격의 상승 속도가 이자율의 상승 속도보다 높아지자 상환 능력이 없는 무자격자들에게까지 주택을 담보로 하는 대출을 남발했다고 하였다. 3문단에 따르면 은행의 과도한 위험 추구를 강조하는 시각에서는 주주와 주식회사 사이의 비대칭적인 구조로 인해, 수익에 대해서는 민감하지만, 위험에 대해서는 둔감하게 된 주주들이 고위험 고수익 사업을 선호하게 된다고 하였다. 또한 은행과 같은 금융 중개 기관들이 이러한 주식회사의 형태를 띤다고 하였다. 〈보기〉에서 제시된 주택 담보 대출의 남발은 바로 이러한 고위험 고수익 사업의 하나라고 볼 수 있을 것이다. 따라서 위험에 둔감하게 된 은행의 주주들이 이러한 사업에 영향력을 미쳤을 것이라 해석할 수 있으므로, 해당 선지는 적절하다.

④ 〈보기〉에서 A국의 주택 가격이 급상승하자 은행에서 상환 능력이 없는 무자격자들에게까지 주택 담보 대출을 남발했다고 하였다. 5문단에 따르면, 이상 과열을 강조하는 시각에서는 사람들이 일정 기간 자산 가격이 상승하면 앞으로도 계속 상승할 것이라 예상하는 비합리성을 보인다고 해석한다. 이러한 시각에 따르면, 〈보기〉에서 은행이 무자격자들에게까지도 주택 담보 대출을 남발한 것은 주택 가격의 상승이 계속될 것이라는 낙관에 의한 것이므로 해당 선지는 적절하다.

⑤ 〈보기〉에서 A국이 경제 활성화를 위해 저금리 정책을 펼치면서 부채가 증가하고 주택의 가격이 급상승했다고 하였다. 5문단에 따르면 이상 과열을 강조하는 시각에서는 자산 가격 상승이 부채의 증가를 낳고 이는 다시 자산 가격의 더 큰 상승으로 이어진다고 보며, 이러한 상승 작용으로 인해 거품이 커지게 되어 경제 주체들의 부채가 과도하게 늘어나 금융 시스템을 취약하게 만들고 금융 위기가 발생하게 된다고 해석한다. 따라서 이러한 시각에 따르면, 주택이라는 자산 가격의 과도한 상승은 부채의 증가에 따른 상승 작용의 과정을 보여 준다고 해석할 수 있으므로, 해당 선지는 적절하다.

158

정답설명

⑤ 일반적으로 유연성은 1문단에서 말하는, 노동 시장의 각종 규제를 철폐함으로써 고용과 해고를 자유롭게 할 수 있는 것으로 이해할 수 있다. 그런데 2문단에 따르면, 고용과 관련된 유연성과 안정성은 다양한 형태로 존재한다. 특히 기능적 유연성은 작업 조직의 재편과 다기능 숙련 향상을 강조하는 개념이다. 이를 종합할 때, 선지의 진술처럼 노동자들이 다양한 기능을 수행할 수 있는 능력을 키우는 것은 특정 기능이 요구되는 일자리를 잃더라도 그와 다른 기능이 요구되는 일자리를 얻을 수 있다는 점에서 고용 안정성을 높일 것이고, 그와 동시에 작업 조직의 재편과 다기능 숙련 향상을 강조하는 기능적 유연성 또한 높일 수 있다.

오답설명

① 1문단에 따르면 유연성을 확보하여 기업 경쟁력을 높이면서 동시에 실업 문제를 해결할 안정성까지 확보하기 위한 노사 관계 모델이 '유연안정성 모델'임을 알 수 있다. 그리고 3, 4문단에서 덴마크와 네덜란드 노동시장을 통해 현실에서의 유연안정성 모델의 성공 사례가 제시되고 있다.

② 1문단에 따르면 유연안정성 모델은 기업 경쟁력을 높이면서도 노동 시장에서 고용자들이 겪는 문제인 실업까지 해결하기 위한 것임을 알 수 있다. 유연안정성 모델이 단순히 기업 친화적이라고 설명하는 선지의 진술은 적절하지 않다.

③ 2문단에 따르면, 유연안정성 모델에서는 유연성과 안정성의 특정 형태 중에서 그 나라의 고유한 조건과 사회 구성원들의 선호를 반영해 바람직한 배합을 선택하려 한다. 즉 유연성이 먼저 결정되고 그에 맞추어 안정성이 결정되는 것은 아니다.

④ 3문단 '사회적 타협의~확립되어 있기 때문이다.'에 따르면, 선지의 내용과 같은 사회적 타협의 전통은 네덜란드가 아니라 덴마크에 있음을 알 수 있다.

159

정답설명

② 3문단에 따르면, 덴마크의 적극적 노동 시장 정책의 핵심은 실업자들의 재취업을 돕는 다양한 직업 훈련 프로그램을 제공하되, 이를 거부할 경우 실업 수당의 지급을 중단하는 것이다. 이로써 훈련에 적극적인 이는 취업 기회를 더 잘 얻게 되고, 훈련에 부정적인 이에게는 실업 수당 지급이 중단되므로 이를 다시 받기 위해 구직 노력을 강화할 동기를 얻게 되는 것이다. 즉 덴마크의 적극적 노동 시장 정책이 직업 훈련에 부정적인 이에게 재정적 지원을 제공하는 것은 아니다.

오답설명

① 3문단에 따르면, 덴마크에서는 노동자에 대한 해고가 법적으로 자유롭고 노동 이동도 빈번하다. 이는 동일한 직장을 유지하는 직장 안정성을 낮추는 요인이 될 수 있다. 한편 4문단에 따르면, 네덜란드는 시간제 노동자의 비율이 대단히 높다. 이는 노조가 고용 보호법을 일부 완화하는 데 동의하는 대신, 시간제 노동자 등에 대해서도 전일제 노동자와 대등한 수준의 고용 보호를 얻어 냄으로써 노동자 전체의 직장 안정성을 높인 것으로 설명된다. 즉 두 나라의 노동 시스템에 대한 설명을 고려할 때, 직장 안정성은 네덜란드가 덴마크보다 상대적으로 높을 가능성이 클 것이다.

③ 3문단에 따르면, 덴마크에서는 노동자에 대한 해고가 법적으로 자유롭고 이와 더불어 노동 이동도 빈번하다. 이는 2문단에서 말하는 해고와 채용을 통해 노동력을 수량적으로 조정하는 '외부적-수량적 유연성'이 높은 것으로 분석할 수 있다. 그런데 3문단에서 덴마크는 실직 기간 중 생계유지에 필요한 비용을 국가가 제공한다는 약속이 확립되어 있다고 하였고, 이는 사회 보장을 통해 안정성을 높이는 것으로 볼 수 있다.

④ 4문단에 따르면, 네덜란드에서는 최근 육아나 재충전 등을 위한 자발적인 노동 시장 불참을 재정적으로 지원하는 법적 제도가 도입됨으로써 시간제를 바탕으로 한 노동 시스템의 안정성이 더욱 제고되었다. 여기서 육아나 재충전을 위한 시간을 확보하는 것은 2문단에서의 결합 안정성에 해당한다.

⑤ 4문단에 따르면, 네덜란드 노동 시장의 가장 큰 특징은 시간제 노동자의 비율이 대단히 높다는 점이다. 또 네덜란드는 노조가 고용 보호법을 일부 완화하는 데 동의하는 대신, 시간제 노동자 등에 대해서도 전일제 노동자와 대등한 수준의 고용 보호를 얻어 내 노동자 전체의 직장 안정성을 높일 수 있었다. 즉 네덜란드는 2문단에서 말하는 '내부적-수량적 유연성'과 동시에 노동자들의 안정성을 높였다고 분석할 수 있다.

160

정답설명

④ ㉮는 덴마크와 네덜란드의 성공 사례를 예로 들면서, 유연안정성 모델이 유연성과 안정성을 함께 높이는 방식으로 경제 전체에 순기능을 발휘했다는 내용이다. 한편, 4문단에 따르면, 네덜란드는 시간제 노동을 통해 '내부적-수량적 유연성'을 높이면서, 그와 동시에 시간제 노동자에게도 전일제 노동자와 비슷한 수준의 고용 보호를 제공하여 유연성과 안정성을 동시에 높이는 유연안정성 모델을 선택하였다. 그런데 이처럼 노동 시간을 탄력적으로 조정하여 유연성을 높이는 방식은, 노동 시간이 일정하고 규칙적으로 유지되어야 하는 노동 부문에 적용하기 어려울 것이다. 따라서 일정하고 규칙적인 노동 시간이 '불필요한' 분야에 네덜란드 모델을 적용하기 어려울 것이라는 선지의 진술은 적절하지 않다.

오답설명

① 3문단에서 설명하는 덴마크의 유연안정성 모델은 사회 보장, 실업 수당, 직업 훈련 프로그램 등에 대한 재정적 지원이 필요함을 알 수 있다. 4문단에서 설명하는 네덜란드의 유연안정성 모델 또한 안정성을 높이기 위한 재정 지원을 제공하는 법적 제도가 존재한다. 따라서 이러한 재정적 지원이 어려운 나라에서는 유연안정성 모델을 도입하기 어려울 것이라고 ㉮를 비판할 수 있다.

② 2문단에 따르면 유연안정성 모델에서는 유연성과 안정성의 특정 형태 중에서 그 나라의 고유한 조건과 사회 구성원들의 선호를 반영해 바람직한 배합을 선택하려 한다고 하였다. 따라서 사회 구성원 간에 선호하는 유연성 또는 안정성의 차이가 지나치게 크다면, 이를 배합하기 어려울 수 있다.

③ 4문단에 따르면, 네덜란드의 유연안정성 모델은 외부 상황의 변화에 신축적으로 대응하려는 기업과 고용 불안을 막으려는 노조 간 타협의 산물이라고 하였다. 만약 선지의 진술처럼 노조가 지나치게 약한 나라에서는 안정성을 높이려는 노동자의 입장보다는 유연성을 높이려는 기업의 입장만이 정책이나 제도에 크게 반영될 수 있다.

⑤ 3문단에 따르면 덴마크 정책의 핵심은 실업자들의 재취업을 돕는 다양한 직업 훈련 프로그램을 제공하되, 이를 거부할 경우 실업 수당의 지급을 중단하는 것이다. 그러나 덴마크는 생계유지에 필요한 비용을 지원하는 사회 보장 제도가 잘 갖추어져 있다고 하였다. 만약 선지의 진술처럼 실업 수당 없이는 생계유지 자체가 불가능한 취약 계층이 있다면, 직업 훈련을 하지 않는다고 해서 실업 수당을 지급하지 않는 덴마크 방식의 노동 정책을 적용하기가 어려울 수 있다.

161

정답설명

③ 윗글에 따르면 출산이나 재충전 등의 기회를 확보해 일과 삶을 병행할 수 있는 안정성은 '결합 안정성'이다. 이는 〈보기〉에서 말하는, 직장이 제공하는 복지 혜택과 밀접할 것이다. 대기업 정규직 노동자는 대부분 이러한 복지를 누린다고 하였다. 그런데 중소기업 비정규직 노동자는 전체 임금근로자의 30% 정도이고, 또 그러한 중소기업 비정규직 노동자의 약 40%만이 필수적인 복지가 보장된다고 하였다. 즉 전체 임금근로자의 약 30% 중에서 다시 약 40%가 복지 혜택을 통해 결합 안정성을 높이는 것이므로, 이는 전체 임금근로자의 약 12%라고 할 수 있다.

오답설명

① 〈보기〉에 따르면, 대기업 정규직은 전체 임금근로자의 7%이고, 이는 전체의 1/10에 미치지 못한다. 하지만 윗글에 따르면 소득 안정성은 실업이나 질병 등의 상황에서도 안정된 급여를 확보할 수 있는 것을 말한다. 〈보기〉에 따르면 대기업 정규직은 한 곳에서 상대적으로 오래 일하게 해주므로 윗글에서 말하는 '직장 안정성'이 높고, 또 충분히 복지 혜택을 받으므로 윗글에서 말하는 '결합 안정성'이 높다고 볼 수 있다. 그러나 〈보기〉에서 실업이나 질병 상황에서 급여가 확보되는지에 대하여 언급한 부분은 없다. 선지의 진술처럼 단순히 높은 수준의 임금을 받는 것은 '소득 안정성'이 아니다.

② 〈보기〉에 따르면 대기업 정규직의 평균 근속 연수는 14년이고, 중소기업 비정규직의 평균 근속 연수는 2년이다. 그런데 윗글에 따르면 한 직장에서 오래 일자리를 유지하는 것은 '직장 안정성'에 해당한다. '고용 안정성'은 한 직장이 아니더라도 일자리 자체를 유지할 수 있다는 개념이다.

④ 〈보기〉에서 대기업 정규직 근로자는 중소기업 비정규직과 근속 연수를 비교했을 때 해고의 유연성이 낮은 편이고, 이는 윗글에서 말한 '외부적-수량적 유연성'이 낮은 상황이다. 그러나 중소기업 비정규직 노동자는 '외부적-수량적 유연성'이 매우 높은 상황이며 중소기업 비정규직의 비중은 대기업 정규직보다 노동 시장에서의 비중이 훨씬 크다. 그러므로 우리나라가 전체 노동 시장의 '외부적-수량적 유연성'을 최대한 높여야 한다는 것은 적절한 반응이 아니다. 이뿐만 아니라, '외부적-수량적 유연성'을 높이는 것은 기업의 해고와 채용을 자유롭게 만드는 것인데, 이를 최대한 높이면 한 직장에서 오래 일하는 개념인 직장 안정성은 낮아질 수밖에 없다.

⑤ 〈보기〉에서 중소기업 비정규직은 유연성은 높고 안정성은 낮은 상황임을 알 수 있다. 또 대기업 정규직은 복지에 따른 결합 안정성이 높고, 상대적으로 긴 근속 연수를 고려할 때 해고와 채용이 자유로운 '외부적-수량적 유연성'은 낮은 편임을 추론할 수 있다. 하지만 대기업이 정규직을 상대적으로 덜 해고한다고 해서, 노동 시간을 탄력적으로 조정하는 '내부적-수량적 유연성'이 높다는 사실은 확인할 수 없다. 또한 〈보기〉에서 우리나라 노동 시장이 '이중 구조'라고 분석한 것은, 상대적으로 유연성이 높고 안정성은 낮은 중소기업 비정규직과, 상대적으로 유연성은 낮고 안정성이 높은 대기업 정규직이 공존한다는 것이지 대기업 정규직에 '이중 구조'가 존재한다는 것은 아니다.

162

정답설명

④ 윗글 ⓓ의 '제고(提高)되다'는 '쳐들어 높여지다.'의 의미이다. 문맥을 고려할 때, 이는 노동 시스템의 안정성이 더욱 높아졌다는 의미에서 사용되었다. 한편 선지의 '다듬어지다'는 '말씨나 옷차림, 태도, 솜씨 따위가 세련되고 깔끔해지다.'의 의미이므로 바꾸어 쓰기에 적절하지 않다.

오답설명

① 윗글 ⓐ의 '모색(摸索)하다'는 '일이나 사건 따위를 해결할 수 있는 방법이나 실마리를 더듬어 찾다.'의 의미이다. 한편 선지의 '찾다'는 '어떤 것을 구하다.'의 의미이다.

② 윗글 ⓑ의 '확보(確保)하다'는 '확실하게 마련하거나 갖추다.'의 의미이다. 한편 선지의 '마련하다'는 '필요한 것을 준비하거나 헤아려 갖추다.'의 의미이다.

③ 윗글 ⓒ의 '달성(達成)하다'는 '목적한 것을 이루다.'의 의미이다. 한편 선지의 '이룩하다'는 '목적한 것을 이루어 내거나 달성하다.'의 의미이다.

⑤ 윗글 ⓔ의 '불식(拂拭)하다'는 '부조리나 오해를 말끔히 떨어 없애다.'의 의미이다. 한편 선지의 '없애다'는 '어떤 일이나 현상, 증상 따위를 사라지게 하다.'의 의미이다.

163

정답설명

② 4문단에 따르면, 법관은 법의 실정성을 실현시키고, 법의 명령에 자신의 법 감정을 희생시켜야 한다. 따라서 법관이 법의 정당성을 충족하려면 자신의 법 감정에 부합하는 판결을 내려야 한다는 선지의 진술은 윗글에서 알 수 있는 내용으로 적절하지 않다.

오답설명

① 4문단에 따르면 법적 안정성은 곧 법적 평화와 질서를 말한다. 그리고 2문단에 따르면 법적 평화는 확고한 법질서를 전제하며, 이는 법의 실정성을 요구하는데, 법의 실정성이란 곧 법이 사회적 사실이라는 의미이다. 따라서 법적 평화의 달성에는 법이 사회적 사실로서 존재해야 한다는 선지의 진술은 윗글에서 알 수 있는 내용으로 적절하다.

③ 2문단에 따르면, 법은 공동생활의 질서이기 때문에 다양한 개인의 의견을 넘어서는, 모든 사람 위에 있는 하나의 질서이어야 한다. 그리고 이러한 법을 통한 사회 질서의 확보, 즉 법적 평화는 인간 사회의 존속 요건이며 법이 실현해야 할 과제이다. 따라서 선지의 진술은 윗글에서 알 수 있는 내용으로 적절하다.

④ 4문단에 따르면, 법적 견해의 다툼에 어떤 결론을 내리는 것은 그 결론이 참으로 정의로운지의 여부보다 더 중요하다. 왜냐하면 어떤 법이 존재한다는 것은 무법보다 낫기 때문이다. 따라서 선지의 진술은 윗글에서 알 수 있는 내용으로 적절하다.

⑤ 1문단에 따르면, 법이념은 실정법 위에 있는 하나의 지도 원리이다. 그리고 '같은 것은 같게, 다른 것은 다르게'라는 취급의 비례를 지시하는 것은 법이념으로서 정의에 해당한다. 그런데 1문단에서, 정의는 법의 내용을 결정하는 데 방향 제시는 할 수 있지만, 충분한 지침을 주지 못한다고 주장하고 있다. 따라서 선지의 진술은 윗글에서 알 수 있는 내용으로 적절하다.

164

정답설명

⑤ 3문단에 따르면, 일반적으로 변화하지 않는 법의 계속성을 중시하는 것은 법의 안정성(ⓛ)에 따른 요청이고, 변화된 사회관계에 법이 변화하여 적응할 것을 요구하는 것은 정의의 요청이라 볼 수 있다. 하지만 3문단에서 어떠한 법의 변화도 적응의 필요가 계속의 이익보다 더 크다는 증명이 있는 경우에만 정당화될 것이라고 하였다. 따라서 기존 법이 사회적 사실로서 존재하는 실정성(ⓒ)을 갖고 있을 때, 변화에 대한 적응의 필요가 법의 계속성의 이익보다 크다고 증명되어야만,

법적 정당성(㉠)에 따라 기존 법의 실정성(㉢)을 희생시킬 수 있을 것이다. 따라서 적응의 필요가 계속의 이익보다 작다고 증명될 때 법적 정당성(㉠)을 위해 기존 법의 실정성(㉢)을 희생해야 한다는 선지의 진술은 적절하지 않다.

오답설명

① 1문단에 따르면 법이념은 법의 정당성(㉠)을 판단하는 평가 원리이다. 그리고 그러한 법이념의 예로 1문단은 정의를 제시하고, 2문단은 법적 안정성(㉡)을 제시하고 있다. 따라서 선지의 진술은 적절하다.

② 2문단에 따르면, 법적 안정성(㉡)은 법적 평화를 추구하는 것으로서, 법적 평화는 확고한 법질서를 전제하고, 이는 법의 실정성(㉢)을 요구한다. 즉 법적 안정성(㉡)의 달성에 실정성(㉢)이 요구되는 것은 사실이다. 그러나 3문단에 따르면, 법의 실정성(㉢)이 항상 법의 안정성(㉡)을 보장하는 것은 아니다. 요컨대 법의 안정성이 법의 실정성을 요구하기는 하지만, 사회적으로 적응(변화)의 필요가 계속의 이익보다 더 큰 상황에서는 오히려 기존 법의 실정성을 희생시키는 것이 사회 존속을 위한 법적 안정성 및 그에 따른 법적 정당성을 얻는 방법이 될 수 있음을 추론할 수 있다. 따라서 선지의 진술은 적절하다.

③ 4문단에 따르면, 법의 일차적 과제는 법적 안정성(㉡), 즉 평화와 질서이다. 그리고 이를 추구하는 맥락에서 법의 실정성(㉢)을 실현하기 위해 법관은 법 감정을 희생시켜야 한다. 법관의 직무는 다만 무엇이 법인지 물을 일이지 결코 그것이 정당한가 묻지 않는 것이다. 따라서 선지의 진술은 적절하다.

④ 1문단에 따르면, 같은 것은 같게, 다른 것은 다르게 취급하는 기준은 법이념으로서의 정의에 해당한다. 그리고 4문단에 따르면, 이러한 정의를 기준으로 법의 정당성(㉠)을 판단하는 피고인은, 정의롭지 않은 법의 실정성(㉢)을 인정하지 않을 수 있다. 따라서 선지의 진술은 적절하다.

165

정답설명

③ 4문단에 따르면, ㉮가 말하는 소크라테스는 정의롭지 않은 법의 실정성을 인정하지 않는 피고인이 양심의 의무에 따라 범죄를 저질렀고, 이에 따라 형벌을 받게 된 상황의 예로 제시되었다. 즉 여기서 말하는 '양심'은 1문단에서 말한 법이념으로서의 '정의'를 의미하는 것으로 이해할 수 있다. 또 2문단에서 실정법의 정당성을 정의가 아닌 안정성, 평화, 질서라는 법이념에 근거하여 찾는 관점이 제시되고 있다. 그런데 ㉮는 정의에 어긋나는 판결의 집행을 피하라는 권유를 거절하였다고 하였다. 그리고 이어지는 내용에서 소크라테스가 '법의 깨뜨릴 수 없는 성질', 즉 '법의 안정성'에 따른 사회적 평화와 질서를 위한 맥락에서 자신의 정의(양심)만을 따라 법을 거절할 수 없다고 말하였음을 확인할 수 있다. 따라서 선지의 진술은 윗글의 법적 안정성이라는 법이념을 중시하는 관점에서 ㉮의 이유를 추론한 내용으로 가장 적절하다.

오답설명

① ㉮의 맥락은 법적 안정성을 지키기 위해, 정의롭지 않은 법의 판결이라 하더라도 그 법이 사회적 사실로서 관철되고 있다면 이를 거부할 수 없다는 것이다. 2문단에 따르면 법적 안정성이 추구하는 법적 평화는 확고한 법질서를 전제하고, 이는 법의 실정성을 요구한다고 하였다. 요컨대 ㉮는 법적 안정성을 달성하기 위해 실정법을 희생시킬 수 없다는 내용에는 부합한다. 그러나 3문단의 예를 보면, 혁명 정부와 같은 상황, 즉 적응의 필요가 계속의 이익보다 커서 법적 변화가 정당화될 수 있는 상황에서는 기존 실정법을 희생시킨 법을 오히려 법적 안정성을 고려하여 현행법으로 승인하는 경우가 있다. 따라서 '어떤 이유로든' 실정법을 희생시키면 법적 안정성을 달성할 수 없다는 선지의 진술은 윗글의 관점에 부합하지 않는다.

② 2문단에 따르면, 만인의 만인에 대한 투쟁을 종식시키는 것은 '질서'로서, 실정법의 정당성을 법적 안정성에 근거하여 판단하는 맥락에서 추구하는 가치로서 제시된 것이다. 그런데 ㉮의 맥락에서 말하는 '양심'은 법적 안정성이 아니라 정의의 법이념에 해당한다. 따라서 '양심(정의)'를 따라야 법적 안정성에 따른 질서를 달성할 수 있다는 선지의 진술은 적절하지 않다.

③ 4문단에 따르면, 법관은 법의 실정성을 실현시키고, 법의 명령에 자신의 법 감정을 희생시켜야 한다. 이때 법관의 직무는 다만 무엇이 법인지 물을 일이지 결코 그것이 정당한가 묻지 않는 것이라고 하였다. 따라서 판결을 내리는 법관이 법의 정당성을 고민해야 한다는 선지의 진술은 윗글의 관점에 부합하지 않는다.

⑤ ㉮의 맥락에서 말하는 '양심'은 법적 안정성이 아니라 정의의 법이념에 해당한다. 그리고 ㉮가 정의보다는 법적 안정성을 중시하였기에 이루어진 행동이라는 것도 윗글의 맥락에서 파악할 수 있다. 그러나 법적 안정성은 모든 사람에게 적용되는 확고한 법질서를 따르는 것이지, 다수결을 따르는 것이 아니다. 따라서 선지의 진술은 윗글의 관점에 부합하지 않는다.

166

정답설명

④ 〈보기〉에서 하급심은 주거 안정이라는 공공의 이익을 추구하는 임대주택의 목적을 고려하여 A씨의 손을 들어주었다는 점에서, 공공의 이익 추구를 정의로 보고, 그러한 정의를 핵심적인 법이념으로 삼아 법을 적용하는 판결을 내린 것으로 이해할 수 있다. 반면 〈보기〉에서 대법원은 "법률 해석의 원칙"을 중시한 판단을 내렸다. 이는 맥락상 명확한 규정을 중시한 판결이므로, 2문단에서 말하는 것처럼 법은 그 내용이 명확해야 하고, 자주 변경되지 않으며, 실현 가능해야 한다는, 법적 안정성을 추구하는 맥락으로 이해할 수 있다. 그런데 1, 2문단에 따르면, 정의만이 아니라 법적 안정성 또한 법적 정당성을 판단하는 근거로 볼 수 있다. 따라서 대법원은 A씨의 퇴거를 강제로 집행하는 것이 법적으로 정당한지를 기준으로

삼지 않았다는 선지의 진술은 적절하지 않다.

오답설명

① 1문단에 따르면, 정의는 법의 내용을 결정하는 데 방향 제시는 할 수 있지만, 충분한 지침을 주지 못한다. 왜냐하면 정의는 같은 것 또는 다른 것으로 인정하기 위하여 어떤 관점이 필요한가는 말하지 않고, 취급의 비례를 지시할 뿐, 구체적 방식을 규정하지 않기 때문이다. 따라서 하급심과 같이 '공공의 이익 추구'를 인정하는 관점이 반드시 정의라는 법이념에 따른 법의 구체적 내용이 된다고 확정할 수는 없으므로, 선지의 진술은 적절하다.

② 2문단에 따르면, 법은 공동생활의 질서이기 때문에 다양한 개인의 의견을 넘어서는, 모든 사람 위에 있는 하나의 질서이어야 한다. 그리고 2문단에서 이러한 관점에서 중시되는 법이념이 법적 안정성임을 알 수 있다. 한편 〈보기〉에서 하급심은 주거 안정이라는 공공의 이익을 추구하는 임대주택의 목적을 고려하여 A씨의 손을 들어주었다는 점에서, 공공의 이익 추구를 정의로 보고, 법적 안정성이 아닌 정의를 핵심적인 법이념으로 삼아 법의 내용을 적용하는 판결을 내린 것으로 이해할 수 있다. 따라서 선지의 진술은 적절하다.

③ 3문단에 따르면, 어떠한 법의 변화도 적응의 필요가 계속의 이익보다 더 크다는 증명이 있는 경우에만 정당화될 것이라고 하였다. 〈보기〉에서 대법원 판결을 보면 실제 계약자만이 임차인이 된다는 것이 법의 규정임을 알 수 있지만, 하급심은 실질적인 사실관계를 고려하여 이를 변화시켜 적용함으로써 A씨를 임차인으로 볼 수 있다는 관점을 취하고 있다. 따라서 이를 〈보기〉에 적용한다면, 대법원의 최종심 판결이 말하는 "정해져 있는 법률 해석의 원칙"을 따르는 이익보다, 하급심의 판결처럼 법을 일부 변형하여 적용하는 것에 따른 공공의 이익이 더 크다고 증명해야 정당성을 얻을 수 있을 것이다. 따라서 선지의 진술은 적절하다.

⑤ 4문단에서 모든 사람이 필요하다고 인정하는 법의 일차적 과제는 법적 안정성, 즉 평화와 질서이고, 이러한 법적 안정성을 추구하기 위해 법관은 법의 실정성을 실현시키고, 법의 명령에 자신의 법 감정을 희생시켜야 한다고 하였다. 즉 〈보기〉에서 법적 안정성을 중시하는 대법원의 입장에서 자신들이 규정한 '공공의 이익 추구'라는 정의를 중시한 하급심의 판결을 비판한 내용, "특별한 사안을 타당성 있게 해결한다는 명분만으로 정해져 있는 법률 해석의 원칙을 어겼다."를 보면, 하급심은 자신이 무엇이 정의로운지를 판단하려는 법 감정을 희생시키지 못하였기 때문에 법적 안정성을 달성하는 데 실패하였다고 볼 수 있다. 따라서 선지의 진술은 적절하다.

빠른 정답 38 | 레이저 냉각

167	④	168	②	169	③	170	⑤	171	④

167

정답설명

④ 2문단에서 '레이저 빛은 일반적인 빛과 달리 일정한 진동수의 광자로만 이루어져 있다.'고 하였다. 그러나 3문단의 '정지 상태에 있는 특정 원자는 원자의 종류마다 각기 고유한 진동수의 빛만을 흡수하는데, 이를 공명 진동수라 한다.', 4문단의 '레이저 냉각 시에는 어떤 원자 집단을 사이에 두고 양쪽에서 레이저 빛을 원자에 쏘되, 그 진동수를 원자의 공명 진동수보다 작게 한다.'를 고려하면 원자의 종류에 따라 레이저 빛은 각기 다른 고유한 진동수를 가짐을 알 수 있다. 즉 한 종류의 레이저 빛을 구성하는 광자의 진동수가 일정하다는 것이지, 모든 레이저 빛의 진동수가 동일하게 고정되어 있다는 것이 아니다.

오답설명

① 2, 3문단에 따르면 빛은 광자(光子)라는 입자이기에 운동량을 가지며, 파동이기에 도플러 효과를 일으킨다는 사실을 알 수 있다. 이 사실들은 모두 레이저 냉각 기술의 원리에 영향을 미치는 내용들이므로 선지의 진술은 윗글을 바탕으로 알 수 있는 내용으로 적절하다.

② 2문단에서, 광자가 원자에 흡수될 때 광자의 에너지만큼 원자 내부 에너지가 커지면서 광자의 운동량이 전달되는데, 벡터인 속도와 운동량의 특성상, 반대 방향의 속도와 운동량은 상쇄되므로 레이저 빛을 원자와 충돌시키면 원자를 느리게 만들 수 있다고 하였다. 즉 원자의 반대 방향으로 빛을 쏘여 원자와 충돌시키면 광자의 에너지가 원자에 흡수되더라도 원자의 속도가 느려지고, 이때 속도와 질량의 곱인 운동량도 감소하므로 적절한 내용이다.

③ 3, 4문단에 따르면, 광자를 흡수하여 내부 전자의 에너지 준위가 높아지면, 그처럼 에너지가 높아져 불안정해진 원자는 잠시 후 높아진 만큼의 에너지 준위 차이에 해당하는 에너지를 갖는 광자를 방출한다. 즉 내부 전자의 에너지 준위가 높아지면 원자가 불안정해진다는 것을 알 수 있다.

⑤ 1문단에서, '절대 온도 0K는 이론상 가장 낮은 온도'라고 하였고 '비록 현실에서 물체의 온도를 0K까지 낮출 수는 없지만, 레이저 냉각 기술을 활용하면 그에 근접한 온도를 얻을 수 있다.'고 하였다. 따라서 레이저 냉각 기술을 활용하면 0K에 근접한 온도를 얻을 수는 있으나 그 기술이 아무리 발달하더라도 이론상 온도인 0K, 혹은 0K보다 낮은 온도에 도달하는 것은 여전히 현실에서 불가능할 것이다.

168

정답설명

② 3문단에 따르면, 도플러 효과는 파동원과 관측자가 가까워질

때 파동의 진동수가 더 크게 감지되는 현상이다. 여기서 빛이 파동원이고 원자가 관측자이므로, 서로 반대 방향으로 움직여 빛과 원자가 가까워짐에 따라 빛의 진동수는 원자에게 더 크게 감지될 것이다. 2문단에 따르면, 광자는 빛의 파장에 반비례하는 운동량을 갖고, 빛의 진동수에 비례하는 에너지를 갖는다. 따라서 진동수가 더 크게 감지될수록 에너지는 더 크게 느껴질 것이다. 따라서 ㉮에는 '커지고'가 들어간다. 또한 2문단에서 파장과 진동수는 반비례 관계에 있다고 하였으므로, 진동수가 더 크게 감지될수록 파장은 더 짧게 감지될 것이다. 따라서 ㉯에는 '짧아진다'가 들어간다. 이처럼 진동수가 크게 감지된 광자는 원자의 공명 진동수와 일치할 때 원자에 흡수되었다 방출된다. 한편 4문단을 보면, 〈그림〉의 a에서 흡수된 광자의 에너지는 본래의 공명 진동수에 따라 흡수되어야 할 광자의 에너지 $\triangle E$보다 작다. 그러나 원자는 이후 〈그림〉의 b처럼 $\triangle E$에 해당하는 에너지를 갖는 광자를 방출한다고 하였다. 즉 방출되는 광자의 에너지는 흡수 전에 원래 지녔던 에너지보다 크다. 따라서 ㉰에는 '크다'가 들어간다. 이를 바르게 짝지은 것은 ②이다.

169

정답설명

③ ㉠과 같이 원자의 공명 진동수보다 진동수가 작은 레이저 빛을 쏘면, 원자에 반대 방향의 운동량을 전달할 수 있도록 원자와 가까워지는 방향에서 오는 광자의 진동수가 도플러 효과로 인해 원자에서 좀 더 크게 감지되고, 그에 따라 조금 더 커진 광자의 진동수가 원자에서 그 공명 진동수와 같게 감지되며, 결과적으로 해당 광자가 원자와 충돌하고 원자가 그 광자를 흡수하게 되는 것이다. 따라서 선지의 진술이 ㉠의 이유를 추론한 내용으로 가장 적절하다.

오답설명

① 원자가 그 반대 방향에서 오는 빛과 충돌하여 광자를 흡수하는 것이 2~4문단에서 설명하는 레이저 냉각의 기초 원리이므로, 원자가 원자와 동일한 방향으로 이동하는 광자를 흡수한다는 선지의 진술은 적절하지 않다.

② 원자와 멀어지거나 원자와 전혀 다른 방향으로 움직이는 광자를 원자가 끌어당기는 것이 아니라, 원자의 운동 방향과 반대 방향의 레이저 빛을 쏘아 서로를 충돌시키는 것이 레이저 냉각의 기초 원리이므로, 선지의 진술은 적절하지 않다.

④ 3문단에 따르면, 도플러 효과란 빛이나 소리와 같은 파동을 발생시키는 파동원과 관측자가 가까워질 때는 파동의 진동수가 더 크게 감지되고, 파동원과 관측자가 멀어질 때는 파동의 진동수가 더 작게 감지되는 현상이다. 이때 원래 진동수와 감지되는 진동수의 차이는 파동원과 관측자가 서로 가까워지거나 멀어지는 속도에 비례한다. 즉 레이저 냉각에서 도플러 효과는 원자에 가까워지는 광자의 진동수를 원자가 더 크게 감지할 수 있도록 활용되는 효과이지, 광자가 원자의 운동량을 더 크게 빼앗도록 하는 효과가 아니므로, 선지의 진술은 적절

하지 않다.

⑤ 2문단에 따르면, 레이저 빛을 구성하는 광자가 원자에 흡수될 때, 광자의 에너지만큼 원자의 내부 에너지가 커지면서 광자의 운동량이 원자에 전달된다. 이때 에너지와 달리 벡터인 속도 또는 운동량은 그 반대 방향의 속도 또는 운동량과 상쇄되므로, 레이저 빛을 원자의 반대 방향에서 쏘아 원자와 충돌시키면 원자를 느리게 만들 수 있다고 하였다. 이때 운동량이 에너지와 달리 방향을 포함하는 물리학적 개념이기에 운동량이 서로 상쇄되어 속도가 느려지는 것이지, 원자의 내부 에너지가 커지지 않게 막아야 하는 것은 아니므로, 선지의 진술은 적절하지 않다.

170

정답설명

⑤ 2문단에 따르면 레이저 빛을 구성하는 광자의 진동수는 일정하고, 〈보기〉에서 빛의 속도의 크기는 일정하다고 하였다. 또한 3문단에서 도플러 효과로 인해 나타나는 원래 진동수와 감지되는 진동수의 차이는 파동원과 관측자가 서로 가까워지거나 멀어지는 속도에 비례한다고 하였다. 선지에서 두 원자에 동일한 레이저 빛을 쏜다고 하였고 이때 두 원자 중 E가 B보다 운동 속도가 빠르므로, 광자와 원자가 서로 가까워지는 속도는 E가 B보다 빠르다. 원래 진동수와 감지되는 진동수의 차이, 즉 도플러 효과의 크기는 파동원과 관측자가 서로 가까워지거나 멀어지는 속도에 비례한다고 하였으므로, 도플러 효과로 광자의 진동수를 더 크게 감지하는 쪽은 둘 중에서 광자와 더 빠르게 가까워지는 E임을 알 수 있다.

오답설명

① 2문단에 따르면, 빛의 파장과 진동수는 반비례 관계이다. 또 4문단에 따르면, 레이저 냉각에서는 도플러 효과를 고려하여 원자에 충돌시키는 레이저 빛의 진동수를 원자의 공명 진동수보다 작게 설정한다. 〈보기〉에서 A가 공명 진동수에 따라 흡수하는 빛의 파장은 283nm이다. 레이저 냉각 시에는 그보다 진동수가 작은 광자로 구성된 레이저 빛을 쏠 것이므로, 파장과 진동수가 반비례한다는 사실을 고려할 때 A를 냉각시킬 수 있는 레이저 빛의 파장은 283nm보다 길어야 한다. 따라서 선지의 진술은 적절하지 않다.

② 2문단에 따르면, 광자는 빛의 파장에 반비례하는 운동량을 갖고, 빛의 진동수에 비례하는 에너지를 갖는다. 또 빛의 파장과 진동수는 반비례 관계이다. 〈보기〉에 따르면, 정지 상태에서 A가 흡수하는 빛의 파장은 283nm이고, 정지 상태에서 C가 흡수하는 빛의 파장은 242nm이다. 정지 상태에서 C가 흡수하는 빛의 파장이 A가 흡수하는 빛의 파장보다 짧으므로, 빛의 파장에 반비례하는 광자의 운동량은 C의 경우가 A의 경우보다 클 것이다. 또 빛의 파장과 반비례하는 빛의 진동수를 고려할 때 각 원자가 정지 상태에서 흡수하는 광자의 진동수는 C의 경우가 A의 경우보다 클 것이며, 진동수와 비례하는 광자의 에너지 또한 C의 경우가 A의 경우보다 클 것

이다. 따라서 선지의 진술은 적절하지 않다.

③ 2문단에 따르면, 운동량은 속도와 질량의 곱이다. 즉 속도가 같다면, 질량이 커질수록 운동량이 커질 것이다. E의 질량은 D의 질량보다 작으므로, 운동 속도가 같다면 E의 운동량은 D의 운동량보다 작다. 따라서 선지의 진술은 적절하지 않다.

④ 3문단에 따르면, 정지 상태에 있는 특정 원자는 공명 진동수라 하는 고유한 진동수의 빛만을 흡수한다. 2문단에 따르면 진동수와 파장은 반비례 관계이므로, 〈보기〉에서 정지 상태에서 흡수하는 파장의 빛이 더 긴 쪽의 공명 진동수가 더 낮을 것이다. 정지 상태에서 흡수하는 파장의 빛은 D가 213nm, B가 196nm, C가 242nm이므로 각 원자의 공명 진동수는 B ﹥ D ﹥ C의 크기 순서로 나타나 D의 공명 진동수는 C의 것보다는 크고 B의 것보다는 작을 것이다.

171

정답설명

④ 윗글의 ⓓ '쏘다'는 문맥상 '활이나 총, 대포 따위를 일정한 목표를 향하여 발사하다.'의 의미로 사용되었다. 한편 선지의 '발사(發射)하다'는 '활·총포·로켓이나 광선·음파 따위를 쏘다.'의 의미이다. 따라서 해당 선지는 적절하다.

오답설명

① 윗글의 ⓐ '낮추다'는 문맥상 '높낮이로 잴 수 있는 수치나 정도를 기준이 되는 대상이나 보통 정도에 미치지 못하는 상태가 되게 하다'의 의미로 사용되었다. 한편, 선지의 '감경(減輕)하다'는 '(부담이나 책임 따위를) 줄여서 가볍게 하다.'의 의미이다.

② 윗글의 ⓑ '얻다'는 문맥상 '긍정적인 태도·반응·상태 따위를 가지거나 누리게 되다.'의 의미로 사용되었다. 한편, 선지의 '함양(涵養)하다'는 '능력이나 품성 따위를 길러 쌓거나 갖추다.'의 의미이다.

③ 윗글의 ⓒ '이루어지다'는 문맥상 '몇 가지 부분이나 요소가 모여 일정한 성질이나 모양을 가진 존재가 되다.'의 의미로 사용되었다. 한편, 선지의 '주조(鑄造)되다'는 '녹인 쇠붙이가 거푸집에 부어져 물건이 만들어지다.'의 의미이다.

⑤ 윗글의 ⓔ '내려오다'는 문맥상 '높은 곳에서 낮은 곳으로 또는 위에서 아래로 가다.'의 의미로 사용되었다. 한편 선지의 '급락(急落)하다'는 '물가나 시세 따위가 갑자기 떨어지다.'의 의미이다.

| 172 | ② | 173 | ① | 174 | ③ | 175 | ③ |

172

정답설명

② 3문단에 따르면, 두 가지 규범 즉, '상호 관용'과 '제도적 자제'라는 민주주의 규범은 상호 연관되어 있다. 또한, 상대를 경쟁자로 받아들일 때 제도적 자제를 실천하게 되고, 이는 상호 관용적인 집단이라는 이미지를 통해 선순환을 이룬다고 하였다. 1문단에서 민주주의 가치의 수호에는 민주주의 규범이 중요한 역할을 한다고 하였으므로, 이를 종합해 보면 민주주의 가치의 유지를 위해서는 상대자를 경쟁자로 인식하여 민주주의 규범을 실천하는 것이 필요함을 알 수 있다.

오답설명

① 5문단에 따르면 미국 민주주의의 첫 번째 위기는 '노예제 존폐에 대한 입장 차이로 인해 발생'하였으며, 이는 남북 전쟁까지 초래하였다. 즉, 미국의 남북 전쟁은 노예제에 찬성하는 민주당이 노예제를 폐지하려는 공화당을 위협으로 인식하고, 결국 남부가 미국 연방에서 탈퇴함으로써 일어난 것이다. 공화당이 정치적 필요에 의해 '흑인의 인권 보장을 위한 노력'을 중단한 것은 북부가 전쟁에서 승리한 이후의 일이므로, 이를 남북 전쟁이 발발한 직접적인 원인으로 보기는 어렵다. 따라서 선지의 진술은 적절하지 않다.

③ 4문단에 따르면, 민주주의는 민주주의 규범의 붕괴에 따라 두 가지 상황에서 위기를 맞을 수 있다. 첫 번째는 야당이 입법부를 장악하여 분열이 극심해지는 경우이고, 두 번째는 여당이 입법부를 장악하여 권력이 집중되는 경우이다. 그런데 정치 권력을 잡은 정당, 즉 여당이 입법부를 통제해야 하는 것은 아니다. 민주주의는 견제와 균형에 기초하는 것이지, 권력이 한쪽으로 집중되는 것을 지향하는 것이 아니기 때문이다. 정치 권력을 잡은 정당이 입법부를 통제하는 것은 윗글에서 말하는 두 번째 위기 상황을 일으킬 것이다. 윗글에서 말하는 첫 번째 위기는 행정부와 입법부가 극심하게 분열되는 것을 말하는 것이지, 이를 막기 위해 여당이 입법부를 통제해야 한다는 것은 아니다. 따라서 선지의 진술은 적절하지 않다.

④ 4문단에서는 민주주의 규범이 붕괴하면 나타나는 민주주의 위기 상황을 두 가지로 나누어 설명하고 있다. 그 중 권력 독점은 여당이 입법부를 장악하여 권력이 집중된 둘째 상황에서 발생할 수 있다. 그러나 '야당이 입법부를 장악'하는 경우에는 행정부 권력과 입법부 권력이 분열된다고 하였다. 이 경우에는 필연적으로 권력이 한쪽에 독점된다고 보기는 어려우므로 선지의 진술은 적절하지 않다.

⑤ 6문단에 따르면, 미 공화당과 민주당의 당파적 양극화가 확대된 것은 보수와 진보 간의 정책적 차이뿐만 아니라 인종과 종교, 삶의 방식을 둘러싼 대립에서 발생하였다. 따라서 196

0년대 이후 미국의 당파적 양극화가 보수와 진보의 정치적 측면에 집중되었다는 선지의 진술은 적절하지 않다.

173

정답설명
① 2문단에 따르면 '상호 관용'과 '제도적 자제'는 민주주의 규범에 속한다. 또 1문단에 따르면 이러한 민주주의 규범은 헌법이라는 보호 장치가 민주주의 정치 체제를 지키기에 충분치 않아 필요한 것이며, 헌법이나 법률에 명문화되지 않았으므로 헌법이나 법률로 제정된 제도로 볼 수 없다. 따라서 선지의 진술은 적절하지 않다.

오답설명
② 4문단에 따르면 민주주의 규범이 붕괴하면 견제와 균형에 기초한 민주주의가 위기를 맞게 된다. 이는 '상호 관용'과 '제도적 자제'가 모두 견제와 균형에 기초한 민주주의를 유지하는 역할을 함을 의미한다. 따라서 선지의 진술은 적절하다.
③ 2문단에 따르면 '상호 관용'과 '제도적 자제'는 민주주의보다 오랜 전통을 가졌다. 따라서 선지의 진술은 적절하다.
④ 3문단에 따르면 '상호 관용'과 '제도적 자제'는 상호 연관되어 있다. 제도적 자제가 실천되면 상호 관용을 낳는 선순환이 이뤄지고, 2문단에 제시된 '헌법적 권력의 공격적 활용'이 실천되어 제도적 자제가 실천되지 않으면 상호 관용이 무너지는 악순환이 이뤄진다. 따라서 선지의 진술은 적절하다.
⑤ 2문단에 따르면 '상호 관용'은 나와 마찬가지로 경쟁자도 권력을 차지할 권리를 가짐을 인정하는 것을 의미한다. 또 '제도적 자제'는 경쟁자를 관용하여 제도적으로 허용된 권력을 신중하게 행사하는 것을 의미한다. 따라서 선지의 진술은 적절하다.

174

정답설명
③ 2문단에서 합법적 권력 행사라도 자제되지 않을 경우 '헌법적 권력의 공격적 활용'을 통해 민주주의 정치 체제를 위태롭게 할 수 있다고 설명되었다. 이는 1문단의 ㉮와 관련한 맥락에서 민주주의를 지키기 위해 헌법뿐만 아니라 명문화되지 않은 상호 관용이나 제도적 자제와 같은 민주주의 규범이 추가적으로 필요한 이유가 되므로, 선지의 진술은 적절하다.

오답설명
① 2문단에 따르면 '헌법적 권력의 공격적 활용'을 통해, 헌법이 허용하는 범위 내에서 경쟁자를 제거하는 권력의 행사가 가능하다. 따라서 헌법이 경쟁자를 제거하는 권력의 행사를 허용하지 않는다는 것은 헌법이 민주주의 정치 체제를 지키기에 충분치 않은 이유로 적절하지 않다. ㉮는 오히려 그처럼 헌법적 권력의 공격적 활용이 가능하기 때문에, 이를 '제도적 자제'라는 민주주의 규범으로 보완해야 한다는 맥락이다.

② 1문단에 따르면 헌법은 특정 정치인이나 집단이 권력을 독식하거나 남용하지 못하도록 견제와 균형에 기초하여 설계된 것이다. 따라서 헌법이 권력의 남용을 막지 못한다는 선지의 진술은 헌법이 민주주의 정치 체제를 지키기에 충분치 않은 이유로 적절하지 않다.
④ 1문단에 따르면 헌법만으로는 민주주의 정치 체제를 지키는 것이 충분치 않기에, 명문화되지 않은 민주주의 규범을 통해 이를 보완해야 한다는 것이 ㉮의 핵심적인 이유이다. 공화당과 민주당이 저마다 헌법의 틀 안에서 노예제에 대한 찬, 반을 표하고 이에 대한 행동을 통해 남북 전쟁이 발발한 것과, 남북 전쟁 이후의 민주주의 규범이 인종 차별을 묵인한 비민주적인 타협의 산물이 된 것을 통해 헌법적 권력의 행사가 민주주의 규범의 한계를 드러냈다고 볼 여지는 있다. 그러나 민주주의 규범의 한계를 드러내는 것은 민주주의 규범을 통해 헌법을 보완해야 한다는 ㉮의 핵심적인 이유와는 다른 내용이므로 선지의 내용은 ㉮의 이유로 적절하지 않다.
⑤ 1문단에 따르면 미국 헌법은 상호 견제와 균형에 기초하여 설계되어 권력 독점과 남용을 방지하도록 설계되었다고 하였다. 4문단에 따르면, 민주주의 체제에서는 야당이 입법부를 장악하여 헌법이 보장한 권력을 행사하면서 대통령을 공격할 수도 있다. 이뿐만 아니라, ㉮는 헌법이 불충분하기에 민주주의 규범이 추가적으로 필요하다는 맥락에서 제시된 내용이다. 따라서 헌법은 대통령과 여당의 권력 행사에 유리하게 설계된 것이라는 선지의 진술은 헌법이 민주주의 정치 체제를 지키기에 충분치 않은 이유로 적절하지 않다.

175

정답설명
③ 5문단에서 미국 민주주의의 첫 번째 위기는 남북 전쟁에 의한 민주당과 공화당의 대립 및 내전을 의미한다. 이러한 위기로 인해 무너졌던 민주주의 규범은 공화당과 민주당이 전후 협상 대상에서 인종 문제를 제외하면서 공화당에 대한 민주당의 적대감이 완화됨에 따라 재형성되었다. 즉, '인종 차별을 묵인'하고 '백인 중심'의 민주주의를 정착시킴으로써, 첫 번째 위기였던 남북 간의 적대적 상황이 극복된 것이다. 한편 〈보기〉에서 허드슨은 '다원적 민주주의'에 의해 권리를 둘러싼 갈등이 용인되고, 또 특정 계층의 이익만이 대변될 수 있다고 설명하였는데, 이는 선지에 제시된 백인 중심의 민주주의를 성립시킨 것으로 볼 수 있다. 요컨대 남북전쟁이라는 적대적 상황을 극복하는 과정에서 다원적 민주주의에 의해 백인이라는 계층의 이익만을 고려한 타협의 결과로 인종 차별을 묵인한 백인 중심의 민주주의가 등장하는 부작용이 발생한 것이다. 선지에서 말하는 것과 달리, 백인 중심의 민주주의는 미국의 민주주의가 겪은 첫 번째 위기의 배경 상황이 아니라 첫 번째 위기를 극복한 결과적 부작용에 해당한다. 따라서 선지의 진술은 〈보기〉를 통해 '큰 위기'를 이해한 반응으로 적절하지 않다.

수능식 리트변형 N제

오답설명

① 6문단에서 1960년대 들어 미국에서 당파적 양극화가 발생하였으며, 이로 인해 인종 차별에 의존한 기존의 민주주의 규범은 한계를 보이면서 붕괴했다고 하였다. 한편 〈보기〉에서 허드슨은 참여 민주주의를 통해 인종 및 계층별 권리의 주장이 상충할 경우 발생하는 갈등을 해소할 수 있다고 설명하였다. 이를 고려하면, 허드슨의 관점에서 인종 차별에 의존한 기존 민주주의의 대안으로 참여 민주주의를 제시할 수 있다는 선지의 진술은 적절하다.

② 5문단에서 미국 민주주의의 첫 번째 위기는 노예제를 찬성한 남부의 백인 농장주들과 민주당 그리고 노예제의 폐지를 주장한 북부의 공화당 사이에 발생한 갈등에서 비롯되었으며, 이는 남북 전쟁으로 발전했다고 하였다. 한편 〈보기〉에서 허드슨은 사회 집단이 각자의 권리와 재산권을 주장하도록 후원하는 민주주의를 보호적 민주주의로 규정하였다. 이에 따르면 미국의 남북 전쟁은 각 사회 집단의 이익, 권리, 재산권의 보호를 위한 것이었으므로, 허드슨의 관점에서 첫 번째 위기에 해당하는 남북전쟁을 야기한 원인의 하나로 보호적 민주주의를 제시할 수 있다는 선지의 진술은 적절하다.

④ 6문단에서 1960년대 이후 미국에서 발생한 민주주의의 위기는 민주당과 공화당이 각기 다른 집단의 이익과 가치를 대변하게 되면서 발생했다고 하였다. 또한 양당은 보수적·진보적 정책뿐만 아니라 인종과 종교, 삶의 방식을 기준으로 첨예하게 대립하였으며, 이것이 적대적 갈등으로까지 확대되었다고 하였다. 즉, 미국이 겪은 두 번째 민주주의 위기는 다양한 민족과 인종이 미국 정치 체제로 유입되면서 나타난 결과이다. 한편 〈보기〉에서 허드슨은 다양한 사회 집단이 자신들의 권리와 재산권을 주장하도록 후원하는 민주의의를 '보호적 민주주의'로 규정하였다. 따라서 허드슨의 관점에서, 1960년대 미국에서 나타난 다양한 사회 집단의 권리 표출이 적대적 대립으로 이어진 원인을 보호적 민주주의로 볼 수 있다는 선지의 진술은 적절하다.

⑤ 6문단에서 1960년대 이후 미국에서 발생한 민주주의의 위기는 흑인을 비롯한 다양한 민족과 인종이 미국 정치 체제로 유입되면서 민주당과 공화당이 서로 '다른 집단의 이익과 가치를 대변'하게 되었고, 이 대립이 정책뿐만 아니라 삶 전반에 영향을 미치게 되어 '당파적 양극화'라는 적대적 갈등으로 확대되었다고 하였다. 한편 〈보기〉에서 허드슨은 '보호적 민주주의'에 의해 다양한 사회 집단의 권리 주장이 나타날 수 있으며, '다원적 민주주의'에 의해 이러한 갈등이 해결되기보다는 단지 용인될 뿐이라고 설명하였다. 이를 고려하면, 허드슨의 관점에서 사회 집단 사이의 갈등이 용인되어 사회 양극화가 발생한 원인을 '다원적 민주주의'로 볼 수 있다는 선지의 진술은 적절하다.

빠른 정답 ▶ 40 | 음악의 맥락

| 176 | ④ | 177 | ④ | 178 | ③ | 179 | ② |

176

정답설명

④ 5문단 '세 음의 구성을 한 단위로 취급하는 3화음에서는 맨 아래 음이 화음의 근음(根音)이 되며, 그 음으로부터 화음의 이름이 정해진다.'에서 3화음의 맨 아래 음이 근음이 된다는 사실을 확인할 수 있다. 그러나 이어지는 문장에서 '이 근음 위에 쌓는 3도 음정이 장3도인지 단3도인지에 따라 화음의 성격'을 구별한다고 하였으므로, 맨 위의 음에 따라 화음의 성격이 결정된다는 해당 선지의 설명은 적절하지 않다.

오답설명

① 1문단 '음악에서 음들의 의미는 개별 음들이 조화롭게 연결되는 맥락 속에서 형성되는데,'에서 확인할 수 있다.

② 2문단 '두 음이 어울리는 정도인 협화~협화에 따라 음정은 완전 음정(1도, 4도, 5도, 8도), 불완전 음정(장3도, 단3도, 장6도, 단6도), 불협화 음정(장2도, 단2도, 장7도, 단7도 등)으로 나뉜다.'에서 확인할 수 있다.

③ 5문단 "한편, '화음'은 불완전 음정 3도가 완전5도를 분할하는 음정으로 사용되면서 등장했다."에서 확인할 수 있다.

⑤ 2문단 "'음정'이란 떨어진 두 음의 거리를 의미", 7문단 "조성 음악에서는 5도 관계에 놓인 세 화음이 화성을 형성하는 근본적인 역할을 한다. 으뜸음 '도'에서 5도 위 음인 '솔'은 딸림음, 5도 아래 음인 '파'는 버금딸림음이라고 하며,"에서 확인할 수 있다.

177

정답설명

④ 3문단을 통해, 대위법이란 각각 독립성을 유지하는 여러 선율이 음정에 맞추어 조화를 이룰 수 있도록 구성하는 방식을 말하며, 이때 각 선율들이 만들어 내는 수직적인 음향은 부차적인 의미를 지님을 알 수 있다. 즉, 선법 음악에서 활용하는 대위법에서, 선율은 독립성을 유지한다고 볼 수 있지만 수직적 음향은 선율에 의해 만들어진다는 점에서 독립적 요소라 보기 어렵다. 따라서 선지의 진술은 적절하지 않다.

오답설명

① 4문단에서 중세의 대위법은 완전 음정만을 협화 음정으로 강조하였다고 하였는데, 2문단을 통해 완전 음정은 1도, 4도, 5도, 8도임을 확인할 수 있다. 이를 고려하면 해당 선지는 적절하다.

② 4문단 '르네상스 시대부터는 불완전 음정인 3도와 6도를 적극적으로 사용하기 시작', '르네상스의 대위법은 음정의 성질에 따라 선율의 진행이 단계적으로 이루어지도록 했다'에서

확인할 수 있다. 2문단을 통해, 불완전 음정(장3도, 단3도, 장6도, 단6도)이 완전 음정보다 덜 협화적임을 알 수 있으므로, 이를 고려하면 해당 선지는 적절하다.

③ 3문단에서 대위법이 선법 음악의 구체적인 방식임을 확인할 수 있다. 또한 같은 문단에서 대위법을 활용한 대표적인 음악으로 돌림 노래, 캐논 등이 있음을 알 수 있다. 이를 고려하면 해당 선지는 적절하다.

⑤ 3문단 '중세와 르네상스 시대에는 여러 선율로 이루어진 다성부 구조를 사용한 선법 음악이 발달', '각 선율은 독립성을 유지하면서도 음정에 맞추어 조화를 이루는데, 이러한 선율의 구성 방식을 대위법이라고 하며'에서 확인할 수 있다. 이를 고려하면 해당 선지는 적절하다.

178

정답설명

③ 윗글의 6문단에서 조성 음악은 화음의 개념에 기반하여 선율보다 화음의 중요성을 강조하였으며, 여러 선율로 이루어진 다성부 구조가 쇠퇴한 대신 선율과 화성으로 구성된 구조를 주로 활용했음을 알 수 있다. 이때 조성 음악에서 나타나는 선율은 화음에 기반하여 형성되는 것이므로, 화음의 구성음들은 이미 선율에 내재한다. 그런데 5문단에서 화음의 이름과 성격은 음의 결합 중 가장 밑에 놓이는 근음을 중심으로 그 위에 음들을 쌓음으로써 형성되고, 이때 근음 위에 쌓이는 음들은 2문단에서 언급된 협화도에 따라 결정됨을 알 수 있다. 이를 고려하면 해당 선지의 진술이 가장 적절하다.

오답설명

① 3문단과 6문단을 통해, 다성부 구조는 선법 음악에서 사용된 구조이며, 조성 음악에서는 다성부 구조가 쇠퇴하였음을 알 수 있다. 또한, 선법 음악과 조성 음악 모두 음정 간의 조화는 2문단에서 언급된 협화도에 따라 이루어진다. 이를 고려하면 해당 선지의 진술은 적절하지 않다.

② 6문단과 7문단에서 조성 음악은 화음의 개념에 기반하여 발달했으며, 선율과 화성으로 구성됨을 알 수 있다. 하지만 이때 조성 음악의 선율이 기본적인 화성을 형성하는 으뜸화음, 딸림화음, 버금딸림화음의 구성음들로만 이루어지는지는 윗글을 통해 알 수 없다. 이를 고려하면 해당 선지의 진술은 적절하지 않다.

④ 7문단에서 조성 음악의 화성은 으뜸화음을 향하여 진행함을 알 수 있다. 4문단에 따르면, 불협화 음정에서 단계적으로 협화 음정으로 진행하도록 음악을 구성하는 것은 선율을 중시한 선법 음악이 발달했던 르네상스의 대위법에 해당한다. 이를 고려하면 해당 선지의 진술은 적절하지 않다.

⑤ 6문단에서 조성 음악의 경우 여러 선율로 이루어진 다성부 구조가 쇠퇴한 대신 화음의 개념에 기반한 선율과 화성으로 구성됨을 알 수 있다. 그런데 4문단에 따르면 불협화 음정을 장식적으로만 사용한 것은 선법 음악이 발달했던 중세 대위법의 특징이다. 조성 음악에서 불협화 음정을 장식적으로 사

용했다는 내용은 본문에서 찾아볼 수 없으며, 그렇다고 하더라도 이것이 ㉮의 의미와는 부합하지 않으므로 해당 선지의 진술은 적절하지 않다.

179

정답설명

② 7문단에서 '도'를 근음으로 하는 화음을 으뜸화음, '솔'을 근음으로 하는 화음을 딸림화음이라고 한다고 하였다. 〈보기〉의 A와 B는 각각 '도'와 '미', '레'와 '시'로 구성되어 있다. 또한 A~D의 각 마디는 특정 화음을 구성하는 음들을 사용한 것이라고 하였으므로, A는 '도'를 근음으로 하는 으뜸화음이, B는 '솔'을 근음으로 하는 딸림화음이 사용되었음을 알 수 있다. 한편, 윗글의 6문단에서 조성 음악의 선율에는 화음의 구성음들이 내재해 있음을 알 수 있다. 따라서 A와 B의 선율에는 각각 으뜸화음과 딸림화음을 구성하는 '솔'이 내재해 있을 것이라고 추론할 수 있다. 이를 고려하면 해당 선지의 진술은 적절하다.

오답설명

① 7문단에서 으뜸화음, 딸림화음, 버금딸림화음의 근음은 각각 '도', '솔', '파'이며, 이 세 음을 각각 근음으로 하여 그 위에 쌓은 3화음(〈도-미-솔〉, 〈솔-시-레〉, 〈파-라-도〉)을 주요 3화음이라고 한다고 하였다. 〈보기〉에서 A는 으뜸화음, B는 딸림화음, C는 으뜸화음, D는 '파', '레', '시'로 이루어져 있으므로 〈솔-시-레〉로 구성된 딸림화음 위에 3도 거리에 있는 '파'를 쌓아 만든 딸림7화음이며, A의 선율은 '도', B의 선율은 '레', C의 선율은 '미', D의 선율은 '파'로 시작되고 있다. 이를 고려하면 해당 선지의 진술은 적절하지 않다.

③ 7문단에서 '도'를 근음으로 하는 화음을 으뜸화음, '솔'을 근음으로 하는 화음을 딸림화음이라고 한다고 하였다. 또한 5문단에서 화성적 음향이 발전해 3화음 위에 3도 음을 한 번 더 쌓으면 네 개의 음으로 구성된 화음이 생기는데, 이것을 '7화음'이라고 부른다고 하였다. 〈보기〉의 C는 '미'와 '솔'로 이루어진 으뜸화음의 음들로 구성되어 있으며, D는 '파', '레', '시'로 이루어져 있으므로 〈솔-시-레〉로 구성된 딸림화음 위에 3도 거리에 있는 '파'를 쌓아 만든 딸림7화음(〈솔-시-레-파〉)으로 구성되었음을 알 수 있다. 이를 통해 위의 악보는 으뜸화음에서 딸림7화음으로 진행하는 화성임을 추론할 수 있다. 이를 고려하면 해당 선지의 진술은 적절하지 않다.

④ 5문단에서 화성적 음향이 발전해 3화음 위에 3도 음을 한 번 더 쌓으면 네 개의 음으로 구성된 화음이 생기는데, 이것을 '7화음'이라고 부른다고 하였다. 〈보기〉의 D는 '파', '레', '시'로 구성되어 있다. 이를 통해 D는 '솔'을 근음으로 하는 딸림화음에 3도 거리에 있는 '파'를 쌓아 구성한 딸림7화음을 사용하였음을 알 수 있다. D의 화음이 '파'를 근음으로 하는 버금딸림7화음이 되기 위해서는 '파' 위에 쌓이는 3도 음정인 '라', '도', '미'가 사용되었어야 할 것이다. 이를 고려하면 해당 선지의 진술은 적절하지 않다.

⑤ 〈보기〉의 B는 '레'와 '시', C는 '도', '미', '솔'로 이루어져 있음을 알 수 있다. 한편, 윗글의 2문단에서 "'한 음의 중복'인 완전1도가 가장 협화적"이라고 하였으므로, 두 음이 어울리는 정도인 협화도는 같은 음이 중복될 때 가장 클 것임을 알 수 있다. 또한 4문단을 통해, 선법 음악이 추구하는 자연스러운 음향의 표현은 불협화 음향이 단계적으로 협화 음향으로 진행됨에 따라 이루어짐을 알 수 있다. 〈보기〉의 B는 '시'를, C는 '도', '미', '솔'을 중복하여 사용하고 있다는 점에서 협화도가 가장 큰 두 음을 사용하고 있다고 해석할 수는 있으나, 자연스러운 음향의 표현은 이를 통해 이루어지는 것이 아니다. 이를 고려하면 해당 선지의 진술은 적절하지 않다.

| memo

수능식
리트변형
N제